Önsöz

بِسْمِ اللّٰهِ الرَّحْمٰنِ الرَّحِيمِ

اَلْحَمْدُ لِلّٰهِ رَبِّ الْعَالَمِينَ حَمْدًا يُوَافِى نِعَمَهُ وَيُكَافِئُ مَزِيدَهُ .

وَالصَّلٰوةُ وَالسَّلَامُ عَلٰى رَسُولِنَا مُحَمَّدٍ وَعَلٰى اٰلِهِ وَصَحْبِهِ اَجْمَعِينَ .

İnsan hayatında mutluluklarla üzüntüler iç içedir. Çoğu kez mutlu olduğumuz kadar üzülürüz de. Bir günümüz bir günümüzü tutmayabilir. Böyle durumlarda insana düşen vazife, mutlu olduğunda şükretmesini, sıkıntıya düştüğünde ise sabretmesini ve problemlerini soğukkanlı bir şekilde tedbirlerle, sistemli çalışmalarla çözmesini bilmektir.

Bu durumda mübarek gün ve geceleri; önemli bir fırsat olarak görmek lazımdır. Bu günlerde hayatımızı gözden geçirmeli ve nefis muhasebesi yapmalıyız. Hayatımızın hesabını yaparken iyiliklerimizi, yararlı ve güzel davranışlarımızı nasıl artırırız, hata ve noksanlıklarımızı nasıl giderebiliriz şeklinde düşünmeliyiz.

Bu soruların doğru cevabını özümüzde bulmaya çalışırız. Günahlarımıza tövbe ederiz. İbadetlerdeki noksanlıklarımızı bundan böyle gidermeye azmederiz. Kur'ân okur, dini bilgilerimizdeki eksikliklerimizi giderebilmek, doğru bilgilerimizi de geliştirebilmek için bu alana ışık tutan kitap ve dergilere göz atar, konu ile ilgili mevize ve sohbetleri dinleyerek özellikle Kur'ân ve Sünnet'in anlam ve mesajı üzerinde düşünürüz. İbret ve ders alırız. Bütün bunlardan, gönlümüzü aydınlatacak ışıklı ilkeler edinerek dini hayatımızı yeniden değerlendirme çabası içinde oluruz.

بسم الله الرحمن الرحيم

Gün, Gece ve Ayların Fazileti

- Gün ve Gecelerin Fazileti
- Haftanın Günlerinin Fazileti
- Ayların Fazileti

Gün, Gece ve Ayların Faziletleri

Allahü Teala, mümin kullarını affetmek için sebep olarak aylar, günler, geceler, saatler yaratmıştır.

Allahü Teala, bazı günleri bazı günlerden üstün ve faziletli kılmış. Bazı geceleri bazı gecelerden daha değerli yaratmıştır. Bütün bu hikmet, incelik ve gizli durumları biz kullarının menfaatlenmeleri için yapmıştır.

Bütün zamanlar haddi zatında eşitse de, bazı dilimlerinde, bereketli işler gerçekleşmesiyle, o mevsimler diğer zaman dilimlerine büyüklük kazanırlar. Misal olarak:

1. Cuma günü, Âdem (*Aleyhisselâm*)ın yaratılışı, cennete girdirilişi ve kıyametin kopması gibi önemli olaylar bu günde olduğundan, diğerlerine göre üstün bir şeref ve keramet kazanmıştır.
2. Pazartesi günü, Resulullah (*Sallallahü Aleyhi ve Sellem*)in doğum ve Kur'ân'ın kendisine indiriliş günü olduğundan, diğer günlerden üstün oluştur ki, Resulullah (*Sallallahü Aleyhi ve Sellem*) bu iki nimete şükür için o günü oruçlu geçirdiğini beyan etmiştir.

Mübarek Gün Ve Gecelerde İbadetin Fazileti Hakkında Zikredilen Hadisi Şerifler:

✦ Resulullah (*Sallallahü Aleyhi ve Sellem*) buyurdu ki: "***Şüphesiz Rabbinizin yarattığı dünya günlerinde rahmet esintileri vardır. Mutlaka bunlara kucak açarak faydalanınız. Bu esintiler size de isabet etsin. Kendisine bu esintilerden isabet edenler hayatları boyunca bir daha delalete düşmezler.***"[1]

[1] Taberanî, Mu'cem, 10/231; İthâf, 3/280

Mübarek gün ve gecelerde tutulan orucun fazileti hakkında hadisi şerifler vardır.

✦ Resulullah (*Sallallahü Aleyhi ve Sellem*) bir hadsi kutside Allahü Teala'nın şöyle buyurduğunu söylemiştir: "***İnsanoğlunun her ameli kendisine aittir; ancak oruç hariç. Oruç Benim içindir ve onun karşılığını Ben vereceğim.***"[1]

✦ Resulullah (*Sallallahü Aleyhi ve Sellem*) ibadet ehli ile oruç tutanın ortak özelliğini şöyle ifade buyurmuştur: "***Allahü Teala, ibadet eden genci meleklerine göstererek şöyle buyurur:***

- "Ey Benim için şehvetini, isteklerini bırakan, gençliğini Benim için harcayan genç! Sen Benim yanımda bir melek gibisin. Ey meleklerim! Şu kuluma bakınız; şehvetini, lezzetini, yemesini ve içmesini Benim için terk etmiştir."[2]

✦ Resulullah (*Sallallahü Aleyhi ve Sellem*) buyurdu ki: "***Her kim nafile bir gün oruç tutsa, ona cennette öyle bir ağaç dikilir ki, meyvesi nardan küçük, elmadan büyük, tadı ise bal gibi olur. Allahü Teala oruçluyu kıyamet günü ondan yedirir.***"[3]

"Amellerin en üstünü, en zahmetli olanıdır" sözü gereğince; hele bir de sıcak yaz gününde Allahü Teala'nın rızası için oruç tutmak, kıyamet gününün susuzluğundan kurtulma bakımından en büyük vesiledir.

Nitekim Abdullah ibni Abbas (*Radıyallahü Anhüma*)dan rivayet edildiğine göre: Bir kere Resulullah (*Sallallahü Aley-*

---

[1] Buhari, Oruç, 2,9
[2] Deylemî, Firdevsü'l-Ahbar, 8137; Ahmed bin Hanbel, Müsned, 2/266
[3] Taberanî, Mu'cemü'l-Kebir, 18/365

hi ve Sellem) Ebu Musa el-Eş'arî (*Radıyallahü Anh*)ı bir deniz seriyyesinin başında emir olarak göndermişti. Karanlık bir gecede onlar yelken açmışken kendisi görülmeyen bir seslenici:

- "Ey gemi ahalisi durun! Size Allah'ın kendi hakkında verdiği bir hükmü bildireyim" diye nida etti.

Ebu Musa (*Radıyallahü Anh*):

- "Eğer söyleyeceksen buyur söyle!" deyince, O:

- "Mübarek ve yüce olan Allah, kendi hakkında "Kim sıcak bir günde kendisini O'nun için susuz bırakırsa, kıyamet günü onu suya kandırması Allah üzerine bir hak olur" hükmünü vermiştir " diye nida etti.

Bundan dolayı Ebu Musa (*Radıyallahü Anh*) çok sıcak günleri kollar oruçlu geçirirdi. [1]

Bundan dolayı mübarek gün ve geceleri fırsat bilmeli, bu geceleri nasıl ihya etmemiz gerekiyorsa, o şekilde ihya edip, feyzinden istifade etmemiz gerekir.

✦ Allahü Teala'nın bazı zamanlara tahsis ettiği hususi faziletlerin en önemli hikmetlerinden bir kaçı şunlardır:

a. İbadetten yorulan ruhların, bu mevsimleri ihyaya heveslenmesinin temini,
b. İbadetleri âdet gibi gören kalplerin, bu mübarek vakitlere kavuşma arzusuna kapılarak amel-i salih işleme gayreti konusunda yeni bir ivme kazanması.
c. Kulların bu faziletleri elde etmeye karşı teşvik edilmesi.
d. Allahü Teala'nın bu ümmet hakkında, bazı vakitleri di-

---

[1] Tergib ve Terhib, No: 1463, 2/101–102

ğerinden üstün kılmasıyla alakalı zikredilen birçok hikmetten biri de, geçmiş ümmetlere uzun ömür nasip etmiş olmasıdır. Zira onlar yüzlerce sene yaşayıp çok ameller yapmışlardı.

Allahü Teala bu üstün zamanları biz kullarına rahmet olarak belirlemiştir. Bununla kullarına şöyle seslenmektedir: "Ey Benim günahkâr kullarım! Size her zaman tövbeyi emrettim, ama bunu yapmadınız. Ben de bu faziletli vakitleri, diğerlerinden üstün olarak yarattım. Ta ki siz, bu vakitlerde Rabbiniz için günahlardan temizlenesiniz. Eğer bu kıymetli zamanlar size ulaşmış da, siz hala günahlara ısrardaysanız, vay kötülük yapanların başına gelecek zararlara."

Allahü Teala bu ümmeti, diğer ümmetlerden üstün yapmak için, kendilerine kısa ömürlerinde tekrarlanacak kıymetli aylar ve günler vermiştir ki, bu ümmetten, faziletli mevsimleri değerlendirenler, geçmiş ümmetleri kat kat geçebilsinler.

Allahü Teala, sevdiği kullarını, mübarek zamanlarda salih amellere muvaffak kılar.

Sevmediği kullarına ise, kutsal zamanlarda kötü ameller işleterek, hem o vaktin bereketinden mahrum eder, hem de o mukaddes ana yaptığı saygısızlıktan dolayı azabını artırır.

O halde dünyevî ticaret erbabı, hangi malın nerede daha değerli satılacağını bilip gereğini yaptıkları gibi, ahiret ticaretini düşünenler de üç aylar gibi bereketli dönemleri ganimet bilmelidir.

Mevsim gözetmeyen tacirin, kârdan mahrum olması kaçınılmaz olduğu gibi, faziletli zaman dilimlerini boş geçiren kulun da, ebedi kârları zayi edeceği muhakkaktır.

Mübarek Geceler Nasıl İhya Edilir?

Günlerin hepsi mübarektir. Hepsini de yaratan Allahü Teala'dır. Fakat bazı günlerin bazı günlere göre önemli özelliği vardır. Bu da diğer günlerden üstünlüğünü gösterir. Bu gün ve geceleri fırsat bilmeli, uyku ile değil de Allah için her anını dolu dolu geçirmeye özen gösterilmelidir. Peki, bu nasıl olacaktır denilirse, belki şöyle cevap verilebilir:

1. **Bu mübarek gecelerin camilerde, sohbetlerde ve ilim meclislerinde ihya edilmesi lazımdır.**

Böyle gün ve gecelerde yetişkin ve büyüme çağındaki evlatlarımızla birlikte camiye gitmek, onların dinî ve dünyaları açısından önem taşır. Onlar, cemaat olmanın, dayanışmanın, birlik ve beraber olmanın önemini böylesine coşkulu günlerde daha kolay kavrayabilir.

Ebu Zer (*Radıyallahü Anh*)dan rivayetle Resulullah (*Sallallahü Aleyhi ve Sellem*) şöyle buyurmuştur:

- "***Bir ilim meclisinde bulunmak, 1.000 rekât namazdan, 1.000 hastayı ziyaretten ve 1.000 cenazeye katılmaktan üstündür.***"

Bunun üzerine:

- "Ey Allah'ın Resulü! Kur'ân okumaktan da mı?" denilince:
- "***Hiç ilimsiz Kur'ân bir şeye yarar mı?***" buyurdu. [1]

Nitekim başka bir rivayette Resulullah (*Sallallahü Aleyhi ve Sellem*) Ebu Zer (*Radıyallahü Anh*)a şöyle buyurmuştur: "***Ey Ebu Zer! Senin Allahü Teala'nın Kitabı'ndan bir ayet öğ-***

[1] İthâf, 1/99

renmek üzere yola çıkman, 100 rekât (nafile namaz) ***kılmandan hayırlıdır. Kendisiyle amel edilsin veya amel edilmesin, ilimden bir mesele öğrenmek üzere yola girmen senin için 1.000 rekât nafile namaz kılmandan daha iyidir.***"[1]

2. **Mübarek gecelerde, imanî konuları ve o konular içinde o geceye ait meseleleri derinlemesine okuyup mütalaa etmek lazımdır.**
3. **Mübarek gecelerin gündüzlerini de değerlendirmek ve oruçla geçirmek büyük sevaptır. Böyle yapılırsa, mübarek gecenin ruhlara aktardığı manevi ışığın izleri Müslümanların kalplerinde derinden hissedilecektir.**
4. **Resulullah** (Sallallahü Aleyhi ve Sellem)**in şefaati ümit edilmeli, O'nun ümmetinden olmanın şuuruna erilmeli, O'na karşı olan sadakat tazelenmeli, O'na Salâtü Selam getirilmelidir.**

En az 100 defa Salâvat-ı Şerife:

اَللّٰهُمَّ صَلِّ عَلٰى سَيِّدِنَا مُحَمَّدٍ وَعَلٰى اٰلِ سَيِّدِنَا مُحَمَّدٍ

[*Allahümme salli alâ seyyidinâ Muhammedin ve alâ Âli seyyidina Muhammed.*]

"Ey Allah'ım! Efendimiz Muhammed'e ve Efendimiz Muhammed'in Âl'ine salat ve selam et. (Onların şerefini yücelt.)"

5. **Tövbe ve istiğfar yapılmalı, ciddi bir nefis muhasebesi ile hatalardan dönmeye azmedilmeli, hayra yönelme istikametinde iradeler kuvvetlenmelidir.**

---

[1] İbni Mâce, Mukaddime, 219

En az 100 defa istiğfar edilmelidir.

اَسْتَغْفِرُ اللّٰهَ الْعَظِيمَ وَاَتُوبُ اِلَيْهِ

[*Esteğfirullahel azîme ve etûbü ileyh.*]

"Yüce Allah'a tövbe ve istiğfar ederim."

Özellikle de erkek ve kadın müminler için mağfiret talep edilmelidir. Nitekim hadisi şerifte: "***İnanan erkek ve kadınlar için istiğfar edenlere, her erkek ve kadın mümin sayısınca hasene ve sevap yazılır***" buyrulmuştur.

Özellikle ölüler unutulmamalıdır. Nitekim şöyle rivayet edilmiştir: "Bayram günleri, Cuma günleri, aşure günleri ve beraat geceleri ölülerin ruhları kabirlerinden çıkarak, evlerinin kapılarına gelirler ve:

- Bizi hatırlayan biri var mı acaba? Bize rahmet okuyan kim var acaba? Bizim garipliğimizi aklına getiren de bulunur mu acaba?

Ey bizim evlerimize yerleşenler, içindekilerle geçinenler ve geniş odalarımızda ikamet edenler! Biz ise en dar mezarlardayız. Bizim amel defterlerimiz dürülmüş, sizinkiler ise açıktır. Artık bizim yalnızlığımızı ve ihtiyaçlarımızı düşünmeniz gerekmez mi?" derler.

6. Tefekkür edilmelidir.

"Ben kimim, yaratılma gayem nedir, nereye gidiyorum, Allahü Teala'nın benden istekleri nelerdir?" gibi konular başta olmak üzere hayatî meselelerde derin düşüncelere girmelidir. Ayrıca "Bir saat tefekkür, 1.000 rekât nafile namazdan faziletlidir" sırrınca imanımızı arttıracak konular okunmalı, tefekkür edilmelidir.

7. **Zikir yapılmalıdır. Zira Allahü Teala'nın zikriyle kalpler itminan bulur.**

Allahü Teala'nın sonsuz kudretiyle yoktan var ettiği kâinatın inceliklerini tefekkürle, gönüllerde iman kuvvetlenir.

a. En az 100 defa Kelime-i Tevhid:

لَا اِلٰهَ اِلَّا اللّٰهُ مُحَمَّدٌ رَسُولُ اللّٰهِ

[*Lâ ilâhe illallahü Muhammedün Resûlullah*]

b. En az 100 defa:

لَا اِلٰهَ اِلَّا اَنْتَ سُبْحَانَكَ اِنّى كُنْتُ مِنَ الظَّالِمِينَ

[*Lâ ilâhe illâ ente sübhâneke innî küntü mine'z-zâlimîn*]

c. En az 100 defa:

سُبْحَانَ اللّٰهِ وَالْحَمْدُ لِلّٰهِ وَلَا اِلٰهَ اِلَّا اللّٰهُ وَاللّٰهُ اَكْبَرُ

[*Sübhanellahi vel hamdü lillahi ve lâ ilâhe illâllahü vallahü ekber*]

d. En az 100 defa:

لَا حَوْلَ وَلَا قُوَّةَ اِلَّا بِاللّٰهِ

[*Lâ havle velâ kuvvete illâ billah.*]

e. En az 100 defa:

حَسْبُنَا اللّٰهُ وَنِعْمَ الْوَكِيلُ

[*Hasbünellahü ve ni'mel vekîl.*]

8. Kaza ve Nafile namaz kılınmalıdır

- Resulullah (*Sallallahü Aleyhi ve Sellem*)in Allah tarafından manevi iyiliklere ve ihsanlara nail olduğu için, şükrün bir ifadesi olarak mübarek gecelerde kılınması tavsiye edilen miktar namaz kılınmalıdır.

- Teheccüd namazı,

- Tesbih namazı,

- Bilhassa dünyanın farklı bölgelerinde imtihana maruz kalan Müslümanların üzerindeki musibetlerin kaldırılıp uzaklaşması için "Hacet Namazı".

- Bu zamana kadar yaptığımız yanlışlıklara karşı "Tövbe namazı".

- Üzerimizdeki nimetlerin kesilmemesi, artarak devam etmesi için "Şükür Namazı".

- Ve en az bir günlük kaza namazı kılınabilir.

9. Akşam, yatsı ve sabah namazlarını cemaatle kılmaya gayret etmek.

Resulullah (*Sallallahü Aleyhi ve Sellem*) buyurdu ki: "***Yatsıyı cemaatle kılan, gecenin yarısını ibadetle geçirmiş gibidir. Sabahı da cemaatle kılan, gecenin tamamında namaz kılmış gibidir.***" [1]

10. Allah dostları bu gecelere son derece değer verirler ve o kadar ibadete gayret gösterirlerdi ki, diğer insanlar, bu gecelerin fazilet ve tazimini onlardan öğrendiler. Bu zatlar o gecelerde en güzel elbiselerini giyer, gözlerine sürme sürer, buhurlar yakar ve gece boyu camide kıyamda bulunurlardı.

---

[1] Müslim, salât, 46 no. 1491

11. Kur'ân-ı Kerim tilaveti ki, özellikle Resulullah (*Sallallahü Aleyhi ve Sellem*)in her gece okuduğu veya teşvik buyurduğu sureler okunmalı, okuyanlar dinlenmeli, manası düşünülmeli, Kur'ân-ı Kerim'e karşı sevgi ve bağlılıklar tazelenmelidir.

Bunlar: "Secde Suresi, Mülk Suresi, İsra Suresi, Zümer Suresi, Yasin Suresi, Vâkıa Suresi, Duhân Suresi, Zilzâl Suresi, Tekâsür Suresi, Kâfirun Suresi, İhlâs Suresi, Âmenerrasûlü, Âl-i İmran suresinin 199–200. ayetleri, Haşr suresinin son üç ayeti. Felak ve Nas sureleri."[1]

Bu sureler şayet okunmazsa, hiç olmazsa Yasin-i Şerif okunmalıdır. Sevabını da başta Resulullah (*Sallallahü Aleyhi ve Sellem*)in, geçmiş Peygamberlerin (*Salavatullahi Aleyhim Ecmeîn*), evliyaların ve kendi ölmüşlerinin ruhuna bağışlanmalıdır.

12. Sahabe, Ulema ve evliya türbeleri ziyaret edilmeli; hoşnutlukları alınmalı ve onlar vesile edilerek dua edilmelidir.

13. Vefat etmiş yakınlarımızın, dostlarımızın ve büyüklerimizin kabirleri ziyaret edilmeli; iman kardeşliğine ait sadâkat yerine getirilmelidir.

14. Hakkı bulunan kimselerle helalleşmeli; yetimler, öksüzler, düşkünler ve yoksullar sevindirilmeli, sadakalar verilmeli, hayır-hasenat yapılmalıdır.

15. Anne ve babalarımızın hayatta ise ellerini öpmeli, onların hayır duaları alınmalı ve akrabaları arayıp ziyaret etmeliyiz.

---

[1] Bu surelerin faziletleri için "Faziletleriyle Sureler ve Dualar" kitabımıza bakınız.

16. Dargın olduklarımızla barışmalıyız.

17. Ev halkıyla, çocuklarla sohbet ederek gecenin önemi ve nasıl ibadet edileceği anlatılmalıdır.

18. İslam'ın gönüllerde taht kurup yaşanması için Allahü Teala'ya yalvarmalı, bunun gerçekleşmesi için hazırlık yapmalı, mevcut planlarımızı tekrar gözden geçirip ömrümüzün muhasebesini yapmalıyız.

19. Bütün mübarek gecelerde Resulullah (Sallallahü Aleyhi ve Sellem)e **ait özellikler anlatılmalı, O'nun varlığının ve yaşadığı hayatın bizim için Rabbimize yakınlaşma vesilesi olduğu hatırlatılmalıdır.**

20. Mübarek gecelere saygı gösterilmelidir.

Saygı göstermek, günah işlememek ve ibadet etmekle olur. Bu kutlu zaman dilimlerine karşı duyulacak en hafif saygı, Allah'ın bizlere çizmiş olduğu helal dairesi dışına başımızı uzatmamak şeklinde olacaktır. Başka bir ifadeyle, hayırda aktif olunamıyorsa, en azından masiyette aktif olunmamalıdır. Bunun bir üst mertebesi ise, hayır işlerinde her zamankinden daha fazla koşuşturmak, performansın artarak devam etmesidir.

21. Bol bol dua edilmelidir. Zira dua, kulları Allahü Tealaya yaklaştıran en ulvi bir vasıtadır.

Sonra bol bol Allah'a dua eder, O'ndan isteyeceğini ister, dileklerini, muratlarını O'na arz edersin. Her kulun istek ve dileklerini verecek olan Allahü Teala'dır. Böylece mübarek geceleri en kısa yoldan ihya etmiş ve Allahü Teala rızasına ermiş olursun.

Bu gecenin hürmetine, Rabbimizden bütün Müslümanların bağışlanmalarını dilemeli, böyle mübarek gecelerin hayırlara vesile olmasını, kardeşlik ve sevgi ve saygı bağlarının kuvvetlenmesini, İslam âleminin birliğine vesile olmasını ve bütün insanlığın bela ve musibetten uzak olmasını niyaz etmeliyiz.

Yapılacak Örnek Bir Dua:

Hamd, Âlemlerin Rabbi olan Allah'a mahsustur. Salât ve Selam, Efendimiz Muhammed (*Sallallahü Aleyhi ve Sellem*)e, Ailesine, Ashabına ve Tâbi olanların üzerine olsun.

Allah'ım! Belanın hücumundan, azgınlığın ulaşmasından, kötü kazadan, düşmanın alay etmesinden Sana sığınırız. Allah'ım! Bizi bağışla, bizden razı ol, bizden kabul eyle, bize cenneti nasip et, cehennem azabından kurtar. Her işimizi düzelt. Allah'ım! Seni anmak, Sana şükretmek, Sana güzel kulluk etmek için bize yardım eyle. Bizi dünyada yüz üstü kalmaktan muhafaza eyle, ahiret azabından kurtar. Allah'ım! Bize günahtan selameti, her türlü iyiliğe nail olmayı, cennete ulaşıp cehennemden kurtulmayı diliyoruz.

Ey hiçbir şey kendisine zarar veya fayda vermeyen Allah'ım! Beni şeytanî şehvetlerden kurtar; Peygamberin olan Muhammed (*Sallallahü Aleyhi ve Sellem*)i sıddıkıyet muhabbetiyle bize sevdirmek suretiyle bizi gaflet paslarından ve cehalet vehimlerinden tertemiz kıl.

Ey dua edildiğinde cevap veren, ey hesapları süratle gören Kerim ve Vehhab olan Allah'ım!

Hastalığı büyük ve şifası zor, çaresi zayıf ve belası kuvvetli olan ve Senden başka ümidi bulunmayan kullarına merhamet et.

İlahi! Derdimi, üzüntümü ve şikâyetimi Sana arz ediyorum, Sen yardım eyle Allah'ım!

Allah'ım! Bizim için bağışlamadığın bir günah, açıp sevince çevirmediğin bir üzüntü, ödemediğim bir borç bırakma. Gerek dünya, gerek ahirete ait Senin hoşnut olduğun bütün ihtiyacımızı karşıla, ey merhamet edenlerin en merhametlisi, rahmetinle duamızı kabul eyle Allah'ım!

Salât ve Selam Muhammed (*Sallallahü Aleyhi ve Sellem*)e ve bütün Peygamberlere, hamd Âlemlerin Rabbi olan Allah'adır.

Yapılacak Örnek Başka Bir Dua:

Nimetlerine denk düşecek ve artırdığın nimetleri karşılayacak derecede bir hamd ancak Sana mahsustur. Bildiğimiz bilmediğimiz Seni övecek ne varsa ve her halükarda bunların tamamıyla Sana hamd ediyoruz.

Allah'ım! Gönlümü Sana bağlayacak, darmadağın halimi bir araya toplayacak, dağınık ve parçalanmış işlerimi bir-birine yaklaştıracak kötü gelenek ve fitnelerden beni koruyacak, dilimi ıslah edecek, batınımı koruyacak, zahirimi yükseltecek, rızana ulaştıracak ve her kötülükten beni koruyacak olan rahmetini Senin fazlından isterim.

Allah'ım! Kazalarda sabır ve kurtuluşu, şehitlik mertebesini, iyiler yaşayışını, düşmanlara galip gelmeyi ve Peygamberlere arkadaş olmayı Senin fazlından isterim.

Allah'ım! Her ne kadar hayırlısını bilemezsem ve amelim kusurlu ise de, bütün dileklerimi Sana arz eder, Senden yardım dilerim. Yalnız Senin rahmetine muhtacım. Ey gönüllere şifa verip bütün dertlere derman olan Allah'ım! Büyük kudretinle birbirine yaklaşmış iki deniz suyunu diğerine karıştırmadığın gibi, cehennem azabından helak oldum diye feryat etmekten ve kabrin fitnesinden beni koru.

Allah'ım! İstemesinde veya hak etmesinde kusur ettiğim ve kullarından herhangi birine vaat ettiğin veya vereceğin her türlü iyilikleri candan arzular ve onları Senin fazlından isterim.

Allah'ım! Ben dilimin döndüğü kadar dua ediyorum, kabulü Sen'dendir. Sen kabul eyle. Ben elimden geleni yapıyorum, itimadım Sanadır. Biz Allah içiniz ve O'na yöneleceğiz. Kuvvet ve kudret ancak azamet sahibi olan Allah'ındır. Kıyamet gününde emniyeti, ebedi günde de ahdini yerine getirip rükû ve sücud eden iyiler ile beraber cenneti isterim. Kerem ve ihsanına nihayet olmayan, dostluk edenlere sonsuz sevgisi olan ve dileğini dilediği gibi yapan Sensin.

Allah'ım! Kalbimi, kabrimi, gözümü, bütün bedenimi nurun ile nurlandır ve nurumu arttır.

Allah'ım! Bizim için bağışlamadığın bir günah, açıp sevince çevirmediğin bir üzüntü, ödemediğim bir borç bırakma. Gerek dünya, gerek ahirete ait Senin hoşnut olduğun bütün ihtiyacımızı karşıla, ey merhamet edenlerin en merhametlisi, rahmetinle duamızı kabul eyle Allah'ım!

Salât ve Selam Muhammed (*Sallallahü Aleyhi ve Sellem*)e ve bütün Peygamberlere, hamd Âlemlerin Rabbi olan Allah'adır.

A. Gün ve Gecelerin Faziletleri

Mübarek gün ve geceler, Allahü Teala'nın bu ümmete bir ihsanıdır. Geçmiş ümmetlerin ömürleri uzundu. 500 yıl, 1000 yıl yaşayan ümmetler vardı. Ömürleri uzun olduğu için elde ettikleri sevaplar da o oranda fazlaydı.

Resulullah (*Sallallahü Aleyhi ve Sellem*) ümmetinin ömrü kısa olduğu için sevapları da az olacak diye üzülüyordu. Allahü Teala, mübarek gün ve geceleri ihsan buyurarak bu gecelerde verdiği kat kat fazla sevaplarla diğer ümmetlerden daha çok sevap kazanmalarına imkân verdi. Ve bu mübarek geceleri nasip etti.

Bazı âlimler ihyası müstehab olan mübarek gün ve geceleri hesap edip 15 gecedir, dediler:

1. Cuma gecesi ve gündüzü.
2. Muharremin 1. gecesi (yılbaşı gecesi) ve gündüzü
3. Muharremin 10. gecesi ve gündüzü (Aşure günü)
4. Receb'in 1. gecesi (üç ayların başlangıç gecesi) ve gündüzü.
5. Receb'in ilk Cuma gecesi (Regaib gecesi) ve gündüzü.
6. Receb'in 27. gecesi (Miraç gecesi) ve gündüzü.
7. Şaban'ın 15. gecesi (Beraat gecesi) ve gündüzü.
8. Ramazan Bayramı gecesi ve günü.
9. Arife gecesi.
10. Kurban bayramı gecesi ve gündüzü.

(11-15) Ramazan'ın son on günündeki tek geceler.

Bunulnla alakalı bilgiler, yeri geldikçe izah edilecektir.

Haftanın Gün ve Gecelerinin Faziletleri

1. Pazartesi, Resulullah (*Sallallahü Aleyhi ve Sellem*) hicri aylardan Rebiü'l-Evvel ayının 12. günü Pazartesi günü sabaha karşı dünyaya geldiğinden ve Kur'ân'ın kendisine indiriliş günü olduğundan, diğer günlerden üstün olmuştur ki, Resulullah (*Sallallahü Aleyhi ve Sellem*) bu iki nimete şükür için o günü oruçlu geçirdiğini beyan etmiştir.
2. Peygamberliği, 40 yaşına geldiğinde Ramazan ayının Pazartesi günü olmuştur. Mekke'den Medine'ye hicret Pazartesi günü olmuştur. Medine'ye Pazartesi gelmiştir. Hacerü'l-Esved taşı Pazartesi günü koyuldu ve Pazartesi günü vefat etti. Miraca çıkış günü de Pazartesi olmuştur.
3. İnsanların amelleri, haftada iki sefer, Pazartesi ve Perşembe günleri Allah'a arzedilir. O nedenle bu iki günde oruçlu olmak çok faziletlidir. Kardeşi ile arasında husumet bulunan kul hariç, her mümin mağfiret görür. Bunlar barışıncaya kadar, "Şu iki zavallıya bakın" denilir.

✦ Resulullah (*Sallallahü Aleyhi ve Sellem*) buyurdu ki: "***Ameller Pazartesi ve Perşembe günleri Allahü Teala'ya arz edilir. Ben amelimin oruçluyken arz edilmesini severim.***"[1]

✦ Ebu Hüreyre (*Radıyallahü Anh*) anlatıyor: Resulullah (*Sallallahü Aleyhi ve Sellem*) Pazartesi ve Perşembe günleri oruç tutardı. Kendisine:

---

[1] Ebu Davud, Oruç, 60; Tirmizi, 3/213, Tergîb ve Terhîb, 3/458

- "Ey Allah'ın Resulü! Siz Pazartesi ve Perşembe günleri oruç tutuyorsunuz (bunun hikmeti nedir)?" diye sorulduğunda, şu açıklamada bulundu:

- "*Allahü Teala, Pazartesi ve Perşembe günleri oruç tutanlar ve birbiriyle küs duran hariç bütün Müslümanları mağfiret buyurur ve* (amelleri arz eden meleğe):

- **"Küs olan bu iki kişi, barışıncaya kadar onları bırak!"** *diye emreder.*"[1]

4. Resulullah (*Sallallahü Aleyhi ve Sellem*) haftanın günlerinde yapılacak dünya işlerinin hangi gün yapılması faziletli olduğunu şöyle beyan etmiştir:

Pazartesi günü, sefer etmek ve rızık talebi için mübarek gündür.

Salı günü, hiddet, şiddet ve muharebe günüdür.

Çarşamba günü, alışveriş için mesut bir gün değildir.

Perşembe günü, hacet talebi için mübarek bir gündür.

Cuma günü, ibadet ve zikir ile müminlerin kalbi mesrur olacak bir bayram günüdür.

Cumartesi günü, din-i mübini eda etmeye letayıf hıl ile galip olacak bir gündür.

Pazar günü, ağaç dikmek ve bina yaptırmak için mübarek gündür.[2]

---

[1] İbni Mace, 1040, 1/553; Kenzül-Ummâl, 24792; Tergib, 2/124
[2] Münavi, Kenzü'l-İrfan,152

Cuma Günü ve Gecesinin Faziletleri

Cuma günü ve gecesinde Kur'ân okumayı, zikirler yapmayı, dualarda bulunmayı, Resulullah (*Sallallahü Aleyhi ve Sellem*) üzerine salâvat getirmeyi diğer günlerden daha da çok yapmak müstehaptır.

✦ Ebu Hüreyre (*Radıyallahü Anh*)den rivayet edildiğine göre, Resulullah (*Sallallahü Aleyhi ve Sellem*) Cuma gününden bahsetti ve şöyle buyurdu: "***Cuma gününde öyle bir ân vardır ki, Müslüman kimse ona namaza dururken, Allah'tan bir şey ister de, o âna rast gelirse, muhakkak Allahü Teala o istediğini ona verir.*** " Bu sözleri söylerken eliyle bu sürenin azlığını da işaret etti. [1]

Âlimler bu ânın hangi vakit olduğu hususunda çelişkiye düştüler. Sahabenin çoğu, onun ikindiden sonra olduğu kanaatindedir.

Bazıları şafağın sökmesinden güneşin batmasına kadar olan vakittir, dediler.

Bazıları ise, bunun şafak söktükten sonra, güneş doğmadan önce, güneş doğduktan sonra, zevalden sonra, ikindiden sonra dediler.

Ebu Musa el'Eşarî (*Radıyallahü Anh*) diyor ki: Resulullah (*Sallallahü Aleyhi ve Sellem*): "Bu ânın imamın hutbeye çıkması ile namazın bitimi arasıdır" buyurduğunu işittim. [2]

Resulullah (*Sallallahü Aleyhi ve Sellem*) buyurdu ki: "***Cuma gününde, duaların kabul olunduğu saati ikindi vaktinden güneşin batışı anına kadar arayınız.***" [1]

---

[1] Buhari, Cuma, 37; Müslim, Cuma, 13; Muvatta, Cuma, 15

[2] Müslim, Cuma, 16; Ebu Davud, Salât, 208

Resulullah (*Sallallahü Aleyhi ve Sellem*) buyurdu ki: "***Şüphesiz Cumada öyle bir saat vardır ki, kul o saatte Allahtan ne dilerse, kabul olunur, dua isteği reddolunmaz.***"

- "Ey Allah'ın Resulü! O hangi saattir, ne zamandır" dediler.

Resulullah (*Sallallahü Aleyhi ve Sellem*) buyurdu ki:

- "***Cuma namazına kamet getirildikten itibaren namazdan çıkışına kadar ki saattir.***"[2]

✦ Resulullah (*Sallallahü Aleyhi ve Sellem*) şöyle buyurmuştur: "***Güneş hiçbir zaman Cuma gününden daha faziletli bir günde doğmamıştır.***"[3]

✦ Resulullah (*Sallallahü Aleyhi ve Sellem*) şöyle buyurmuştur: "***Şüphesiz en faziletli gününüz, Cuma günüdür. O günde Âdem*** (*Aleyhisselâm*) ***yaratıldı. O günde vefat etti. Sur'a o gün üfürülecek, kıyamet o gün kopacaktır. O halde Bana bolca salâtü selam getiriniz. Şüphesiz getireceğiniz salâtü selamlar, Bana arz olunup ulaştırılır.***

Bunun üzerine: "Ey Allah'ın Resulü! Mezarda defnolunduğun halde bu nasıl olur?" denildi.

Resulullah (*Sallallahü Aleyhi ve Sellem*): "***Toprak oldun, derler. Hâlbuki Allah yeryüzünde Peygamberlerin cesetlerini çürütmeyi haram etmiştir.***"[4]

✦ Resulullah (*Sallallahü Aleyhi ve Sellem*) şöyle buyurmuştur: "***Şüphesiz Cuma günü, Allah katında günlerin efendisi ve en büyüğüdür. O, Allah katında, Kurban ve Ramazan bayramı günlerinden de daha büyüktür. Bu günün beş hasleti vardır:***

---

[1] Tirmizi, Salât, 354

[2] Müslim, Cuma, 490

[3] Müslim, 854

[4] Ebu Davud, Sünen, 1047; İbni Mâce, 1085

1. Allah, Âdem(Aleyhisselâm)i bugünde yarattı.
2. Allah, Âdem (Aleyhisselâm)i o günde yeryüzüne indirdi.
3. Allah, Âdem(Aleyhisselâm)ın ruhunu o gün aldı.
4. O günde öyle bir saat vardır ki, kul o saatte Allah'tan haram olan bir şey talep etmedikçe her ne isterse, mutlaka kendisine talebi verilir.
5. Kıyamet de o gün kopacaktır.
Bütün mukarreb (Allah'a yakın) ***melekler, gök, yer, rüzgâr, dağ, deniz, hepsi o günden korkarlar.*** "[1]

✦ Resulullah (*Sallallahü Aleyhi ve Sellem*) buyurdu ki: "***Güneş Cuma gününden daha faziletli hiçbir günde ne doğar, ne de batar. Cuma gününden korkup, dehşete kapılmayan hiçbir canlı mahlûk yoktur. Şu iki varlık, yani insanlarla cinler müstesnâ.***"[2]

✦ Resulullah (*Sallallahü Aleyhi ve Sellem*) buyurdu ki: "***Allahü Teala her Cuma günü ve gecesi 600 bin kişiyi cehennemden azad eder.***"[3]

✦ Resulullah (*Sallallahü Aleyhi ve Sellem*) buyurdu ki: "***Şüphesiz Allahü Teala, Cuma günü istisnasız olarak hiçbir Müslüman'ı bırakmaksızın hepsinin günahlarını affeder.***"[4]

✦ Resulullah (*Sallallahü Aleyhi ve Sellem*) buyurdu ki: "***Her gün, güneş tam tepede iken zevalden önce cehennem yeniden alevlendirilir. Bu vakitte namaz kılmayınız. Ancak Cuma günü bunun dışındadır. Cuma günün tamamı namaz olduğu için o günde cehennem alevlendirilmez.***"[5]

---

[1] İbni Mâce, Sünen, 1/344; Ahmed bin Hanbel, el-Müsned, 3/430
[2] İbni Hibbân, Sahih, 4/194; İbni Hüzeyme, Sahih, 3/115
[3] Heysemî, Mecmeuzzevâid, 2/164; Tergîb ve Terhîb, 1027
[4] Tergib ve Terhib, 1/492
[5] Ebu Davud, 1083

✦ Resulullah (*Sallallahü Aleyhi ve Sellem*) buyurdu ki: "***Hiçbir namaz Cuma günü sabah namazının cemaatle kılmaktan daha faziletli olamaz. Bu namazı cemaatle kılanın mutlaka mağfiret olunacağını ümit ediyorum.***" [1]

✦ Resulullah (*Sallallahü Aleyhi ve Sellem*) buyurdu ki: "***Cuma günü, salim geçerse, haftanın diğer günleri de öyle geçer.***" [2]

✦ Resulullah (*Sallallahü Aleyhi ve Sellem*) buyurdu ki: "***Beş vakit namaz, bir Cuma namazı diğer Cuma namazına, bir Ramazan diğer Ramazan'a kadar hep keffarettirler. Büyük günah yapmadıkça aralarındaki günahları affettirirler.***"[3]

✦ Ebu Ümame (*Radıyallahü Anh*), Resulullah (*Sallallahü Aleyhi ve Sellem*)in şöyle buyurduğunu nakleder: "***Beş gece vardır ki, onlarda yapılan dua ve istekler asla reddolunmaz:***

1. ***Cuma gecesi.***
2. ***Ramazan bayramı gecesi,***
3. ***Kurban Bayramı gecesi,***
4. ***Receb ayının ilk gecesi,***
5. ***Şaban'ın yarısındaki gecesi.***" [4]

✦ Ebu Ümame (*Radıyallahü Anh*), Resulullah (*Sallallahü Aleyhi ve Sellem*)in şöyle buyurduğunu nakleder: "***Dört gece vardır ki, geceleri günleri gibi, günleri de geceleri gibidir. Allahü Teala bu gecelerde yapılan yeminleri doğru çıkarır, canları cehennemden azad eder ve bol mükâfatlar verir:***

---

[1] Kenzü'l-Ummal, 21049

[2] Ebu Nuaym, el-Hilye, 7/140; Beyhakî, Şuabul-İman, 3708

[3] Müslim, Taharet, 14, 15, 16; Ahmed, Müsned, 2/484

[4] Beyhakî, Şuabul-İman, 5/287, No. 3438

(1) ***Cuma gecesi ve sabahı,***

(2) ***Kadir gecesi ve sabahı,***

(3) ***Şaban'ın onbeşinci gecesi ve sabahı,***

(4) ***Arife gecesi ve sabahıdır.***" [1]

✦ Resulullah (*Sallallahü Aleyhi ve Sellem*) şöyle buyurmuştur: "***Her kim cumayı kılar, gününü oruçla geçirir, bir hasta ziyaret eder, bir cenazeye katılır ve bir nikâha şahitlik yaparsa, cennet ona vacip olur.***" [2]

✦ Resulullah (*Sallallahü Aleyhi ve Sellem*) buyurdu ki: "***Kim Cuma günü veya Cuma gecesi vefat ederse; Allahü Teala ona şehit sevabı verir ve kendisini kabir fitnesinden korur.***" [3]

✦ Resulullah (*Sallallahü Aleyhi ve Sellem*) şöyle buyurmuştur: "***Şüphesiz Allah her Cuma gecesinin başından sonuna kadar dünya semasına tecelli eder. Diğer sair gecelerde ise, gecenin ilk üçte biri geçtikten sonra sonuna kadar ki zamanda tecelli ederek bir meleği görevlendirerek:***

- «İhtiyaç sahibi yok mu ona vereyim. Tövbe eden yok mu tövbesini kabul edeyim. İstiğfarda bulunan yok mu onu mağfiret edeyim. Ey hayra talip olan gel! Ey kötülük isteyen, bu fiilinden vazgeç!»" [4]

✦ Resulullah (*Sallallahü Aleyhi ve Sellem*) şöyle buyurmuştur: "***Cuma gecesi veya Cuma günü vefat eden hiçbir Müslüman yoktur ki, Allahü Teala onu kabir fitnesinden korumamış olsun.***" [5]

---

[1] Tuhfetül-İhvân, 51
[2] Taberanî, el-Kebir, No. 7484
[3] Hakîm Tirmizî, Nevâdir, 3/386; Ebu Ya'lâ, el-Müsned, 7/146
[4] Tirmizi, Sünen,329
[5] Tirmizî, Cenâiz, 72

✦ Ka'bul-Ahbâr (*Radıyallahü Anh*) şöyle buyurur: "Allahü Teala, şehirler içinde Mekke'yi, aylar içinde Ramazan'ı günler içinde Cuma gününü ve geceler içinde de Kadir gecesini diğerlerinden faziletli kıldı."

Denilir ki: .Kuşlar ve haşerat Cuma günü karşılaştıkları zaman şöyle der: "Selam, selam, ne iyi bir gün!"

✦ Muhammed bin Alkamî (*Rahimehullah*)den rivayet edildi ki: " Müminlerden dokuz kimseye kabir suali sorulmaz:

1. Cuma günü veya gecesi ölene,
2. Her gece Mülk suresini okuyana,
3. Ölüm hastalığında İhlâs suresini okuyana,
4. Şehide,
5. Düşman karşısında nöbet beklerken ölene,
6. Salgın hastalıklardan ölene,
7. Peygamberler ve sıddıklara,
8. Buluğa ermeden ölen çocuğa,
9. Veba, kolera gibi bulaşıcı hastalıktan ölene.

Cuma Namazı

Allahü Teala'nın kullarına bahşettiği sayısız lütuflarından biri de Cuma günüdür. Cuma'yı diğer günlerden ayıran en önemli özellik, o günde cemaat halinde Cuma namazının kılınmasıdır. Nitekim Allahü Teala bu konuda şöyle buyurmaktadır:

بِسْـــــــــمِ اللهِ الرَّحْمٰنِ الرَّحِيمِ

يَا اَيُّهَا الَّذٖينَ اٰمَنُوا اِذَا نُودِيَ لِلصَّلٰوةِ مِنْ يَوْمِ الْجُمُعَةِ فَاسْعَوْا اِلٰى ذِكْرِ اللّٰهِ وَذَرُوا الْبَيْعَ ذٰلِكُمْ خَيْرٌ لَكُمْ اِنْ كُنْتُمْ تَعْلَمُونَ ﴿٩﴾ فَاِذَا قُضِيَتِ الصَّلٰوةُ فَانْتَشِرُوا فِى الْاَرْضِ وَابْتَغُوا مِنْ فَضْلِ اللّٰهِ وَاذْكُرُوا اللّٰهَ كَثٖيرًا لَعَلَّكُمْ تُفْلِحُونَ ﴿١٠﴾

“**Ey iman etmiş olan kimseler! Cuma günü o** (Cuma) **namaz**(ı) **için** (ezan okunularak) **çağrıda bulunulduğu zaman, hemen Allah’ın zikri** (olan Cuma namazının ikamesi)**ne koşun ve alışveriş** (gibi tüm muameleler)**i bırakın! İşte size! Bu** (alışverişin geçici kârından) **sizin için daha hayırlıdır! Eğer** (kalıcı olan hayır ve şerri) **bilmekte bulunmuş olduysanız**(, sonsuz ticareti tercih edersiniz)! Artık o namaz bitirildiği zaman, hemen yer(yüzün)de dağılın, Allah’ın fazlından (kârınızı) arayın ve Allah’ı (anmayı sadece namaza tahsis etmeyip, tüm hallerinizde O’nu) çokça zikredin, tâ ki siz (iki cihan saadetine kavuşarak) felah (ve kurtuluş)a erişebilesiniz!”[1]

Bu ayeti kerime, Cuma vaktinin Cuma namazı kendilerine farz olanlar için bir ibadet zamanı olduğuna işaret etmektedir. Bu ayete kulak veren müminler, yüce Allah’ın bu çağrısına uyarak her türlü dünyevî meşgaleyi bir tarafa bırakıp

---

[1] Cuma Suresi, 9–10

Cuma namazına koşarlar. Camide hayatlarına yön verecek nasihatleri dinler, birlik ve beraberlik içersinde Allahü Teala'dan af ve rahmet dilerler.

Cuma namazı; erkek, hür, yolcu ve kör olmayan ve kötürüm, ayakları kesilmiş olmayan, sıhhatli olan her Müslüman'a farzdır.

Cuma namazının vakti, tam öğle namazının vaktidir. Cuma namazı için ezan okunur. Namaz şu şekilde kılınır:

(1) Öğle namazının sünneti gibi, dört rekât cumanın ilk sünneti kılınır.

(2) Cami içinde bir ezan daha okunur.

(3) Minberde cemaate karşı bir hutbe okunur.

(4) Kamet getirilerek cumanın iki rekât farzı cemaatle aşikâre okunarak kılınır.

(5) Öğlenin ilk rekât sünneti gibi cumanın son sünneti kılınır.

(6) Dört rekâtlık "Zuhr-i Ahir" namazı kılmaya niyet edilir. Bu namaz, öğle namazının farzı gibi kılınır.

(7) "Vaktin Sünneti" niyeti ile sabah namazının sünneti gibi iki rekât namaz daha kılınır. Ve Cuma namazı tamamlanmış olur.

✦ Resulullah (*Sallallahü Aleyhi ve Sellem*) buyurdu ki: ***"Şüphesiz Allahü Teala bu gününde ve bu makamda size Cuma namazını farz kılmıştır!"***[1]

✦ Resulullah (*Sallallahü Aleyhi ve Sellem*) buyurdu ki: "***Güneşin üzerine doğduğu günlerin en hayırlısı Cuma günüdür. Âdem*** (*Aleyhisselâm*) ***o günde yaratıldı, cennete o günde girdi, yeryüzüne o günde indirildi, o günde tövbesi kabul***

---

[1] İbni Mâce, 1081

edildi, o günde vefat etti ve kıyamet de o günde kopacaktır. O gün Allahü Teala katında "Yevm-i Mezîd (nimetin zirveye çıktığı gün)*"dür. Melekler Cuma gününü semada bununla isimlerdir. O gün, cennetliklerin Allahü Teala-nın cemaline nazar kılma günüdür!* "[1]

✦ Resulullah (*Sallallahü Aleyhi ve Sellem*) buyurdu ki: "***Cebrail** (Aleyhisselâm)* ***Bana geldi, elinde beyaz bir ayna vardı. Dedi ki:***

- Bu Cuma'dır. Rabbin bu günde Cuma namazını Senin için bayram olarak farz kıldı. Senden sonra da ümmetin için bu farz devam edecek! Ben dedim ki:

- Bu günde bizim için ne var? Dedi ki:

- Bu günde öyle hayırlı bir vakit var ki; kim o anda Allahü Teala'dan hayırlı bir şey dilerse, eğer o dilediği kendisi için takdir edilmişse, Allahü Teala onu kendisine verir. Yahut takdir edilmemiş ise, daha büyük olanı kendisi için saklar. Ya da başına gelmesi takdir edilmiş bir şerden Allah'a sığınırsa, Allahü Teala mutlaka ondan daha büyük bir beladan korur. Bize göre o, günlerin en şereflisidir. Biz ahrette o güne "Yevm-i Mezîd (nimetin zirveye çıktığı gün)***" deriz!***

Ben 'Niçin?' dedim. Cebrail *(Aleyhisselâm)* ***dedi ki:***

- Rabbin, cennette beyaz miskten daha hoş kokulu bir vadi seçmiştir. Cuma günü olunca İlliyyûn makamından Kürsüsüne iner ve cennetliklere tecelli eder, cennetlikler O'nun yüce Cemalini seyretme şerefine erişirler (onun için bu güne Yevm-i Mezîd deriz)." [2]

---

[1] Tirmizî, 488; Nesâî, 1430

[2] Ebu Ya'lâ, el-Müsned, 3434; Heysemî, Mecmeuzzevâid, 17634

✦ Enes bin Mâlik (*Radıyallahü Anh*) rivayet ediyor: Cebrail (*Aleyhisselâm*) Resulullah (*Sallallahü Aleyhi ve Sellem*)in yanına gelmişti. Elinde bir beyaz ayna, bu aynada da siyah bir nokta bulunmaktaydı. Resulullah (*Sallallahü Aleyhi ve Sellem*):

- "***Ey Cebrail! Bu beyaz ayna da nedir?***" diye sordu. Cebrail (*Aleyhisselâm*) :

- "Bu beyaz ayna Cuma gününü, bu siyah nokta ise, Cuma günü kopacak olan kıyameti temsil etmektedir. Cuma günü Sana ve ümmetine tahsis edilmiş özel bir gündür. Bununla siz, sizden öncekilerden üstün oldunuz. yahudi ve hıristiyanlar bu hususta size tâbidir.

Cuma gününde öyle bir saat vardır ki, o saate denk gelip de Allah'tan hayırlı bir işin gerçekleşmesi veya bir kötülükten korunmak için duada bulunan kişinin duasını Allah kabul eder. Biz melekler o güne '*Yevm-i Mezîd*' deriz."

Resulullah (*Sallallahü Aleyhi ve Sellem*) Cebrail (*Aleyhisselâm*)e, '*Yevm-i Mezîd*'in ne olduğunu sorunca, Cebrail (*Aleyhisselâm*) şöyle anlattı:

- "Allahü Teala Firdevs cennetinde miskten bir tepecik yarattı. Cuma günü olunca, bu tepecik Peygamberlerin oturması için nurdan minberlerle donatılır. Onların arkasına üzeri inci ve mücevherlerle süslenmiş altından minberler üzerinde sıddıklar, şehidler ve salihler bulunur. Kur'ân ehli kimseler de cennetteki odalarından çıkıp bunların arkasına geçer. Hep birlikte, Rablerinin huzurunda Allahü Teala'yı hamd ü sena ederler. Sonra Allahü Teala onlara:

- «**Ne isterseniz isteyin**» buyurur. Onlar:

- "Ey Rabbimiz! Senin rızanı istiyoruz" derler. Allahü Teala:

- «**Ben sizden tam anlamıyla razıyım. Sizi cennetime soktuğum gibi daha birçok nimetimi de bahşedeceğim**» buyurur. Daha sonra aradaki perde kalkar ve Allahü Teala onlara tecelli eder. Herkes O'nu görür. Bu nedenle onlar için Cuma gününden daha hoş bir gün yoktur. Çünkü bu gün onlar için nimetin fazlasıyla artırıldığı, zirveye ulaştığı gündür."[1]

✦ Resulullah (*Sallallahü Aleyhi ve Sellem*) şöyle buyurmuştur: "***Günler kendi halleri ile haşredilecektir. Cuma günü ise beyaz, Cuma ehlini*** (gününün kıymetini bilenleri) ***aydınlatan bir şekilde haşredilecektir. Cuma ehlini gerdeğe girecek bir gelin gibi etrafını kuşatırlar. O önlerini aydınlatır, onlar da onun ışığında yürürler. Renkleri kar gibi beyaz, kokuları misk kadar hoş olacaktır. Kâfurdan***[2] ***dağlara dalacaklardır.*** (Cuma ehli olmayan) ***insanlar ve cinler gözlerini kırpmadan hayretle ve beğenerek onlara bakıp duracaklardır. Cennete girene kadar bu halleri böyle olacaktır. Ecrini Allah'tan bekleyen müezzinler dışında hiç kimse bu güzelliklerde onlarla ortak olmayacaktır.***"[3]

✦ Abdullah ibni Mes'ûd (*Radıyallahü Anhüma*) dedi ki: "*Cuma namazına gitmek için acele ediniz. Çünkü Allahü Teala her Cuma cennet ehline kâfurdan bir tepe üzerinde* (oldukları halde) *görünür. Onlar da Cumaya erken geliş mertebelerine göre O'na yakın bulunurlar. Aziz ve Celil olan Allah onlara bundan önce görmedikleri birtakım lütufları ihdas edecek, bağışlayacaktır. Sonra hanımlarının yanına dönecekler ve onlara Allah'ın kendilerine yeni lütuflarını anlatacaklar.*"[4]

---

[1] Şâfiî, Müsned, 1/126-127; İbni Kesîr, el-Bidâye ven-Nihâye, 2/481
[2] Cennette bir kaynak ismi.
[3] İbni Hüzeyme, Sahih, 3/117
[4] Taberânî, Mu'cemü'l-Kebir, 9/273

Şeyh Ebu Talib el-Mekkî (*Rahimehullah*) der ki: "*İlk asırda seher vaktinde ve fecirden sonra yolların insanlarla dolup taştığı görülürdü. Kandillerin ışığında yürürler ve kalabalıklar halinde bayram günleri gibi camiye giderlerdi. Nihayet bu âdet kalktı.*

Denildiğine göre; İslam'da ortaya çıkan ilk bidat, Cuma günü camiye geç gitmek olmuştur.

İmam Gazalî (Rahimehullah) der ki: yahudiler ve hıristiyanlar cumartesi ve Pazar günleri havralarına ve kiliselerine erken gittikleri halde Müslümanlar onlardan nasıl utanmazlar? Diğer taraftan dünya peşinden olanlar nasıl erken vakitlerde alışverişe ve kâra kavuşmak için çarşı-pazarlara giderler! Peki, ahireti talep edenler niçin onlarla yarışmazlar, niçin onlardan erken gitmezler!"

✦ Resulullah (*Sallallahü Aleyhi ve Sellem*) buyurdu ki: ***"Üç şey vardır ki, eğer insanlar onlardaki fazileti bilseydi, develerin koşuşu gibi, onların arkasına düşüp koşacaklardı: Ezan, Namazın birinci safı, erkenden Cuma namazına gitmektir."***

✦ Resulullah (*Sallallahü Aleyhi ve Sellem*) buyurdu ki: ***"Şüphesiz sizler için her Cuma gününde bir hac sevabı ve bir umre sevabı vardır. Hac sevabı Cuma namazına hicret edip gitmenizdir. Umre sevabı ise, Cuma namazından sonra ikindi namazını camide kılmak üzere beklemektir."*** [1]

✦ Resulullah (*Sallallahü Aleyhi ve Sellem*) buyurdu ki: ***"Beş hususu kim aynı günde yapacak olursa, Allah onu cennet ehlinden diye yazar: Hastayı ziyaret eden, cenazeye katılan, bir gün oruç tutan, Cumaya giden ve bir köle azad eden."*** [2]

---

[1] Beyhakî, 3/241; Kenzü'l-Ummal, 21173–21174

[2] İbni Hibbân, Sahih, 4/191

- Resulullah (*Sallallahü Aleyhi ve Sellem*) buyurdu ki: ***"Kim güzelce abdest aldıktan sonra Cuma namazına gider,*** (hutbeyi) ***güzel bir şekilde dinlerse, ona üç gün fazlasıyla birlikte o günden gelecek Cumaya kadarki günahları bağışlanır."***[1]
- Resulullah (*Sallallahü Aleyhi ve Sellem*) buyurdu ki: ***"Cuma günü kişi gusleder, başını iyice yıkar, sonra da bulduğu en güzel kokuyu sürünür, güzel elbiselerini giyinir, arkasından namaza çıkıp gider, iki kişinin arasını ayırmaz, sonra da imamı sessizce dinlerse, bir Cumadan diğer Cumaya kadar olan günahları üç gün fazlasıyla birlikte bağışlanır."***[2]
- Resulullah (*Sallallahü Aleyhi ve Sellem*) buyurdu ki: ***"Kim yıkanır, abdest alır, erken kalkıp bineksiz olarak camiye gider. İmama yakın oturur, hutbeyi de dinlerse, o kimsenin camiye giderken attığı her adım için bir yıllık oruç ve namaz sevabı verilir."***[3]
- Resulullah (*Sallallahü Aleyhi ve Sellem*) buyurdu ki: ***"Her kim Cuma günü cünüplükten gusleder gibi yıkanır, sonra birinci saatte giderse, bir deve kurban etmiş gibi olur. İkinci saatte giden kimse ise, bir büyükbaş hayvanı kurban etmiş gibi olur. Üçüncü saatte giden, boynuzlu bir koç kurban etmiş gibi olur. Dördüncü saatte giden bir kimse bir tavuk sadaka vermiş gibi olur. Beşinci saatte giden bir kimse ise, bir yumurta sadaka vermiş gibi olur. İmam*** (minbere) ***çıkınca artık melekler de hutbeyi dinlemek için camiye girerler."***

---

[1] Müslim, 2/588
[2] Ahmed, Müsned, 5/143; İbni Huzeyme, Sahih, 3/152
[3] Ahmed, el-Müsned, 2/209; Tergib ve Terhib, 1/489; Mecmeuzzevâid, 2/171; Kenzül-Ummâl, 21296, 21297

Bir başka bir rivayette ise şöyledir: ***"Cuma günü olunca melekler mescidin kapısı önünde durular ve gelenleri öncelik sırasına göre yazarlar. İmam*** (minbere) ***çıkınca, sahifelerini katlar ve zikri*** (hutbeyi) ***dinlemeye başlarlar."*** [1]

Bu hadisi şerifi rivayet eden Ebu Ümâme (*Radıyallahü Anh*)e bir kişi: "Ey Ebu Ümâme! Peki, imamın (minbere) çıkışından sonra gelen kimsenin Cuması olmaz mı?" diye sordu. Ebu Ümâme: "Olur, fakat sahifelere yazılan kimselerden olmaz" diye cevap verdi. [2]

✦ Resulullah (*Sallallahü Aleyhi ve Sellem*) buyurdu ki: ***"Cuma günü melekler mescidlerin kapılarına gönderilir. Onlar da insanların gelişlerini yazarlar. İmam*** (minbere) ***çıktı mı sahifeler dürülür, kalemler kaldırılır. Melekler birbirlerine: 'Filan kişinin gelişini engelleyen ne oldu?' diye sorarlar ve daha sonra şöyle dua ederler: 'Allah'ım! Eğer o kimse delâlete düşmüşse, ona hidayet ver*** (doğruya ilet). ***Eğer hasta biriyse, ona şifa ver. Eğer fakirse, sen onu ihtiyaçtan kurtar.'"*** [3]

✦ Resulullah (*Sallallahü Aleyhi ve Sellem*) buyurdu ki: ***"Cuma günü olunca, şeytan çarşı ve pazara erkenden bayraklarıyla gider, insanlara bin bir engel çıkararak mani olmaya, onları cumadan geciktirmeye çalışır. Melekler de erkenden gidip mescidin kapılarına dururlar. Gelenleri birinci saatte gelenler, ikinci saatte gelenler diye yazarlar. Bu hal, imam hutbeye çıkıncaya kadar devam eder.***

---

[1] Buharî, 2/407; Müslim, 2/582; İbni Huzeyme, Sahih, 3/133
[2] Ahmed, el-Müsned, 5/26; Heysemî, Mecmeuzzevâid, 2/177
[3] İbni Huzeyme, Sahih, 3/134

Kişi mescitte, imamı gidip dinleyebileceği bir yere oturup can kulağıyla dinler ve konuşmadı mı, kendisine iki kat sevap verilir. Kişi uzakta kalır ve imamı dinleyemeyeceği bir yere oturur, sessiz durur ve konuşmazsa, bir kat sevap alır. Eğer imamı görüp dinleyebileceği bir yere oturur fakat boş konuşma yapar, sessiz kalmazsa, ona iki kat günah yazılır. Eğer dinleme ve görme imkânı olmayan bir yere oturur ve boş konuşur ve sessiz kalmazsa, ona bir kat günah vardır. Kim de yanındaki arkadaşına Cuma günü 'sus' derse, boş konuşmuş olur. Kimde boş konuşur ise, o cumadaki sevaptan nasipsiz kalır. " [1]

Hutbe sırasında "sus" bile denmez iken, hutbeyi dinlemekten alıkoyan diğer konuşmalar hakkında ne düşünülebilir!

✦ Resulullah (*Sallallahü Aleyhi ve Sellem*) buyurdu ki: ***"Cumaya üç türlü kişi gelir. Bir adam Cumaya gelir, camide boş sözler konuşur, onun Cumadan*** (kendisine düşen kazandığı ancak) ***payı budur. Bir adam Cumaya dua ile gelir, bu da Allah'a dua eden bir kişidir, Allah dilerse ona verir, dilemezse vermez. Bir adam da dinleyerek, ses çıkarmadan, bir müslümanın omuzlarının üzerinden geçmeden, kimseye eziyet etmeden Cuma namazında hazır bulunur. Böyle bir Cuma namazı üç gün fazlası ile gelecek Cumaya kadar*** (on gün) ***onun için kefarettir. Çünkü Allahü Teala:*** **«Kim bir hasene ile gelirse, ona on misli verilir»** ***diye buyurmaktadır."*** [2]

✦ Resulullah (*Sallallahü Aleyhi ve Sellem*) buyurdu ki: ***"Cuma günü, imam hutbe okurken kim konuşursa, yük taşıyan eşek gibidir. Ona sus diyen kimsenin cuması yoktur*** (yani, Cuma sevabından mahrum olur).***"*** [3]

---

[1] Ebu Davud, Salât, 209–1051; Ahmed, el-Müsned, 1/93

[2] Ebu Davud, 1/291; İbni Hüzeyme, Sahih, 3/ 157

[3] İbni Mace, Sünen, 794; Neseî, 3/88; İmam Ahmed, el-Müsned, 1/239

✦ Cuma namazına giderken vakar ve sekineti takınarak kısa adımlarla ve yaya olarak gitmelidir.

Cuma Namazını Mazeretsiz Kılmamak

Cuma namazı mükellef (akıl, baliğ, hür, mukim) için bir farizadır. Meşru bir mazeret bulunmadıkça bu kutsi ibadeti terk etmek hakiki bir Müslüman'a yakışmaz. Özürsüz terk edenler hakkında Resulullah (*Sallallahü Aleyhi ve Sellem*) buyurdu ki: ***"Bir kimse bir özür bulunmaksızın Cuma namazını üç kere geçirirse, münafıklıklardan yazılır."*** [1]

Resulullah (*Sallallahü Aleyhi ve Sellem*) buyurdu ki: ***"Özürsüz olarak Cuma namazını terk edenin kalbini Allahü Teala mühürler."*** [2]

Resulullah (*Sallallahü Aleyhi ve Sellem*) buyurdu ki: ***"Cumaya gelmeyen bir topluluğu*** (evlerinin içindeyken) ***yakmak üzere birisini yerime namazı kıldırmak üzere vekil tayin edip evlerini yakmaya karar verdim."*** [3]

Hadisin diğer rivayetinde: "***Cumaya gelmeyen kimse İslam'ı arkasına atmıştır***" ilavesi vardır. [4]

Bir kişi Abdullah ibni Abbas (*Radıyallahü Anhüma*)ya gelip; ömründe hiç Cuma namazı kılmamış ve cemaatle namaza katılmamış birinin durumunu sordu. Abdullah ibni Abbas (*Radıyallahü Anhüma*): "O kişi cehennemdedir!" dedi. O kişi bir ay süreyle gelip giderek aynı soruyu sordu ve her seferinde de "O kişi cehennemdedir!" cevabını aldı.

---

1 Taberanî
2 Tirmizî, 500; Nesâî, 1369; Ahmed bin Hanbel, el-Müsned, 14149
3 Abdürrezzâk, el-Musannef, 5170; Heysemî, Mecmeuzzevâid, 2/43
4 Müslim, Cuma, 855; Heysemî, Mecmeuzzevâid, 3/177

Bugünde Okunacak Zikirler

Cuma Gecesinde Okunacak Zikirler:

✦ Resulullah (*Sallallahü Aleyhi ve Sellem*) şöyle buyurmuştur: "***Kim Cuma gecesi, Fatiha ile 15 kere İzâ Zülzile suresini okuyarak iki rekat namaz kılarsa, Allah onu kabir azabından, kıyametin dehşetli anlarından korur.***"[1]

✦ Resulullah (*Sallallahü Aleyhi ve Sellem*) buyurdu ki: "***Kim şu kelimeleri Cuma gecesi yedi kere okur da o gece vefat ederse, cennete girer, Cuma günü ölürse, yine cennete girer.*** (Bir rivayete göre "***şehit olarak ölür***" buyrulmuştur. Bu duaya Seyyidü'l-İstiğfar duası denilir ki, o) ***dua***(da) ***şudur:***

اَللّٰهُمَّ اَنْتَ رَبِّى لَا اِلٰهَ اِلَّا اَنْتَ ۞ خَلَقْتَنِى وَاَنَا عَبْدُكَ
وَاَنَا عَلٰى عَهْدِكَ وَوَعْدِكَ مَا اسْتَطَعْتُ ۞ اَبُوءُ لَكَ
بِنِعْمَتِكَ وَاَبُوءُ لَكَ بِذَنْبِى فَاغْفِرْ لِى فَاِنَّهُ لَا يَغْفِرُ
الذُّنُوبَ اِلَّا اَنْتَ ۞ اَعُوذُ بِكَ مِنْ شَرِّ مَا صَنَعْتُ ۞

[*Allahümme ente Rabbi lâ ilahe illâ ente. Halaktenî ve ene abdüke ve ene alâ ahdike ve va'dike mesteta'tü. Ebûü leke bini'metike ve ebûü leke bizenbî fağfir lî feinnehü lâ yağfirüzzünübe illa ente. E'ûzü bike min şerri mâ sana'tü.*]

"Ey Allah'ım! Benim Rabbim sensin. Senden başka hiçbir ilah yoktur. Beni Sen yarattın. Ben, Senin kulunum. Ben gücümün yettiği kadar Senin ahdin ve vaadin üzere sabitim.

---

[1] Deylemi, Ramüzü'l-Ehadis

Ben, Senin ihsan ettiğin nimetlerini itiraf ediyor, günahlarımı da kabul ediyorum. Öyleyse Beni mağfiret eyle. Şu muhakkak ki, günahları Senden başkası bağışlayamaz. Ben yaptığım şeylerin şerrinden Sana sığınıyorum. "[1]

Cuma Sabahında Okunacak Zikirler:

✦ Resulullah (*Sallallahü Aleyhi ve Sellem*) buyurdu ki: ***"Her kim Cuma gününün sabahı, sabah namazın***(ın farzın)***dan evvel*** (yani, sünnetinden sonra) ***üç kere:***

اَسْتَغْفِرُ اللهَ الْعَظِيمَ الَّذِى لَا اِلٰهَ اِلَّا هُوَ الْحَىَّ الْقَيُّومَ وَاَتُوبُ اِلَيْهِ

[*Esteğfirullahellezî lâ ilâhe illâ hüvel hayyel kayyüme ve etûbü ileyh.*]

"Kendisinden başka hiçbir ilah olmayan, Hayy ve Kayyûm olan Allah'tan mağfiret dilerim ve O'na tövbe ederim" ***derse, günahları denizlerin köpükleri kadar*** (fazla)***da olsa, Allahü Teala onları affeder."***[2]

✦ Cuma günü, öğleden önce tesbih namazı kılmak büyük sevaptır.

Cuma Namazından Sonra Okunacak Zikirler:

✦ Cuma namazından sonra Allah'ı çok zikretmek müstehaptır. Çünkü Allahü Teala: "**Namaz kılınınca yeryüzüne dağılın, Allah'ın lütf-u kereminden rızkınızı arayın, Allah'ı çok zikredin ki muradınıza eresiniz**"[3] buyurmuştur.[4]

---

1 Tergib ve Terhib, 1/449
2 İbni Sünnî: 34–83
3 Cuma Suresi, 10
4 Nevevî, Ezkar, 150

✦ Resulullah (*Sallallahü Aleyhi ve Sellem*) buyurdu ki:
"Her kim Cuma namazından sonra oturduğu yerde İhlâs-ı şerif, Felak ve Nas surelerini yedi kere okursa, bir dahaki Cuma'ya kadar muhafaza edilir." [1]

✦ Resulullah (*Sallallahü Aleyhi ve Sellem*) buyurdu ki:
"Her kim Cuma namazını kılıp, imam selam verdiğinde, her kim ayağını bükmeden (namaz halini bozmadan) ***Fatiha, İhlâs, Felâk ve Nas surelerini yedişer kere okursa, geçmiş ve gelecek günahları bağışlanır ve kendisine Allahü Teala'ya ve âhiret gününe inananların sayısınca ecir verilir."*** [2]

✦ Resulullah (*Sallallahü Aleyhi ve Sellem*) buyurdu ki : ***"Her kim Cuma günü, Cuma namazın***(ın farzını kılma)***dan önce üç defa:***

اَسْتَغْفِرُ اللّٰهَ الْعَظِيمَ الَّذٖى لَا اِلٰهَ اِلَّا هُوَ الْحَىَّ الْقَيُّومَ وَاَتُوبُ اِلَيْهِ

[*Esteğfirullahellezî lâ ilâhe illâ hüvel hayyel kayyüme ve etûbü ileyh.*]
derse, günahları denizlerin köpükleri kadar (fazla)***da olsa, Allahü Teala onları affeder."*** [3]

✦ İhya'da zikredildiğine göre, Cuma namazından sonra şu duayı 3, 5, 7, 11 defa okumak müstehaptır.

Meşayıhtan bazısı bu duayı 70 kere okuyanın kısa zamanda zengin olacağını nakletmişlerdir.

Ulemadan bazısı da, Cumadan sonra bu duayı yapan bir kişi, bir dahaki Cuma'ya kadar kılmış olduğu her farzın arkasından bu duaya devam ederse, bir dahaki Cuma'ya kadar büyük rızıklarla rızıklanacağını zikretmişlerdir. Bütün bunlar tasdik, inanmak, Allah için yapmak ve iyi niyete bağlıdır.

---

[1] Beyhaki, Şüabü'l-İman
[2] İthaf: 3/271
[3] Heysemî, Mecmeuzzevâid, 2/168

اَللّٰهُمَّ يَا غَنِيُّ ، يَا حَمِيدُ ، يَا مُبْدِئُ ، يَا مُعِيدُ ، يَا رَحِيمُ ، يَا وَدُودُ ۞ اَغْنِنِى بِحَلَالِكَ عَنْ حَرَامِكَ وَبِفَضْلِكَ عَمَّنْ سِوَاكَ ۞

[*Allahümme Yâ Ganiyyü. Yâ Hamîdü. Yâ Mübdiü. Yâ Mu'îdü. Yâ Rahîmü. Yâ Vedûdü. Ağninî bihelâlike an harâmike vebifadlike ammen sivâk.*]

"Ey zengin olan, bütün hamdler kendisine ait olan, ey yoktan yaratan ve tekrar iade edecek olan, ey çok acıyan ve (dostlarını) çok seven Allah'ım! Beni helalinle haramından ve fazl-ı kereminle Senden başkaların(a muhtaç olmak)dan müstağni kıl. "

Hazreti Ali'ye bir köle gelerek, ağası ile anlaşmış olduğu parayı ödemekten aciz kaldığını arz ettiğinde, Hazreti Ali (*Radıyallahü Anh*) ona : "Resulullah (*Sallallahü Aleyhi ve Sellem*)in bana öğrettiği bir takım kelimeleri sana öğreteyim mi? Üzerine Uhud dağı kadar borç olsa da, elbette bu kelimeler sayesinde Allahü Teala onları sana ödettirir" buyurmuş ve sonra bu duayı ona öğretmiştir.[1]

✦ Resulullah (*Sallallahü Aleyhi ve Sellem*) buyurdu ki: ***"Her kim Cuma namazından sonra oturduğu yerden kalkmadan 100 kere :***

سُبْحَانَ اللّٰهِ وَبِحَمْدِهِ ۞

سُبْحَانَ اللّٰهِ الْعَظِيمِ ۞ وَبِحَمْدِهِ اَسْتَغْفِرُ اللّٰهَ ۞

---

[1] İthaf: 3/271

[*Sübhanellahi ve bi hamdih. Sübhanellahi'l-azîm.*
Esteğfirullahe ve etûbü ileyh.]

"Allah'ı tesbih ederim ve O'na hamd ederim. Büyük olan Allah'ı tesbih ederim. Allahü Teala'dan mağfiret dilerim" ***derse, Allahü Teala o kişinin 100 bin günahını, ana-babasının da 24 bin günahını mağfiret eder.*** "[1]

Fazla vakit bulamayanlar:

سُبْحَانَ اللّٰهِ الْعَظِيمِ وَبِحَمْدِهِ

[*Sübhanellahi'l-azîm ve bi hamdih.*]

demekle yetinebilir. Dolayısıyla insan kendi vaktine göre hareket etmelidir.

✦ Rivayet edildi ki: "Her kim Cuma namazından sonra sağ eli ile sakalını tutup, sol elini kaldırarak üç kere bu duayı okursa, Allah onu bağışlar, onun dünya ve ahiret işlerini görür."

يَا ذَا الْجَلَالِ وَالْإِكْرَامِ ۞ اَجِرْنِى مِنَ النَّارِ ۞ يَا عَزِيزُ يَا كَرِيمُ ۞ يَا رَحْمٰنُ يَا رَحِيمُ ۞ نَجِّنِى مِنَ الْعَذَابِ الْاَلِيمِ ۞

[*Yâ zel Celâli vel İkrâm. Ecirnî minen nâr. Yâ Azîzü yâ Kerîm.*
Yâ Rahmânü yâ Rahîm. Neccinî minel azâbil elîm.]

"Ey Celal ve İkram sahibi Allah'ım! Beni ateşten kurtar. Ey Aziz, Kerim, Rahman ve Rahim olan Allah'ım! Beni elîm verici azabından kurtar."[2]

---

[1] Buharî, Daavat, 61

[2] Mişkat

✦ Resulullah (*Sallallahü Aleyhi ve Sellem*) buyurdu ki: "***Her kim Cuma günü ikindiden sonra, 70 kere istiğfar ederse, Allahü Teala onun 70 senelik günahını bağışlar.***"

Cuma Gününde Okunacak Zikirler:

✦ Resulullah (*Sallallahü Aleyhi ve Sellem*) şöyle buyurmuştur: "***Cuma günü herhangi bir saatte:***

لَا اِلٰهَ اِلَّا اَنْتَ يَا حَنَّانُ يَا مَنَّانُ يَا بَدِيعَ السَّمٰوَاتِ وَالْاَرْضِ يَا ذَا الْجَلَالِ وَالْاِكْرَامِ

[*Lâ ilâhe illâ ente yâ Hannânü ya Mennânü yâ bedî'as semâvâti vel arzı yâ zel Celâli vel İkrâm*]

diye dua edilirse, sahibine muhakkak icabet olunur."[1]

Cuma Gününde Çokça Salâvat-ı Şerife Okumak:

✦ Resulullah (*Sallallahü Aleyhi ve Sellem*) şöyle buyurmuştur: "***Perşembe günü geldiğinde Allahü Teala, beraberlerinde gümüş sahifeler, altın kalemler bulunan melekleri gönderir, onlar Perşembe günü ve Cuma gecesinde Bana en çok Salâtı Selam getirenleri kaydederler.***"[2]

✦ Resulullah (*Sallallahü Aleyhi ve Sellem*) şöyle buyurdu: ***"Cuma gecesi olduğunda bin melek ziyaret için kabrime gelir. Ziyaretlerini tamamladıktan sonra yeryüzünün doğusuna ve batısına dağılırlar. Bana getirilmiş olan her bir salât ü selamı işittiklerinde onu götürüp Arş'ın altına bırakırlar.***

---

[1] Camiussağir

[2] İbni Asâkir, Ramüzü'l-Ehadis

- *"Ey Rabbimiz! Bu salât ü selam falanca oğlu falancaya aittir" derler. Allahü Teala da:*

- **"Bunun karşılığında Ben de ona on salât** (rahmet ve mağfiret) **eyledim. Şimdi bunu alın Cebrail** (*Aleyhisselâm*)**e götürüp ona teslim edin. Kıyamet günü olduğunda bu salât ü selamı sahibi için amel terazisinin** (sevap) **kefesine koyacağım."**

Ve kıyamet günü geldiği zaman, o salâvat da onun için gelir; terazisinin tartısını ağırlaştırır, sahibini alıp cennete götürür."

✦ Resulullah (*Sallallahü Aleyhi ve Sellem*) buyurdu ki: ***"Cuma günü Bana çok salât getirin."***[1]

✦ Resulullah (*Sallallahü Aleyhi ve Sellem*) buyurdu ki: ***" Cuma gününde ve gecesinde Bana çok salât okuyun. Böyle yapana kıyamet gününde şahit ve şefaatçi olacağım."***[2]

✦ Resulullah (*Sallallahü Aleyhi ve Sellem*) buyurdu ki: "***En faziletli günlerinizden biri de Cuma günüdür. Binaen aleyh o gün Bana çok salâvat getirin. Zira o günkü salâvat Bana doğrudan arz olunur.*** "

Ashab-ı Kiram (*Radıyallahü Anhüm*) dediler ki: 'Ey Allah'ın Resulü, sen çürümüş olduğun halde Salâvatımız sana nasıl arz olunur' dediler. Resulullah (*Sallallahü Aleyhi ve Sellem*): "***Allahü Teala toprağa Peygamberlerin cesetlerini çürütmeyi haram etmiştir***" buyurdu.[3]

---

[1] İbni Mâce, 1/345

[2] Kenzül-Ummâl, 2142; İhya Şerhi İthaf, 3/241

[3] Ebu Davud, 1/275; İbni Hibbân, Sahih, 2/132

✦ Resulullah (*Sallallahü Aleyhi ve Sellem*) buyurdu ki: ***"Cuma günü Bana çokça salâvat getiriniz. Çünkü o gün meleklerin hazır bulunduğu, tanık olunan bir gündür. Bir kimse Bana bir defa salât getirecek olursa, mutlaka o kimse o salâtını bitirinceye kadar Bana getirdiği salât arz olunur."***

Ebu Derdâ (*Radıyallahü Anh*) dedi ki:

-"Ölümden sonra da mı" diye sordum. Şöyle buyurdu:

- "***Şüphesiz Allahü Teala yere Peygamberlerin cesedini yemeyi haram kılmıştır.***"[1]

✦ Resulullah (*Sallallahü Aleyhi ve Sellem*) buyurdu ki: ***"Cuma günlerinde Bana çokça salâvat getirin. Çünkü ümmetimin salâvatı Bana Cuma günü arz edilir. Bana kimin salâvatı fazla olursa, tarafımdaki değeri de o kadar fazla olur.***"[2]

✦ Resulullah (*Sallallahü Aleyhi ve Sellem*) şöyle buyurdu: ***"Her kim, bana Cuma gününde seksen kere salâtü selam okursa, Allahü Teala onun seksen senelik günahını bağışlar."*** O zaman: "Ya Resulallah! Sana nasıl salâvat okuyacağız?" diye sorulunca şöyle buyurdu:

اَللّٰهُمَّ صَلِّ عَلٰى مُحَمَّدٍ عَبْدِكَ وَنَبِيِّكَ وَرَسُولِكَ النَّبِيِّ الْاُمِّيِّ

[*Allahümme Salli alâ Muhammedin abdike ve Nebiyyike ve Resûliken-Nebiyyil-Ümmiyyi*]

"Ey Allah'ım! Nebi ve Ümmî kulun, Peygamberin ve Resulün Muhammed'e salât et" ***dersin ve bunu bir sayarsın."***[3]

---

[1] İbni Mâce, 2/524

[2] Beyhakî, *es-Sünen*, 3/249

[3] İhya Şerhi İthaf, 3/468; Kenzül-Ummâl, no. 2240–2242

✦ Abdullah ibni Mesud (*Radıyallahü Anhüma*) şöyle demiştir: "*Ey Zeyd bin Vehb* (*Radıyallahü Anh*)! *Resulullah (Sallallahü Aleyhi ve Sellem)e Cuma günü yüz defa şu şekilde salâvat getirmeyi sakın terk etme!*" [1]

اَللّٰهُمَّ صَلِّ عَلٰى مُحَمَّدٍ النَّبِيِّ الْاُمِّيِّ

[*Allahümme Salli alâ Muhammedinin-Nebiyyil-Ümmiyyi*]

"Ey Allah'ım! Nebi ve Ümmî kulun Muhammed (*Sallallahü Aleyhi ve Sellem*)e salât et."

✦ Resulullah (*Sallallahü Aleyhi ve Sellem*) şöyle buyurdu: ***"Cuma günü bana yüz kere salât okuyan kişi, kıyamet gününe öyle bir nurla gelir ki, o nur bütün mahlûkat arasında taksim edilse, elbette hepsini kaplar."*** [2]

✦ Resulullah (*Sallallahü Aleyhi ve Sellem*) şöyle buyurdu: ***"Her kim Cuma gününde ve gecesinde Bana yüz defa salâtü selam getirirse, Allahü Teala onun âhiret isteklerinden yetmiş, dünya isteklerinden de otuz olmak üzere yüz isteğini yerini getirir ve size hediyeler geldiği gibi, o salâtları da Bana arz edecek bir meleği Allahü Teala bu hususta görevlendirir. Şüphesiz Benim ölümümden sonraki bilmem, sağken bilmem gibidir."*** [3]

✦ Resulullah (*Sallallahü Aleyhi ve Sellem*) şöyle buyurdu: ***"Cuma günü bana ikiyüz kere salât okuyan kişinin ikiyüz senlik günahı bağışlanır."*** [4]

---

[1] Sehâvî, el-Kavlül-Bedi', s.197

[2] İhya Şerhi İthaf, 3/241; Ali el-Müttakî, Kenzül-Ummâl, no. 2239, 2240; Suyûtî, Dürrul-Mensûr, 5/219

[3] İhya Şerhi İthaf, 3/241; Suyûtî, Dürül-Mensûr, 5/219; Ken-zül-Ummâl, 2239-2241

[4] İhya Şerhi İthaf, 3/468

✦ İmam Gazalî buyurdu ki: "Her kim bu salavatı 7 Cuma 7 kere okursa, Resulullah (*Sallallahü Aleyhi ve Sellem*)in şefaatine mazhar olur. "

اَللّٰهُمَّ صَلِّ عَلٰى مُحَمَّدٍ وَعَلٰى اٰلِ مُحَمَّدٍ ، صَلَاةً
تَكُونُ لَكَ رِضَاءً وَلِحَقِّهِ اَدَاءً ، وَاَعْطِهِ الْوَسِيلَةَ ،
وَابْعَثْهُ الْمَقَامَ الْمَحْمُودَ الَّذِى وَعَدْتَهُ وَاجْزِهِ عَنَّا مَا
هُوَ اَهْلُهُ وَاجْزِهِ اَفْضَلَ مَا جَازَيْتَ نَبِيًّا عَنْ اُمَّتِهِ وَصَلِّ
عَلَيْهِ وَعَلٰى جَمِيعِ اِخْوَانِهِ مِنَ النَّبِيِّينَ وَالصَّالِحِينَ يَا
اَرْحَمَ الرَّاحِمِينَ

[*Allahümme salli alâ Muhammedin ve alâ Âli Muhammed. Salâten tekûnü leke ridâen velihakkıhi edâen. Ve e'atıhil-vesîlete. Veb'ashül-Mekâmel-Mahmûdellezî ve'adtehü veczihi annâ mâ hüve ehlühü veczihi efdale mâ câzeyte Nebiyyen an ümmetitihi ve salli aleyhi ve alâ cemî'ı ihvânihi minen-nebiyyîne vessâlihîne yâ erhamer-râhımîn.*]

"Allah'ım! Muhammed (*Sallallahü Aleyhi ve Sellem*)e ve O'nun Âl'ine öyle salât et ki, Senin hoşnut olduğun O'nun da şanına yakışan bir salât olsun. O'na (cennete en yüksek derece olan ve Allah'ın kullarından sadece birine nasip olacak olan) 'Vesile' (makamını) ver. O'na vaad etmiş olduğun övülen (şefaat) makam(ın)a ulaştır. Bize yaptığı iyilikten ötürü O'na lâyık olduğu mükâfatı ver. Bir Peygambere, ümmetinden ötürü verebileceğin en güzel hediyeyi ve karşılığı Sen O'na ver.

Ey merhamet edenlerin en merhametlisi olan Allah'ım! O'na ve O'nun elçilerden, salihlerden oluşan dostlarına esenlik ver, salât et. "[1]

✦ Resulullah (*Sallallahü Aleyhi ve Sellem*) buyurdu ki : "***Her kim:***

جَزَى اللهُ عَنَّا نَبِيَّنَا مُحَمَّدًا صَلَّى اللهُ عَلَيْهِ وَسَلَّمَ مَا هُوَ اَهْلُهُ

[*Cezallahü annâ nebiyyenâ Muhammeden Sallallahü Aleyhi ve Selleme mâ hüve ehlüh.*]

"Allahü Teala bizim tarafımızdan Peygamberimiz Muhammed (*Sallallahü Aleyhi ve Sellem*)i layık olduğu şekilde mükâfatlandırsın" ***derse, muhakkak ki bin sabah ywtmiş tane yazıcı melek onun sevabını yazmakla yorulurlar.***"[2]

Bu Salâvatı her namazdan sonra söylemeyi âdet etmeye çalışmamız bizim için çok yerinde bir karar olacaktır.

✦ Bu salâvatın 124.000 salâvat-ı şerife yerinde olduğu mana âleminde Resulullah (*Sallallahü Aleyhi ve Sellem*) tarafından bildirilmiştir.

Zamanın kutbu Mehmed Bekrî Hazretleri buyuruyor ki: "Bir kimse ömründe bu Salavat-ı Şerife'yi bir defa okur da cehenneme dâhil olursa, Huzur-u İlahî'de benim yakamdan tutsun."

Ahmed Tîcânî Hazretleri yarı uyanık bir halde iken bu Salavatın faziletini Resulullah (*Sallallahü Aleyhi ve Sellem*)e sorar. Cevaben: "***Bir kimse bu Salât'ı bir defa okursa, zamanın başından Salâvat getirenin okuduğu zamana kadar insan, cin ve meleklerin getirdiği Salâvata denk sevap kazanır. Günahları da bağışlanır***" buyurmuşlardır.

---

[1] Yusuf en-Nebhânî, *Faziletli Salâvatlar*, no:21

[2] Taberânî, Evsât, 1, 480; Mecmeu'z-Zevâid, 10, 163

Bu salâtü selam fetih için, gönlü neşelendirme, Resulullah (*Sallallahü Aleyhi ve Sellem*)in şefaatine kavuşma, O'na tazim ve hürmet ve O'ndan feyiz almak için getirilir.

Bize düşen vazife, hiç olmazsa günün belirli saatlerinde birkaç defa okumayı alışkanlık haline getirmektir. [1]

اَللّٰهُمَّ صَلِّ وَسَلِّمْ وَبَارِكْ عَلٰى سَيِّدِنَا مُحَمَّدِنِ الْفَاتِحِ
لِمَا اُغْلِقَ وَالْخَاتِمِ لِمَا سَبَقَ نَاصِرِ الْحَقِّ بِالْحَقِّ
وَالْهَادِى اِلٰى صِرَاطِكَ الْمُسْتَقِيمِ وَعَلٰى اٰلِهِ حَقَّ قَدْرِهِ
وَمِقْدَارِهِ الْعَظِيمِ

[*Allahümme sallî ve sellim ve bârik alâ seyyidinâ Muhammedinil fâtihi limâ üğlika vel hâtimi limâ sebeka nâsıril hakkı bil hakkı vel hâdî ilâ sıratıke'l müstekîmi ve alâ âlihi hakka kadrihi ve miktârihil azîm.*]

"Kilitlenmiş kapıların açıcısı, Peygamberlerin sonuncusu, Hakka hak ile yardım edici, Senin dosdoğru yoluna iletici olan Efendimiz Muhammed (*Sallallahü Aleyhi ve Sellem*)e, O'nun Ailesine ve Ashabına kıymeti, değeri ve yüceliği kadar rahmet eyle Allah'ım!"

✦ Ahmed Sâvî hazretleri şu salâvatın 600 bin salâvata denk olduğunu söylemektedir.

Bu salâtı üç kere okunmasında büyük fayda vardır.

"Her kim her Cuma bu salâvatı bin defa okursa, iki cihanda da saadete kavuşur." [1]

---

[1] Yusuf en-Nebhânî, *Faziletli Salâvatlar*, no:50

اَللّٰهُمَّ صَلِّ عَلٰى سَيِّدِنَا مُحَمَّدٍ عَدَدَ مَا فِى عِلْمِ اللّٰهِ صَلَاةً دَائِمَةً بِدَوَامِ مُلْكِ اللّٰهِ

[*Allahümme salli alâ seyyidinâ Muhammedin adede mâ fî ilmillahi salâten dâimeten bi devâmi mülkillah.*]

"Allah'ım! Efendimiz Muhammed (*Sallallahü Aleyhi ve Sellem*)e Senin ilminde bulunanlar sayısınca ve mülkün devam ettiği sürece salât ve selam eyle."

✦ Rivayet edildi ki: "*Her kim* -bir kere de olsa- *bu salâvatı Cuma gecesi okumayı vird edinse, onun iç dünyası inkişaf eder; ölüm anında ve kabre gömülme anında Resulullah (Sallallahü Aleyhi ve Sellem)in ruhunun timsali inkişaf eder ve kendisini kabre indirenin Resulullah (Sallallahü Aleyhi ve Sellem) olduğunu görür.*"[2]

Bu salâvata her gece on, Cuma geceleri yüz kere okumanın fazileti ise saymakla bitmez.

اَللّٰهُمَّ صَلِّ عَلٰى سَيِّدِنَا مُحَمَّدٍ النَّبِيِّ الْاُمِّيِّ الْحَبِيبِ الْعَالِى الْقَدْرِ الْعَظِيمِ الْجَاهِ وَعَلٰى اٰلِهِ وَصَحْبِهِ وَسَلِّمْ

[*Allahümme salli alâ Seyyidinâ Muhammedinin-Nebiyyil-Ümmiyyil-Habîbil-Âlil-Kadril-Azîmil-Câhi ve alâ Âlihi ve sahbihi ve sellim.*]

"Allah'ım! Kadri yüce olan, makamı ulu olan, sevgili, Ümmi, Nebi Efendimiz Muhammed (*Sallallahü Aleyhi ve Sellem*)e salât ve selam eyle. O'nun Âl'ine ve Ashabına da salât ve selam eyle."

---

[1] Yusuf en-Nebhânî, *Faziletli Salâvatlar*, no:52

[2] Yusuf en-Nebhânî, *Faziletli Salâvatlar*, no:56

✦ Rivayet edildi ki: "Her kim bu salâtı her gün otuzüç kere yapan kişinin kabriyle, Resulullah (*Sallallahü Aleyhi ve Sellem*)in kabri arasındaki mesafeyi kaldırıp, kabirlerini birleştirir."

Başka bir rivayette ise şöyledir: "Her kim bu salâtı otuz kere okuyanın Resulullah (*Sallallahü Aleyhi ve Sellem*)i, görme şerefine ulaşır."

اَللّٰهُمَّ صَلِّ عَلٰى مُحَمَّدٍ وَعَلٰى اٰلِ مُحَمَّدٍ
صَلَاةً تَكُونُ لَكَ رِضَاءً وَلِحَقِّهِ اَدَاءً

[*Allahümme salli alâ Muhammedin ve alâ âli Muhammedin salâten tekûnü leke rıdâen ve lihakkıhi edâen.*]

"Allah'ım! Muhammed (*Sallallahü Aleyhi ve Sellem*)e ve Muhammed (*Sallallahü Aleyhi ve Sellem*)in Âl'ine öyle bir salât et ki, o senin için rıza ve onun hakkını eda olsun. "

✦ Rivayet edildi ki: "*Kim Cuma gecesi iki rekât namaz kılar; her rekâtta Fatiha, Âyetü'l-Kürsî ve 15 İhlâs suresini okursa, namazın sonunda da 1.000 defa:*

اَللّٰهُمَّ صَلِّ عَلٰى سَيِّدِنَا مُحَمَّدٍ النَّبِيِّ الْاُمِّيِّ
وَعَلٰى اٰلِهِ وَصَحْبِهِ وَسَلِّمْ

[*Allahümme Salli alâ Seyyidinâ Muhammedinin-Nebiyyil-Ümmiyyi ve alâ âlihi ve sahbihi ve sellim*]

"Allah'ım! Ümmi Peygamber Muhammed (*Sallallahü Aleyhi ve Sellem*)e O'nun Ailesine ve Ashabına salât ve selam eyle "*diyerek salâvat getirir, Allahü Teala'dan Resulullah (Sallallahü Aleyhi ve Sellem)i rüyada göstermesi için şu şekilde dua ederse, bu dileği gerçekleşir*:

"Ya Rabbi! Nurların nuru olan, başkası değil sadece Senin Zat'ına ait nurun hürmetine; Peygamberin Muhammed Mustafa (*Sallallahü Aleyhi ve Sellem*)in yüzünü Senin katında olduğu gibi bana göstermeni Senden istiyorum."

Cuma Gecesi Okunacak Sureler

✦ Resulullah (*Sallallahü Aleyhi ve Sellem*) buyurdu ki: ***"Her kim Cuma gecesi, Kehf suresini okursa, iki Cuma arası o kimse için nur olur."*** [1]

✦ Resulullah (*Sallallahü Aleyhi ve Sellem*) buyurdu ki: ***"Her kim Cuma gecesi, Kehf suresini okursa, kendisiyle Kâbe arası o kişi için nur gibi parlar ve ayrıca gelecek on günlük günahları affedilir. Kendisine 70.000 melek sabah oluncaya kadar dua ederler. Hastalıklardan, felaketlerden, zatülcenb*** (akciğer zarı iltihabı)***, baras*** (vücutta çıkan lekeler)***, cüzam hastalıklarından ve deccal fitnesinden korunur."*** [2]

✦ Resulullah (*Sallallahü Aleyhi ve Sellem*) buyurdu ki: ***"Cuma günü Kehf suresini okuyan kimsenin ayakları altından gökyüzüne bir nur parlar ve bu nur onu kıyamete kadar aydınlatır. İki Cuma arasındaki günahları da affolunur."*** [3]

✦ Resulullah (*Sallallahü Aleyhi ve Sellem*) buyurdu ki: ***"Her kim Cuma gecesi, Duhan suresini okursa, Allahü Teala kendisine cennette bir köşk yapar."*** [4]

---

1 Neseî, Amelül-yevmi vel-leyl, 528; Hakim, el-Müstedrek, 1/564
2 Müslim, Misâfirûn, 257, Tirmizi, Fedâiü'l-Kur'ân, 6
3 Tergib ve Terhib, 1/513; Kenzül-Ummâl, 2605
4 Taberânî, Mu'cemü'l-Kebir, 8/316; İthaf, 3/293

✦ Resulullah (*Sallallahü Aleyhi ve Sellem*) buyurdu ki: ***"Cuma gecesi, Duhan suresini okuyan, sabaha affolunmuş olarak çıkar."*** [1]

✦ Resulullah (*Sallallahü Aleyhi ve Sellem*) buyurdu ki: ***"Cuma gecesi, Duhan suresini okuyan kimse, affolunanlardan olur ve hurilerle evlendirilir."*** [2]

✦ Resulullah (*Sallallahü Aleyhi ve Sellem*) buyurdu ki: ***"Cuma gecesi, Yasin suresini okuyan mağfiret olunur."*** [3]

✦ Resulullah (*Sallallahü Aleyhi ve Sellem*) buyurdu ki: ***"Cuma gecesi, Yasin ve Saffât surelerini okuyan kişiye Allahü Teala hazretleri dilediğini verir."*** [4]

✦ Resulullah (*Sallallahü Aleyhi ve Sellem*) buyurdu ki: ***"Cuma gecesi Bakara ve Âl-i İmrân sûrelerini okursa, ona yedinci kat gökle, yedinci kat yer arası kadar sevap verilir."***[5]

✦ Resulullah (*Sallallahü Aleyhi ve Sellem*) buyurdu ki: ***"Her kim kendisinde Âl-i İmrân zikredilen sûreyi Cuma günü okursa, o günün güneşi batıncaya kadar Allahü Teala rahmet, melekler dua ederler."*** [6]

✦ Resulullah (*Sallallahü Aleyhi ve Sellem*) buyurdu ki: ***"Cuma gününde Hud suresini okuyunuz."*** [7]

---

1 Tergib ve Terhib, 1/513; İthâf, 2/293
2 İthâf, 5/154; Suyûtî, Dürrül-Mensûr, 6/240
3 Tergib ve Terhib, 1/514; İthâf, 3/293
4 Kenzü'l-Ummâl: 2694–1/591
5 İmam Ahmed, 4/103
6 Taberânî, Mu'cemü'l-Kebir, 11/48; Heysemî, Mecmeuzzevâid, 2/168
7 Taberânî, Mu'cemü'l-Kebir, 11/48; Mikâtül-Mesâbih, 2174

Cuma Günündeki Diğer Salih Ameller

1. Cuma günü, Cuma namazından önce yıkanmak müstehaptır. Bu konuda Resulullah (*Sallallahü Aleyhi ve Sellem*) buyurdu ki: "***Şüphesiz Cuma günü boy abdesti almak, gusletmek; günahları, insanın vücudundan kılların diplerinden sökerek mahveder.***"[1]

   Diğer bir hadisi şerifte ise şöyle buyruldu: "***Cuma günü yıkanan kimsenin hata ve günahları affolunur. Sonra evden çıkıp yürümeye başlayınca her adım için kendisine 20 sevap yazılır. Namaz kılıp namazdan çıkınca da 200 senelik sevap kendisine mükâfat verilir.***"[2]

   Resulullah (*Sallallahü Aleyhi ve Sellem*) buyurdu ki : "***Cuma günü gusleden bir kimse, diğer Cumaya kadar tertemiz olur.***"[3]

   Resulullah (*Sallallahü Aleyhi ve Sellem*) buyurdu ki : "***Cuma günü gusleden bir kimsenin küçük ve büyük günahları ona bağışlanır.***"[4]

2. Boy abdesti aldıktan sonra güzel koku sürünmek gerekir. Bu konuda Resulullah (*Sallallahü Aleyhi ve Sellem*) buyurdu ki: "***Cuma günü guslettikten sonra en güzel elbisesini giyen, yanında hoş koku sürünen, sonra da vakarla Cuma namazına yürüyüp giden, kimsenin boynu üzerinden geçmeyen ve kimseye eziyet vermeyen, sonra da kendisi için takdir edildiği kadarıyla namaz kılan, sonra da imam bitirinceye kadar bekleyen bir kimseye iki Cuma arası*** (günahları) ***mağfiret olunur.***"[5]

---

[1] Tergib ve Terhib, 1/496; Taberânî, Mu'cemül-Kebîr, 8/306
[2] Tergib ve Terhib, 1/488; Heysemî, Mecmeuzzevâid, 2/174
[3] Hakim, el-Müstedrek, 1/282; Heysemî, Mecmeuzzevâid, 2/174
[4] Heysemî, Mecme'uz-zevâid, 2/174
[5] Ahmed, el-Müsned, 5/198; Heysemî, Mecmeuzzevâid, 2/171

3. Cuma gününe mahsus bir elbisesi olması ve o elbiseyi Cuma günü giymesi faziletlidir.
4. Rivayet edildi ki: "Her kim Cuma günü tırnaklarını keserse, Allah ondan bir hastalığı giderir ve yerine bir şifa getirir."
5. Cuma gününde hayatta olanların amelleri ölmüş olan akrabalarına arz olunduğu rivayet edilir.

   Rivayet şöyledir: "***Pazartesi ve Perşembe günleri ameller Allah'a arz edilir. Peygamberlere ve anne-babalara da Cuma günü arz olunur. Böylece güzel amellerinden dolayı sevinip yüzleri bembeyaz kesilir ve şevklenirler. O halde bu konuda Allah'tan korkun ve ölülerinize günah işleyerek onlara eziyet etmeyiniz.***"[1]

   Diğer bir rivayet ise şöyledir: "***Şüphesiz insanların amelleri her Cuma gecesi yatsıda arz olunur. Sıla-i rahim yapmayan kimsenin yaptığı ameli kabul olunmaz.***"[2]
6. Resulullah (*Sallallahü Aleyhi ve Sellem*) buyurdu ki: "***Her kim Cuma günü veya Cuma gecesi vefat ederse, Cenabı Hak ona şehid sevabı verir ve kendisini kabir fitnesinden korur.***"[3]
7. Cuma gününde mezarları ziyaret etmek de müstehaptır. Bu konuda Resulullah (*Sallallahü Aleyhi ve Sellem*) buyurdu ki: "***Kim her Cuma ana ve babasının mezarlarını veya birisininkini ziyaret ederse, Allah o kimseyi affeder ve onu anne babasına itaat eden kişi, hayırlı kişi diye yâd eder.***"[4]

   Rivayet edildi ki: "Diğer günlerden çok Cuma günü, ölülerin ruhları, kabirleriyle irtibat kurmakta, yapılan dualar, verilen selamlar ve ziyaretlerden haberdar olmaktadırlar."

---

1 Suyuti, Camiussagir, 1/131
2 Buhari, Edebü'l-Müfred, 12
3 Tirmizi, en-Nevâdir, 3/386; Ebu Ya'lâ, el-Müsned, 7/146; Deylemî, el-Müsned, 3/504
4 Kenzü'l-Ummal, 45486; İthâf, 1/363; Suyûtî, Dürrûl-Mensûr, 4/174

Bu konuyla alakalı şöyle bir kıssa anlatılır:

Salih el-Mürrî adlı bir kişi, bir Cuma gecesi, şehrin camisine gitmek ve orada sabah namazını kılmak üzere yola çıkmıştı. Yolda ilerlerken bir kabristan gördü. Kendi kendine "şafak sökene dek burada kalayım" diye düşündü. Kabristana girdi ve iki rekât namaz kıldı. Sora bir kabre dayandı. O sırada uyku bastırdı ve hafif bir uykuya daldı. Rüyasında kabristanda bulunan kabir ehlinin kabirlerinden çıktıklarını ve sohbet halkaları oluşturup konuştuklarını gördü. Ancak üstü başı pejmürde halde bir genç, bir köşeye çekilmiş, üzüntülü bir vaziyette oturmuştu. Çok geçmedi; birden üzerleri mendillerle örtülü birçok tabak ortaya çıktı. Herkes bu tabaklardan bir tane alarak kabrine döndü. Ancak genç ortada kalakalmış, ona tabak verilmemişti. Hüzünlü bir şekilde, kabrine girmek üzere ayağa kalktı. Ona: "Ey Allah'ın kulu! Neden üzgünsün? Bu gördüklerim de neyin nesiydi?" diye sordum. Genç: "Ey Salih! O tabakları gördün mü?" dedi. "Evet gördüm, onlar neydi öyle?" diye sordum. Şöyle dedi: "Bunlar hayatta olanların ölülerine gönderdikleri hediyelerdir. Hayattakiler ne zaman ölmüşleri adına sadaka verseler yahut onlar için duada bulunsalar, bu ihsanlar tabaklar halinde Cuma günleri gelir. Ben aslen Pakistanlıyım. Annemle birlikte hacca gitmek üzere yola çıkmıştık. Basra-ya geldiğimde ölüm bana yetişti. Buraya defnedildim. Daha sonra annem burada biriyle evlendi, ancak evlendiği kişiye benden hiç bahsetmedi. Dünya onu aldatmıştı. Ben öldükten sonra adımı ağzına hiç almadı. İşte bu sebeple üzgünüm. Ne beni hatırlayan, ne de ardımdan dua eden biri var!

Salih el Mürrî: "Annenin evi neredir?" diye sordu. Genç de ona annesinin evini tarif etti. Uyandım. Sabah namazının vakti girmişti. Hemen namazımı kıldım ve rüyamda tarif edilen yeri bulmak üzere yola çıktım. Tarif edilen yere geldim, kapıyı çaldım ve kendimi tanıttım. İçeri girmek için izin istedim. İzin verilince, içeri girdim. Kadına: Bu söyleyeceklerimi senden başkası duymamalı!" dedim. Sonra ona: "Allah sana rahmet etsin! Senin bir oğlun var mı?" diye sordum. "Hayır!" dedi. "Peki, bir oğlun var mıydı?" dedim. Önce derin bir nefes aldı. Sonra şöyle dedi: "Evet, benim bir oğlum vardı; genç yaşta öldü."

Bunun üzerine başımdan geçenleri anlattım. Ağlamaya başladı, öyle ki gözlerinden boşalan yaşlar yanaklarında izler bırakmıştı. Sonra bana baktı ve: "Ey Salih! O benim oğlum, ciğerparem" dedi. Sonra çıkarıp bin dirhem verdi.

"O benim sevgili oğlum, gözbebeğimdir. Bu paraları onun adına fakir fukaraya dağıt. Bundan sonra onu dualarımda eksik etmeyeceğim ve adına sadakalar vereceğim" dedi.

Bundan sonra kadının yanından ayrıldım. Bana emanet edilen bin dirhemi fakirlere dağıttım. Öbür Cuma gelmiş ve ben de Cuma namazına gitmek üzere yola koyulmuştum. Aynı kabristana geldiğimde içeri girip iki rekât namaz kıldım. Sonra sırtımı bir kabre verip oturdum. Uyku hali gelmişti. Rüyamda kendimi tekrar kabirlerinden çıkan insanların arasında buldum. Gözüme bir genç ilişti. Bembeyaz elbisesiyle mutlu ve sevinçliydi. Sonra bana döndü ve yanıma geldi.

"Ey Salih! Allah yaptığın iyiliklerin mükâfatını versin. Hediyeler bana ulaştı" dedi. Ona: "Siz Cuma gününün geldiğini biliyor musunuz?" diye sordum. "Evet, gökteki kuşlar bile Cumanın geldiğini bilir ve 'Bu hayırlı güne selam olsun' derler, dedi."[1]

---

[1] Tenbîhül-Gâfilîn, *Cuma Günün Fazileti.*

B. Ayların Fazileti

Hicrî takvimde kullanılan on iki aya Hicrî ay veya Arabî ay denir. Allahü Teala buyuruyor ki: "**Hakikatte Allah katında ayların sayısı, Allah'ın kitabında -ta gökleri ve yeri yarattığı günden beri- on iki aydır. Onlardan dördü haram olanlardır. İşte bu en doğru hesaptır. O halde** (bilhassa) **bunlarda** (o haram aylarda) **nefislerinize zulmetmeyin.**"[1]

Resulullah (*Sallallahü Aleyhi ve Sellem*) buyuruyor ki: "***Bir sene on iki aydır. Bunlardan dördü haram aylardır. Üçü bir arada gelen Zilkade, Zilhicce ve Muharrem'dir. Biri de Mudar kabilesinin Receb'idir, o da Cemaziyelahir ile Şaban arasındadır.***"[2]

Bu aylara hürmet etmek, diğer aylarda işlenebilecek günahlardan bu ayda çok daha fazla sakınmak gerekir. Zira bu aylarda yapılan ibadetlere diğer aylara nazaran çok daha fazla sevap verildiği gibi bu aylarda günah işleyen kimseler hem haram işlemiş, hem de bu ayların hürmetini muhafaza etmemiş olma hasebiyle çok daha fazla hata etmiş olurlar. Bu sebeple bu aylara tazimen son derece sakınıp yapılabilecek en güzel amelleri işlemeye gayret etmelidir. Ta ki mübarek ayların bereketine ve faziletine nail olalım.

Rivayet edildi ki: "***Ölüm sırasında susuzluğun dehşetinden korunmak ve ruhun bedenden imanla ve rahat bir şekilde çıkmasını, o bunalımlı dönemde şeytanın kandırmasından emin olmayı isterseniz, bütün ayların hakkını veriniz. O aylarda kul olarak yapılması gereken ne ise onu yerine getiri-***

[1] Tevbe Suresi, 36

[2] Buharî, Bed'ül-Halk, 2, 3197; Müslim, Kasame, 29; Ebu Davud, 1947

niz. Bunu bilhassa çok oruç tutarak, geçmişte işlenen günahlara pişmanlık duyup tövbe ve istiğfar ederek, varlığın tek yaratıcısı olan yüce Allah'ı çokça zikrederek yerine getiriniz. Böyle yaparsanız, Rabbiniz sizi esenlikle cennetine koyar. "

Asrı Saadette Müslümanlar kamerî ayları sırasıyla takip edebildikleri halde, hangi senede oldukları hususunda yanılabiliyorlardı. Bundan dolayı toplumda bazı sözleşmelerde problemler çıkıyordu.

Hazreti Ömer zamanında, bir alacaklıyla borçlu arasında borcun ödenme zamanına ait problem çıkmasından dolayı Hazreti Ömer tarafından bir kurul toplandı.

a. Hazreti Talha Resulullah (*Sallallahü Aleyhi ve Sellem*)e Peygamberliğin verilişinin,

b. Sa'd bin Ebi Vakkas (*Radıyallahü Anh*) Resulullah (*Sallallahü Aleyhi ve Sellem*)in vefatının,

c. Hazreti Ali (*Radıyallahü Anh*) ise, Resulullah (*Sallallahü Aleyhi ve Sellem*)in Mekke'den Medine'ye hicretinin yeni takvim başlangıcı olmasını teklif etti.

Hicretten 17 yıl sonra Hazreti Ali'nin teklifi kabul edilerek Muharrem ayının birinci günü hicri takvimin başlangıcı ve kameri ayların ilki oldu. Hicret, İslam ve dünya tarihinde çok büyük bir başlangıçtır.

Hazreti Ömer (*Radıyallahü Anh*) hicretin, hak ile batılın birbirinden ayrılması olduğunu söylemiştir. Müslümanlar için çok önemli bir hadise olan Mekke fethinin bile takvim başlangıcı olmaması, hicretin İslam tarihi açısından ne kadar önemli olduğunu göstermektedir. Resulullah (*Sallallahü Aleyhi ve Sellem*)in Mekke'den Medine'ye hicreti İslam'ın kurtuluşu olmuştur.

Kur'ân-ı Kerim'de ve Resulullah (*Sallallahü Aleyhi ve Sellem*)in hadisi şerifinde zikredilen ve hicrî takvimde kullanılan Arabî ayların adları sırasıyla şunlardır: Muharrem, Safer, Rebiülevvel, Rebiülâhir, Cemaziyelevvel, Cemaziyelâhir, Receb, Şaban, Ramazan, Şevval, Zilkade, Zilhicce'dir.

(1) **Muharrem**: Hicri ayların birincisi günü yılbaşı günü olup, oruç tutulur. Onuncu günü Aşure günü olup, 9. 10. veya 10. ve 11. günleri de oruç tutulması faziletlidir.

(2) **Safer**.

(3) **Rebîülevvel**: 12. gecesi Resulullah (*Sallallahü Aleyhi ve Sellem*) dünyayı şereflendirdiği gecedir.

(4) **Rebîülâhir**

(5) **Cemâziyelevvel**

(6) **Cemâziyelâhir**

(7) **Receb**: İlk Cuma gecesi Regaib gecesi, 27. gecesi Miraç gecesidir.

(8) **Şaban**: 15. gecesi Beraat gecesidir.

(9) **Ramazan**: 27. gecesi Kadir gecesidir.

(10) **Şevval**: 1. 2. ve 3. günleri Ramazan bayramıdır. Hac aylarının ilkidir.

(11) **Zilka'de**: Hac aylarının ikincisidir.

(12) **Zilhicce**: İlk on günü faziletli gündür. 8. günü Terviye günü, 9. günü Arife günü, 10. günü Kurban günüdür. 11. 12. 13. günleri Teşrik günleridir. Arife günü, sabah namazından itibaren bayramın dördüncü günü ikindi namazına kadar, 23 vakit teşrik tekbirleri getirilir.

Bu aylar içersinde üç aylar diye meşhur olan aylar ise şunlardır: Recep, Şaban, Ramazan.

Bu aylar içersinde Haram aylar da vardır ki, onlar: Zilkade, Zilhicce, Muharrem, Recep.

Ruhul-Beyan sahibi İsmail Hakkı Bursevî (*Kuddise Sirruh*) buyurdu ki: Bazı ilim adamları, ayların isimlerinin anlamları olduğunu söylerler. Araplar, efendilerini gördüklerinde âdetlerini bırakır ve saldırmayı terk ederlerdi ve **"Kutsal Muharrem"** derlerdi. Bedenleri hastalanıp, organları zayıflayınca ve renkleri sararınca da "**Safer**" derlerdi.

Çiçekler çıkıp, bahçeler yeşerince "(Rebîü'l-Evvel ve Rebîü'l-Âhir zamanlarını içeren) **Rebîayn**", meyveler azalıp, hava soğuduğunda ve sular donduğunda ise "(Cemaziye'l-Evvel ve Cemaziye'l-Âhir zamanlarını içeren) **Cemadeyn**", derlerdi. Denizler dalgalanıp nehirler aktığında ve ağaçlar depreştiğinde "**Recep**" derlerdi. Kabileler birbirlerinden ayrılıp, aralarındaki ilişkiler kopunca "**Şaban**", gökyüzü ısınıp kumsal da sıcaklaşınca "**Ramazan**" derlerdi. Toprak tozlaşıp, sinekler çoğalınca, develer de kuyruklarını sallayınca "**Şevval**" derlerdi. Tüccarları görünce, sefere çıkmayı bırakırlar ve "**Zilkade**", her taraftan hacılar toplanıp gelince, ortalığın kalabalıklaştığı ve kurbanların kesildiği zamana da "**Zilhicce**" derlerdi.

Şeyh Mağribi (*Kuddise Sirruh*) buyurmuştur ki: "Bize göre ayların en faziletlisi:

(a) Ramazan ayıdır. Kur'ân-ı Kerim o ayda indirilmiştir.

(b) Sonra Rebiulevvel ayı gelir. Zira o, Resulullah (*Sallallahü Aleyhi ve Sellem*)in dünyaya geldiği aydır.

(c) Sonra haram aylardan tek olan ve Allah'ın ayı olarak övülen Recep ayı gelir.

(d) Sonra Şaban ayı ki, Resulullah (*Sallallahü Aleyhi ve Sellem*)in ayıdır. Amellerin ve ecellerin taksim edildiği, Recep ve Ramazan gibi iki büyük ayın ortasında, onlara komşu bulunan aydır.

(e) Sonra Zilhicce gelir ki, hac ayıdır ve o aydan on gün ve gece vardır ki, her biri Kadir gecesine denktir.

(f) Sonra Ramazan gibi faziletli bir aya komşu olduğu için Şevval ayı gelir.

(g) Sonra haram aylarından olması sebebiyle Zilkade ayı gelir.

(h) Sonra Peygamberlerin ayı olan Muharrem ayı gelir. Hem sene başı ve hem de haram aylardan biridir."[1]

Bu aylar içersinde bazı gün ve geceler vardır ki, diğer gün ve gecelere nispetle daha faziletlidir.

1. Kadir gecesi ve gündüzü,
2. Mevlid gecesi ve gündüzü,
3. Regaip gecesi ve gündüzü,
4. Miraç gecesi ve gündüzü,
5. Aşure günü ve gündüzü,
6. Beraat gecesi ve gündüzü,
7. Cuma günü ve gecesi
8. Bayram günleri ve geceleri,
9. Eyyam-ı biyd (Hicri ayların 13.14.15.) geceleri ve gündüzleridir.

Bütün bu ay, gece ve gündüzler, Allahü Teala'nın Ümmet-i Muhammed'e ihsan ettiği büyük nimetlerdir.

Not: Kamerî ayın hesaplanmasında, gökteki ayın dünyâmızın çevresinde döndüğü zaman esas alınmıştır. Kameri aylar bazen 29, bazen de 30 gün çeker. İslâm dininde ibadetlerin bu aylara göre yapılması emredilmiştir. Bunun sebeplerinden biri, Ramazan ayıdır. Zira Ramazan ayı hicrî kameri aylardandır. Milâdî seneye göre her yıl 10–11 gün evvel başlamaktadır. Onun için 33 senede tam bir devir yaparak senenin bütün günlerinde oruç tutulmuş olmaktadır.

---

[1] Ruhu'l-Beyan, 8/401

(1) Muharrem Ayı ve Fazileti

Muharrem ayı, kameri ayların ilkidir. Resulullah Efendimiz ve Ashabı, İslamiyet'in ilk yayılma zamanında Mekke'de, müşrik ve kâfirlerin eziyet etmelerinden dolayı, miladi 622 tarihinde Mevla Teala'nın Medine'ye hicret etmelerini emretmesiyle, İslam'ın daha rahat yaşanması, insanlığın selameti ve yolculuğun hayati ehemmiyeti daima hatırlanmış olması için, hicretin o günü sahabe tarafından takvim başı ve yılbaşı itibar edilmiştir.

Ve ayrıca bu ay, Kur'ân-ı Kerim'de kıymet verilen dört aydan biridir. Aşure, bu ayın en kıymetli günüdür. Allahü Teala, birçok duaları Aşure günü kabul buyurmuştur.

İslâmiyet'in ilk zamanlarında ve İslâmiyet'ten evvel, Recep, Zilkade, Zilhicce ve Muharrem aylarında harp etmek haram idi. İslâmiyet'ten evvel Araplar, Recep veya Muharrem aylarında harp edebilmek için, ayların yerini değiştirir, ileri veya geri alırlardı. Resulullah (*Sallallahü Aleyhi ve Sellem*), hicretin onuncu senesinde, doksan bin Müslüman ile veda haccı yaptığı zaman; "Ey Ashabım! Haccı tam zamanında yapıyoruz. Ayların sırası, Allahü Teâlâ'nın yarattığı zamandaki gibidir" buyurdu.

Müslümanlar, Muharremin birinci günü ve gecesinde musafaha ederek, mektuplaşarak tebrikleşir, birbirlerini ziyaret eder ve hediyeleşir, sene başını kutlarlar. Yeni senenin, birbirlerine ve bütün Müslümanlara hayırlı ve bereketli olması için dua ederler. Büyükleri, akrabayı, âlimleri evinde ziyaret edip, dualarını alırlar. O gün, bayram gibi temiz giyinirler. Fakirlere sadaka verirler.

Bu gün Müslümanların yılbaşısı olduğundan, mektup ile veya telefon ile yahut karşılaştığımız Müslümanlarla musafaha ederek kutlamalıyız.

Ve ayrıca bu mübarek gün ve ayda Resulullah (*Sallallahü Aleyhi ve Sellem*) ve Ashabı Kiram (*Radıyallahü Anhüm*)ün İslam uğruna nasıl sıkıntı çektiklerini ve hicret etmek zorunda bırakıldıkları düşünmelidir.

Muharrem Ayının Fazileti

✦ Resulullah (*Sallallahü Aleyhi ve Sellem*)den rivayet edildi ki: "***Sevgili Ashabım ve kıyamete kadar gelecek ümmetim! Muharrem ayının ilk on gününde dikkatli olunuz. O günlerde saygı da kusur etmeyiniz. O günlerde oruç tutmak ve diğer ibadetleri yapmakta büyük sevap vardır. O günlerde Allahü Teala yerleri, gökleri Levh-i Mahfuz'u, Kalem'i ve insanların atası Âdem*** *(Aleyhisselâm)**ı yaratmıştır. Kıyamet o on gün içinde kopacaktır. Allahü Teala o on gün içinde Nuh*** *(Aleyhisselâm)* ***ile birlikte inananları Tufandan kurtarmış, inanmayan kafirleri suda boğmuştur.***"

Muharrem Ayında Namaz

Her ayın hatta her günün kendine has bir takım nafile olarak kılınan namazı vardır.

Muharrem'in 1. Gecesinin Namazı:

✦ Zilhicce'nin son gününü, Muharrem'in birinci gününe bağlayan gecedir ki, bu gece yılbaşı gecesidir.

Hıristiyanların yılbaşındaki gecelerine bağlı kalarak Aralık ayının son haftasını kutladıkları gibi, Müslümanlar da onların yılbaşısını kutlamayıp kendi Hicri yılbaşısından gafil olmamalıdır.

Kameri aylardan Zilhicce, senenin son ayıdır. Miladî takviminde Aralık ayı olduğu gibi.

Zilhiccenin son günü akşamı Muharrem gecesidir. Yeni bir yıl geldiği için bu gecenin de ibadetle geçirilmesi, yeni bir yıla dua ve niyazla başlanması gerekir.

Zilhiccenin sonuncu gününü Muharrem'in birinci gününe bağlayan gece de Allah rızası için 2 rekât namaz kılınır.

Namaza durmadan önce: "*Ya Rabbi! Bizi yetiştirmiş olduğun bu seneyi, hakkımızda mübarek kılman, aff-ı ilâhine, feyz-i ilâhine mazhar kılman, dünyevî ve uhrevî saadetlere ulaşmak için* " şeklinde niyet edilir. "*Allahü Ekber*" denilip namaza başlanır. Her rekâtta 7 Fâtiha, 7 Âyetü'l-Kürsî, 7 İhlâs-ı şerife okunup böylece selam verilir. Namazdan sonra 11 defa:

لَا اِلٰهَ اِلَّا اللّٰهُ وَحْدَهُ لَا شَرِيكَ لَهُ ۞ لَهُ الْمُلْكُ وَلَهُ الْحَمْدُ يُحْيِى وَيُمِيتُ ۞ وَهُوَ حَىٌّ لَا يَمُوتُ بِيَدِهِ الْخَيْرُ ۞ وَهُوَ عَلٰى كُلِّ شَىْءٍ قَدِيرٌ ۞

[*Lâ ilâhe illallahü vahdehü lâ şerîke lehü. Lehül mülkü ve lehül hamdü yuhyî ve yümîtü. Ve hüve hayyün lâ yemûtü. Biyedihil hayrü ve hüve alâ külli şey'in kadîr.*]

"Allahü Teala'dan başka hiçbir ilah yoktur. O tektir. O'nun hiçbir ortağı yoktur. Mülk, O'na aittir. Hamd, O'na mahsustur, Diriltir ve öldürür. Tüm hayırlar O'nun (kudret) elindedir ve O, her şeye hakkıyla gücü yetendir."

11 kere:

اَسْتَغْفِرُ اللّٰهَ الَّذٖى لَا اِلٰهَ اِلَّا هُوَ الْحَىَّ الْقَيُّومَ وَاَتُوبُ اِلَيْهِ

[*Esteğfirullahellezî lâ ilâhe illâ Hüvel Hayyel Kayyûme ve etûbü ileyh.*]

" Kendisinden başka hiçbir ilah bulunmayan, Hayy ve Kayyum olan O büyük Allahü Teala'dan mağfiret talep ederim."

11 kere:

اَللّٰهُمَّ صَلِّ عَلٰى سَيِّدِنَا مُحَمَّدٍ وَعَلٰى اٰلِهٖ وَصَحْبِهٖ وَسَلِّمْ

[*Allahümme salli alâ Seyyidinâ Muhammedin ve alâ Âlihi ve sahbihi ve sellim.*]

"Ey Allah'ım! Efendimiz Muhammed'e ve Efendimiz Muhammed'in Al'ine salât ve selam et (onların şerefini yücelt.)"

Geçmiş senenin günahlarının affı ve yeni seneye günahsız girmek için eller açılır ve aşağıdaki dua okunur:

بِسْمِ اللّٰهِ الرَّحْمٰنِ الرَّحٖيمِ

اَلْحَمْدُ لِلّٰهِ رَبِّ الْعَالَمٖينَ ۞ وَالصَّلَاةُ وَالسَّلَامُ عَلٰى سَيِّدِنَا مُحَمَّدٍ وَعَلٰى اٰلِهٖ وَصَحْبِهٖ اَجْمَعٖينَ ۞

اَللّٰهُمَّ مَا عَمِلْتُهُ فٖي هٰذِهِ السَّنَةِ مِمَّا نَهَيْتَنٖي عَنْهُ وَلَمْ تَرْضَهُ وَنَسٖيتُهُ وَلَمْ تَنْسَهُ وَحَلُمْتَ عَلَىَّ بَعْدَ قُدْرَتِكَ عَلٰى عُقُوبَتٖى وَدَعَوْتَنٖى اِلَى التَّوْبَةِ مِنْهُ بَعْدَ جُرْئَتٖى عَلٰى مَعْصِيَتِكَ ۞ اَللّٰهُمَّ فَاِنّٖى اَسْتَغْفِرُكَ مِنْهُ فَاغْفِرْ لٖى

وَمَا عَمِلْتُ فِيهِ مِنْ عَمَلٍ تَرْضَاهُ وَوَعَدْتَنِي عَلَيْهِ الثَّوَابَ فَأَسْئَلُكَ اللّٰهُمَّ يَا كَرِيمُ يَا كَرِيمُ يَا ذَا الْجَلَالِ وَالْإِكْرَامِ اَنْ تَقَبَّلَهُ مِنِّي وَلَا تَقْطَعَ رَجَائِي مِنْكَ يَا كَرِيمُ ۞ وَصَلَّى اللّٰهُ عَلَى سَيِّدِنَا مُحَمَّدٍ وَعَلَى اٰلِهِ وَصَحْبِهِ وَسَلِّمْ ۞

[Bismillahir Rahmânir Rahîm
el-Hamdü lillahi Rabbil âlemîn. Vessalâtü vesselâmü alâ Seyyidinâ Muhammedin ve alâ âlihi ve sahbihi ecme'în. Allahümme mâ amiltühü fî hâzihis-seneti mimmâ neheytenî anhü ve lem terdahû ve nesîtühü ve lem tensehû, ve halimte aleyye ba'de kudratike alâ ukûbetî ve de'avtenî ilet-tevbeti minhü ba'de cür'etî alâ ma'sıyyetike, Allahümme innî estağfiruke minhü fağfir lî, ve mâ amiltü fîhi min amelin terdâhü ve ve'adtenî aleyhis-sevâbe, fe es'elükellahümme yâ Kerîmü yâ Kerîmü yâ zel Celâli vel ikrâm. En tekabbelehü minnî velâ takta'a racâî minke yâ Kerîmü. Ve sallellahü alâ Seyyidinâ Muhammedin ve alâ âlihi ve sahbihi ve sellim."]

"Bütün hamdler, âlemlerin Rabbi olan Allah(ü Teala'y)a mahsustur. Salâtü selam Muhammed (Sallallahü Aleyhi ve Sellem) Efendimiz'e, Ailesine ve bütün Ashabına olsun.

Allah'ım! Geçen şu sene içinde, Senin bana yasak ettiğin, razı olmadığın ve benim unutup Senin unutmadığın ne kadar amellerim var ki, ben Sana karşı isyana cüretimden sonra, Sen beni onlar hakkında tövbeye davet ettin. Onlarla beni

cezalandırmaya kadir iken, Hilminle bana muamele ettin (cezamı hemen vermedin). Onlar hakkında ben, Senden affımı istiyorum, beni affet Allah'ım! Yapılmasına sevap vaad ettiğin ve razı olduğun amellerim için de, Senden onların kabulünü, yüksek kereminden umudumu kesmemeni istiyorum, ey Keremi bol, Celâl ve İkrâm sâhibi olan Allah'ım!
Allah'ın salât ve selâm'ı, Efendimiz Muhammed (*Sallallahü Aleyhi ve Sellem*)in ve bütün Ailesi, Ashabının üzerine olsun."

Rivayet edildi ki: "Bu şekilde Muharrem'in ilk gecesini geçiren kimsenin günahları affedilir. Allahü Teala onun amelini de kabul eder.
şeytan ise: 'Bu bir gecelik ibadete karşılık, bütün bir sene boyunca ki uğraşımız boşa gitti' der."[1]

Daha sonra içinden geldiği gibi gönlünce Allahü Teala'ya dua etmeli ve niyazda bulunmalıdır.

Duasında şunları söyleyebilir:
Kendisini zikredeni unutmayan Allah'a hamdü sena ederim. Kendisine yalvaranı boş çevirmeyen ve kendisine yalvaranı ağlatmayan ve ümitsiz kılmayan Allah'a sonsuz hamdü senalar olsun. Salât ve Selam, Efendimiz Muhammed (Sallallahü Aleyhi ve Sellem)e, ailesine, Ashabına ve tabi olanların üzerine olsun.
Allah'ım geçen bu seneyi hakkımda şikâyetçi eyleme, onu benden memnun olarak ayır! Onda bilerek veya bilmeyerek işlediğim hata ve kusurlarımı affet, günahlarımı bağışla. Kusurlarımı iyiliğe çevir ve benim ismimi iyi kullarının isimlerinin yüce makamında yaz. Gireceğim yeni seneyi de hakkımda hayırlı ve bereketli kılmanı diliyorum.

---

[1] Nüzhetül Mecâlis, 1/231

Ey her nimetiyle kendini sevdiren, gerçek sevgiye layık, ezelî sıfatlara sahip, tek mabud olan Allah'ım!

Devamı olup sonu olmayan, ayakta olup hiç yıkılmayan ve ey tedbiri güzel alıp veziri bulunmayan Allah'ım! İşlerimizi ve anne-babalarımızın işlerini kolay eyle.

Allah'ım! Geçimin en tatlısını, ömrün en saadetlisini ve rızkın en bolunu bana nasip et.

Allah'ım! Günümün evvelini salah, ortasını felah, sonunu da necah kıl Rabbim!

Allah'ım! Affınla beni affet ve hilminle bana fazlı keremini bahşet.

Allah'ım! Cehennem azabından muhafaza eyle.

Allah'ım! Sana nasıl dua edeyim, hâlbuki ben kendimi beğenirim. Senden nasıl ümidimi keseyim. Sen benim Allah'ımsın. Korktuğumdan beni halas et. Ey Rabbim! Bana kurtuluş ver.

Allah'ım! Hidayete ulaştırdıklarına bizi ulaştır, afiyet verdiklerin arasında bize afiyet ver. Gözettiğin kimseler içinde bizi gözet. İkram ettiğin şeyde bizi bereketli kıl, hükmettiğin şeyin şerrinden bizi koru. Zira Sen hükmedersin, fakat üzerine hükmolunmaz ve Senin gözetip koruduğun zelil olmaz. Ey Rabbimiz Sen çok yüce ve azametlisin.

Allah'ım! Sen nefislerimizden kendi başımıza malik olamayıp ancak Senin kudretinle malik olacağımız şeyi isteriz.

Allah'ım! Tarafımızdan Seni razı edecek şeyi bize ihsan eyle. Allah'ım! Bütün işlerimiz de akıbetimizi güzel yap, dünya musibetlerinden ve ahiret azabından bizi kurtar.

Allah'ım! Kabir azabından, cehennem azabından, hayat ve ölüm fitnesinden, deccalin fitnesinden Sana sığınırız.

Allah'ım! Bizim yanlışlarımızı, doğu ile batıyı ayırdığın gibi bizden uzak tut. Allah'ım! Beyaz elbisemin kirlerden temizlenişi gibi, bizi hatalarımızdan temizle. Allah'ım! Sen bağışlayıcısın. Bağışlamayı seversin, bizi bağışla.
Salât ve Selam Muhammed (Sallallahü Aleyhi ve Sellem)e ve bütün Peygamberlere, hamd Âlemlerin Rabbi olan Allah'adır. Beşeriyetin hidayet ve selameti, bütün müminlerin af ve mağfireti için el-Fâtiha. "

✦ Muharremin birinci gecesi ayrıca şu şekilde niyet edilerek bir tesbih namazı kılınır: "Ya Rabbi! Bu yeni senede beni Mağfiret-i İlahî'ne, Rıza-i İlahî'ne ve Hidayet-i İlâhî'ne mazhar eyle. Yeni açılan amel defterimi Rıza-i İlâhî'ne muvafık amel ile doldurmayı bana nasip eyle. Beni Gadab-ı İlahî'ne dûçar olacak amellerden muhafaza eyle."
Tesbih namazında şunlar okunur:

1. Rekâtta: 1 Fatiha, 1 Ayetü'l-Kürsî.
2. Rekâtta: 1 Fatiha, 1 Amenerrasülü'ne Âl-i İmran suresinin ilk iki ayeti de ilave edilerek okunur.
3. Rekatta: 1 Fatiha, 1 Hüvallallahüllezî.. (Haşr Suresinin son âyeti.)
4. Rekâtta: 1 Fatiha, 1 İhlâs suresi.

Namazdan sonra istiğfar edilir, Salâvat-ı Şerife getirilir ve arkasından dua edilir.

Muharrem'in 1. Günü Namazı:

Rivayet edildi ki: "Herhangi bir kimse, Muharrem ayının ilk günü kuşluk vaktinde iki rekât namaz kılar, her bir rekâtta Fatiha'dan sonra bir Âyetü'l-Kürsî, üç İhlâs suresi (bir rivayette herhangi bir zammı sure) okuyarak rükûa varır ve her rekâtı bu şekilde tamamlayarak namazını sona erdirir, selam verir vermez hiç konuşmadan eller açılarak üç defa şu dua okunur:

اَللّٰهُمَّ اَنْتَ رَبّى قَدِيمٌ وَهٰذِهِ سَنَةٌ جَدِيدَةٌ فَاسْئَلُكَ مِنْ
خَيْرِهَا وَاَعُوذُ بِكَ مِنْ شَرِّهَا وَاسْتَكْفِيكَ مَؤُونَتَهَا
وَشُغْلَهَا يَا ذَا الْجَلَالِ وَالْاِكْرَامِ ۞ اَللّٰهُمَّ اَنْتَ الْاَبَدِىُّ
الْقَدِيمُ ۞ وَهٰذِهِ سَنَةٌ جَدِيدَةٌ اَسْئَلُكَ فِيهَا الْعِصْمَةَ مِنَ
الشَّيْطَانِ الرَّجِيمِ ۞ وَالْعَوْنَ عَلٰى هٰذِهِ النَّفْسِ الْاَمَّارَةِ
بِالسُّوءِ ۞ وَالْاِشْتِغَالَ بِمَا يُقَرِّبُنِى اِلَيْكَ يَا ذَا الْجَلَالِ
وَالْاِكْرَامِ بِرَحْمَتِكَ يَا اَرْحَمَ الرَّاحِمِينَ ۞ وَصَلَّى اللّٰهُ
وَسَلَّمَ عَلٰى سَيِّدِنَا وَنَبِيِّنَا مُحَمَّدٍ وَعَلٰى اٰلِهِ وَصَحْبِهِ
وَاَهْلِ بَيْتِهِ اَجْمَعِينَ ۞

[*Allahümme ente Rabbî Kadîmün vehâzihi senetün cedîdetün fes'elüke min hayrihâ ve e'ûzü bike min şerrihâ vestekfîke meûnetehâ ve şuğlehâ yâ zel Celâli vel İkrâm. Allahümme entel-Ebediyyül-Kadîm. Ve hâzihî senetün cedîdetün. Es'elüke fîhel-ısmete mineşşeytânirracîm. Vel-avne alâ hâzihin-nefsil-emmâreti bissûi vel-iştiğâle bimâ yukarribünî ileyke yâ zel-Celâli vel-İkrâmi birahmetike yâ erhamerrâhimîn. Ve sallallâhü ve selleme alâ Seyyidinâ ve Nebiyyinâ Muhammedin ve alâ âlihî ve sahbihî ve ehli beytihî ecma'în.*]

"Allah'ım! Sen ezelî olan Rabb'imsin. Bu sene ise, yeni bir senedir. Ve senenin hayrını ve bereketini Senden istiyorum. Şerrinden ve kötülüğünden Sana sığınıyorum. Bu senenin zahmet ve meşguliyetine karşı Sen bana yetersin. Seninle yetiniyorum ey Celâl ve İkrâm sahibi Allah'ım!

Kendinden evvel hiçbir varlık olmayan, varlığı sonsuz devamlı olan yalnız Sensin Allah'ım! İşte bu yeni yıldır ki, bu yıl boyunca huzurundan kovulmuş şeytandan korumanı ve daima kötülüğü emreden nefsime galip olmam için yardımını ve beni Sana yaklaştıran işlerle meşgul olmamı Senden dilerim. Ey Celal ve İkram sahibi Allah'ım!"

Rivayet edildi ki: "Bu namazı kılıp bu duayı okuyan kimse için Allahü Teala iki melek görevlendirir. Bu melekler, o kimseyi şeytanın ve nefsinin her türlü nifak ve hilesinden korur ve tüm işlerinde Allahü Teala ona kolaylıklar ihsan eder ve yılsonuna kadar o kimseye koruyuculuk hizmeti görürler."

Muharrem'in 1–10. Günü Arasındaki Namaz:

Muharrem ayının 1'i ile 10'u arasında bir defa olmak üzere 2 rekâtta bir selam vererek 6 rekât namaz kılınır. Bu namaz akşamla yatsı arasında kılınır. Bu vakitte kılınamadığı takdirde yatsıdan sonra da kılınabilir.

Namaza şöyle niyet edilebilir: "Niyet eyledim ya Rabbi Senin Rıza-i Şerifin için namaza. Herhangi bir komşumun ve din kardeşimin veya herhangi bir kimsenin bana hakkı geçmiş ise, bu hakkın ödenmesi için, Allahü Ekber..."

1. Rekâtta: 1 Fatiha, 1 Ayetü'l-Kürsî, 11 İhlâs-ı Şerif.
2. Rekâtta: 1 Fatiha, 10 İhlâs-ı Şerif.
1. Rekâtta: 1 Fatiha, 1 Tekasür, 11 İhlâs-ı Şerif.
2. Rekâtta: 1 Fatiha, 10 İhlâs-ı Şerif.

1. Rekâtta: 1 Fatiha, 1 Kafirûn, 11 İhlâs-ı Şerif.
2. Rekâtta: 1 Fatiha, 10 İhlâs-ı Şerif okunur.

Namazdan sonra dua edilir.

Muharrem Ayında Oruç

Ramazan orucundan sonra en makbul ay Muharrem ayı orucudur. Haram aylardan biri olan Muharrem ayında tutulan bir gün oruç, diğer günlerde bir ay oruçtan üstündür. Ramazan-ı Şerif'te tutulan bir gün oruç ise, hürmetli olan aylardaki bir ay oruçtan üstündür.

✦ Resulullah (*Sallallahü Aleyhi ve Sellem*) buyurdu ki: "***Ramazan'dan sonra oruçların en faziletlisi, Muharrem ayında tutulan oruçtur. Farzlardan sonra en faziletli namaz da gece namazıdır.***"[1]

✦ Hazreti Ali (*Radıyallahü Anh*) Resulullah (*Sallallahü Aleyhi ve Sellem*)e: "Ey Allah'ın Resulü! Ramazan'dan sonra hangi orucu tutmamı tavsiye edersiniz?" Resulullah (*Sallallahü Aleyhi ve Sellem*) buyurdu ki: "***Şayet Ramazan'dan sonra oruç tutmak istersen, Muharrem'i tut. Zira bu ay Allahü Tealanın ayıdır. Bu ayda Allah birçok kavmin tövbesini kabul etmiştir. Bu ayda birçok kavmin tövbesini kabul eden Allah, şüphesiz başka kavmin tövbesini de kabul eder.***"[2]

✦ Resulullah (*Sallallahü Aleyhi ve Sellem*) buyurdu ki: "***Kim arife günü oruç tutarsa, iki senelik günahına kefaret olur ve kim de, Muharrem ayında bir gün oruç tutarsa, her bir günü için 30 gün sevabı yazılır. Ramazan'da bir gün oruç tutmak, haram aylarda 30 gün oruçtan daha faziletlidir.***"[3]

---

[1] Müslim, Sıyam, 202; Ebu Davud, Savm, 55; Tirmizi, Savm, 40
[2] Tergib ve Terhib, no. 1527, 2/120; Tirmizi, Oruç, 40
[3] Taberânî, es-Sagîr, no.963; Tergib, 2/114; Heysemî, no.5148, 3/436

✦ Enes (Radıyallahü Anh)den rivayet edildiğine göre Resulullah (*Sallallahü Aleyhi ve Sellem*) buyurdu ki: "***Kim haram aylarda***(n olan Zilkâde, Zilhicce, Muharrem ve Receb de) ***üç gün oruç tutarsa, o kişi için 900 yıllık ibadet sevabı verilir.***" Bu hadisi şerifi rivayet ettikten sonra Hazreti Enes şöyle der: "Bu hadisi şerifi Resulullah (*Sallallahü Aleyhi ve Sellem*)den işitmediysem şu iki kulağım sağır olsun."

Resulullah (*Sallallahü Aleyhi ve Sellem*) buyurdu ki: "***Her kim, herhangi bir haram aydan Perşembe, Cuma ve Cumartesi olmak üzere, üç günü oruçlu geçirirse, kendisine*** (her güne karşılık) ***900 sene ibadet*** (sevabı) ***yazılır.***"[1]

Bir hadisi şerifte Muharrem ayındaki bu üç günden maksadın, "***Aşureden önceki gün, Aşure günü ve Aşure'den sonraki gün*** " olduğu belirtilmiştir.[2]

✦ Resulullah (*Sallallahü Aleyhi ve Sellem*) buyurdu ki: "***Muharrem'in ilk cumasını oruçlu geçirenin geçmiş günahları affolunur.***"[3]

✦ Resulullah (*Sallallahü Aleyhi ve Sellem*) buyurdu ki: "***Ramazan ayından sonra*** (başka bir ayda) ***oruç tutacaksan, Muharrem'i tut. Çünkü o, Allah'ın ayıdır.***"[4]

✦ Resulullah (*Sallallahü Aleyhi ve Sellem*) buyurdu ki: "***Ramazan ayının orucundan sonra en üstün oruç, Allah'ın Muharrem ayı***(nda tutulan)***dır.***"[1]

---

[1] Taberânî, Evsât, 1810, 2/468; Kenzü'l-Ummâl, 24173, 8/561

[2] Şeyh Abdülkâdir Geylanî (*Kuddise Sirruh*), Gunye, 2/124

[3] Nüzhetü'l-Mecalis, 156
Cuma günü müminlerin bayramı olduğundan, oruç tutarken Perşembe ve Cuma oruç tutmak daha iyidir.

[4] Tergib ve Terhib, 2/120, no.1527

✦ Resulullah (*Sallallahü Aleyhi ve Sellem*) buyurdu ki: "***Zilhicce'nin sonuncu günü ile Muharrem'in ilk gününü oruçlu geçiren kişi, geçen seneyi oruçla bitirmiş, gelecek seneyi de oruçla karşılamış olduğundan, Allahü Teala ona elli senelik kefaret yazar.***"[2]

✦ Resulullah (*Sallallahü Aleyhi ve Sellem*) buyurdu ki: "***Her kim, Muharrem'den bir gün oruç tutarsa, ona, her güne karşılık 30 gün*** (oruç sevabı) ***vardır.***"[3]

Muharrem Ayındaki Zikirler

✦ Rivayet edildi ki: "Muharrem'in birinci gününde her birinde Besmele çekerek, bir defada 1.000 İhlâs-ı Şerif okuyanları, Allahü Teala lütfüyle, keremiyle, huzuruna bu âlemden kul borcu ile götürmeyecektir."

Muharrem'in 1. Günü Duası:

Rivayet edilmiştir ki: "Her kim Muharrem'in ilk günü bu duayı üç kere okursa, şeytan:

- 'onun nefsin(e herhangi bir kötülük yapmak)dan ümidimizi kestik' der.

Allah (*Celle Celalühü*) de ona iki melek vekil kılar, o sene onu (bütün bela musibetlerden) korurlar.[4]

---

[1] Tirmizi, Savm,40, no.740; Müslim, Sıyam, 55, no. 2429

[2] Nüzhetü'l-Mecalis, 156; Gunye, 2/54

[3] Taberanî, el-Kebir, 11/72

[4] Nüzhetül-Mecâlis, 1/231; Hazînetül-Esrâr, 36

بِسْــــــــمِ اللّٰهِ الرَّحْمٰنِ الرَّحِيمِ

اَلْحَمْدُ لِلّٰهِ رَبِّ الْعَالَمِينَ ۞ وَالصَّلَاةُ وَالسَّلَامُ عَلٰى سَيِّدِنَا مُحَمَّدٍ وَعَلٰى اٰلِهِ وَصَحْبِهِ اَجْمَعِينَ ۞ اَللّٰهُمَّ اَنْتَ الْاَبَدِىُّ الْقَدِيمُ ۞ اَلْحَىُّ الْكَرِيمُ ۞ اَلْحَنَّانُ الْمَنَّانُ ۞ وَهٰذِهِ سَنَةٌ جَدِيدَةٌ اَسْئَلُكَ فِيهَا الْعِصْمَةَ مِنَ الشَّيْطَانِ الرَّجِيمِ ۞ وَالْعَوْنَ عَلٰى هٰذِهِ النَّفْسِ الْاَمَّارَةِ بِالسُّوءِ ۞ وَالْإِشْتِغَالَ بِمَا يُقَرِّبُنِى اِلَيْكَ يَا ذَا الْجَلَالِ وَالْإِكْرَامِ بِرَحْمَتِكَ يَا اَرْحَمَ الرَّاحِمِينَ ۞ وَصَلَّى اللّٰهُ وَسَلَّمَ عَلٰى سَيِّدِنَا وَنَبِيِّنَا مُحَمَّدٍ وَعَلٰى اٰلِهِ وَصَحْبِهِ وَاَهْلِ بَيْتِهِ اَجْمَعِينَ ۞

[*Bismillahir Rahmânir Rahîm*

el-Hamdü lillahi Rabbil âlemîn. Vessalâtü vesselâmü alâ Seyyidinâ Muhammedin ve alâ âlihi ve sahbihi ecme'în. Allahümme entel-Ebediyyül-Kadîm. el-Hayyül-Kerîm, el-Hannânül-Mennân. Hâzihî senetün cedîdetün. Es'elüke fihel-ısmete mineşşeytânirracîm. Vel-avne alâ hâzihin-nefsil-emmâreti bissûi vel-iştiğâle bimâ yukarribünî ileyke yâ zel-Celâli vel-İkrâmi birahmetike yâ erhamerrâhimîn. Ve sallallâhü ve selleme alâ Seyyidinâ ve Nebiyyinâ Muhammedin ve alâ âlihî ve sahbihî ve ehli beytihî ecma'în.]

"Rahman ve Rahim olan Allah'ın adıyla. Hamd, âlemlerin Rabbi olan Allah'a mahsustur. Salatü selam da Resulullah Efendimize, Ehli Beytine ve bütün Ashabına olsun.

Kendinden evvel hiçbir varlık olmayan, varlığı, hayatı, kullarına keremi, ziyade merhameti, nimetler bağışlaması sonsuz ve devamlı olan yalnız Sensin Allah'ım!

İşte bu yeni yıldır ki, bu yıl boyunca huzurundan kovulmuş şeytandan beni korumanı ve daima kötülüğü emreden nefsime galip olmamam için yardımını ve beni Sana yaklaştıran işlerle meşgul olmamı Sen'den dilerim.

Ey Celâl ve İkram sâhibi, ey merhamet edenlerin en merhametlisi olan Allah'ım, rahmetinin bereketiyle duamızı kabul et!

Efendimiz Muhammed (Sallallahü Aleyhi ve Sellem)e, Onun Ailesine, Ashabına ve bütün Ehli Beytine salât olsun."

✦ Rivayet edildi ki: "Muharrem ayının birinci ve onuncu günleri sabahleyin üç kere bu duayı okuyan kimseyi, Allahü Teala gelecek senenin Muharrem ayına kadar bütün belalardan emin kılar."

بِسْمِ اللّٰهِ الرَّحْمٰنِ الرَّحِيمِ

سُبْحَانَ اللّٰهِ مِلأَ الْمِيزَانِ ۞ وَمُنْتَهَى الْعِلْمِ ۞ وَمَبْلَغَ الرِّضَا ۞ وَزِنَةَ الْعَرْشِ ۞ لَا مَلْجَأَ وَلَا مَنْجَا مِنَ اللّٰهِ اِلَّا اِلَيْهِ ۞ سُبْحَانَ اللّٰهِ عَدَدَ الشَّفْعِ وَالْوَتْرِ وَعَدَدَ كَلِمَاتِ اللّٰهِ التَّامَّاتِ كُلِّهَا اَسْأَلُكَ السَّلَامَةَ بِرَحْمَتِكَ يَا اَرْحَمَ الرَّاحِمِينَ ۞ وَلَا حَوْلَ وَلَا قُوَّةَ اِلَّا بِاللّٰهِ الْعَلِيِّ الْعَظِيمِ ۞

وَهُوَ حَسْبِى نِعْمَ الْوَكِيلُ نِعْمَ الْمَوْلٰى وَنِعْمَ النَّصِيرُ ۞
وَصَلَّى اللّٰهُ عَلٰى سَيِّدِنَا مُحَمَّدٍ خَيْرِ خَلْقِهِ وَعَلٰى اٰلِهِ
وَاَصْحَابِهِ اَجْمَعِينَ ۞

[*Bismillâhirrahmânirrahîm*
Sübhânellâhi mil'el mîzâni ve müntehel ılmi ve meblağar rıdâ ve zîneten lâ melce'e ve lâ mencâ minellâhi illâ ileyhi. Sübânellâhi adedeş şef'ı vel vetri ve adede kelimâtittâmmâti küllihâ es'elükes selâmete birahmetike yâ erhamer râhımîn. Velâ havle velâ kuvvete illâ billâhil aliyyil azîm. Ve hüve hasbî ni'mel vekîlü ni'mel mevlâ ve ni'men nasîr. Ve sallellâhü alâ Seyyidinâ Muhammedin hayri halkıhi ve alâ Âlihi ve Ashâbihi ecma'în.]
"Allahü Teala'yı mizan dolusunca, ilminin sonsuzluğunca, rızasına ulaşıncaya kadar ve Arş'ının tartısınca tesbih ederim. Allahü Teala'dan sığınılıp kurtulmak yine ancak O'nadır. Allahü Teala'yı çiftlerin ve teklerin sayısınca ve tamam olan kelimelerinin tamamının sayısınca tesbih ederim.
Ey acıyanların en merhametlisi! Senden rahmetinle (bütün belalardan) selamet isterim. O yüce ve büyük olan Allah'ın yardımı olmadan hiçbir günahtan dönüş ve hiçbir ibadete kuvvet olamaz. O Bana yeter. Ne güzel Vekil'dir. Ne güzel Mevla ve ne güzel yardımcıdır. Allahü Teala, mahlûkatının en hayırlısı olan Muhammed (*Sallallahü Aleyhi ve Sellem*)e ve Âl-i Ashabının tamamına salât eylesin." Âmin!

Aşure Gününün Fazileti

Muharrem ayı, Kur'ân-ı Kerim'de kıymet verilen dört aydan biridir. Aşure, bu ayın onuncu ve en kıymetli günüdür. Allahü Teala, birçok duaları Aşure günü kabul buyurmuştur. Bugünün birçok üstünlükleri vardır:

1. Âdem (*Aleyhisselâm*)ı ve Hazreti Havvâ'yı yaratması ve cennete koyması, Âdem (*Aleyhisselâm*)ın tövbesinin kabulü,
2. Nuh (*Aleyhisselâm*)ın gemisinin Cûdî dağına oturması,
3. İdris (*Aleyhisselâm*)ın göğe yükseltilmesi,
4. Allahü Teala'nın, hiç kimseye vermediği mülkü Süleyman (*Aleyhisselâm*)a vermesi,
5. Yunus (*Aleyhisselâm*)ın balığın karnından kurtulması,
6. İbrahim (*Aleyhisselâm*)ın dünyaya gelmesi, dost olarak seçilmesi ve nemrudun ateşinden kurtulup lanetli nemrudun kavmiyle birlikte sivrisinek istilasına uğrayıp helak olması,
7. Musa (*Aleyhisselâm*)ın Allahü Teala ile konuşması ve denizi yararak firavundan kurtuluşu,
8. İsa (*Aleyhisselâm*)ın dünyaya gelişi ve göğe kaldırılışı,
9. Yusuf (*Aleyhisselâm*)ın kuyudan çıkarılması,
10. Davut (*Aleyhisselâm*)ın tövbesinin kabulü,

Ve ayrıca kıyametin kopması, Yakup (*Aleyhisselâm*)ın görmeyen gözlerinin o gün görmesi, Eyyüb (*Aleyhisselâm*)ın müptela olduğu hastalıktan şifa bulması ve yerlerin, göklerin, dağların, denizlerin yaratılışı ve kıyametin kopması gibi nice olaylar bu güne rast gelmiştir. Tabi ki bunlar Mevla Teala'nın hikmetidir. [1]

---

[1] Taberânî, Mu'cemul-Kebîr, 5538, Heysemî, Mecmeuzzevâid, 5132; Suyûtî, el-Leâlî el-Mesnû'a, 2/108–109; Abdurrezzâk, Musannef, 4/291, 7852; Gunye, 2/315–317

Ümmet-i Muhammed'e Verilen On İhsan:

Aşure günü, Allahü Teala'nın bu ümmete olan ihsanının onuncusu olması sebebiyle "Aşure (onuncu)" diye adlandırılmıştır: Ümmet-i Muhammed'e verilen bu on ihsan şöyledir:

1. *Recep ayı*. Bu ay Allah'ın ayıdır. Bu ayın diğer aylara olan fazileti Ümmet-i Muhammed'in diğer ümmetlere olan fazileti gibidir. İşte bu sebeple Allah, onu Ümmet-i Muhammed'e vermiştir.
2. *Şaban ayı*. Bu ayın diğer aylara olan fazileti Hazreti Muhammed (*Sallallahü Aleyhi ve Sellem*)in diğer Peygamberlere olan fazileti gibidir. İşte bu sebeplere Allah onu Ümmet-i Muhammed'e vermiştir.
3. *Ramazan ayı*. Bu ayın diğer aylara olan fazileti Allah'ın mahlûkatına olan fazileti gibidir. Onun için Allah bu ayı Ümmet-i Muhammed'e ihsan etmiştir.
4. *Kadir gecesi*. Bu gece bin aydan daha hayırlıdır.
5. *Ramazan bayramı günü*. Bu gün Allah'ın Ramazan'da oruç tutan kullarına bol bol mükâfat verdiği bir gündür.
6. *Zilhiccenin ilk on günü*. Bu günler Allah'ın en çok zikredildiği, telbiye ve tehlil getirildiği günlerdir.
7. Arife günü. Bu günde tutulan oruç iki senelik orucun sevabına bedeldir.
8. Kurban bayramı günü. Bu gün Allah'a yakın olma günüdür.
9. Cuma günü. Cuma bütün günlerin efendisidir.
10. Aşure günü. O günde oruç tutmak, o sende işlenmiş olan günahlara keffarettir.

İşte bu zamanlardan her biri Allahü Teala'nın bu ümmete bir ihsanıdır. Bu günleri, günahlara keffaret olması için vermiştir.

Bununla beraber Resulullah (*Sallallahü Aleyhi ve Sellem*)in torunu Hazreti Hüseyin (*Radıyallahü Anh*)ın Emevî Halifesi Yezid döneminde Sinan bin Enes tarafından Kerbela'da şehit edilmesi de 10 Muharrem 61 (10 Ekim 680) senesinde 55 yaşında Aşure günü gerçekleştiği için Aşure günü aynı zamanda, İslam tarihinde son derece acı, acıklı ve üzücü bir olayı hatırlatma özelliği de taşımaktadır. Bu sebeple şiiler, Aşure gününü Hazreti Hüseyin (*Radıyallahü Anh*)in intikamını alma sözünü tazeledikleri bir matem günü kabul ederler; hatta dövünerek ve kendilerine işkence yaparak bu oruca başlarlar. Gerek bu uygulama, gerekse bu uygulamaya karşılık Emevîlerin bu günün bir bayram sevinci ile kutlanması yönündeki gayretleri görüş farklılığı ile ilgilidir. Doğrusu sade bir şekilde aşırıya kaçmadan bu günü ibadet üzere geçirmektir.

İyi bilinsin ki, Hazreti Hüseyin (*Radıyallahü Anh*)ın Aşure günü uğradığı ihanet ve başına gelen musibet; onun kadrinin yüceliğine, Allahü Teala katında derecelerinin arttığına, tertemiz olan Ehl-i Beyt'e üstün derecelerle kavuşmasına bir delildir.

Bunun dışında rafizîlerin ve şianın; yas tutma, ağıt yakma, dövünme gibi davranışlarından uzak kalınmalıdır. Zira bu hareketler, müminlerin ahlakına yakışmayan davranışlardır. Eğer böyle yapmak doğru olsaydı; Hazreti Hüseyin (*Radıyallahü Anh*)ın dedesi olan Resulullah (*Sallallahü Aleyhi ve Sellem*)in vefatından dolayı bunları yapmak daha yerinde ve evla olurdu.

Allahü Teala tek başına bizlere yeter! O, ne güzel vekildir.

Aşure Günü ve Gecesi Namazı

Resulullah (*Sallallahü Aleyhi ve Sellem*) buyurdu ki: "***Farzlardan sonra en faziletli namaz, Aşure gece yarısında kılınan namazdır.***"[1]

Aşure Gecesi Kılınacak Namazlar:

✦ Resulullah (*Sallallahü Aleyhi ve Sellem*) buyurdu ki: "***Her kim Aşure gecesi veya aşure günü*** (her iki rekâtta bir selam verilmek üzere) ***100 rekât namaz kılıp her rekâtında bir Fâtiha Suresi ile 3 İhlâs Suresi okuyup namazı tamamladıktan sonra 70 kere:***

سُبْحَانَ اللّٰهِ وَالْحَمْدُ لِلّٰهِ وَلَا اِلٰهَ اِلَّا اللّٰهُ

وَاللّٰهُ اَكْبَرُ وَلَا حَوْلَ وَلَا قُوَّةَ اِلَّا بِاللّٰهِ الْعَلِيِّ الْعَظِيمِ

[*Sübhanellahi vel hamdü lillahi ve lâ ilâhe illâllahü vallahü ekber. Ve lâ havle ve lâ kuvvete illâ billahil aliyyil azîm.*]

70 kere istiğfar:

اَسْتَغْفِرُ اللّٰهَ الَّذِى لَا اِلٰهَ اِلَّا هُوَ الْحَىَّ الْقَيُّومَ وَاَتُوبُ اِلَيْهِ

[*Esteğfirullahellezî lâ ilâhe illâ Hüvel Hayyel Kayyûme ve etûbü ileyh.*]

70 defa Salâvat-ı Şerife:

اَللّٰهُمَّ صَلِّ عَلٰى سَيِّدِنَا مُحَمَّدٍ وَعَلٰى اٰلِهِ وَصَحْبِهِ وَسَلِّمْ

[*Allahümme salli alâ seyyidinâ Muhammedin ve alâ Âlihi ve sahbihi ve sellim*]

okursa, öldüğü zaman Allahü Teala o kimsenin kabrini misk ve amberle doldurur.

---

[1] Şeyh Abdülkâdir Geylanî (*Kuddise Sirruh*), Gunye, 2/316

(Sonra şöyle devam etti:) ***Kabre konan herkesin saçları dağılır. Bu namazı kılanların saçları katiyen dağılmaz. Kabrinden dirildiğinde de yüzü ayın ondördü gibi parıldar, kocasının evine getirilen bir gelin gibi süratle cennete götürülür.***"[1]

✦ Aşure gecesi yatsı namazından sonra evinde 2 rekât namaz kılır. Namaza durmadan: "*Ya Rabbi! Bu yeni senede beni Mağfiret-i İlahine, Rıza-i İlahine ve Hidayet-i İlahine mazhar eyle. Yeni açılan amel defterimi Rıza-i İlahine muvafik amel ile doldurmayı bana nasip eyle. Beni Gazab-ı İlahine dûçar olacak amellerden muhafaza buyur*" şeklinde niyet edilir. Selam verdikten sonra araya söz katmadan 70 defa Tövbe-i istiğfar:

اَسْتَغْفِرُ اللّٰهَ الَّذِى لَا اِلٰهَ اِلَّا هُوَ الْحَىَّ الْقَيُّومَ وَاَتُوبُ اِلَيْهِ

[*Esteğfirullahellezî lâ ilâhe illâ Hüvel Hayyel Kayyûme ve etûbü ileyh.*]

70 defa Salâvat-ı Şerife:

اَللّٰهُمَّ صَلِّ عَلٰى سَيِّدِنَا مُحَمَّدٍ وَعَلٰى اٰلِهِ وَصَحْبِهِ وَسَلِّمْ

[*Allahümme salli alâ seyyidinâ Muhammedin ve alâ Âlihi ve sahbihi ve sellim*]

70 defa:

سُبْحَانَ اللّٰهِ وَالْحَمْدُ لِلّٰهِ وَلَا اِلٰهَ اِلَّا اللّٰهُ

وَاللّٰهُ اَكْبَرُ وَلَا حَوْلَ وَلَا قُوَّةَ اِلَّا بِاللّٰهِ الْعَلِيِّ الْعَظِيمِ

[*Sübhanellahi vel hamdü lillahi ve lâ ilâhe illâllahü vallahü ekber. Ve lâ havle ve lâ kuvvete illâ billahil aliyyil azîm.*]

derse, o kimseye hac ve umre sevabı verileceği rivayet edilmiştir.

---

[1] Şir'atül-İslam şerhi Mefâtihul-Cinân, s.217

✦ Rivayet edildi ki: Her kim Âşure gecesi abdest tazeleyip iki rekat namaz kıldıktan sonra, dizüstü çökmüş halde kıbleye yönelik vaziyette her birinin başında Besmele çekerek 360 Âyetül-Kürsî okuduktan sonra 48 kere:

قُلْ بِفَضْلِ اللّٰهِ وَبِرَحْمَتِهِ فَبِذٰلِكَ فَلْيَفْرَحُواۜ هُوَ خَيْرٌ مِمَّا يَجْمَعُونَ ﴿٥٨﴾

[Kul bifadlillahi ve birahmetihi febizâlike felyefrahû. Hüve hayrun mimmâ yecma'ûn.]

Yunus suresinin 58. âyetini okur da, sonra 12 kere:

اَللّٰهُمَّ اِنَّ هٰذِهِ لَيْلَةٌ جَدِيدَةٌ وَشَهْرٌ جَدِيدٌ وَسَنَةٌ جَدِيدَةٌ فَاَعْطِنِى اللّٰهُمَّ خَيْرَهَا وَخَيْرَ مَا فِيهَا وَاصْرِفْ عَنِّى شَرَّهَا وَشَرَّ مَا فِيهَا وَشَرَّ فِتْنَتِهَا وَمُحْدَثَاتِهَا وَشَرَّ النَّفْسِ وَالْهَوٰى وَالشَّيْطَانِ الرَّجِيمِ

[*Allahümme inne hâzihi leyletün cedîdetün ve şehrun cedîdün ve senetün cedîdetün fe-e'atınî Allahümme hayrahâ ve hayra mâ fîhâ vasrif annî şerrahâ ve şerra mâ fîhâ ve şerra fitnetihâ ve muhdesâtihâ ve şerrannefsi velhevâ veşşeytânirracîm.*]

'*Allah'ım! İşte bu, yeni gecedir, yeni aydır ve yeni yıldır. Allah'ım! Onun hayrını da, onda bulunanların hayrını da bana nasip et. Onun şerrini de, onda bulunanların şerrini de, onun fitnesinin şerrini de, onda meydana gelecek olan şeylerin şerrini de, nefsin ve kötü arzusunun şerrini de, kovulmuş şeytanın şerrini de benden çevir*' derse, peşine de Kur'ân-ı Kerim'de de bahsedilen dualardan dilediğiyle bitirir, çok kere tesbih, tehlîl ve salevattan sonra Müslüman erkek ve kadınların tümü-ne dua yaparsa, o sene bütün kötülüklerden korunmuş olur.

Aşure Gününde Kılınacak Namazlar:

✦ Namaza durmadan önce şöyle niyet edilebilir: "*Ya Rabbi! Bu yeni senede beni Mağfiret-i İlahine, Rıza-i İlahine ve Hidayet-i İlahine mazhar eyle. Yeni açılan amel defterimi Rıza-i İlahine muvafik amel ile doldurmayı bana nasip eyle. Beni Gazab-ı İlahine duçar olacak amellerden muhafaza buyur.*"

Bu namazın fazileti ile ilgili olarak Hazreti Ömer (*Radıyallahü Anh*) buyurdu ki: "***Her kim Aşure gününde 4 rekât namaz kılar. Her rekâtında Fatiha'dan sonra 50 defa İhlâs suresini, namazdan sonra 100 defa şu Salâvat-ı Şerifeyi okursa***:

اَللّٰهُمَّ صَلِّ عَلٰى سَيِّدِنَا مُحَمَّدٍ وَاٰدَمَ وَنُوحٍ وَاِبْرٰهِيمَ
وَمُوسٰى وَعِيسٰى وَمَا بَيْنَهُمْ مِنَ النَّبِيِّينَ وَالْمُرْسَلِينَ
صَلَوَاتُ اللّٰهِ وَسَلَامُهُ اَجْمَعِينَ

[*Allahümme salli alâ seyyidinâ Muhammedin ve Âdeme ve Nûhin ve İbrahîme ve Mûsâ ve Îsâ ve mâ beynehüm mine'n-nebiyyine ve'l-Mürselîn salevâtüllahi ve selâmühü aleyhim ecme'în.*]

"Allah'ım! Efendimiz Muhammed (*Sallallahü Aleyhi ve Sellem*)e rahmet eyle. Allah'ın rahmet ve selamı Âdem, (Hazreti) Nuh, (Hazreti) İbrahim, (Hazreti) Musa ve (Hazreti) İsa Peygamberler ile bunların aralarında geçen Nebi ve Resullerin hepsinin üzerine olsun. "

Allahü Teala onun geçmiş 50 yıllık, gelecek 50 yıllık günahını affeder ve ona Mele-i A'lâ'da nurdan bir saray bina eder." [1]

✦ Resulullah (*Sallallahü Aleyhi ve Sellem*) buyurdu ki: "***Bu namaz dört rekât olarak kılınır ve her iki rekâtta bir selam verilir. Her rekâtta bir kere Fâtiha Suresi, bir kere Zilzâl Suresi, bir kere Kâfirûn Suresi ve bir kere İhlas Suresi okunur. Namazı tamamladıktan sonra 70 kere salâvat getirilir.***" [2]

✦ Resulullah (*Sallallahü Aleyhi ve Sellem*) buyurdu ki: "***Her kim Aşure gününde, sırf kıyamet gününde düşmanlarını razı etmek niyetiyle dört rekât namaz kılarsa, ilk rekâtta 1 Fâtiha suresi ile 11 İhlâs suresi, ikinci rekâtta 1 Fâtiha suresi 3 Kâfirûn Suresi ve 11 İhlâs Suresi, üçüncü rekatta 1 Fâtiha suresi 1 Tekâsür Suresi ve 11 İhlas suresi, dördüncü rekatta da 1 Fâtiha suresi 3 Âyetül-Kürsî ve 25 kere İhlas suresini okursa, Allahü Teala o kimseyi kabrin bütün korkunç hallerinden kurtarıp, kıyamette de hasımlarını kendisinden razı eder.***" [3]

Namaza şöyle niyet edilebilir: "Niyet eyledim ya Rabbi Senin Rıza-i Şerifin için namaza. Herhangi bir komşumun ve din kardeşimin veya herhangi bir kimsenin bana hakkı geçmiş ise, bu hakkın ödenmesi için, Allahü Ekber…"

Not: Bu namaz şu altı günde kılınır: "Aşure günü, Terviye günü, Arife günü, Kurban bayramı günü, Şaban-ı Şerif onbeşinci günü ve Ramazan-ı Şerif ayının son Cuma günü."

---

[1] Şeyh Abdülkâdir Geylanî (*Kuddise Sirruh*), Gunye, 2/53-54

[2] Şeyh Abdülkâdir Geylanî (*Kuddise Sirruh*), Gunye, 2/316

[3] Şir'atül-İslam şerhi Mefâtihül-Cinan, s. 217

Aşure Günü Orucu

Aşure gününde oruç tutmak ümmetler arasında bilinen iyi bir adetti. Hatta denilir ki: Ramazan orucu farz kılınmadan önce Aşure günü oruç tutmak farz idi, Ramazan orucunun farz kılınması ile Aşure günü oruç tutmanın farziyeti hükmü kaldırıldı. Resulullah (*Sallallahü Aleyhi ve Sellem*) hicretten önce de bu günlerde oruç tutmuştu. Medine'ye gelince bu günde oruç tutma talebini tekit etmişti. Resulullah (*Sallallahü Aleyhi ve Sellem*) ömrünün sonlarına doğru şöyle buyurmuştu: "***Eğer Allahü Teala izin verir de gelecek sene yaşarsam, Muharremin dokuzuncu ve onuncu günleri mutlaka oruç tutacağım.***"[1]

Fakat ertesi yıla kavuşmadan o yıl içinde en Yüce Dost olan Rabbine kavuştu.

Muharrem ayının çoğunu oruçlu geçiremeyenler, mümkünse 8. 9. 10. günleri oruç tutmalıdır.

Aşure Günündeki Oruç Hakkında Zikredilenler:

✦ Abdullah ibni Abbas (*Radıyallahü Anhüma*) şöyle rivayet etti: Resulullah (*Sallallahü Aleyhi ve Sellem*) Medine'ye geldi. Burada yahudilerin Aşure günü oruç tuttuklarını görünce onlara bunun sebebini sordu. Yahudiler şöyle dediler:

- Bugün Allahü Teala'nın (Hazreti) Musa'yı firavunun taraftarlarına karşı üstün kıldığı ve kurtardığı gündür. Bugünün faziletini bilir de bugüne hürmeten oruç tutuyoruz.

Bunun üzerine Resulullah (*Sallallahü Aleyhi ve Sellem*):

- "***Bizler Musa*** (*Aleyhisselam*)***a sizden daha yakınız!***" buyurarak bugünde kendisi oruç tuttu ve Müslümanların da oruç tutmalarını tavsiye buyurdu.[2]

---

[1] Müslim, Sıyâm, 134; İbni Mâce, Sıyâm, 41; Ahmed, el-Müsned, 1/225

[2] Buhari, Savm, 69, Müslim, Sıyam, 127; Ahmed, el-Müsned, 1/291, 310

✦ Resulullah (*Sallallahü Aleyhi ve Sellem*) buyurdu ki: "***Her kim Aşure günü oruç tutarsa, Firdevs-i Ala'ya varis olur.***"[1]

✦ Resulullah (*Sallallahü Aleyhi ve Sellem*) buyurdu ki: "***Bir önceki senenin günahlarına kefarettir.***"[2]

✦ Resulullah (*Sallallahü Aleyhi ve Sellem*) buyurdu ki: "***Arife gününde oruç tutmak, geçmiş ve gelecekten birer senenin küçük günahına kefaret olur. Aşure günü orucu ise, yalnız geçmiş olan bir senelik günahına kefaret olur.***"[3]

✦ Resulullah (*Sallallahü Aleyhi ve Sellem*) buyurdu ki: "***Bir kimse, Aşure günü oruç tutarsa, Allahü Teala ona gecesi ihya edilmiş, gündüzleri oruçla geçirilmiş 60 senelik ibadet sevabı yazar. Keza ona 1.000 şehit sevabı verir. Aşure günü oruçlu olan için yedi gök ehlinin sevabını yazar.***"[4]

✦ Resulullah (*Sallallahü Aleyhi ve Sellem*) buyurdu ki: "***Muharrem'in onuncu günü olan Aşure gününü oruçlu geçirene Allahü Teala, 1000 hac, 1000 umre ve 1000 şehit sevabı yazar ve kendisine doğu ile batı arasındakilerin ecri verilir. Bu kişi İsmail*** (*Aleyhisselâm*)***ın neslinden 1000 köle azat etmiş gibi olur. Kendisi adına cennette 70.000 köşk inşa edilir. Allahü Teala, onun canını cehenneme haram kılar.***"[5]

✦ Resulullah (*Sallallahü Aleyhi ve Sellem*) buyurdu ki: "***Aşure gününü oruçlu geçirene 10.000 melek sevabı verilir. O gün, İhlâs suresini 1000 kere okuyana, Allahü Teala rahmet nazarı ile bakar ve o kişi sıddıklardan yazılır.***"[6]

---

[1] Kenzü'l-Ummâl, 24262
[2] Müslim, 2/818; Tergib ve Terhib, 2/29
[3] Müslim, Oruç, 36, No: 2747
[4] Gunye: 2/53
[5] Nüzhetül-Mecalis, 1/157
[6] Nüzhetül-Mecalis, 1/156

✦ Resulullah (*Sallallahü Aleyhi ve Sellem*) buyurdu ki: "***Muharrem'in onuncu günü olan Aşure günü oruç tutan kimseye Allahü Teala, onbin meleğin kazandığı sevabı ve onbin şehidin ecrini verir. Bu günü oruç tutan kimseye Allahü Teala on bin hacının ve umre yapanın sevabını ihsan eder. Kim aşure günü bir yetimin başını okşarsa, Allahü Teala o çocuğun saçları adedince kişinin derecesini yükseltir. Kim aşure günü birine iftar ettirirse, Allah katında bütün Ümmet-i Muhammed'e iftar ettirmiş gibi sevap kazanır.***"[1]

✦ Resulullah (*Sallallahü Aleyhi ve Sellem*) bu günde tutulan oruç hakkında: "***Aşure gününün faziletine kavuşmaya bakınız. Çünkü o gün Allahü Teala'nın günler arasından seçtiği mübarek bir gündür. Bugün oruç tutan kimseye, Allahü Teala katında bulunan meleklerin, Peygamberlerin, şehitlerin ve salihlerin ibadetleri kadar sevap verir***" buyurmuştur. Bazı âlimler: 'Arife ve aşure gününün oruçları gibi bazı amellerin, geçmiş ve gelecek senelerin günahlarına kefaret olduğu hakkında bir hadisi şerif mevcutken, diğer gecelerin günahları affettirme hususunda ne faydası vardır?' şeklindeki sorulara birkaç türlü cevap vermiştir:

a. Diğer gecelerde, bazı faziletli salih amellerin yapılması şartıyla bu kefaret gerçekleşmektedir. Hâlbuki bu gecelerde özel hiçbir amel yapmayan bir Müslüman da sadece farzlarla yetinse bile bu kefaretten yararlanmaktadır.
b. Günahları olmayanların dereceleri artmaktadır.
c. Büyük günahları bulunanların özel tövbeye ihtiyaçları vardır.

---

[1] Suyûtî, el-Leâlî el-Mesnû'a, 2/108–109; İbni Arâk, Tenzîhüş-Şerî'a, 2/149; Gunye, 2/314-315

d. Kul hakları bulunanların, helallik almaları şarttır.

e. Küçük günahları silinenlerin büyük günahları da silininceye kadar bu mağfiret devam eder.

✦ Rubeyyi' binti Muavviz (*Radıyallahü Anhâ*)nın rivâyet ettiğine göre Nebiyy-i Ekrem (*Sallallahü Aleyhi ve Selem*) Ensâr'ın köylerine Aşûre Günü kuşluk zamanı haber gönderdi ve: "***Her kim sabahleyin iftar ettiyse, günün geri kalanını imsak etsin*** (yani bir şey yemesin). ***Her kim oruca niyet etti ise, orucunu tamamlasın***" buyurdu.[1]

Rubeyyi' (*Radıyallahü Anha*) der ki: Biz artık Resûlullah'ın bu emrinden sonra Aşûra gününün orucunu tutardık ve küçük çocuklarımıza da tuttururduk ve onlarla mescide girerdik ve çocuklarımıza boyalı yünden oyuncak verirdik, bunlardan yemek için ağlayan olursa, iftar vakti erişinceye kadar bu oyuncaklarla eğlendirirdik." [2]

Sahabe'yi örnek alan bizlerde evlatlarımıza, namaz ve oruç gibi ibadetleri tâ küçükten alıştırmağa dikkat etmeliyiz.

Ulema'nın çoğunluğu, "bulûğa ermeyen çocukların oruç tutmaları vacip değildir, müstehabdır" demişlerdir. Ve bunların bereket ve hayra vesile olacağını kabul etmişlerdir. Yaş haddini de yedi yaş olarak ta'yin etmişlerdir.

Aşure Gününe Hürmet

✦ Bir gün, Resulullah (*Sallallahü Aleyhi ve Sellem*) Efendimiz, tuzağa yakalanmış bir geyik gördü. Geyik, Resulullah (*Sallallahü Aleyhi ve Sellem*)i görünce şöyle dedi:

---

[1] Buhârî, Savm, 69

[2] Râmuzul-Ehâdis, 2/404; Tecrid-i Sarih Terc. 6/288

- "Ey Allah'ın Resûlü! Ne olur bana şefaat et, kefil ol da beni bu avcının elinden kurtar. Gidip yavrumu emzireyim, sonra gelirim."

Geyik yavrusunu emzirip akşamdan sonra dönünce; avcı, bu geç kalışın sebebini sordu. Geyik dedi ki:

- "Ey Allah'ın Resûlü! Bu gün aşuredir. Akşama kadar oruç tutar, yavrularımızı emzirmeyiz, onlar da oruç tutmuş olurlar."

Resulullah (*Sallallahü Aleyhi ve Sellem*) durumu avcıya anlatınca, çok duygulandı ve:

- "Ben bu geyiği sana bağışladım. Artık o hürdür. Ben de, bu hayvanın sevdiği gibi seni sevdim, bu dinin büyüklüğünü anladım. Gördüm ki, hayvanlar bile ihtiyaçlarını sana arz ediyorlar "dedi ve İslamiyet'i kabul etti.

✦ Aşure gününde bir fakir, kadıya gelir ve:

- 'Bugünün hürmetine bana bir şey ver' der.

Kadı yüz çevirir, fakire iltifat etmez. Bunu gören bir hıristiyan, miskini razı edinceye kadar verir. O gece kadı rüyasında biri altından ve biri kırmızı yakuttan olmak üzere iki köşk görür.

- 'Bunlar kimindir?'diye sorunca, ona:

- 'Senden isteyen fakirin ihtiyacını giderseydin, bunlar senin olacaktı. Ne zaman ki, ona yardım etmedin, falan hıristiyanın oldu' denir.

Uyandığında ürperir, korkuyla hıristiyanın yanına gider, durumu bildirir.

- 'Fakir sebebiyle kazandığın amelin sevabını 100.000'e bana sat' der. Hıristiyan:

- 'Değil bu kasrı sana 100.000'e vermek, onlardan birinin kapı eşiğini dahi vermem' der. Ve sonrada şahadet kelimesini ikrar ederek Müslüman olur.

✦ Ravzu'l-Fâık kitabında şu kıssa anlatılır:

Bir vakit Basra'da servet sahibi bir adam vardı. Her senenin âşûra gününde Müslüman kardeşlerini evine toplar, sabaha kadar Kur'ân okuyarak ve okutarak geceyi ihya ederler, nerede fakîr ve yoksul, kimsesiz varsa buldurur, hepsine tasaddukta bulunur, dul ve yetimlere ikramda bulunur, elinden gelen hayrı fazlasıyla yapardı. Evinin bitişiğinde bir komşusu bulunuyordu ve komşusunun hem anası, hem de kızı senelerden beri yürüyemez vaziyette idiler. Kız, babasına sordu:

-'Babacığım bu gün nedir? Komşumuz herkesi evine toplayıp bu geceyi Kur'ân ve zikirle ihya ediyor?' Babası:

- 'Yavrucuğum, bu gün âşûra günüdür, Allah katında bu günün hürmeti büyüktür, ayrıca çok da faziletleri vardır.' dedi. Sonra uykuya vardılar. Fakat kız çocuğunun gözüne uyku girmiyordu. Sanki nefesi kesilmiş bir halde huşû ve haşyet ile Kur'ân'ı ve zikrullah'ı dinliyordu. Kur'ân'ın hatim duâsını yaptıkları vakit, yüzünü semâya doğru çevirdi ve Allah'a niyâz ederek:

- 'Ey Mevlâm! Bu gecenin Senin katındaki hürmeti hakkı için, senin rızânı kazanmak için bu gece Kur'ân'ını okumak için uyumamış kulların hürmeti için beni şu hâlimden kurtar, kalbimin kırıklığını sar!' dedi. Daha sözünü bitirmemişti, o anda afiyet bularak bütün ağrı ve sancılarından kurtularak kalkıp doğruldu. Sabahleyin bu hâli görünce şaşıp kalan babası:

- 'Kızım bu nasıl oldu?' diye sordu. O da:

- 'Babacığım, bu gün ile Allah'a tevessül ettim. O da ânında bana sıhhatimi ihsan etti' dedi.[1]

---

[1] Mahmud Sami Ramazanoğlu, Dualar ve Zikirler, 121–122

Aşure Günündeki Diğer Salih Ameller

Bu gün ve gecede oruç, zikir, sadaka gibi hayır işlerde bulunmak müstehaptır.

1. İmam Şafii (*Rahimehullah*), yahudilere muhalefet olması için 9–10. veya 10–11. günlerinde oruç tutulmasının müstehab olduğunu buyurmuştur.

   Aşure orucu ile ilgili rivayetleri değerlendiren âlimler, Muharrem ayının onuncu gününün Aşure olduğunu, yalnız Muharrem'in onuncu günü oruç tutmanın mekruh olduğunu, Muharrem'in 9. ve 10. günler yahut 10. ve 11 günleri oruç tutmanın sünnet ve müstehap olduğunu açıklamışlardır.

   Resulullah (*Sallallahü Aleyhi ve Sellem*) buyurdu ki: "***Aşure günü, yahudilerin saygı gösterdikleri bir gündür ki, onlar bu günü bayram edinirlerdi.***"[1]

   Dolayısıyla bu günün tek başına oruçlu geçirilmesinde yahudilere benzeme söz konusu olacağından, onlara muhalefet etmek için bir gün öncesi ya da bir gün sonrası ile birlikte tutulması müstehaptır.

   Resulullah (*Sallallahü Aleyhi ve Sellem*) buyurdu ki: "***Aşureden bir gün önce*** (dokuzuncu günü) ***ve bir gün sonra*** (on birinci günü) ***oruç tutarak yahudilerin âdetine muhalefet ediniz.***"[2]

   Çünkü Yahudilerin âdeti; sadece Muharrem ayının onuncu (Aşure) gününde oruç tutmak idi.

2. Aşure günü sıla-i rahim yapmalı, yani akrabayı ziyaret etmelidir.

   Resulullah (*Sallallahü Aleyhi ve Sellem*) buyurdu ki: "***Akrabası ile alakasını kesen kişi, Aşure günü akrabasını ziyaret***

---

[1] Buhari, Savm, 69; Müslim, Sıyam, 127; Ebu Davud, Sıyam, 64

[2] Ahmed bin Hanbel, el-Müsned, 1/241; Beyhakî, Sünenül-Kübra, 4/287

ederse, Allahü Teala ona Zekeriya oğlu Yahya** (Aleyhimesselam) **ile İsa** (Aleyhisselâm)**ın sevabını nasip eder ve onu cennette onlarla beraber şu iki parmak gibi yan yana kılar (buyurup, orta parmağı ile başparmağını birleştirdi). [1]

3. O gün, elinden geldiği kadar sadaka vermelidir.

Resulullah (*Sallallahü Aleyhi ve Sellem*) buyurdu ki: "***Aşure günü verilen bir dirhemlik sadakaya, yediyüz bin dirhem gibi sevap verilir.***"[2]

Resulullah (*Sallallahü Aleyhi ve Sellem*) buyurdu ki: "***Aşure günü zerre kadar bir sadaka verirse, Allahü Teala ona Uhud dağı kadar sevap verir. O sevabı da kıyamet günü mizanda yer alır.***"[3]

4. Ailesi için harcama yapmalıdır.

Resulullah (*Sallallahü Aleyhi ve Sellem*) buyurdu ki: "***Aşure günü kim aile fertlerine ve akrabalarına infakta bulunursa, Allah da o kimseye sene boyunca ferahlık ihsan eder*** (rızkını genişletir)."[4]

Hazreti Süfyan (*Radıyallahü Anh*): "Biz bunu 50 senedir tecrübe ediyoruz. Kolaylık ve rahat geçimden başka bir şey görmedik" demiştir.

5. O gün insanlara selam vermelidir.

Resulullah (*Sallallahü Aleyhi ve Sellem*) buyurdu ki: "***Kim Aşure günü Müslümanlardan on kişiye selam verirse, bütün müminlere selam vermiş gibi olur.***"[5]

---

[1] Şir'atül-İslam şerhi Mefâtihül-Cinan, s. 217

[2] İmam Gazâlî, Kalplerin Keşfi, s. 700

[3] Şir'atül-İslam şerhi Mefâtihül-Cinan, s. 217

[4] Beyhakî, Şu'abü'l-İman, 3/365, Taberânî, Mu'cemül-Kebîr, 10007; Heysemî, Mecmeuzzevâid, 3/189

[5] Şir'atül-İslam şerhi Mefâtihül-Cinan, s. 217

6. O gün insanlara iftar ettirmelidir.

Resulullah (*Sallallahü Aleyhi ve Sellem*) buyurdu ki: "***Aşure günü iftar yemeği verirse, Ümmet-i Muhammed'in hepsine iftar ettirmiş, karınlarını doyurmuş gibi olur.***" [1]

Resulullah (*Sallallahü Aleyhi ve Sellem*) buyurdu ki: "***Her kim aşure günü bir kimseye su ikram ederse, göz açıp kapayacak zaman zarfında dahi Allahü Teala'ya isyan etmemiş kimse gibi olur.***" [2]

Resulullah (*Sallallahü Aleyhi ve Sellem*) buyurdu ki: "***Her kim bir şeye canı çekip de onu yemeden Müslüman komşusuna yedirirse, Allahü Teala o kimseye cennet yemeğinden yedirinceye ve cennet şarabından içirinceye kadar dünyadan çıkmaz.***" [3]

7. Gusül abdesti almalıdır.

Resulullah (*Sallallahü Aleyhi ve Sellem*) buyurdu ki: "***Kim Aşure günü yıkanırsa, Allahü Teala katında annesinden doğduğu gün gibi bütün günahlarından temizlenmiş olur.***" [4]

Resulullah (*Sallallahü Aleyhi ve Sellem*) buyurdu ki: "***Aşure günü gusleden, ölüm hastalığından başka hastalık görmez.***" [5]

Resulullah (*Sallallahü Aleyhi ve Sellem*) buyurdu ki: "***Her kim aşure günü iki kere guslederse, gözleri katiyen hastalık görmez.***" [6]

8. Hasta ziyareti yapmalıdır.

Resulullah (*Sallallahü Aleyhi ve Sellem*) buyurdu ki: "***Aşure gününde bir hastayı ziyaret eden, bütün insanları ziyaret***

---

[1] Suyûtî, el-Leâlî el-Mesnû'a, 2/108–109; Gunye, 2/53

[2] Gunye, 2/53

[3] Şir'atül-İslam şerhi Mefâtihül-Cinan, s. 217

[4] Şir'atül-İslam şerhi Mefâtihül-Cinan, s. 218

[5] Gunye: 2/53-54; Nüzhetül-Mecalis, 1/157

[6] Şir'atül-İslam şerhi Mefâtihül-Cinan, s. 218

etmiş gibi olur. Aşure gününde bir kimseye su veren, bir an dahi isyan etmemiş gibi olur." [1]

9. Aşure gecesini ibadetle geçirmelidir.

Resulullah (*Sallallahü Aleyhi ve Sellem*) buyurdu ki: "***Her kim Aşure gecesini ihya ederse, Allahü Teala'ya mukarreb meleklerin ibadeti gibi ibadet etmiş olur.***"

Resulullah (*Sallallahü Aleyhi ve Sellem*) buyurdu ki: "***Her kim Aşure gecesi ibadet ve taatle ihya ederse, Allahü Teala o kimsenin arzu ve isteklerini yerine getirir.***" [2]

10. Aşure günü zikir meclislerinde hazır olmalıdır.

Resulullah (*Sallallahü Aleyhi ve Sellem*) buyurdu ki: "***Bir kişi bir Âlimin meclisine veya Allahü Teala'nın zikredildiği yere Aşure günü gelip onlarla birlikte bir an oturursa, o kimseyi cennete koymayı, Allahü Teala kendi üzerine almıştır.***"[3]

11. Aşure gününde sürme çeken kimsenin o sene içersinde göz ağrısı çekmeyeceği bildirilmiştir. [4]

Bunun sebebi şöyle açıklanabilir: "Nuh (*Aleyhisselâm*) ile birlikte gemi içersinde bulunan inanların gözleri suyun rutubetinden dolayı iyi göremez olmuştu. Ne zaman ki, muharremin onuncu günü selamete kavuştular. Allahü Teala bu durumdan kurtulmaları için Nuh (*Aleyhisselâm*)a gözlerine sürme çekmelerini vahyetti."

Sürme çekmek her zaman sünnet olup, bu fiili yalnız Aşure günü yapmamaya gayret gösterilmelidir.

12. Aşure günü yetim bir kişinin gönlü hoş edilmelidir.

---

[1] Gunye: 2/53-54

[2] Gunye: 2/53

[3] Şir'atül-İslam şerhi Mefâtihül-Cinan, s. 217

[4] Gunye: 2/53-54; Nüzhetül-Mecalis, 1/157

Resulullah (*Sallallahü Aleyhi ve Sellem*) buyurdu ki: "***Aşure günü bir yetimin başını okşayanın, yetimin başındaki saçların sayısı kadar cennette derecesi artar.***"[1]

13. Aşure günü, Aşure pişirip eş-dosta dağıtmak iyi bir adettir. Fakat bu günde Aşure pişirmeyi mecburi bir ibadet saymak bidattir.
14. Ayrıca bugün, Müslümanların yolundan eziyet veren şeyleri kaldırmalı, ehli İslam arası sulh edilmeli, dargınlar barıştırılmalı, cenazede hazır olmalı, Müslümanlara güler yüzle musafaha etmelidir.

Aşure Gününde Aşure Pişirme:

Nuh (*Aleyhisselâm*) ve ona inanıp beraberinde gemisine binen müminler Muharrem'in onuncu günü sağ-selamet gemiden inerek karaya ayak basmışlardır. Hazreti Nuh bu nimete şükretmek için o gün oruç tutmuş, müminlere de oruç tutmalarını söylemiştir. İftar vakti yaklaştığında Hazreti Nuh, kimin yanında yiyecek olarak ne kaldı ise, getirsin, buyurmuş. Bunun üzerine kimisi bir avuç buğday, kimisi bir avuç nohut, kimisi bir avuç pirinç getirmiş, böylece yedi çeşit taneli nebat toplanmıştır. Hazreti Nuh, bunları birbirine katmış, yeni bir çeşit yemek pişirmiştir. Müminler iftarlarını bu yiyecekle açmışlar, Nuh (*Aleyhisselâm*)ın bereketi ile hepsi doymuşlardır.

Çok eskilere dayanan aşure tatlısı, Osmanlılar döneminde sarayda da pişirilirdi. Helvacıların gözetimindeki aşçılar ve kiler ağaları tarafından hazırlanan aşurenin, Muharremin onundan itibaren "Aşure testisi" adı verilen kapları saray odalarınca ve halka birkaç gün süreyle dağıtıldığı bilinmektedir. Günümüzde de aşure orucu tutmak ve aşure tatlısı pişirmek bütün canlılığı ve heyecanıyla devam etmektedir.

---

[1] Suyûtî, el-Leâlî el-Mesnû'a, 2/108–109; Gunye: 2/53

Aşure Günündeki Zikirler

Aşure günü çok zikredenlerden olmalıdır.

(1) Resulullah (*Sallallahü Aleyhi ve Sellem*) buyuruyor ki: "***Aşure günü kim ki 1.000 kere İhlâs suresini okursa, Cenabı Hak o kimseye rahmet nazarı ile bakar. Allahü Teala'nın rahmet nazarı ile baktığı kimse asla azaplandırılmaz.***"[1]

(2) Resulullah (*Sallallahü Aleyhi ve Sellem*) buyuruyor ki: "***Her kim aşure günü Ayetel-Kürsî ve İhlâs-ı Şerif'i yüzer kere okursa, sonra anne ve babasına dua etse,*** (-anne ve babası müşrikte olsa-) ***Allahü Teala onlardan azabı kaldırır.***"[2]

(3) "Bol bol istiğfar ve Salâvat-ı Şerife söylemeli.

(4) Rivayet edildi ki: "Aşure günü 70 kere:

حَسْبُنَا اللّٰهُ وَنِعْمَ الْوَكِيلُ ۞ نِعْمَ الْمَوْلٰى
وَنِعْمَ النَّصِيرُ ۞ غُفْرَنَكَ رَبَّنَا وَاِلَيْكَ الْمَصِيرُ ۞

[*Hasbünellahü ve ni'mel-Vekîl. Ni'mel-Mevlâ ve ni'men-Nasîr. Gufrâneke Rabbenâ ve ileykel-masîr.*]

bu duayı okursa, Allahü Teala o kimseyi mağfiret buyurur.

(5) 10 defa:

سُبْحَانَ اللّٰهِ مِلأَ الْمِيزَانِ ۞ وَمُنْتَهَى الْعِلْمِ ۞
وَمَبْلَغَ الرِّضَا ۞ وَزِنَةَ الْعَرْشِ ۞

[*Sübhânellâhi mil'el-mîzâni ve müntehel-'ılmi ve meblağar-rıdâ ve zinetel-'arş.*]

---

[1] Nüzhetül-Mecâlis, 1/156

[2] Şir'atül-İslam şerhi Mefâtihul-Cinan, s. 217

"Allahü Teala'yı mizan dolusunca, ilminin sonsuzluğunca, rızasına ulaşıncaya kadar ve Arş'ının tartısınca tesbih ederim." Zikrinden sonra:

بِسْمِ اللّٰهِ الرَّحْمٰنِ الرَّحِيمِ

سُبْحَانَ اللّٰهِ مِلْأَ الْمِيزَانِ ۞ وَمُنْتَهَى الْعِلْمِ ۞ وَمَبْلَغَ الرِّضَا ۞ وَزِنَةَ الْعَرْشِ ۞ لَا مَلْجَأَ وَلَا مَنْجَا مِنَ اللّٰهِ اِلَّا اِلَيْهِ ۞ سُبْحَانَ اللّٰهِ عَدَدَ الشَّفْعِ وَالْوَتْرِ وَعَدَدَ كَلِمَاتِ اللّٰهِ التَّامَّاتِ كُلِّهَا اَسْأَلُكَ السَّلَامَةَ بِرَحْمَتِكَ يَا اَرْحَمَ الرَّاحِمِينَ ۞ وَلَا حَوْلَ وَلَا قُوَّةَ اِلَّا بِاللّٰهِ الْعَلِيِّ الْعَظِيمِ ۞ وَهُوَ حَسْبِى وَنِعْمَ الْوَكِيلُ نِعْمَ الْمَوْلٰى وَنِعْمَ النَّصِيرُ ۞ وَصَلَّى اللّٰهُ عَلٰى سَيِّدِنَا مُحَمَّدٍ خَيْرِ خَلْقِهِ وَعَلٰى اٰلِهِ وَاَصْحَابِهِ اَجْمَعِينَ ۞

[*Bismillâhirrahmânirrahîm*

Sübhânellâhi mil'el mîzâni ve müntehel ılmi ve meblağar rıdâ ve zîneten lâ melce'e ve lâ mencâ minellâhi illâ ileyhi. Sübânellâhi adedeş şef'ı vel vetri ve adede kelimâtit-tâmmâti küllihâ es'elükes selâmete birahmetike yâ erhamer râhımîn. Velâ havle velâ kuvvete illâ billâhil aliyyil azîm. Ve hüve hasbî ni'mel vekîlü ni'mel mevlâ ve ni'men nasîr. Ve sallellâhü alâ Seyyidinâ Muhammedin hayri halkıhi ve alâ Âlihi ve Ashâbihi ecma'în.]

"Allahü Teala'yı mizan dolusunca, ilminin sonsuzluğunca, rızasına ulaşıncaya kadar ve Arş'ının tartısınca tesbih ederim. Allahü Teala'dan sığınılıp kurtulmak yine ancak O'nadır. Allahü Teala'yı çiftlerin ve teklerin sayısınca ve tamam olan kelimelerinin tamamının sayısınca tesbih ederim.

Ey acıyanların en merhametlisi! Senden rahmetinle (bütün belalardan) selamet isterim. O yüce ve büyük olan Allah'ın yardımı olmadan hiçbir günahtan dönüş ve hiçbir ibadete kuvvet olamaz. O Bana yeter. Ne güzel Vekil'dir. Ne güzel Mevla ve ne güzel yardımcıdır. Allahü Teala, mahlûkatının en hayırlısı olan Muhammed (*Sallallahü Aleyhi ve Sellem*)e ve Âl-i Ashabının tamamına salât eylesin." Âmin!

(6) 313 kere:

لَا اِلٰهَ اِلَّا اَنْتَ سُبْحَانَكَ اِنِّى كُنْتُ مِنَ الظَّالِمِينَ

[*Lâ ilâhe illâ ente sübhâneke innî küntü mine'z-zâlimîn*] denmesiyle alakalı çok faziletler vardır.

Aşure Günü Duaları

✦ Şeyh Şihabüddin Sühreverdî (*Kuddise Sirruh*)den nakledilmiştir ki : "Her kim bu duayı Aşure günü üç kere okursa, gelecek Muharreme kadar bütün belalardan hatta ölümünden de emin kılınır. Zira o sene ölümü mukadder olan kimseye bu duayı bu şekilde okumak nasip olmaz."

بِسْمِ اللّٰهِ الرَّحْمٰنِ الرَّحِيمِ

اَلْحَمْدُ لِلّٰهِ رَبِّ الْعَالَمِينَ ۞ وَالصَّلَاةُ وَالسَّلَامُ عَلٰى سَيِّدِنَا مُحَمَّدٍ وَعَلٰى اٰلِهِ وَصَحْبِهِ اَجْمَعِينَ ۞ اَللّٰهُمَّ اَنْتَ الْاَبَدِىُّ الْقَدِيمُ ۞ اَلْحَىُّ الْكَرِيمُ ۞ اَلْحَنَّانُ الْمَنَّانُ ۞ وَهٰذِهِ سَنَةٌ جَدِيدَةٌ اَسْئَلُكَ فِيهَا الْعِصْمَةَ مِنَ الشَّيْطَانِ الرَّجِيمِ ۞ وَالْعَوْنَ عَلٰى هٰذِهِ النَّفْسِ الْاَمَّارَةِ بِالسُّوءِ ۞ وَالْاِشْتِغَالَ بِمَا يُقَرِّبُنِى اِلَيْكَ يَا ذَا الْجَلَالِ وَالْاِكْرَامِ بِرَحْمَتِكَ يَا اَرْحَمَ الرَّاحِمِينَ ۞ وَصَلَّى اللّٰهُ وَسَلَّمَ عَلٰى سَيِّدِنَا وَنَبِيِّنَا مُحَمَّدٍ وَعَلٰى اٰلِهِ وَصَحْبِهِ وَاَهْلِ بَيْتِهِ اَجْمَعِينَ ۞

[*Bismillahir Rahmânir Rahîm*

el-Hamdü lillahi Rabbil âlemîn. Vessalâtü vesselâmü alâ Seyyidinâ Muhammedin ve alâ âlihi ve sahbihi ecme'în. Allahümme entel-Ebediyyül-Kadîm. el-Hayyül-Kerîm, el-Hannânül-Mennân. Hâzihî senetün cedîdetün. Es'elüke fîhel-ısmete mineşşeytânirracîm. Vel-avne alâ hâzihin-nefsil-emmâreti bissûi vel-iştiğâle bimâ yukarribünî ileyke yâ zel-Celâli vel-İkrâmi birahmetike yâ erhamerrâhimîn. Ve sallallâhü ve selleme alâ Seyyidinâ ve Nebiyyinâ Muhammedin ve alâ âlihî ve sahbihî ve ehli beytihî ecma'în.]

"Rahman ve Rahim olan Allah'ın adıyla. Bütün hamdler, âlemlerin Rabbi olan Allah'a mahsustur. Salâtü selâm da Resulullah Efendimize, Ehli Beytine ve bütün Ashabına olsun. Kendinden evvel hiçbir varlık olmayan, varlığı, hayatı, kullarına keremi, ziyade merhameti, nimetler bağışlaması sonsuz ve devamlı olan yalnız Sensin Allah'ım!

İşte bu yeni yıldır ki, bu yıl boyunca huzurundan kovulmuş şeytandan beni korumanı ve daima kötülüğü emreden nefsime galip olmam için yardımını ve beni Sana yaklaştıran işlerle meşgul olmamı Sen'den dilerim.

Ey Celâl ve İkram sahibi, ey merhamet edenlerin en merhametlisi olan Allah'ım, rahmetinin bereketiyle duamızı kabul et! Efendimiz Muhammed (*Sallallahü Aleyhi ve Sellem*)e, Onun Ailesine, Ashabına ve bütün Ehli Beytine salât olsun."

✦ Rivayet edildi ki: "Bu şu duayı Aşure günü 7 defa okumaya muvaffak olan kimseye o sene ölüm meleği gelmez. Eğer o sene öleceği takdir edilmişse, Allahü Teala, bu duayı okumayı o kimseye muvaffak kılmaz:

بِسْمِ اللّٰهِ الرَّحْمٰنِ الرَّحِيمِ

سُبْحَانَ اللّٰهِ مِلأَ الْمِيزَانِ ۞ وَمُنْتَهَى الْعِلْمِ ۞ وَمَبْلَغَ الرِّضَا ۞ وَزِنَةَ الْعَرْشِ ۞ لَا مَلْجَأَ وَلَا مَنْجَا مِنَ اللّٰهِ اِلَّا اِلَيْهِ ۞ سُبْحَانَ اللّٰهِ عَدَدَ الشَّفْعِ وَالْوَتْرِ وَعَدَدَ كَلِمَاتِ اللّٰهِ التَّامَّاتِ كُلِّهَا اَسْأَلُكَ السَّلَامَةَ بِرَحْمَتِكَ

يَا اَرْحَمَ الرَّاحِمِينَ ۞ وَلَا حَوْلَ وَلَا قُوَّةَ اِلَّا بِاللّٰهِ الْعَلِيِّ الْعَظِيمِ ۞ وَهُوَ حَسْبِى وَنِعْمَ الْوَكِيلُ نِعْمَ الْمَوْلٰى وَنِعْمَ النَّصِيرُ ۞ وَصَلَّى اللّٰهُ عَلٰى سَيِّدِنَا مُحَمَّدٍ خَيْرِ خَلْقِهِ وَعَلٰى اٰلِهِ وَاَصْحَابِهِ اَجْمَعِينَ ۞

[*Bismillâhirrahmânirrahîm*
Sübhânellâhi mil'el mîzâni ve müntehel ılmi ve meblağar rıdâ ve zîneten lâ melce'e ve lâ mencâ minellâhi illâ ileyhi. Sübânellâhi adedeş şef'ı vel vetri ve adede kelimâtittâmmâti küllihâ es'elükes selâmete birahmetike yâ erhamer râhımîn. Velâ havle velâ kuvvete illâ billâhil aliyyil azîm. Ve hüve hasbî ni'mel vekîlü ni'mel mevlâ ve ni'men nasîr. Ve sallellâhü alâ Seyyidinâ Muhammedin hayri halkıhi ve alâ Âlihi ve Ashâbihi ecme'în.]

Yine rivayet edildi ki: "Muharrem ayının birinci ve onuncu günleri sabahleyin üç kere bu duayı okuyan kimseyi, Allahü Teala gelecek senenin Muharrem ayına kadar bütün belalardan emin kılar."

✦ Rivayet edildi ki: "Aşure günü şu şekilde de dua edilmesi faziletlidir:

بِسْمِ اللّٰهِ الرَّحْمٰنِ الرَّحِيمِ

اَلْحَمْدُ لِلّٰهِ رَبِّ الْعَالَمِينَ ۞ وَالصَّلَاةُ وَالسَّلَامُ عَلٰى سَيِّدِنَا مُحَمَّدٍ وَعَلٰى اٰلِهِ وَصَحْبِهِ اَجْمَعِينَ ۞

اَللّٰهُمَّ مَا عَمِلْتُهُ فِى هٰذِهِ السَّنَةِ مِمَّا نَهَيْتَنِى عَنْهُ وَلَمْ تَرْضَهُ وَنَسِيتُهُ وَلَمْ تَنْسَهُ وَحَلُمْتَ عَلَىَّ بَعْدَ قُدْرَتِكَ عَلٰى عُقُوبَتِى وَدَعَوْتَنِى اِلَى التَّوْبَةِ مِنْهُ بَعْدَ جَرَائَتِى عَلَى مَعْصِيَتِكَ ۞ اَللّٰهُمَّ فَاِنِّى اَسْتَغْفِرُكَ مِنْهُ فَاغْفِرْ لِى وَمَا عَمِلْتُ فِيهِ مِنْ عَمَلٍ تَرْضَاهُ وَوَعَدْتَنِى عَلَيْهِ الثَّوَابَ فَأَسْئَلُكَ اللّٰهُمَّ يَا كَرِيمُ يَا كَرِيمُ يَا ذَا الْجَلَالِ وَالْاِكْرَامِ اَنْ تَقْبَلَهُ مِنِّى وَلَا تَقْطَعْ رَجَائِى مِنْكَ يَا كَرِيمُ ۞ وَصَلَّى اللّٰهُ عَلٰى سَيِّدِنَا مُحَمَّدٍ وَعَلٰى اٰلِهِ وَصَحْبِهِ وَسَلِّمْ ۞

[*Bismillahir Rahmânir Rahîm*

el-Hamdü lillahi Rabbil âlemîn. Vessalâtü vesselâmü alâ Seyyidinâ Muhammedin ve alâ âlihi ve sahbihi ecme'în. Allahümme mâ amiltühü fî hâzihis-seneti mimmâ neheytenî anhü ve lem terdahû ve nesîtühü ve lem tensehû, ve halimte aleyye ba'de kudratike alâ ukûbetî ve de'avtenî ilet-tevbeti minhü ba'de cerâetî alâ ma'sıyyetike, Allahümme innî estağfiruke minhü fağfir lî, ve mâ amiltü fîhi min amelin terdâhü ve ve'adtenî aleyhis-sevâbe, fe es'elükellahümme yâ Kerîmü yâ Kerîmü yâ zel Celâli vel ikrâm. En takbelehü minnî velâ takta'a racâî minke yâ Kerîmü. Ve sallellahü alâ Seyyidinâ Muhammedin ve alâ âlihi ve sahbihi ve sellim.]

"Bütün hamdler, âlemlerin Rabbi olan Allah(ü Teala'y)a mahsustur. Salâtü selam Muhammed (Sallallahü Aleyhi ve Sellem) Efendimiz'e, Ailesine ve bütün Ashabına olsun.
Allah'ım! Geçen şu sene içinde, Senin bana yasak ettiğin, razı olmadığın ve benim unutup Senin unutmadığın ne kadar amellerim var ki, ben Sana karşı isyana cüretimden sonra, Sen beni onlar hakkında tövbeye davet ettin. Onlarla beni cezalandırmaya kadir iken, Hilminle bana muamele ettin (cezamı hemen vermedin). Onlar hakkında ben, Senden affımı istiyorum, beni affet, Allah'ım! Yapılmasına sevap vaad ettiğin ve razı olduğun amellerim için de, Senden onların kabulünü, yüksek kereminden umudumu kesmemeni istiyorum, ey Keremi bol, Celâl ve İkrâm sâhibi olan Allah'ım!
Allah'ın salât ve selâm'ı, Efendimiz Muhammed (Sallallahü Aleyhi ve Sellem)in ve bütün Ailesi, Ashabının üzerine olsun."[1]

Dua:

Bugünde zikredilen duanın dışında şöyle de dua edilebilir:
"Allah'ım! Bu sene içersinde işlediğim ve beni sakındırdığın şeylerden ve sakındırmadığın, razı olmadığın ve hoşlanmadığın şeyler işledimse, beni affeyle.
Bana yüklediğin vazifelerden dolayı beni affettin ve beni tövbeye çağırdın, çeşitli günahlar yaptıktan sonra benim tövbemi kabul buyurdun.
Allah'ım! Sana istiğfar ederim, Senden bağışlamanı isterim. Beni bağışla, razı olduğun amellerden işledimse, bana vaad ettiğin sevabı benden kabul eyle. Umudumu Senden kesme Allah'ım!

---

[1] Abdurrahmân bin Abdisselam (*Kuddise Sirruh*), Nüzhetül Mecâlis, 1/231

Allah'ım! Öğrettiğin bilgilerle bize fayda ver. Bize fayda sağlayanı öğret. İlmimizi arttır ya Rabbi!

Allah'ım! Sevgini benim için her şeyden daha sevgili yap. Senden korkmayı katımda her şeyden daha korkulu yap, Sana kavuşmak şevki ile dünya ihtiyaçlarını benden kes. Dünya ehlinin gözünü, dünyalıklardan ferahlandırdığın vakitte benim gözlerimi Sana olan ibadet ile aydın et. Rabbim! Bize ve anne-babamıza ihsan ettiğin iyiliklere karşılık şükretmeyi ve razı olacağın salih amelleri işlemeyi ilham eyle.

Allah'ım! Senden sıhhat, iffet, emanet, güzel ahlak ve kadere rıza istiyorum.

Allah'ım! Senden razı olduğun amelleri işlemeye muvaffakiyet, Sana olan sadık bir tevekkül ve Sana karşı hüsnü zan istiyorum.

Allah'ım! Bizi Sana isyandan alıkoyacak korkuyu, bizi cennetine ulaştıracak itaati, dünya musibetlerini bize kolaylaştıracak inancı bize ver. Bize ömür verdiğin sürece kulaklarımızı, gözlerimizi ve gücümüzü sağlam yap. Düşmanlarımıza karşı bize yardım et. Dinimiz konusunda bize musibet verme. En büyük kaygımız ve en büyük bilgimiz dünya olmasın. Bize acımayanları başımıza musallat etme.

Allah'ım! Senden menfaatli ilim, helal rızık, kabul edilen amel istiyorum.

Allah'ım! Gizli ve aşikâre Senden korkmayı istiyoruz. Rıza ve gazap halinde ihlâs sözünü Senden istiyoruz. Fakirlik ve zenginlikte orta yolu Senden istiyoruz, tükenmeyen nimet diliyoruz, kesilmeyen nesil istiyoruz, hükmüne rıza, ölümden sonra sürekli sevinç, cemaline bakma lezzeti, Sana kavuşma şevki istiyoruz.

Mülkün sahibi olan Allah'ım! Mülkü dilediğine verirsin. Dilediğinden çekip alırsın. Dilediğini üstün kılar, dilediğini alçaltırsın. İyilik Senin elindedir. Senin gücün her şeye yeter."

(2) Safer Ayı

Safer ayı, kameri ayların ikincisidir. Bu ayda çok bela ve musibetin indiğine inanılır. Bütün günler ve aylar Allahü Teâlâ'ya ait zaman dilimleri olduklarından, kendi başlarına fayda ve zarar verebilecek şeyler değillerdir. Bunlarda olacak musibetler gün veya aydan dolayı değil de, Allahü Teala'nın takdiriyle olduğu bilinmelidir. Gerçi Allahü Teâlâ, insanı her an imtihan etmektedir. Öyle ise, bize düşen vazife, her halükarda sabredip, başa gelecek olan bela ve musibetin imtihan için geldiğini ve Allah'a tevekkül etmek gerektiğini unutmamalıyız.

Bu ayın bela ve musibet ayı olmasına sebep olarak da şöyle denilir: 'Allahü Teâlâ, Ad kavmini şiddetli bir kasırgayla Safer ayının sonundaki Çarşamba sabahından başlayıp diğer Çarşambanın akşamına kadar süren yedi gece, sekiz gün hakkında: «**Biz, uğursuz günlerde onlar üzerine dondurucu bir kasırga gönderdik.**» [1]

Yine böylece Rabbimiz Ad kavminin helakine sebep olacak kasırganın başladığı gün hakkında:

«Gerçekten Biz, uğursuzluğu süregelen bir günde onlar üzerine dondurucu bir kasırga yolladık» buyurmuştur. [2]

Görüldüğü üzere; bu ayeti kerimede belli bir günden bahsedilmekte ve bu günün uğursuzluğunun sürekli olduğu belirtilmektedir. "Bu hangi gündür?" diye sorulursa, tabi ki Çarşamba günüdür.

---

[1] Fussilet Suresi, 16

[2] Kamer Suresi, 19

Rivayet edildi ki: "Bir kere Resulullah (*Sallallahü Aleyhi ve Sellem*)e günler hakkında soru sorulurken, Çarşamba'dan konu açıldığında: 'Uğursuz (bela ve musibetin olacağı bir) gün buyurmuş, sebebi sorulunca da:

"***Allahü Teâlâ, firavunu ve kavmini o gün de boğmuş, Ad ve Semud kavimlerini de o gün helak etmiştir.***"

Demek ki, sadece Ad kavmi değil, birçok kavmin helaki Çarşamba günü gerçekleşmiştir.

Bu hadisi şeriflerde Çarşamba gününün uğursuzluğundan bahsedilmesi ise, korkutma ve uyarı niteliği taşımakta olup: 'Sizden önce geçen kötü ümmetlerin tamamına azapların bugün inmesinden etkilenerek, bugünün helakinden sakının, bunun için de günahlarınıza pişman olarak Allah'a karşı tövbe edin ki, helak edilen ümmetlerin başına gelenin bir benzeri bu günde size isabet etmesin' manasına gelmektedir.

Rivayet edildi ki. "Bu ay bozguncular için kötü, iyiliğe çalışanlara değil. Çünkü Resulullah (*Sallallahü Aleyhi ve Sellem*) Hendek savaşında kâfirlere karşı Pazartesi, Salı ve Çarşamba günü bozguna uğraması için duada bulundu. Çarşamba günü ikindiye yakın duası kabul edildi. Bundan anlaşılıyor ki, bu hayırsızlık, zikir ve dua ile meşgul olanlar için hayra dönebilir.

Ad kavminin peygamberi olan Hud (*Aleyhisselâm*) ve müminler hakkında kurtuluş günü olan Çarşamba, kâfirlere pek uğursuz geldiği gibi, Resulullah (*Sallallahü Aleyhi ve Sellem*) için hayır olmuştur.

Bu görüşlere dayanılarak Safer ayının bilhassa son Çarşamba gününde muhtemelen isabet edebilecek musibetten korunmak için bu günde kılınacak namaz ve dualar tavsiye edilmiştir.

Safer Ayındaki Namazlar

Safer ayının Çarşamba günü, özellikle son Çarşamba günü bir takım sıkıntılara duçar olunabilir.

Bununla ilgili olarak Nakşibendî Şeyhlerinden Şeyh Feridüddin hazretlerinden nakledilmiştir ki: "Her sene Levh-i Mahfuz'dan dünya semasına 320.000 bela iner ki bunlar, Safer'in son Çarşamba gecesinde ve gününde iner. Bu yüzden o gün, sene günleri içersinde en zor gün olur.

Safer Ayının İlk Salıyı Çarşambaya Bağlayan Gecesindeki Namaz:

Safer ayının ilk salısını çarşambaya bağlayan gece, yeryüzüne inecek belalardan Allahü Teâlâ'nın izniyle muhafaza olmak için teheccüt vaktinde 4 rekât namaz kılınmalıdır.

Şöyle ki;

1. Rekâtta: Fâtiha'dan sonra 17 Kevser suresi,
2. Rekâtta: Fâtiha'dan sonra 5 İhlâs suresi,
3. Rekâtta: Fâtiha'dan sonra 1 Felâk suresi,
4. Rekâtta: Fâtiha'dan sonra 1 Nâs suresi okunur ve şu duayı yaparsa, Allahü Teâlâ onu o gün inmekte olan bütün belalardan fazl-ı keremiyle korur ve o sene boyunca etrafında hiçbir bela dönmez. O dua da şudur:

بِسْمِ اللهِ الرَّحْمٰنِ الرَّحِيمِ

اَللّٰهُمَّ يَا شَدِيدَ الْقُوٰى ۞ وَيَا شَدِيدَ الْمِحَالِ ۞ يَا عَزِيزُ

يَا مَنْ ذَلَّتْ لِعِزَّتِكَ جَمِيعُ خَلْقِكَ اِكْفِنِى مِنْ شَرِّ خَلْقِكَ ۞

يَا مُحْسِنُ يَا مُجَمِّلُ يَا مُتَفَضِّلُ يَا مُنْعِمُ يَا مُتَكَرِّمُ يَا مَنْ

لَا اِلٰهَ اِلَّا اَنْتَ اِرْحَمْنِى بِرَحْمَتِكَ يَا اَرْحَمَ الرَّاحِمِينَ ۞ اَللّٰهُمَّ بِسِرِّ الْحَسَنِ وَاَخِيهِ وَجَدِّهِ وَاَبِيهِ وَاُمِّهِ وَبَنِيهِ اِكْفِنِى شَرَّ هٰذَا الْيَوْمِ وَمَا يَنْزِلُ فِيهِ يَا كَافِىَ الْمُهِمَّاتِ وَيَا دَافِعَ الْبَلِيَّاتِ ﴿**فَسَيَكْفِيكَهُمُ اللّٰهُ وَهُوَ السَّمِيعُ الْعَلِيمُ**﴾ وَصَلَّى اللّٰهُ عَلٰى سَيِّدِنَا مُحَمَّدٍ وَعَلٰى اٰلِهِ وَصَحْبِهِ اَجْمَعِينَ

[*Allahümme yâ Şedîdel-kuvâ. Ve yâ Şedîdel-mihâl. Yâ 'Azîzü yâ men zellet li-'ızzetike cemî'u halkıke ikfinî min şerri halkık. Yâ Muhsinü yâ Mücemmilü yâ Mütefaddılü yâ Mün'ımü yâ Mütekerrimü yâ Men lâ ilâhe illâ ente irhamnî bi-rahmetike yâ erhamer-râhımîn. Allahümme bi-sirril-haseni ve ahîhi ve ceddihi ve ebîhi ve ümmihi ve benîhi ikfinî şerra hâzel-yevmi vemâ yenzilü fîhi yâ kâfiyel-mühimmâti veyâ dâfi'al-beliyyâti* **«feseyekfîkehümullahü ve hüves-semî'ul-'alîm»** *ve sallellahü 'alâ Seyyidinâ Muhammedin ve 'alâ âlihi ve sahbihi ecma'în.*]

"*Ey kuvvetleri güçlü ve azabı şiddetli olan Allah'ım! Ey tüm yaratıkların, izzeti karşısında zelil olduğu Aziz olan Allah'ım! Yaratıklarının şerrine karşı bana kâfi gel!*

Ey güzellik veren, ey yaptığını güzel yapan, ziyade güzelleştiren, ey fazl-ı kerem sahibi, ey in'am eden, ey ikram eden, ey kendisinden başka hiçbir ilah bulunmayan, ey acıyanların en merhametlisi olan Allah'ım! Rahmetinle bana acı!

Ey Allah'ım! Hasan ile kardeşinin, dedesi ile babasının, annesi ile oğullarının sırrı hakkı için, bugünün şerrine ve bugünde inecek olan belaların şerrine karşı bana kâfi gel!

Ey mühim sıkıntılara kâfi gelen ve ey belaları kaldıran Allah'ım!

«Onlara karşı muhakkak Allah sana kâfi gelecektir. O Allah, hakkıyla işiten ve hakkıyla bilendir.» [Bakara Suresi, 137] *Allahü Teâlâ, Efendimiz Muhammed (Sallallahü Aleyhi ve Sellem)e, Ehli beytine ve Ashabının tümüne (Radıyallahü Anhüm) salât eylesin.* "

Bu duadan sonra, bir kere Besmele ile beraber Kur'ân-ı Kerim'de geçen selâm ayetlerinin tümü okunmalıdır:

(١) سَلَامٌ عَلَيْكُمْ كَتَبَ رَبُّكُمْ عَلٰى نَفْسِهِ الرَّحْمَةَ (٢) سَلَامٌ
عَلَيْكُمْ بِمَا صَبَرْتُمْ فَنِعْمَ عُقْبَى الدَّارِ (٣) سَلَامٌ عَلَيْكُمُ
ادْخُلُوا الْجَنَّةَ بِمَا كُنْتُمْ تَعْمَلُونَ (٤) وَسَلَامٌ عَلَيْهِ يَوْمَ وُلِدَ
وَيَوْمَ يَمُوتُ وَيَوْمَ يُبْعَثُ حَيًّا (٥) وَالسَّلَامُ عَلَيَّ يَوْمَ
وُلِدْتُ وَيَوْمَ اَمُوتُ وَيَوْمَ اُبْعَثُ حَيًّا (٦) سَلَامٌ عَلَيْكَ
سَاَسْتَغْفِرُ لَكَ رَبّٖى اِنَّهُ كَانَ بٖى خَفِيًّا (٧) وَالسَّلَامُ عَلٰى مَنِ
اتَّبَعَ الْهُدٰى (٨) وَسَلَامٌ عَلٰى عِبَادِهِ الَّذٖينَ اصْطَفٰى (٩)
سَلَامٌ عَلَيْكُمْ لَا نَبْتَغِى الْجَاهِلٖينَ (١٠) سَلَامٌ قَوْلًا مِنْ رَبٍّ
رَحٖيمٍ (١١) سَلَامٌ عَلٰى نُوحٍ فِى الْعَالَمٖينَ (١٢) سَلَامٌ عَلٰى
اِبْرٰهٖيمَ (١٣) سَلَامٌ عَلٰى مُوسٰى وَهٰرُونَ (١٤) سَلَامٌ عَلٰى
اِلْيَاسٖينَ (١٥) وَسَلَامٌ عَلَى الْمُرْسَلٖينَ (١٦) سَلَامٌ عَلَيْكُمْ
طِبْتُمْ فَادْخُلُوهَا خَالِدٖينَ (١٧) سَلَامٌ هِىَ حَتّٰى مَطْلَعِ الْفَجْرِ

Bismillahir-Rahmânir-Rahîm

[1] **Selâmün 'aleyküm ketebe Rabbüküm 'alâ nefsihir-rahmeh.** (En'âm Suresi, 54)

[2] **Selâmün 'aleyküm bimâ sabertüm fe-nı'me 'ukbed-dâr.** (Ra'd Suresi, 24)

[3] **Selâmün 'aleykümü-dhulül-cennete bimâ küntüm ta'melûn.** (Nahl Suresi, 32)

[4] **Ve selâmün 'aleyhi yevme vülide ve yevme yemûtü ve yevme yüb'asü hayyâ.** (Meryem suresi, 15)

[5] **Ves-selâmü 'aleyye yevme vülidtü ve yevme emûtü ve yevme üb'asü hayyâ.** (Meryem Suresi, 33)

[6] **Selâmün 'aleyke se-estağfiru leke Rabbî innehü kâne bî hafiyyâ.** (Meryem Suresi, 47)

[7] **Ves-selâmü 'alâ menit-tebe'al-hüdâ.** (Tâ-Hâ Suresi, 47)

[8] **Ve selâmün 'alâ 'ıbâdihil-lezîna-stafâ.** (Neml Suresi, 59)

[9] **Selâmün 'aleyküm lâ nebtegil-câhilîn.** (Kasas Suresi, 55)

[10] **Selâmün kavlen min Rabbil-'âlemîn.** (Yâsîn Suresi, 58)

[11] **Selâmün 'alâ Nûhın fil-'âlemîn.** (Saffat Suresi, 79)

[12] **Selâmün 'alâ İbrâhîm.** (Saffat Suresi, 109)

[13] **Selâmün 'alâ Mûsâ ve Hârûn.** (Saffat Suresi,120)

[14] **Selâmün 'alâ İlyâsîn.** (Saffat Suresi, 130)

[15] **Ve selâmün 'alel-Murselîn.** (Saffat Suresi, 181)

[16] **Selâmün 'aleyküm tıbtüm fedhulûhâ hâlidîn.** (Zümer Suresi, 73)

[17] **Selâmün hiye hattâ matla'ıl-fecr.** (Kadir Suresi, 5)

(1) **«Selâm olsun size! Rabbiniz merhamet etmeyi, Zatına yazdı.»**

(2) **«Sabretmenize karşılık size selâm olsun! İşte o** (dünya) **yurdun**(un) **akıbeti** (olan cennet) **pek güzel oldu.»**

(3) «Yapmakta bulunmuş olduğunuz (iyi) şeyler sebebiyle girin cennete!»

(4) «Doğduğu günde de, öleceği günde de ve diri olarak (kabirden) çıkarılacağı günde de ona (Yahya'ya) selâm olsun!»

(5) «Doğduğum günde de, öleceğim günde de, diri olarak (kabirden) çıkarılacağım günde de bana selâm olsun!»

(6) «Selâm olsun sana! Yakında senin için Rabbinden af isteyeceğim! Çünkü muhakkak O, bana karşı daima lütufkâr olmuştur.»

(7) «Selâm, hidayete hakkıyla uyanlar üzerine olsun!»

(8) «Selâm, O'nun seçmiş olduğu kulları üzerine olsun!»

(9) «Selâm olsun size! Biz, cahilleri (muhatap almak) istemeyiz!»

(10) «Son derece merhamet sahibi bir Rabden (onlara) sözde selâm (vardır)!»

(11) «Âlemler içersinde Nuh'a selâm olsun!»

(12) «İbrahim'e selâm olsun!»

(13) «Musa ve Harun'a selâm olsun!»

(14) «İlyas'a selâm olsun!»

(15) «Gönderilen tüm Peygamberlere selâm olsun!»

(16) «Selâm olsun size Tertemiz oldunuz. Artık ebedi kalıcılar olarak girin oraya!»

(17) «O (Kadir gecesi), fecir doğuncaya kadar selâmdır (ve selâmettir)!»

Selâm âyetlerini bitirdikten sonra peşine de şu dua yapılır:

اَللّٰهُمَّ بَارِكْ لَنَا فِى شَهْرِ الصَّفَرِ وَاخْتِمْ لَنَا بِالسَّعَادَةِ وَالظَّفَرِ

[*Allahümme bârik lenâ fî şehris-safer. Vahtim lenâ bis-sa'adeti vez-zafer.*]

"Allah'ım! Safer ayında bize bereket ver! Mutluluk ve galibiyetle bitirmemizi nasip et. Âmin!"

Safer Ayı Duası

Bundan sonra Safer ayı duası yapılır:

اَللّٰهُمَّ صَلِّ عَلٰى مُحَمَّدٍ عَبْدِكَ وَنَبِيِّكَ وَرَسُولِكَ
وَعَلٰى اٰلِهِ وَبَارِكْ وَسَلِّمْ ۞ اَللّٰهُمَّ اِنّٖى اَعُوذُ بِكَ مِنْ
شَرِّ هٰذَا الْيَوْمِ وَمِنْ كُلِّ شِدَّةٍ وَبَلَاءٍ وَبَلِيَّةٍ الَّتٖى فٖيهِ
وَيَكُونُ فٖى عِلْمِكَ يَا اَوَّلُ يَا اَبَدُ يَا مُبْدِئُ يَا مُعٖيدُ يَا
ذَا الْجَلَالِ وَالْاِكْرَامِ يَا ذَا الْعَرْشِ الْمَجٖيدِ اَنْتَ تَفْعَلُ
مَا تُرٖيدُ ۞ اَللّٰهُمَّ احْرُسْنٖى بِعَيْنِكَ الَّتٖى لَا تَنَامُ فٖى
نَفْسٖى وَمَالٖى وَاَوْلَادٖى وَدٖينٖى وَدُنْيَايَ الَّتٖى ابْتَلَيْتَنٖى
بِصُحْبَتِهِمْ بِحُرْمَةِ الْاَبْرَارِ وَالْاَخْيَارِ بِرَحْمَتِكَ يَا اَرْحَمَ
الرَّاحِمٖينَ ۞ اَللّٰهُمَّ يَا شَدٖيدَ الْقُوٰى يَا شَدٖيدُ يَا عَزٖيزُ
يَا كَرٖيمُ يَا كَبٖيرُ يَا مُتَعَالِ ذَلَّلْتَ بِعِزَّتِكَ جَمٖيعَ خَلْقِكَ
يَا مُحْسِنُ يَا مُجَمِّلُ يَا مُتَفَضِّلُ يَا مُنْعِمُ يَا مُكْرِمُ لَا
اِلٰهَ اِلَّا اَنْتَ ۞ اَللّٰهُمَّ يَا لَطٖيفُ لَطَفْتَ بِخَلْقِكَ
السَّمٰوَاتِ وَالْاَرْضِ اُلْطُفْ بِنَا فٖى قَضَائِكَ وَعَافِنَا مِنْ
بَلَائِكَ وَلَا حَوْلَ وَلَا قُوَّةَ اِلَّا بِكَ بِرَحْمَتِكَ يَا اَرْحَمَ

الرَّاحِمِينَ ۞ حَسْبُنَا اللّٰهُ وَنِعْمَ الْوَكِيلُ وَلَا حَوْلَ وَلَا قُوَّةَ اِلَّا بِاللّٰهِ الْعَلِيِّ الْعَظِيمِ ۞ وَصَلَّى اللّٰهُ عَلٰى سَيِّدِنَا مُحَمَّدٍ وَعَلٰى اٰلِهِ وَصَحْبِهِ وَسَلَّمَ ۞

[*Allahümme salli 'alâ Muhammedin 'abdike ve Nebiyyike ve Rasûlike ve 'alâ Âlihi ve bârik ve sellim. Allahümme innî e'ûzü bike min şerri hâzel-yevmi ve min külli şiddetin ve belâin ve beliyyetinilletî fîhi ve yekûnü fî 'ılmike yâ Evvelü yâ Ebedü yâ Mübdiü yâ Mu'îdü yâ Zel-Celâli vel-İkrâmi yâ Zel-'Arşil-Mecîd. Ente tef'alü mâ türîd. Allahümma-hrüsnî bi-'aynikelletî lâ tenâmü fî nefsî ve mâlî ve evlâdî ve dînî ve dünyâyelleti-bteleytenî bi-suhbetihim bi-hurmetil-ebrâri vel-ahyâri bi-rahmetike yâ erhamer-râhımîn. Allahümme yâ Şedîdel-kuvâ, yâ Şedîdü, yâ Azîzü yâ Kerîmü yâ Kebîru yâ Müte'âli zellelte bi-'ızzetike cemî'a halkıke yâ Muhsinü yâ Mücemmilü yâ Mütefaddılü yâ Mün'ımü yâ Mükrimü Lâ ilâhe illâ ente. Allahümme yâ Latîfü letafte bi-halkıkes-semâvâti vel-ardı ültuf binâ fî kadâike ve âfinâ min belâike velâ havle velâ kuvvete illâ bike bi-rahmetike yâ erhamer-râhımîn. Hasbünallahü ve ni'mel-Vekîlü velâ havle velâ kuvvete illâ billahil-'Aliyyil-'Azîm. Ve sallellahü 'alâ Seyyidinâ Muhammedin ve 'alâ âlihi ve sahbihi ve sellem.*]

"Allah'ım! Kulun, Nebin ve Resulün olan Muhammed (*Sallallahü Aleyhi ve Sellem*)e ve Ehl-i Beytine salât eyle, bereketler yağdır ve selâm eyle.

Allah'ım! Muhakkak ki ben, bugünün şerrinden ve Senin ilminde bunda mevcudiyeti bilinen her türlü zorluk, bela ve musibetten Sana sığınırım.

Ey Ebedî ve Ezelî olan, ey her şeyi yoktan yaratan, ey her şeyi tekrar diriltecek olan, ey Celal ve İkram sahibi, ey ulu Arş'ın sahibi olan Allah'ım! Sen dilediğini yapansın!

Allah'ım! Hiç uyumayan kudret gözünle beni, canım, malım, birliktelikleriyle beni imtihana tabi tuttuğun çocuklarım, dinim ve dünyam hakkında muhafaza eyle! İyi ve hayırlı kullarının hürmetine bu duamı kabul eyle!

Ey acıyanların en merhametlisi! Rahmetinle muamele eyle!

Allah'ım! Ey kuvvetleri şiddetli olan, ey kendisi çok güçlü olan, ey ululuk sahibi, ey iyilik sahibi, ey büyük, ey yüce Allah'ım! İzzetinle bütün yaratıklarını zelil kıldın!

Ey gökleri ve yeri yaratma lütfünde bulunan Latîf olan Allah'ım! Kaza ve kaderinde bize lütufta bulun. Belandan bize afiyet ver. Senin yardımın olmadan hiçbir güç ve kuvvet yoktur. Ey acıyanların en merhametlisi, rahmetinle kabul buyur. Allah bize yeter. O, ne güzel vekildir. O, pek yüce ve çok büyük Allah'ın yardımı olmadan hiçbir güç ve kuvvet yoktur. Allahü Teâlâ, Efendimiz Muhammed (*Sallallahü Aleyhi ve Sellem*)e, Âl'ine, ve Ashabına salât ve selâm eylesin. Âmin!"

Safer Ayının Son Salıyı Çarşambaya Bağlayan Gece ve Gündüzündeki Namaz:

✦ Safer ayının ilk salıyı çarşambaya bağlayan gecesinde kılınan namaz, Safer ayının son Çarşamba gündüzünde de kılınır.

✦ Safer ayının son salıyı çarşambaya bağlayan gecesi veya gündüzünde -zeval vaktinden sonra olması daha iyidir- 2 rekât daha namaz kılınır. Her rekâtta Fâtiha'dan sonra 11 İhlâs suresi okunur. Namazdan sonra da 7 defa:

اَسْتَغْفِرُ اللّٰهَ الَّذِى لَا اِلٰهَ اِلَّا هُوَ الْحَىَّ الْقَيُّومَ وَاَتُوبُ اِلَيْهِ

[*Esteğfirullahellezî lâ ilâhe illâ hüvel hayyel kayyüme ve etûbü ileyh.*]

istiğfar edip el kaldırılarak 11 defa Salât-ı Tüncina'ya "اِنَّكَ عَلٰى كُلِّ شَيْءٍ قَدِيرٌ *İnneke 'alâ külli şey'in kadîr*" ilâve edilerek okunur.

اَللّٰهُمَّ صَلِّ عَلٰى سَيِّدِنَا مُحَمَّدٍ صَلَاةً تُنْجِينَا بِهَا مِنْ جَمِيعِ الْاَهْوَالِ وَالْاٰفَاتِ ۞ وَتَقْضِى لَنَا بِهَا جَمِيعَ الْحَاجَاتِ ۞ وَتُطَهِّرُنَا بِهَا مِنْ جَمِيعِ السَّيِّئَاتِ ۞ وَتَرْفَعُنَا بِهَا عِنْدَكَ اَعْلَى الدَّرَجَاتِ ۞ وَتُبَلِّغُنَا بِهَا اَقْصَى الْغَايَاتِ ۞ مِنْ جَمِيعِ الْخَيْرَاتِ فِى الْحَيَاتِ وَبَعْدَ الْمَمَاتِ ۞ حَسْبُنَا اللّٰهُ وَنِعْمَ الْوَكِيلُ ۞ نِعْمَ الْمَوْلٰى وَنِعْمَ النَّصِيرُ ۞

" اِنَّكَ عَلٰى كُلِّ شَيْءٍ قَدِيرٌ "

[*Allahümme salli 'alâ seyyidinâ Muhammedin salâten tüncînâ bihâ min cemî'ıl-ahvâli vel-âfât. Ve takdî lenâ bihâ cemî'al-hâcât. Ve tütahhirunâ bihâ min cemî'ıs-seyyiât. Ve terfe'unâ bihâ 'ındeke e'âled-deracât. Ve tübelligunâ bihâ aksal-gâyât. Min cemî'ıl- hayrâti fil-hayâti ve ba'del-memât. Hasbünellahü ve ni'mel-vekîl. Ni'mel-Mevlâ ve ni'men-nasîr.*

İnneke 'alâ külli şey'in kadîr.]

"Ey Allah'ım! Efendimiz Muhammed (*Sallallahü Aleyhi ve Sellem*)e, Ailesine (ve ümmetine) öyle bir salâtü selâm eyle ki, O salâtü selâm ile bizi tüm endişelerden, korkulardan, felaketlerden muhafaza eyle. O salâtü selâm ile tüm isteklerimizi ihsan eyle. O Salât ile bizi bütün kötülüklerden temizle. O Salât ile bizi en yüksek derecelere yükselt. Gayelerin en son, en yüksek makamına bizi onunla ulaştır. O Salât ile hayat ve ölümümüzden sonra da bizi tüm hayırlara kavuştur. Yüce Allah, bize kâfidir. O ne güzel Vekil, ne güzel Koruyucu ve ne güzel Yardımcıdır. Muhakkak Sen, her şeye kâdirsin."

Bundan sonra: "Beni ve aile efradımı ve bütün müminleri yer ve gök afetlerinden ve bütün belalardan muhafaza eyle ya Rabbi!" diye dua edilir.[1]

---

1 Mahmud Sâmi Ramazanoğlu, *Dualar ve Zikirler*,123–127

Safer Ayındaki Zikirler

Rivayet edildi ki: Safer ayı musibetlerin indiği bir aydır. Bunun için oruçlu olunmalı, çokça sadaka verilmeli ve aşağıdaki dualara devam edilirse, Allah'ın izniyle hiçbir şey dokunmadan o aydan çıkar.

✦ İşte o gece (özellikle akşam ile yatsı arasında olsa daha iyidir), aşağıda zikredilen 7 selâm âyetini bir kaba (veya kâğıda safran ve gülsuyundan oluşan bir mürekkeple) yazıp, su olan kap içersine koymak suretiyle o sudan içen kimseye, Allahü Teâlâ'nın izniyle o seneki belalardan hiçbir şey isabet etmez.

بِسْمِ اللّٰهِ الرَّحْمٰنِ الرَّحِيمِ

(١) وَسَلَامٌ عَلَيْهِ يَوْمَ وُلِدَ وَيَوْمَ يَمُوتُ وَيَوْمَ يُبْعَثُ حَيًّا.

(٢) وَالسَّلَامُ عَلَيَّ يَوْمَ وُلِدْتُ وَيَوْمَ اَمُوتُ وَيَوْمَ اُبْعَثُ حَيًّا.

(٣) سَلَامٌ عَلٰى نُوحٍ فِى الْعَالَمِينَ .

(٤) سَلَامٌ عَلٰى اِبْرٰهِيمَ .

(٥) سَلَامٌ عَلٰى مُوسٰى وَهٰرُونَ .

(٦) سَلَامٌ عَلٰى اِلْيَاسِينَ .

(٧) وَسَلَامٌ عَلَى الْمُرْسَلِينَ .

✦ Safer ayı duası, Safer ayı boyunca her gün bir defa okunursa, bir dahaki Safer ayına kadar bi-iznillah kaza ve belalardan muhafaza olunur.

✦ Safer ayında her gün en az bir defa Selâm âyetleri okunur.

✦ İlk onbeş gün şu zikre devam edilmelidir:

اَللّٰهُمَّ بَارِكْ لَنَا فِى شَهْرِ الصَّفَرِ وَاخْتِمْ لَنَا بِالسَّعَادَةِ وَالظَّفَرِ

[*Allahümme bârik lenâ fî şehris-safer.*
Vahtim lenâ bis-sa'adeti vez-zafer.]

"Allah'ım! Safer ayında bize bereket ver! Mutluluk ve galibiyetle bitirmemizi nasip et. Âmin! "

Onbeşinden sonuna kadar da şu zikre devam edilmelidir:

اَللّٰهُمَّ فَرِّجْنَا بِخُرُوجِ الصَّفَرِ وَاخْتِمْ لَنَا بِالْخَيْرِ وَالظَّفَرِ

[*Allahümme ferricnâ bi-hurûcis-safer.*
Vahtim lenâ bil-hayri vez-zafer.]

"Allah'ım! Safer ayının çıkışıyla bizi ferahlat! Hayır ve galibiyetle bitirmemizi nasip et. Âmin! "

✦ Safer ayının son çarşambasında 100 kere tekrarlanmalıdır:

يَا دَافِعَ الْبَلَايَا اِدْفَعْ عَنَّا الْبَلَايَا فَاللّٰهُ خَيْرٌ حَافِظًا
وَهُوَ اَرْحَمُ الرَّاحِمِينَ ، اِنَّكَ عَلٰى كُلِّ شَىْءٍ قَدِيرٌ .

[*Yâ dâfi'al-belâyâ idfa' 'annel-belâyâ fallahü hayrun hâfizan ve hüve erhamür-râhımîn. İnneke 'alâ külli şey'in kadîr.*]

"Ey belaları def'eden (Allah'ım)! Bizden belaları uzak et. Allahü Teâlâ, korumak bakımından en hayırlıdır. Zâten merhamet edenlerin en merhametlisi ancak O'dur.
Allah'ım! Şüphesiz Sen her şeye kâdirsin."

Dua:

Bugün zikredilen duaların dışında şöyle de dua edilebilir:

"Büyüklüğü karşısında her şeyin alçaldığı Allahü Teâlâ'ya hamd ederim. İzzeti karşısında her şeyin zelil olduğu Allahü Teâlâ'ya hamd ederim. Mülküne, her şeyin boyun eğdiği Allahü Teâlâ'ya hamd ederim. Kudretine, her şeyin teslim olduğu Allahü Teâlâ'ya hamd ederim.

Salât ve selâm, rahmetlerini, bereketlerini, Peygamberlerin Efendisi, takva sahiplerinin önderi, Peygamberlerin sonuncusu, kulun ve elçin Muhammed (*Sallallahü Aleyhi ve Sellem*)e, Ailesine, Ashabına ve tabi olanların üzerine olsun

Allah'ım! Senden isteyenlerin, Senin üzerindeki hakları hürmetine Senden isterim, çünkü isteyenin hakkı vardır. Kara ve deniz ehlinden hangi erkek veya kadının duasını kabul ettiysen, bizi de onların hayırlı dualarına kat. Onları da bizim yaptığımız duaların iyisine ortak et. Bize de onlara da afiyet ver. Bizden de onlardan da iyi amellerimizi kabul et. Bizim de onların da günahlarımızdan vazgeçmemizi sağla. Çünkü biz, Senin indirdiğine iman ettik, Peygamberin Muhammed Mustafa (*Sallallahü Aleyhi ve Sellem*)e ittiba ettik, bizi de şahitlerle beraber defteri sağ tarafından alanlardan yaz.

Allah'ım! Bize ilminden ilim öğret ve Seni bilmemize anlayış ver, devamlı yardım edilenlerden olmamızı sağla!

Allah'ım! Bizi nimetlerine şükredenlerden, Seni zikredenlerden, Senden korkanlardan, Sana itaat edenlerden, Sana boyun eğenlerden, Sana bağlı olan ve Sana dönenlerden eyle.

Allah'ım! Tövbelerimizi kabul eyle, günahlarımızı rahmet deryasında yıka, konuştuklarımızı düzelt ve doğrula, göğüslerimizden kini yok et Allah'ım!

Kalplerimizden kuruntuları, gizli düşmanlıkları, öfkeyi ve bütün kötülükleri gider Rabbim!

Allah'ım! Ansızın ölmekten, ateşte yanmaktan, doğru yoldan ayrılmaktan, sapıtmaktan, gururdan, kinden, gafletten ve insanı helak eden bütün iş ve kötü düşüncelerden Sana sığınırız.

Allah'ım! Korkudan öyle bir hisse ver ki, bizimle günahlarımız arasına girsin. Taatından öyle bir hisse ver ki, bizi kudsi cennetine götürebilsin. Yakinden öyle bir hisse ver ki, dünya ve ahiret musibetlerini karşılayabilelim.

Bizi iyi ve salih kullarınla haşret. Hayatta bıraktığın müddetçe kulaklarımızı, gözlerimizi ve gücümüzü, kuvvetimizi bize faydalı hale getir. Bizi yaşattığın bu minval üzere ruhumuzu al ki, bu hal bizden geriye kalan miras olsun.

Bize zulmedenlerden öcümüzü al, düşmanlarımıza karşı bize yardım et, hatalarımızı bağışla ve günahlarımız af, musibetlerimizi kaldır, hastalarımıza şifa ver.

Kalplerimizi nurlandır, ihtiyaçlarımızı yerine getir, ana ve babamıza merhamet eyle, dünyayı bizim için en mühim bir maksat ve gaye kılma, bütün bilgimizi ona hasrettirme, dinimiz hususunda bizi musibetlere dûçar etme, günahlarımızdan ötürü bize acımayanları bize musallat etme. Sen bütün acıyanlardan daha fazla acıyansın.

Allah'ım! Korkularımız yatıştıracak ve bizi hidayetine ulaştıracak rahmetini istiyoruz. Dağınıklıklarımızı derleyip toplayacak, dargınlıklarımızı giderecek, hastalarımıza şifa verecek, amellerimizi ve vakitlerimizi tertemiz bir hale getirecek, bize doğruyu ilham edecek ve gösterecek bir rahmet istiyoruz.

Allah'ım! Mahlûkattan müstağni olan varlığın, birliğin, tek ve benzersizliğin, aşikâr olan izzetin, çok geniş olan rahmetin hürmetine kulaklarımızı, gözlerimizi, kalplerimizi, kabirlerimizi, ruhlarımızı ve önümüzü nurlandır.

Allah'ım! İlmimizi, hilmimizi ve nurumuzu artır, bize hem zahir nimetlerini, hem batın nimetlerini ver Rabbim.

Allah'ım! Bana, uzun ömür, beden sıhhati, gönül selâmeti, güzel afiyet, geniş rızık, emniyet, boş vakit, zalimlerin elinden kurtuluş, insanlara ihtiyaçsızlık, ilimler ve marifetler ve özellikle Kur'ân-ı Kerim hakkında anlayış, imanın lezzeti, bütün hallerimi kaplayan bir afiyet, Peygamberim Muhammed (*Sallallahü Aleyhi ve Sellem*)e uymayı ve kıyamet gününe kadar O'nun dininde kalmayı nasip et. Ey merhamet edenlerin en merhametlisi! Rahmetinle duamı kabul eyle Rabbim!

(3) Rebî'ul-Evvel Ayı ve Fazileti

Rebî'ul-evvel ayı, hicrî-kamerî senenin üçüncü ayıdır. Rebî, Arapça (bahar) demektir. Araplar, ağaçlar çiçek açtığı zamana Rebî'ul-evvel, meyvaların olgunlaştığı zamana da Rebî'ul-âhir derlerdi.

Bu ay, bütün âlemlere rahmet olarak gönderilen Resulullah (*Sallallahü Aleyhi ve Sellem*)in dünyaya teşrif ettiği Mevlid gecesinin bulunduğu bir aydır.

Dünyaya Teşrifleri:

✦ Yeryüzü zulüm ve vahşet ile kaplanmış, saadetin, sevincin, huzurun kaynağı olan "Tevhid" inancından mahrumdu. Gönüllerde tek mâbud yerine, birçok batıl ilâhlar yer almıştı. Bu dalâlet ve cehalete, bu hüzün ve sıkıntıya insanlığın daha fazla katlanmasına Allah'ın sonsuz merhameti elbette müsaade edemezdi. Bütün bunlara son verecek zâtı, şefkat ve merhametinin bir eseri olarak elbette gönderecekti.

İşte o gönderilen kişi, dünyanın mânevi şeklini beraberinde getirdiği nur ile değiştirecek eşsiz insan, cinlere ve insanlara ebedî saâdetin yolunu gösterecek Allah'ın son Peygamberi Hazreti Muhammed (*Sallallahü Aleyhi ve Sellem*)dir.

Resulullah (*Sallallahü Aleyhi ve Sellem*), Rebiü'l-Evvel ayının onikinci Pazartesi gecesi sabaha karşı tan yeri ağardığı sıralarda Miladî takvime göre 571 yılı Nisan ayının yirmisinde Mekke'de mütevazı bir evde dünyaya gözlerini açtı. Bu göz açışla birlikte âlem, sanki birden elem ve mâtemini unutarak sevinç ve heyecanla doldu.

Dünyaya Teşriflerindeki Mucizeler:

✦ Resulullah (Sallallahü Aleyhi ve Sellem)in Ashabı sormuşlar: "Ey Allah'ın Resulü, bize kendinizden haber verir misiniz?" demişler. O da cevaben buyurmuşlar ki: "Babam İbrahim'in duası, İsa'nın müjdesi, annemin müjdeli rüyasıyım. O bana hamile kaldığı zaman, Şam'daki köşkleri aydınlatacak kadar büyük bir nurun kendisinden çıktığını görmüştü..."

✦ Yeryüzünde hiçbir anneye nasip olmayan eşsiz şerefe mazhar kılınan aziz anne, Hazreti Âmine, o mesut ânı şöyle anlatır: "Hamileliğimin altıncı ayında bir gece rüyâda karşıma bir zât çıkıp dedi ki: 'Ey Âmine! Bil ki Sen, âlemlerin en hayırlısına hamilesin. Doğurunca ismini Muhammed koy ve halini hiç kimseye söyleme!'

Derken doğum zamanı gelmişti. Kayınbabam Abdülmuttalib Kâbe'yi tavafa gitmişti. Evdeydim. Birden kulağıma müthiş bir ses geldi, korktum. Bir de ne göreyim? O anda bir beyaz kuş yanıma geldi ve kanadıyla arkamı sıvadı. O andan itibaren bende korku ve kaygı adına hiçbir şey kalmadı.

"Yanıma bir göz attım. Bana bir ak kâse içinde şerbet sunuyorlar. Kâseyi dikip içer içmez, beni bir nur sardı.

"Ve Muhammed dünyaya geldi..."

Aziz anne doğum sonrasını ise şöyle anlatır: "Bütün yeryüzünü doğudan batıya kadar gördüm. Baktım ki, doğuda bir bayrak, batıda bir bayrak ve Kâbe'nin üstünde bir bayrak. Etrafıma çok sayıda melek toplandı. Muhammed (*Sallallahü Aleyhi ve Sellem*) doğar doğmaz, mübarek başını secdeye koydu ve şahadet parmağını kaldırdı ve "Lâ ilâhe illallah, innî Resûlullah (Allah'tan başka hiçbir ilah yoktur. Ben, O'nun elçisiyim)" buyurdu.

Âniden gökten bir beyaz bulut inip yavrumu kapladı ve bir ses işittim: "O'nu doğudan batıya kadar her yeri gezdirin, tâ ki mahlûklar O'nu ismiyle, sıfatıyla, sûretiyle tanısınlar' diyordu. Sonra o bulut gözden kaybolup gitti.

Ve daha sonra Muhammed (*Sallallahü Aleyhi ve Sellem*)i bir beyaz yünlü kumaş içinde sarılı gördüm.

Ben büyük bir hayranlık içinde iken, ansızın üç kişi geldi; sanki güneş onların yüzlerinden doğmuştu... Birinin elinde gümüş bir ibrik, içinde ise misk gibi bir koku bulunmakta idi. İkincinin elinde dört köşeli ve yeşil zümrütten bir tepsi vardı ve her köşesinde beyaz inciler bulunmakta idi. Biri şöyle diyordu: "İşte dünyâ! Bütün denizleri ve karası, doğusu ve batısı ile! Ey Allah resulü, ne tarafını almak istiyorsan al." Ben bu sıra, Muhammed (*Sallallahü Aleyhi ve Sellem*)in hangi tarafını tutacağını görmek için baktım ve gördüm ki O, tepsinin ortasından kavrayıp aldı. Biri şöyle, nida etti: "Hiç şüphesiz Muhammed (*Sallallahü Aleyhi ve Sellem*), Kâbe'yi ve onun işaret ettiği mânayı almıştır! Sımsıkı Tevhîd'e tutunmuştur. Şüphesiz Allah, Kâbe'yi O'na kıble olarak verecek ve O'na mübarek bir makam kılacaktır!.."

O gelen güneş yüzlü zatlardan üçüncüsünün elinde ise, beyaz bir ipek vardı. Onu açtı ve içinden bir mühür çıkardı. Mühür, görenleri hayretler içinde bırakacak güzellik ve parlaklıkta idi. Sonra o zât, bana doğru yaklaştı ve elindeki mührü, elinde tepsi tutmakta olan zâta verdi. Bu sırada elinde gümüş ibrik tutmakta olan zât ibriği dökerek mührü yedi defa yıkadılar. Sonra Resûlüllâh'ın iki omuzu arasını mühürlediler. Tekrar mührü beyaz ipek parçasına iyice sardılar.

Sonra Muhammed (*Sallallahü Aleyhi ve Sellem*)in omuzunu mühürleyen zât, O'nu kanatları arasına alarak bir müddet tuttu... Sonra gözden kayboldular...

✦ Hazreti Âmine demiştir ki: "Ben O'na hâmile kaldığım zaman, tâ doğumumu yapıncaya kadar hiçbir zahmet çekmedim... Doğumumu yapıp benden ayrıldığı zaman ise, O'nunla birlikte dünyânın doğusunu ve batısını kaplayan büyük bir nurun da ayrıldığını gördüm... Ben O'nu tertemiz olarak dünyaya getirdim, üzerinde hiçbir pislik yoktu... O doğduğu zaman, yeri iki eli ile tutarak oturur vaziyette idi ve yerden bir tutam toprak almıştı ve tam bu sırada başını da semâya kaldırmıştı..."

✦ Kureyş'in âdetine göre, bir çocuk dünyaya geldiği zaman, onu kadınlara teslim ederler, onlar da o çocuğu sabaha kadar bir kazanın altına kapatırlar idi. Resulullah (*Sallallahü Aleyhi ve Sellem*) doğduğu zaman da, Abdülmuttâlib onu kadınlara teslim etti, onlar da onu sabaha kadar bir büyük kazanın altına kapattılar. Sabahleyin onun yanına geldikleri zaman, üzerine kapattıkları kazanın ikiye ayrılmış olduğunu gördüler. O'nu da, gözlerini açmış semâya bakar bir halde buldular ve doğrusu, biz bunun gibi bir çocuk görmedik!" demişlerdir. Abdülmuttalib'e giderek durumu anlattılar. Abdülmuttalib de onlara dedi ki: "O'nu iyi koruyun! O'nun ileride büyük bir hayra ereceğini ümîd ediyorum!"

✦ Resulullah (*Sallallahü Aleyhi ve Sellem*)in halası Safiyye hatun da şöyle anlatmaktadır: Muhammed (*Sallallahü Aleyhi ve Sellem*) doğduğu sırada her tarafı bir nur kapladı. Doğar doğmaz secde etti, mübarek başını kaldırıp açık bir dille: "Lâ ilâhe illallah, innî Resûlullah" buyurdu. Onu yıkamak istediğimde, "Biz O'nu yıkanmış olarak gönderdik" denildi. O, sünnet olmuş ve göbeği kesilmiş olarak doğdu. Onu bir kundağa sarmak istediğimde sırtında bir mühür gördüm, mührün üzerinde "Lâ ilâhe illallah Muhammedün Resulullah" yazılı idi. Doğar doğmaz secde ettiği sırada hafif bir sesle bir şeyler söylüyordu. Kulağımı mübarek ağzına yaklaştırdığımda "Ümmetî, ümmetî (ümmetim, ümmetim)" buyuruyordu.

Resulullah (*Sallallahü Aleyhi ve Sellem*) buyurmuşlar ki: "Benim sünnetli olarak doğmam ve kimsenin Benim avret yerimi görmemiş olması, Rabbimin bana lütfettiği güzelliklerden biridir."

Sırtında, iki kürek kemiği arasında, tam kalbinin hizasında Nebîlik mührü "Hâtem-i Nübüvvet" bulunuyordu. Üzerleri tüylü, kabarık, kırmızımtırak inci gibi benlerin bir araya gelmesinden meydana gelmiş ve keklik yumurtası büyüklüğündeydi. Bu mühür, Resulullah (*Sallallahü Aleyhi ve Sellem*)in beklenen son peygamber olduğunun bir alâmeti idi.

✦ Kâinatın Efendisi dünyaya teşrif buyurdukları sırada, aziz annesinin yanında Abdurrahman bin Avf (*Radıyallahü Anh*)ın annesi Şifâ Hâtun ile Osman bin Ebul-Âs (*Radıyallahü Anh*)ın annesi Fâtıma Hâtun da vardı. Ebelik vazifesinde bulunan Şifâ Hâtun o andaki müşâhedesini şöyle anlatır:

- "Allah'ın Resûlü doğdukları zaman ben oradaydım. Hemen yetiştim. Kulağıma bir ses geldi:

- 'Allah'ın rahmeti O'nun üzerine olsun.'

Sonra büyük bir nûr göründü ve Rum ülkesinin saraylarını aydınlattı... Ben bu saraylardan bir kısmını gördüm... Sonra O'nu giydirip yatırdım. Derken üzerime sağ tarafımdan bir karanlık, korku ve titreme bastı... Yine bir ses diyordu ki: "Onu nereye götüreyim?" Cevaben: "O'nu batıya götür!" denildi. Sonra üzerimden bu hâl kalktı. Bu sefer aynı hâl sol tarafımdan başladı. Beni korku ve titreme aldı. Ve bir ses: "O'nu nereye götüreyim?" diyordu. Kendisine bu sefer, "O'nu doğuya götür" denildi. Ve ben, O'na peygamberlik verilinceye kadar, bu sesi hep kalbimde duyuyordum. Resulullah (*Sallallahü Aleyhi ve Sellem*), peygamberliğini ilân ettikleri zaman, O'na ilk inananlardan biri de ben oldum..." Fâtıma Hatun ise, hatırasında o mesut gecede doğuma sahne olan evin nurla dolduğunu ve gökteki yıldızların âdeta üzerlerine salkım salkım dökülecekmiş gibi sarktıklarını anlatmıştır.

✦ Hazreti Âmine'nin doğum zamanı yaklaştığında, yüce Allah meleklere şöyle emretmiştir: "Bütün semâların kapılarını açınız, cennet kapılarını da... Ve hepiniz hazır olunuz..." Bunun üzerine melekler birbirini müjdeleyerek semâdan inmişler. Bütün dağlar, denizlerdeki balıklar, birbirini müjdelemişlerdir. Şeytanlar da bağlanıp hapsedilmişlerdir. O gün, güneşin nuru artırılmış, yetmiş bin huri, güneşten O'nun doğumunu gözlemiş, havada bekleşmiştir. Ve o gün, dünyada doğum yapan diğer kadınların da erkek evlâd dünyaya getirmelerine yüce Allah izin vermiştir. Sevgili Resulü Muhammed (*Sallallahü Aleyhi ve Sellem*)in şeref ve hürmetine... Yine o gün, bütün ağaçların çiçekleri bereketlenip meyve vermiş, her bir korku emniyete dönüşmüştür.

✦ Âlemlere rahmet Hazreti Muhammed (*Sallallahü Aleyhi ve Sellem*) doğduğu zaman, bütün dünya nura gark olmuş, bütün melekler birbirini müjdelemişlerdir. Bütün göklerde rengârenk nurdan sütunlar ilâve edilmiş, bununla semâların aydınlığı da bir kat daha artırılmıştır. Yine O'nun doğduğu gece, Kevser Irmağı'nın kenarına yetmiş bin misk ve anber ağacı dikilmiş, bunlardan cennete kokular saçılmıştır. Bütün göklerdeki melekler, Allah'a esenlikler vermesi için dualar etmiş, putlar yere serilmiştir. Lât ve Uzzâ adındaki putlardan şöyle sesler işitilmiştir: "Yazık şu Kureyş'e, çünkü el-Emîn dünyaya geldi! Yazık Kureyş'e, Zira es-Sıddık geldi. Kureyş'in ise bir şeyden haberi yok!..." Beyt'ten yâni Kâbe'den de günlerce şu sözler işitilmiştir: "İşte şimdi, asıl nuruma kavuşacağım! İşte şimdi, ziyaretçilerim gelecekler! İşte şimdi câhiliyyenin pisliklerinden temizleneceğim. Ey Lât ve Uzzâ, siz helak oldunuz!..." Ve Kâbe'de, üç gün sarsıntı gece-gündüz eksik olmamıştır. Resulullah (*Sallallahü Aleyhi ve Sellem*)in doğumu ile ilgili olarak Kureyş'in ilk gördüğü alâmet de bu olmuştur..

✦ Hazreti Muhammed (*Sallallahü Aleyhi ve Sellem*)in beşiğinin, meleklerin sallaması ile sallandığı ve O'nun ilk söylediği sözlerin "*Allahü Ekber kebirâ ve'l-hamdü lillâhi kesîrâ*" kelamı olduğu zikredilmektedir."

✦ Abdullah İbni Abbas (*Radıyallahü Anhüma*) diyor ki: "Muhammed (*Sallallahü Aleyhi ve Sellem*) dünyaya teşrif ettiği zaman cennet meleği Rıdvan geldi ve kulağına: "Ya Muhammed (*Sallallahü Aleyhi ve Sellem*) müjdeler olsun, bütün Peygamberlerin ilmi Sana verildi. İlim yönünden onlardan üstün, kalp cihetinden de onlardan daha cesursun" dedi.

✦ Hazreti Abbâs (*Radıyallahü Anh*) şöyle demiştir: "Ben, ey Allah'ın Resulü, benim Müslümanlığı kabul edişimin sebebi, Senin Peygamberliğine dâir bir alâmet görmüş olmamdır. Şöyle ki, Senin beşikte iken ayla konuştuğunu ve parmağınla ay'a işaret ettiğini, nereye işaret edersen, ay'ın o tarafa meylettiğini gördüm..." Bunun üzerine Peygamberimiz ona demiştir ki: "Ben o zaman, yâni beşikte iken ayla konuşur, ay da benimle konuşurdu... Beni ağlamamam için avuturdu... Ve ben, onun Arş altında secdeye vardığı zaman çıkardığı sesi duyardım..."

✦ "Merru'z-Zahrân'da Şam'lı bir râhib vardı. "Is" adındaki bu rahibin ilmi çok idi. Kendisine âit manastırda devamlı ibâdetle meşgul olurdu. Bazen Mekke'ye gelir insanlara şöyle hitab ederdi: "Ey Mekke'liler! İçinizden bir ailenin bir erkek çocuğunun doğumu yaklaştı... Bu çocuk büyüdüğü zaman Arab'a ve Acem'e hâkim olacaktır. Şu içinde bulunduğumuz zaman, O'nun zamanıdır. Kim O'na yetişir ve uyarsa, muradına erer! O'na yetiştiği halde uymayanlar ise hüsrana düşer! Emîn olunuz ki benim, o huzur ve çeşitli nimetler içinde yaşanan yerde ikâmet etmekte oluşumun tek sebebi; O'na kavuşabilmek arzusudur. Is adındaki bu râhib, dünyaya gelen her erkek çocukla ilgilenir, onun ahvâli hakkında bilgi edinir ve: "O, henüz gelmedi" derdi. Resûlüllâh'ın doğduğu günün sabahında ise, Abdülmuttalib bu rahibe giderek durumu haber verdi. Is kendisine dedi ki: "Abdülmuttalib, size bahsettiğim çocuk doğmuştur. Bu yetimin babası sen ol! O, pazartesi günü doğmuş, pazartesi günü peygamber olur, pazartesi günü vefat eder. O, geçen akşam doğmuştur. Bunun alâmeti ise, şimdi o, acı çekmektedir, sütünü emmemektedir. Rahatsızlığı üç gün sürer, sonra geçer. Ey Abdülmuttalib, dilini tut, bu çocuğa âit sırları kimseye söyleme! Çünkü hiçbir kimse, O'nun kıskanıldığı kadar kıskanılmış olamaz! O'nun düşmanları çok olacaktır." Meraklanan Abdülmuttalib: "O, ne kadar yaşayacaktır?" diye sordu. Râhib: "İster çok yaşasın ister az, O yetmiş sene ömür sürmeyecek; yetmişden önceki tek yılların birinde vefat eder. Bu, atmış bir de olur, atmış üç de olabilir. Ümmetinin ekserisinin ömürleri de bu civarda bulunur..."

✦ "Resulullah (*Sallallahü Aleyhi ve Sellem*) doğduğu zaman, yeryüzü nura boyandı. Bundan son derece rahatsız olan iblîs: "Bu gece, işimizi çok zorlaştıracak birisi dünyâya geldi!" diye bağırmış. Askerleri de: "Gidip onun aklını karıştırsana!" demişler. O da, aklını karıştırmak maksadı ile Resulullah (*Sallallahü Aleyhi ve Sellem*)e yaklaşmak istemiş... Tam bu sırada Allahü Teala, Cebrail (*Aleyhisselâm*)ı göndermiş, Cebrail (*Aleyhisselâm*) iblîs'e bir tekme vurmuş, îblîs kendisini tâ Aden de bulmuş..."

✦ iblis, daha önceleri, tâ yedinci kat semâya kadar çıkar, kulak hırsızlığı yaparak gizli haberleri çalarmış... İsâ (*Aleyhisselâm*)ın doğumu ile, ancak dördüncü kat semâya kadar çıkabilir olmuştur. Vaktaki Resulullah (*Sallallahü Aleyhi ve Sellem*) doğdu, artık iblis semâların hiç birine çıkamaz olmuştur."

Doğum Gecesinde Vuku Bulan Önemli Hadiselerden Bazıları:

Hakkın batıldan ayrıldığı, zulmetin ortalıktan kalktığı, bütün dalaletin ortadan kalkıp yerine hidayetin indiği, bütün

beşeriyeti kaplayan küfür ve cehalet bulutlarının parçalanıp sıyrıldığı bu mutlu ve şerefli gece sadece Müslümanlar için değil, bütün insanlar için mukaddes ve şerefli bir gecedir.
İşte, "Sen olmasaydın, ey Habîbim, felekleri (kâinatı) yaratmazdım" kudsî hadisi, bu sırra işaret etmektedir.
Ayrıca, Resulullah (*Sallallahü Aleyhi ve Sellem*)in risâleti diğer peygamberler gibi hususî değil, umumi ve cihânşümûldür. Buna binâen elbette dünyaya teşrifleri esnasında birtakım hârikâ hâdiseler vücuda gelecekti. Ve bu hâdiseler akıl ve basîret sahiplerini düşünceye sevkedecekti.
Resulullah (*Sallallahü Aleyhi ve Sellem*)in dünyaya teşrifleri esnasında belli başlı şu hârikâ hâdiseler meydana geldi.

(1) Teşrif ettikleri gece bir yıldız doğdu.

Resulullah (Sallallahü Aleyhi ve Sellem)in meşhur şâiri Hassan bin Sâbit (Radıyallahü Anh) bu hususu şöyle anlatmıştır: "Ben sekiz yaşlarında var yoktum. Bir sabah vakti, Yahudînin biri 'Hey yahudîler!' diye çığlık atarak koşuyordu. yahudîler, 'Ne var, ne yırtınıyorsun?' diyerek adamın başına üşüştüler. yahudî şöyle haykırıyordu: "'Haberiniz olsun, Ahmed'in yıldızı bu gece doğdu. Ahmed bu gece dünyaya geldi.'" yahudîler arasında birçok âlim vardı. Bunlar, kitaplarında Allah Resûlünün geleceğini görüp, öğrenmişlerdi. Yıldızlardan hüküm çıkarmada da usta sayılırlardı. Efendimizin doğumu gecesinde bir yıldız parlamış[1] ve yahudî âlimler bu yıldızdan Ahirzaman Peygamberinin dünyaya teşrif ettiklerini anlamışlardı.

---

[1] Peygamberler, ayın civarında üç yıldız olduğu zaman doğarlar.

Rivayet edildi ki: *Mekke'de, ticaretle uğraşan bir yahudi Resulullah (Sallallahü Aleyhi ve Sellem)in doğduğu gece, doğuşuna alâmet olan yıldızın doğduğunu görmüş, katıldığı Kureyş meclislerinden bir mecliste:*

- "Ey Kureyş cemaati! İçinizden, bu gece çocuğu doğan oldu mu?" diye sormuştur.

- "Vallahi, bilmiyoruz!" dediler.

Bunun üzerine, yahudi:

- "Ey Kureyş cemaati! Size söylediğim şeyi ezberleyiniz! Bu gece, bu âhir zaman ümmetinin peygamberi doğmuştur! Onun iki küreği arasında, üzerinde tüyler bulunan kırmızımtırak bir ben de vardır!" dedi.

Meclistekiler, yahudinin sözlerinden hayrette kalarak meclisten dağıldılar. Onlardan her biri, evlerine varınca, Yahudi'nin söylediklerini ailelerine haber verdiler.

Bazılarına, aileleri:

- "Abdullah bin Abdulmuttalib'in bir oğlu doğdu. Kendisine, Muhammed ismini verdiler" dediler.

Onlar, o günden sonra, yahudinin evine gidip:

- "Bizim içimizde bir çocuk doğduğunu duydun mu, öğrendin mi?" dediler. yahudi:

- "Ben size onun doğduğunu haber verdikten sonra mı, yoksa önce mi doğdu?" diye sordu.

- "Önce doğdu!" dediler.

Dileği üzerine, kendisini Hazreti Âmine'nin evine götürdüler. yahudi, Hazreti Âmine'den, oğlunu yanına çıkarmasını istedi; çıkarıldı.

Resulullah (Sallallahü Aleyhi ve Sellem)in arkasındaki Peygamberlik mührünü görünce, yahudi bayıldı. Ayıldığı zaman, kendisine "Yazıklar olsun sana! Ne oldu sana?" dediler.

yahudi:

- "Vallahi, artık İsrail oğullarından peygamberlik gitti! Ellerinden Kitap da gitti! Bu, İsrail oğullarının öldürüleceklerine ve bilginlerinin de itibarlarının kalmayacağına verilmiş bir hükümdür! Araplar, peygamberlikle, büyük bir izzet ve şerefe erecekler! Ey Kureyş cemaati! Sevininiz! Vallahi, siz; haberi doğudan batıya kadar ulaşacak bir atılım ve yenme gücüyle güçleneceksiniz!" dedi.

(2) Yeryüzündeki bütün putlar yüzüstü yere düştü.

Kureyş'ten Varaka bin Nevfel, Zeyd bin Amr bin Nüfeyl, Abdullah bin Câhş ve Osman bin Huveyris'in de içinde bulundukları bir gurup insan, etrafında toplandıkları bir putun yanında idiler. Putun âniden devrildiğini gördüler. Bunu yadırgayıp şaşırdılar... Putu kaldırıp yerine koydular. Fakat put, derhal yine yıkıldı. Onu yine eski hâline getirdiler. Fakat put üçüncü defa tekrar yere kapandı. Bunun üzerine Osman bin Huveyris: "Bunun mühim bir sebebi olsa gerek!" diye konuşmaktan kendisini alamadı. Hâlbuki o gece Resulullah (Sallallahü Aleyhi ve Sellem)in doğduğu gece idi. Onlar, putu yine kaldırıp eski hâline iade ettiler. Bu sırada putun bulunduğu taraftan bir ses işittiler. Bu ses diyordu ki: "O, bir şerefli çocuğun doğmuş olması sebebiyle devrilmiştir! Öyle bir çocuk ki, onun doğumu ile dünyanın doğusu ve batısı nura boyanmıştır. Bu sebeple, bütün putlar yere devrilmiştir. Kralların kalplerine korku girmiştir. İran'ın asırlardır yanmakta olan ateşi sönmüş, onların Şâh'ının kalbine büyük bir üzüntü dolmuştur. Gaybden haber vermeye çalışan kâhinler, ne doğru, ne de yalan hiçbir şey söyleyemez olmuştur. Ey Kusay Oğulları, aklınızı başınıza alıp putlara tapma sapıklığından vazgeçiniz! İslâm'a dönünüz, O'nun güzel ve geniş dairesine giriniz!"

Kureyş müşrikleri, yeryüzünde Allah'ın tek ma'bud oluşunun içinde ve üstünde ilk olarak abideleştiği Kâbe'yi putlarla karanlıklara boğmuşlardı. Ne var ki, henüz Tevhid temsilcisi Resûl-i Kibriyânın dünyaya gözlerini açması karşısında bile, çoğu yerlerine kurşun ile perçinlenmiş bu putlar, hâdisenin azametine dayanamayarak yerlere yıkılıverdiler.

Bu hâdisenin ifâde ettiği mânâ büyüktü: Dünyaya teşrif eden bu Zât, kendisine verilecek vazife gereği kapkaranlık şirk inancını ortadan kaldıracaktır. Gönüllerde pâk, nezih ve saâdet dolu Tevhid inancını bayraklaştıracaktır.

Dünya buna şâhid oldu. O Resûl-i Zîşan, kısa zamanda Kâbe'yi cansız putlardan temizlediği gibi, gönüllerdeki putları da İslâm îmânı ile yok ediverdi.

(3) Dünyaya teşrifleri ânında, doğu ve batıyı küçük bir oda gibi aydınlatan bir nur görüldü.

Demek ki, dünyaya gelen zâtın tebliğ edeceği din, doğu ve batıyı bütün ihtişamıyla kucaklayacak, insanlığı şefkatli sînesinde terbiye edip okşayacaktı

(4) Şam'da 1000 seneden beri akmayan Semâve[1] Nehri'nin kuru yatağı su ile doldu, taştı.

(5) Takdis edilen Sâve[2] (Taberiyye) **gölü yere battı.**

Bu da, gelen zâtın, Allah'ın izni olmayan şeylerin takdis edilmesini yasaklayacağının ifâdesi idi.

---

[1] ***Semâve***: Kûfe ile Şam şehirleri arasında taşsız bir çöldür.

[2] ***Sâve***: Hemedan ile Kum şehirleri arasında bir göldür. Bu yerin suyu çekilince, yerine Sâve şehri kuruldu.

(6) İran'da ateşperestlerin İstahrâbad şehrindeki tapınağında bin yıldan beri aralıksız yanan ateşi söndü.

Mecûsiler bu ateş yığınını kendilerine ilâh kabul etmişlerdi. Efendimizin dünyaya teşrifleri ile birlikte bu kocaman ateş, sanki okyanusların istilâsına uğramış basit bir ateşmiş gibi sönüverdi. Demek ki, gelen zât, putperestlik gibi, ateşperestliği de bir çırpıda ortadan kaldıracak ve yeryüzünü Tevhid meş'alesiyle aydınlatacaktı.

(7) İran hükümdarı kisranın eşsiz güzelliğindeki sarayının 14 kulesi yıkıldı. Doğduğu gece, kisranın sarayının kulelerinden başka Dicle kıyısındaki nefis köşkü de sular altında kalıp çöktü; tamir ettirdi yine sulara battı ve kisra canını zor kurtardı. Devrin ileri gelenleri garip garip rüyalar gördüler. Rüyaları, Şam'ın, Irak'ın, İran'ın, Dicle'nin ve Fırat'ın İslam'ın mülkü olacağını haber verdiğine dair en anlamlı kâhinler yorumlar yaptı.

Kâinatın Efendisinin doğduğu geceydi... Saatler, doğum anlarını gösteriyordu. Derin bir uykuya dalan Medâyin şehri korkunç bir çatırtı ve gürültü sesiyle uyandı. Hükümdarla birlikte halk da heyecan içinde yataklarından fırladı. Manzara korkunçtu ve telaş verici idi. Hükümdar Sarayının o sapa sağlam burçlarından on dördü çatırdayarak yıkılıvermişti. Geceyi korkular içinde geçiren Kisrâ sabaha çıkar çıkmaz memleketinin dinî reislerini derhal bir toplantıya çağırdı. Toplantıda, cereyan eden hâdisenin neyin nesi olduğunu görüşeceklerdi.

Kisrâ tacını giymiş tahtına oturmuştu. Henüz müzakereye başlamamışlardı ki, doludizgin yaklaşan bir atlı, elinde bir mektup getirdi. Mektupta, İstahrabat'ta binlerce seneden beri ışıl ışıl yanan ateşlerinin söndüğü haber veriliyordu.

Bu haber, Kisrâ'nın korku ve heyecanını daha da arttırdı. Bu sırada toplantıda bulunan İran başkadısı Mûbezan söz alarak gördüğü bir rüyâyı anlattı: "Gördüm ki yüzlerce kükremiş deve, önlerine şaha kalkmış Arap atları olduğu halde Dicle suyunu geçti ve İran topraklarına yayıldılar."

Kisrâ, doğru sözlü, bilgili ve adaletli Mûbezan'ın bu rüyâsını da mânâlı buldu. Sinirleri fazlasıyla gerilmişti. Bu muammayı çözmek istiyordu. Bilgisine ve irfânına güvendiği Mûbezan'a sordu: "Peki, bu neye işâret olabilir?" Başkadının cevabı kısa ve öz oldu: "Araplar tarafından çok önemli birşeyler olacağına işâret olabilir."

Kisrâ, bunun üzerine derhal Hîre Valisi Numan bin Münzir'e bir mektup yazdı. Mektupta, "Bana orada bulunan âlimlerden, suallerime cevap verebilecek kudrette biri varsa gönder!" diyordu.

Mektubu alan Numan, işin ciddiyetini anladı ve derhal Abdü'l-Mesîh bin Amr adında bir bilgini Medayin'e gönderdi. Gelen âlimi hükümdar derhal huzura kabul etti. Cereyan eden hâdiseleri anlattıktan sonra, kendisinden bu hususta bilgi istedi. Abdü'l-Mesih, Kisrâ'ya hâdiseler hakkında bir bilgi veremeyeceğini söyledi ve ilâve etti: "Şam yakınında Câbiye'de oturan dayım Satîh'de bunlara cevap verecek bilgi vardır."

Bunun üzerine Kisrâ, Abdü'l-Mesîh'i Satîh'ten hâdiseler hakkında bilgi almak üzere vazifelendirdi. Meşhur Şam kâhini Satîh kemiksiz, âdetâ âzâsız bir vücud, yüzü göğsü içinde bir acûbe-i hilkat ve çok yaşlı bir kâhindi. Dâimâ sırt üstü yatardı. Bir yere götürülmek istendiği zaman bohça gibi katlanırdı. Gaipten verdiği doğru haberler, o zamanın insanları arasında meşhurdu.

Abdü'l-Mesîh, dağ taş demeden yol alarak dayısı Satîh'in yanına vardı. O sırada Satîh, hayatının son anlarını yaşıyordu. Şiddetli hastalık içinde kıvranıyordu. Hastalığın şiddeti dudaklarından konuşma kudretini de alıp götürmüştü ki, gelen adamın ne selâmını alabildi ve ne de konuşabildi. Fakat, Abdü'l-Mesîh olup bitenleri anlatınca iş birden değişiverdi. Ölüm döşeğinde ecelle pençeleşen Satîh gözlerini birden açtı ve sanki kabir kapısına değil, dünya evinin kapısına yeni ayak basacakmış gibi canlanarak heyecan içinde haykırdı: "Ey Abdü'l-Mesîh! İlâhi vahyin okunması çoğalacak. Asâ'nın sahibi Peygamber olarak gönderildi. Semâve Vadisini su bastı, Farsların ateşi söndü. Artık Şam da Şam değil, Satîh için.

Şunu iyi bil ki, zaman üzerinde hükmü geçerli olan mutlak Hâkim, böyle istedi ve gelen peygamberle nebîlik ipinin iki ucunu düğümledi."

Derin bir nefes çektikten sonra da ilâve etti: "Sâsânîlerden, yıkılan burç sayısınca hükümdar gelecek ve sonra hüküm yerini bulacaktır."

Bu cümleler, Satîh'in dudaklarından dökülen son sözler oldu. Sanki bu gerçeği dile getirmek için bekleyip durmuştu. Sözlerini bitirir bitirmez gözlerini kapadı ve ruhunu Yüce Allah'a teslim etti.

Meşhur kâhin Satîh, bu sözleriyle açıkça Âhirzaman Peygamberinin dünyaya gelmiş olduğunu haber veriyordu. O âna kadar bir benzeri görülmemiş bu hâdise, dünyaya o gece şeref veren zâtın beraberinde getirdiği sönmez nûr ile karanlık inancı içinde kıvranan İran saltanatını ortadan kaldıracağına işaretti. Nitekim, tarih buna şahid oldu ve hâdiseler Satîh'in haber verdiği gibi cereyan etti: İran Devleti,

67 yıl süren on dört hükümdarın idaresinden sonra, Kadisiyye'de Hâtemü'l-Enbiyânın ordusu tarafından İslâm topraklarına katıldı.

(8) Büyücüler gelecekten haber veremez oldular.

Nebiyy-i Ekrem Efendimizin dünyaya teşrifleri gecesinde hazan yaprağı gibi gök kubbeden yıldızlar döküldü. Bu hâdise de şuna işâret ediyordu: Bundan böyle şeytan ve cinlerin gökten haber almaları son bulmuştur. "Madem Resulullah (Sallallahü Aleyhi ve Sellem) vahiy ile dünyaya çıktı, elbette yarım yamalak ve yalanlar ile karışık, kâhinlerin ve gaipten haber verenlerin ve cinlerin haberlerine set çekmek lâzımdır ki, vahye bir şüphe irâs etmesinler ve vahye benzemesin. Evet, Resulullah Efendimiz doğmadan evvel kâhinlik çoktu. Kur'ân, nazil olduktan sonra o iş son buldu. Hatta çok kâhinler imana geldiler. Çünkü, daha cinler tâifesinden olan muhbirlerini bulamadılar."

O âna kadar görülmemiş bu hâdiselerin Resûl-i Ekrem'in doğumu sırasında meydana gelmeleri elbette tesadüfî değildi. Ezelî kudretin kader kaleminin tayin ve tespitiyle vücuda geliyorlardı. Ve dünyaya Âhirzaman Peygamberi Hazreti Muhammed (Sallallahü Aleyhi ve Sellem)in zuhurunu haber veriyorlardı.

Resulullah (Sallallahü Aleyhi ve Sellem)in Kâbe'ye Götürülüp Dua Edilişi:

Hazreti Âmine; Resulullah (*Sallallahü Aleyhi ve Sellem*)i dünyaya getirdiği zaman, Resulullah (*Sallallahü Aleyhi ve Sellem*)in dedesi Abdulmuttalib'e:

"Bir erkek torunun doğdu. Gel de, gör onu!" diye haber saldı. Abdulmuttalib, o sırada Kâbe'nin yanında, Hicr'de, Allah'a yalvarıp dua etmekte iken müjdeci ona:

-"Âmine bir erkek çocuk doğurdu!" diye haber verince Abdulmuttalib çok sevindi ve hemen ayağa kalkıp Hazreti Âmine'yi görmeye geldi. Torununa baktı. Hazreti Âmine hamile iken düşünde gördüğü şeyleri; kendisine neler söylendiğini ve koyacağı isim hakkında ne emir verildiğini Abdulmuttalib'e anlattı.

Abdulmuttalib torununu bir kumaş parçasına sarılmış olduğu halde kucağına alıp Kâbe'ye girdi. Orada, Allah'a dua ve ihsanından dolayı şükranını arz ettikten sonra, onu annesine gönderdi. Oğlu Ebu Talib'e de:

- "Bu, benim sana, yanında bulundurup üzerine kanat gereceğin emanetimdir. Muhakkak, bu oğlumun hal ve şânı yüce olacaktır!" dedi.

Resulullah (Sallallahü Aleyhi ve Sellem)in Doğumundan Dolayı İnsanlara Ziyafet Verilişi:

Resulullah (*Sallallahü Aleyhi ve Sellem*)in doğumunun yedinci günü, dedesi Abdulmuttalib, develer, davarlar kestirerek Mekke halkına üç kez yemek yedirmesini, oğlu Ebu Talib'e emretti. Kureyşliler, ziyafetten sonra:

- "Ey Abdulmuttalib! Doğumu sebebiyle bize ikramda bulunduğun bu çocuğa ne isim taktın?" diye sordular.

Abdulmuttalib:

- "Muhammed ismini taktım!" dedi.

Kureyşliler:

- "Ne için, aile halkının, atalarının isimlerinden birini takmaya özen göstermedin de, Muhammed ismini taktın?" diye sordular.

Abdulmuttalib şöyle karşılık verdi:

"Gökte Allah'ın, yerde de halkın onu övmelerini istedim!"

Gerçekten, Kâinatın Efendisi Peygamberimiz Allah'ın, insanların ve meleklerin senâsına eşsiz bir surette mazhar olmuş dünya üzerinde tek şahsiyettir. Çünkü, o bu övgüye, bu alâka ve sevgiye ve bu hürmete lâyıktı. Bu medhi, bu muhabbeti eşsiz îmânı, ihlâs ve samimiyeti ve en güzel, en üstün ahlâkıyla hak etmişti. Bunun içindir ki, onun medih makamına erişecek hiçbir fânî olmamış ve olamaz.

Resulullah (Sallallahü Aleyhi ve Sellem)in Büyümesindeki Başkalık:

Başka çocukların bir aydaki büyümelerini o bir günde büyüyor, başka çocukların bir yıldaki büyümelerini o bir ayda büyüyordu!

Resulullah (*Sallallahü Aleyhi ve Sellem*); daha iki aylık iken, her tarafa yuvarlanmaya çalışıyordu. Üç aylık olunca, ayağa kalkıp day duruyordu! Dört aylık olunca, duvara tutunup yürüyordu! Beş aylık olunca, bir yere tutunmadan yürüyebiliyordu! Altı ayı tamamlayınca, yürümeyi hızlandırmıştı. Yedi aylık iken, konuşuyor, her tarafa gidip geliyordu. Sekiz aylık iken, konuşuyor, konuşulanı anlıyordu. Dokuz aylık iken, açık ve düzgün konuşmaya başlamıştı. On aylık iken, çocuklarla ok atıyordu.

Resulullah (Sallallahü Aleyhi ve Sellem)in Doğumu İle Alakalı Büyüklerden Kıymetli Sözler:

Hazreti Ebubekir (*Radıyallahü Anh*): "Resulullah (*Sallallahü Aleyhi ve Sellem*)in doğumuna dair yazılanların okunması için bir dirhem harcayan, cennette bana arkadaş olur. "

Hazreti Ömer (*Radıyallahü Anh*): "Resulullah (*Sallallahü Aleyhi ve Sellem*)in doğum zamanına kıymet veren, İslam'a kıymet vermiştir."

Hazreti Osman (*Radıyallahü Anh*): "Resulullah (*Sallallahü Aleyhi ve Sellem*)in doğumuna dair yazılanların okunması için bir dirhem harcayan, sanki Bedir ve Huneyn gazalarına katılmış gibi sevap kazanır. "

Hazreti Ali (*Radıyallahü Anh*): "Resulullah (*Sallallahü Aleyhi ve Sellem*)in doğum zamanına kıymet verip, doğumuna dair yazılanların okunmasına sebep olan, dünyadan imanla gider" buyurdu.

İbni Cezerî (*Rahimehullah*): 'ebu leheb, rüyada görülüp ne halde olduğu sorulunca: Kabir azabı çekiyorum. Ancak her sene Rebiülevvel ayının 12. gecesi azabım hafifliyor, iki parmağım arasından çıkan serin suyu emerek ferahlıyorum. Bu gece Resulullah (*Sallallahü Aleyhi ve Sellem*) dünyaya gelince, Süveybe ismindeki cariyem bana müjdelemişti. Ben de sevincimden onu azat etmiş ve ona sütannelik yapmasını emretmiştim. Bunun için azabım hafifliyor' dedi. Âyet-i kerime ile kötülenmiş olan ebu leheb gibi azgın bir kâfirin azabı hafifleyince, O Yüce Peygamber (*Sallallahü Aleyhi ve Sellem*)in ümmetinden olan bir mümin, bu gece sevinir ve fakirleri sevindirirse, böylece Peygamberine olan sevgisini gösterirse, umulur ki Allahü Teala ihsan ederek onu cennetine sokar.'

İmam-ı Kastalânî (*Rahimehullah*) buyurdu ki: Dünyanın her tarafındaki Müslümanlar, her sene, bu geceyi, mevlid kandili olarak kutlamaktadır. Her yerde mevlid kasideleri okunarak Resulullah (*Sallallahü Aleyhi ve Sellem*) hatırlanmaktadır. Resulullah (*Sallallahü Aleyhi ve Sellem*) nübüvvetten sonra her yıl bu geceye ehemmiyet verirdi. Her Peygamberin ümmeti, kendi Peygamberinin doğum gününü bayram yapmıştır. Bugün de, Müslümanların bayramıdır. Neşe ve sevinç günüdür.

İslam âlimlerinden İmam Kettanî (*Rahimehullah*) buyurdu ki: "Mevlid günü ve gecesinin şerefi ve kıymeti çoktur. Kendisine tabi olanlar için kurtuluş vesilesi olan Resulullah (*Sallallahü Aleyhi ve Sellem*)in doğumu için sevinmek, cehennem azabının azalmasına sebep olur. Bu geceye hürmet etmek, sevinmek, bütün senenin bereketli olmasına sebep olur. Mevlid gününün fazileti Cuma günü gibidir. Cuma günü, cehennem azabının durdurulduğu hadisi şerif ile bildirilmiştir. Bunun gibi, Mevlid gününde de azap yapılmaz. Mevlid gecelerine sevindiğini göstermeli, çok sadaka vermeli, davet olunan ziyafetlere gitmelidir."

Mevlid Gecesinin Kadir Gecesinden Efdal Olduğu:

Âlimlerin bir kısmı diyor ki: Kadir gecesinin üstünlüğü ve 1.000 aydan daha faziletli olması, Resulullah (*Sallallahü Aleyhi ve Sellem*)e Kur'ân'ın o gecede indiğinden dolayıdır. Fakat Kur'ân'ın o gecede inmesine sebep olan zat dünyaya gelmeseydi, Kadir gecesi diye bir gecede olmayacaktı.

Ve ayrıca Ramazan ayı ki, aylar içersinde en makbul ay olmakla beraber, ümmetine tahsis edilmiştir. Mevlid gecesi ise, Resulullah (*Sallallahü Aleyhi ve Sellem*)e tahsis edilmiştir. Ve bundan dolayı Mevlid gecesi, Kadir gecesinden üstündür.'

Mevlid Merasimleri:

Asırlardır dünyanın her tarafındaki Müslümanlar, her sene mevlid kandilini kutlamışlardır. Resulullah (*Sallallahü Aleyhi ve Sellem*)in doğum gününde ilk defa resmi toplantılar düzenleyen hükümdar, Salahaddin Eyyübî'nin eniştesi Erbil sultanı Ebu Said Muzaffer Kökbörî'dir.

Merasim başlamadan önce hazırlıklar yapılır. İslam ülkelerinden birçok âlim davet edilir, herkes Muharrem ayının başından, Rebiyülevvel ayının başlarına kadar Erbil'e akın ederdi. Şehrin sokakları süslenir, her taraftan gelenlerle şehir dolup taşardı. Herkese günlerce sultan tarafından yemekler yedirilir, fakirlere sadakalar dağıtılır, öksüzler, yetimler evlendirilirdi. Mevlid gecesi, akşam namazından sonra sultanın da bulunduğu büyük fener alayları düzenlenir, büyük bir kürsünün önünde toplanırlar, zamanın en büyük âlimleri vaaz ve nasihat eder ve Resulullah (*Sallallahü Aleyhi ve Sellem*)i anlatırdı.

Osmanlı'da mevlid gecesine çok hürmet gösterilir, kıymet verilirdi. O gün Sultanahmet Camii'nde okunacak Mevlidi Şerife, başta padişah, sadrazam, vezirler, Şeyhülislam, İslam kadısı, devletin ileri gelen erkânı, Âlimler ve Evliyaullah davet edilirdi. Mevlid gününde devlet erkânı, resmi kıyafetlerle camide toplanırlar ve kendileri için ayrılan yerlere otururlardı. Diğer vazifeli devlet erkânı da atlarına binerek sarayın büyük kapısında bir düzen içinde bekleyip, padişahı karşılarlar ve camiye kadar refakat ederlerdi. Şeyhülislam ve sadrazamın önlerine, teşrifatçı başı ve kesedar, getirdikleri buhurdanlıkları koyarlar, bu sırada camide Kurân-ı Kerim tilavet edilirdi.

Padişah gelirken, hünkâr mahfilinin penceresi açılır, bunu gören herkes hürmetle ayağa kalkardı. Herkes yerine oturduktan sonra âlimler kürsüye çıkıp vaaz ve nasihat ederler, bu arada buhurlar yakılır, cemaatin önüne şekerler bırakılırdı. Vaaz bitince, vaiz efendiye kıymetli elbiseler giydirilir, sonra bir mevlithan kürsüye çıkardı. O da bir miktar okuyup iner ve ona da hilatler (üstlükler), kıymetli elbiseler ihsan edilir, ikinci mevlithan da bir miktar okurdu. Sonra Hicaz'dan Resulullah (*Sallallahü Aleyhi ve Sellem*)in torunlarından gelen mektup, müjdeci başı tarafından sadrazama takdim edilir, o da reisülküttaba hilatler giydirilirdi. Sonra Medine-i Münevvere'den gelen hurmalar dağıtılır, hurmayı getiren ağaya ihsanlarda bulunulurdu. Üçüncü mevlithan da kürsüye çıkınca, sadrazamın, şeyhülislamın, vezirlerin ve ulemanın önlerine şeker dolu tabaklar konur, mevlid bittikten sonra tabaklar kaldırılır, padişah saraya dönerdi. Bunun arkasından cemaat de önlerine bırakılan şekerleri alarak dağılırdı.

Mevlid şekerlerinin mevlid boyunca, açıkta bırakılması, bereketlenmesi içindi.

Mevlid merasimlerine haram katıştırılmaz, İslamiyet'in emir ve yasaklarına riayet etmeyen, sırf para için mevlid okuyan hafızlara okutulmazdı. Ayrıca teganni etmemeye, yani kelimeleri bozmadan ve müzik perdelerine uydurmadan okumaya dikkat edilirdi. İslam âlimleri, Mevlidi Şerif okuma usullerini ve faydalarını bildirmek için her dilde eserler yazdılar.

İslam dünyasında yaklaşık 50–60 Mevlid kitabı bulunmaktadır. Bunlar arasında en meşhuru Yıldırım Beyazıt döneminde Süleyman Çelebi tarafından yazılan "Vesiletü'n-Necat (Kurtuluş Vesilesi)"dir.

İmamı Rabbânî (*Kuddise Sirruh*) Mevlidi Şerif'in üslubu ile okunması hakkında buyurdu ki: "Bu hususta yasak olan Kur'ân-ı Kerim harflerini tahrif etmek ve değiştirmek, nağme vezinlerine uyup makam tutturmak için sesi alçaltıp yükseltmektir. Böyle bir şey şiirde bile mubah değildir. Şayet anlatılan mahzurlar olmadan iyi niyetle kasideler okursa, bu durumda ne gibi bir engel olabilir!

Ey evladım! Bu arada fakirin hatırına gelen şu ki; bir yol kapatılmadıkça heves edenler mahzurlu okuyuştan bir türlü tamamen vazgeçmezler. Şayet aza cevaz verecek olursak, çoğa varır."

Mevlidin Faydaları:

İmam Kettanî (*Rahimehullah*) buyurdu ki: "Haram ve bidat karıştırmadan mevlid okutmak, mevlid dinlemek çok faydalıdır. Bu faydalardan bazıları şunlardır:

(1) Mevlid için toplanmak, Resulullah (*Sallallahü Aleyhi ve Sellem*)in dünyaya teşrif etmeleri sebebiyle mutluluk ve sevincin ifadesidir. Bu sevinç, çok kıymetlidir. Hadisi şerifte: "***Kişi sevdiği ile beraberdir***" buyruldu.

(2) Resulullah (*Sallallahü Aleyhi ve Sellem*)in doğumu sebebi ile sevinmek, Allahü Teala'nın emridir. Nitekim Allahü Teala, Enbiya suresinin 107. ayeti kerimesinde mealen: "**Ey Habibim! Biz Seni âlemlere ancak rahmet için gönderdik**" buyurdu.

(3) Resulullah (*Sallallahü Aleyhi ve Sellem*) doğduğu zamana kendileri de kıymet verir, Allahü Teala'nın kendilerini yaratıp var etmesi nimetine şükrederlerdi. Resulullah (*Sallallahü Aleyhi ve Sellem*), bu güne kıymet vermesinin ifadesi

olarak oruç tutarlardı. Nitekim Resulullah (*Sallallahü Aleyhi ve Sellem*)e Pazartesi gününde tutulan oruç hakkında sorulunca şöyle buyurdu: "***O gün doğdum,*** (Kur'ân-ı Kerim) ***o gün Bana indirildi.*** "

Bu günde oruç tutmak, fakirleri doyurmak, ziyafet vermek, bir yere toplanmak, Resulullah (*Sallallahü Aleyhi ve Sellem*)e Salâtü Selam okumak, hayatlarını ve yüksek ahlaklarını dinlemek sevaptır.

(4) Mevlid okunması sebebiyle Resulullah (*Sallallahü Aleyhi ve Sellem*)e Salât ve Selam okunur. Resulullah (*Sallallahü Aleyhi ve Sellem*) buyurdu ki: "***Her kim günde 100 defa Salâvatı Şerife okursa, kıyamet gününde güneşin sıcaklığından kurtulup, Arş'ın gölgesi altında Benimle beraber olur. Ve her kim Benim için bir Salâvatı Şerife getirirse, rahmet melekleri onun günahlarının affolması için dua ve istiğfar ederler.***"

(5) Mevlid kasidelerinde Resulullah (*Sallallahü Aleyhi ve Sellem*)in nuru, doğum mucizeleri, mübarek hayatı ve başka kıymetli halleri anlatılmaktadır. Bunlar ise, bir Müslüman'ın bilmesi icap eden hususlardır. Mevlid kitapları bunları öğrenmeye vesile olmaktadır.

(6) Resulullah (*Sallallahü Aleyhi ve Sellem*), Asrı Saadetlerinde Çok yüce olan Zat'ını şiirle metheden şairleri mükâfatlandırırlardı. Resulullah (*Sallallahü Aleyhi ve Sellem*) bundan razı olunca, Şemaili Şeriflerini, güzel ahlakını, mucizelerini, mübarek hayatını yazanlardan, okuyanlardan elbette razı olurlar. Çünkü bunların hepsinden maksat, Resulullah (*Sallallahü Aleyhi ve Sellem*)in rızasını ve sevgisini kazanarak O'na yakın olmaya çalışmaktır.

(7) Resulullah (*Sallallahü Aleyhi ve Sellem*)in Şemaili Şeriflerini, mucizelerini ve kendisinden meydana gelen harikulade halleri bilmek, bunları dinlemek ve okumak, Resulullah (*Sallallahü Aleyhi ve Sellem*)e olan imanı ve muhabbeti fazlalaştırır. Çünkü insan yaratılış ve huyu itibarıyla güzel ve iyi şeyleri sever. Resulullah (*Sallallahü Aleyhi ve Sellem*)in güzel ahlakından ve Şemaili Şeriflerinden daha güzel ve üstün bir ahlak elbette yoktur. Resulullah (*Sallallahü Aleyhi ve Sellem*)i çok sevmek, kâmil bir imanla O'na inanmak emredilmiştir. Mevlidi Şerif, bu emrin de yerine getirilmesine sebep olmaktadır.

(8) Resulullah (*Sallallahü Aleyhi ve Sellem*)e tazim ve hürmet, dinimizin emridir. Mevlid zamanı bu sevinci göstermek, ziyafetler vermek, bir yere toplanmak, fakirlere ikram etmek sevinip neşelenmek, Resulullah (*Sallallahü Aleyhi ve Sellem*)e en güzel tazim ve hürmet olup, Allahü Teala'ya şükür ifadesidir.

(9) Mevlid toplantılarını, bütün İslam âlimleri, Müslümanlar güzel görmüş, her yerde Mevlidi Şerif toplantıları yapılmıştır. Mevlidi Şerif okumak ve bu sebeple toplanmak çok kıymetlidir. Nitekim Abdullah ibni Mesud (*Radıyallahü Anhüma*)nın rivayet ettiği hadisi şerifte buyruldu ki: "Müslümanların güzel gördüğü şey, Allahü Teala katında da güzel, onların çirkin gördükleri Allahü Teala katında da çirkindir."

Resulullah (Aleyhisselâm)ın Şemâil-i Şerifini Okumalı:

Bilhassa Mevlid gecesinde Resulullah (*Sallallahü Aleyhi ve Sellem*)in hatırlanmasına sebep olan O'nun vücut ve ruh yapısını anlatan Şemail-i Şerifi okunmalı ve çokça Salâvat-ı Şerife getirilmelidir.

Resulullah (*Sallallahü Aleyhi ve Sellem*) şöyle buyurdular: "***Benim vasıflarımı ve şemailimi yazın, onlara bakın ve yanınızda yüksek bir yere asın. Her kim onları yükseğe kaldırıp bakarsa, Beni görmüş gibi olur. Beni gören insan, Bana muhabbetle bağlanırsa, Allahü Teala ona cehennemi haram kılar. O kişi kabir azabından emin olur. Mahşer günü çıplak olarak haşredilmez. O kişi yönetici ise, muradına erer. Allahü Teala ona düşmanlarına karşı yardım eder. Bütün şeytanların şerrinden korur. Her korkusundan emin olur. Her kim bunları yazıp, yanında taşırsa, Allahü Teala Adn cennetlerini ona konak yapar. Sabah namazından sonra üç Salâvatı Şerife okuyup, bu Hilye-i Şerife'ye bakana, Allahü Teala 500 hac sevabı yazar. Akşamdan sonra bakana 600 hac sevabı verir. Yatsıdan sonra bakana 1.000 hac, bir hatim ve 1.000 köle azat etmiş sevabı yazar. Allahü Teala büyük fazilet sahibidir.***"[1]

Hazreti Ali tarafından anlatılan Şemaili Şerif:

Resulullah (*Sallallahü Aleyhi ve Sellem*)in boyu ne çok uzun, ne de çok kısaydı; orta boyluydu. Ne kıvırcık kısa, ne de düz uzun saçlıydı; saçları kıvırcıkla düz arasıydı. Kaba görünüşlü olmayan değirmi bir çehresi vardı. Pembe beyaz tenli, iri siyah gözlü, uzun kirpikliydi. İri kemikli ve geniş omuzlu idi. Göğsünden göbeğine kadar ince tüyden başka kıl yoktu. İki avucu ve tabanları dolgundu. Yürüdüğü zaman sanki yokuş aşağı iner gibi rahatlıkla ilerlerdi. Sağına ve soluna baktığında bütün vücuduyla dönerdi. İki omuzu arasında " Nübüvvet (Peygamberlik) Mührü" vardı ki O, Peygamberlerin sonuncusudur.

---

[1] Tirmizi, Menakıb

Hırka-i Şerif ve Sakal-ı Şerifi Ziyaret:

Resulullah (*Sallallahü Aleyhi ve Sellem*)i sevmenin alameti, O'nun sünneti seniyyesine tabi olmaktır. Nitekim Resulullah (*Sallallahü Aleyhi ve Sellem*) şöyle buyurdular: "***Kim Benim sünnetimi ihya ederse*** (gereği gibi amel ederek yaşatırsa), ***Beni ihya etmiş*** (yaşatmış) ***olur. Beni ihya eden, Beni sevmiş*** (ve sevgisini ispat etmiş)***tir. Kim de Beni severse, cennette Benimle beraberdir.***"[1]

Resulullah (*Sallallahü Aleyhi ve Sellem*)i sevmek, O'ndan gelen, O'na ait olan her şeyi sevmektir. Bu inancın gereği, Resulullah (*Sallallahü Aleyhi ve Sellem*)in saçının kesilmesi ve sakalının bir tutamdan fazlasını veya düşen parçalarının bir tanesini bile zayi etmeden saklayarak muhafaza etmiş olan Sahabe-i Kiram, bu kutsal emaneti, nesilden nesle özenle aktarmışlardır.

Mübarek günlerde ziyarete sunulan Sakal-ı Şerifler, yine Ramazan-ı Şerif'te büyük bir coşkuyla ziyaret edilen Hırka-i Şerif, bunlardan bir kaçıdır.

Bilhassa Mevlid ve Kadir gecesinde böyle Resulullah (*Sallallahü Aleyhi ve Sellem*)i tazimle hatırlamaya, O'nu Salatü Selamlarla anmaya vesile olan ziyaretler yapmalı, yine O-nun zihinlerde yer etmesine, muhabbetinin kalplerde karar kılmasına sebep olan vücut ve ruh yapısını anlatan Hilye-i Şerif ve güzel ahlakını anlatan kitaplar okunmalıdır.

O'nu gereğince tanırsak, O'nu severiz. O'nu seversek, O'na itaat ederiz. O'na itaat edince de, Allahü Teala bizi sever.

---

[1] Şifa-i Şerif, 390

Sakalı Şerif Hususunda Ayrıca Şunlar Söylenebilir:

Resulullah (*Sallallahü Aleyhi ve Sellem*) veda haccında tıraş olduğunda, Sahabe-i Kiram, Resulullah (*Sallallahü Aleyhi ve Sellem*)in saçının ve sakalının teberrük için yanlarında kalmasını istediklerinden, Resulullah (*Sallallahü Aleyhi ve Sellem*) onları almalarına müsaade etti.

İbni Hacer (*Rahimehullah*) bu hususta Resulullah (*Sallallahü Aleyhi ve Sellem*)in Sakalı Şerif'i ile teberrük etmenin sünnet olduğunu söylüyor. Ancak bugün mevcut olan Sakalı Şerifler kesin olarak Resulullah (*Sallallahü Aleyhi ve Sellem*)in mübarek kıllarıdır deyip bunu ispatlamak zordur.

Yalnız Müslümanlar, bu Resulullah (*Sallallahü Aleyhi ve Sellem*)in Sakalı Şerif'idir diye inanıp teberrük ettikleri için mükâfata ulaşacakları hususunda şüphe yoktur. Ancak ziyaretin Adabına uygun olmasına dikkat gösterilmelidir.

Şöyle bir hesap çıkarmak da mümkündür: Resulullah (*Sallallahü Aleyhi ve Sellem*) 23 yıl Peygamberlik vazifesi yapmıştır. 15 günde bir, Sakalı Şerif'indeki bir tutamdan fazlasını alındığı farz edilerek hesaplanırsa, bugün camilerde bulunan Sakalı Şerif çok görülmemelidir.

Ashabı Kiram (*Radıyallahü Anhüm*), Resulullah (*Sallallahü Aleyhi ve Sellem*)in Saç ve Sakalından dökülen ve kısaltılan fazlalıkları her zaman toplamış ve saklamışlardır.

Resulullah (Aleyhisselâm)a Aşkla Bağlanmalıyız:

Kâinatın en muhteşem varlığı Resulullah (*Sallallahü Aleyhi ve Sellem*)dir. Allah'ın bize örnek insan ve Peygamber olarak gönderdiği O'dur. O, Kur'ân'ın canlı halidir. O, bizim için iman, İslam, hayat ve cennettir. O'nu tanımadan, bilmeden, öğrenmeden, kalbimize ve şuuraltımıza O'nun sevgisini koymadan İslam'ı ve Kur'ân'ı tanımak, yaşamak ve muhafaza etmek mümkün değildir. Ayetlerde belirtildiği gibi O'nun sünneti seniyyesine uymadan, ne yapmışsa aynısını yapmaya çalışmadan, O'nun sevdiğini sevip, nefret ettiğinden nefret etmeden, Allah'ın sevgisine ulaşmak da imkânsızdır. O'nun hayatı hepimiz için, her meslek ve meşreb erbabı için örnektir. Çileleri, ıstırabı, sabrı, metaneti, kahramanlığı, şefkati, mertliği, cesareti, hilmi ve tevazusu, heybeti ve haşmeti ile herkese örnektir. Çocukluğu, gençliği, Peygamberlik öncesi ve sonrası halleri, savaşları ve sözleriyle Muhammed (*Sallallahü Aleyhi ve Sellem*) insanlık için zirvedir.

Resulullah (Sallallahü Aleyhi Ve Sellem)i Sevmek:

Muhammed (*Aleyhisselâm*)ı sevmek herkese farzdır. Zaten, Cenabı Hakkı sevmek de buna bağlıdır. Allahü Teala'nın sevgili Peygamberini sevmedikçe, O'na uymadıkça, Allahü Teala'yı sevmek saadeti ele geçmez. Kur'ân-ı Kerim'de mealen: **"Allah**(ü Teala'y)**ı seviyorsanız, Bana tâbi olunuz! Bana uyanları Allah sever!"**[1] buyruldu.

Saadete kavuşmak isteyen kimse, bütün âdetlerini, ibadetlerini ve alışverişlerini O'nun gibi yapmaya çalışır! Bu dünyada, sevdiğine benzemeye çalışanlar, bu kimseye sevimli ve güzel görünür. Bu kimse, onları da çok sever, beğenir. Bunun gibi, sevgiliyi sevenler, her zaman sevilir. Sevgilinin düşmanları, sevenin de düşmanları olur.

[1] Âl-i İmrân Suresi: 31

Bundan dolayı, görünen ve görünmeyen bütün iyilikler, bütün üstünlükler, ancak o yüce Peygamberi sevmekle ele geçer. Yükselebilmenin, ilerlemenin ölçüsü, bu sevgidir. Allah'ı seviyorum diyenlerin, Ashabı Kiram gibi olmaları lâzımdır. Seven bir kimse, sevdiğinin sevdiklerini de sever. Sevdiğinin düşmanlarına düşman olur. Bu sevmek ve düşmanlık, bu kimsenin elinde değildir. Kendiliğinden hâsıl olur. Muhammed (*Sallallahü Aleyhi ve Sellem*)e tam ve kusursuz tâbi olabilmek için, Onu tam ve kusursuz sevmek lâzımdır. Tam ve olgun sevginin alâmeti de, O'nun düşmanlarını düşman bilmektir. O'nu beğenmeyenleri sevmemektir.

İki cihan saadetine, yani hem dünyada hem de âhirette saâdete, rahata kavuşmak, ancak ve yalnız, dünya ve âhiretin efendisi olan, Muhammed (*Aleyhisselâm*)a tâbi olmağa bağlıdır. Ona tâbi olmak için, iman etmek ve İslam hükümlerini öğrenmek ve yapmak lâzımdır. Kalpte doğru imanın bulunmasına alâmet, kâfirleri düşman bilip, onlara mahsus olan ve kâfirlik, dinsizlik alâmeti olan şeyleri yapmamaktır. Çünkü İslâm ile küfür, birbirinin aksidir, zıddıdır. Birinin bulunduğu yerde, diğeri bulunamaz, gider. Bunlardan birisine kıymet vermek, diğerine hakaret ve kötülemek olur. Kâfirlere kıymet veren, hürmet eden, Müslümanları tahkir etmiş, alçaltmış olur. Hak Teala, Âl-i İmrân sûresinin 149. âyetinde kâfirlere kıymet verenlerin ve küfre tâbi olanların aldandıklarını ve pişmân olacaklarını beyân buyurdu. Âyeti kerîmede meâlen: "**Ey iman etmiş olan kimseler! Eğer siz o kâfir olmuş kimselere itaat edecek olursanız, sizi gerisingeriye** (küfre) **çevirirler de, sonra siz** (dünya ve ahireti) **kaybeden kimselere dönüverirsiniz.**"

Allahü Teala, kâfirlerin, kendi düşmanı ve Peygamberinin düşmanı olduklarını bildiriyor. Allahü Teala'nın düşmanlarını sevmek ve onlarla kaynaşmak, insanı Allahü Teala'ya ve Onun Peygamberine düşman olmaya sürükler.

Sevmenin Alameti:

Rabbimizin muhabbetine eren bir kimsenin O'nun rızasına ve huşu haline ulaşacağını bildiren şu rivayet ne kadar ibretlidir: "Ashabı kiram bir gün Resulullah (*Sallallahü Aleyhi ve Sellem*)e şöyle sordular: "Bir mümini huşu içinde diğer bir mümini de huşu hali dışında görüyoruz. Bu farklılığın sebebi nedir?"

Resulullah (*Sallallahü Aleyhi ve Sellem*) buyurdu ki: "İmanın tadını alan mümin, huşu sahibi olur. İmanın tadını alamayan mümin ise, huşu sahibi olmaz!"

"Peki imanın tadı nasıl elde edilir, ona nasıl ulaşılır?" diye sorulunca, Resulullah (*Sallallahü Aleyhi ve Sellem*) şöyle buyurdular:

"Ona, Allah sevgisinde sadık olmakla ulaşılır."

Ashabı Kiram: "Allah sevgisi ne ile elde edilir?" diye sordular. Resulullah (*Sallallahü Aleyhi ve Sellem*): "Allah'ın Resulüne muhabbetle elde edilir. Bu sebeple siz, Allah ve Resulünün rızasını, her ikisine de muhabbet beslemekle arayınız" buyurdular.

Peygamberimiz ile Yaşamak:

Az fakat öz konuşmasıyla da bilinen Bistam'ın büyük velisi Harkânî (Kuddise Sirruh):

- Ey Müslümanlar! diyor, günlük hayatınızı Peygamberimizle birlikte yaşamayı arzular mısınız?
Bütün gün boyunca O'nunla beraber olmayı ister misiniz?
Hep birlikte feryat ediyorlar:
- İstemez olur muyuz? O'nunla birlikte olmak, bizim hayatımızın hedefidir. Ama nasıl olacak O'nunla birlikte olma? Bu mümkün olmaz ki?
Büyük veli şöyle açıklıyor gün boyu Peygamberimizle birlikte olmayı:
- Günlük hayatınızı herhangi bir günaha bulaşmadan tamamlarsanız, şükürler olsun bugün ben Peygamberimizle birlikte idim gün boyu, diyebilirsiniz. Çünkü Peygamberimiz de günlük hayatını günahsız tamamlıyor, günahsız tamamlayan insanlarla birlikte olacağını da bizlere haber veriyor! Öyle ise ilk meseleniz, günlük hayatınızı günahlara bulaşmadan tamamlamak olmalı, böylece gün boyu Peygamberimiz'le birlikte olmayı günün başında niyetlenerek hedef almalısınız...
Ebu'l-Hasan Harkânî Hazretleri'nden böyle ders alanların içinde, o günün Türk hükümdarı Sultan Mahmud Gaznevi de vardı. O da artık günlük hayatını Peygamberimizle birlikte yaşamayı esas alıyor, onun ismini dahi abdestsiz ağzına almaktan utanacak kadar Peygamberimizi yanında hissediyordu... Bu sebeple Muhammed adındaki hizmetçisine her defasında çok sevdiği Muhammed adıyla hitap ettiği halde, bir defasında onu Muhammed adıyla değil de babasının adıyla çağırmıştı. Alışık olmadığı bu hitap şeklinden endişeye kapılan hizmetçi:

- Sultanım, dedi, bir kusur mu işledim acaba ki çok sevdiğiniz Muhammed ismimle değil de babamın adıyla çağırdınız beni?.. Sultan şöyle açıkladı durumu:
- Seni Muhammed isminle çağırdığım sıralarda hep abdestli oluyordum. Bu defa ise abdestim yoktu. O yüce ismi abdestsiz ağzıma almaya gönlüm razı olmadığından, babanın ismiyle çağırdım seni…
İşte bu da günlük hayatı Peygamberimizle birlikte yaşama niyetinin, davranışlara akseden bir başka sevgi ve saygı tezahürü...

Peygamber Sevgisi:

Peygamber aşığı yoksul adam, rüyasında Peygamberimizi görür ve sıkıntı içindeki halini arz eder. Efendimiz buyurur ki:
- Sabah erkenden kalkıp Hekim Ali Paşa'ya git, Ben'den selam söyle, sana yüz altın versin. Rüyana inanmazsa, perşembe akşamları okuduğu Yasin-i Şerifi'ni geçen perşembe okumadı, onu da hatırlat, Yasin hediyesini beklediğimi de söyle.
Sabah namazdan sonra Hekim Ali Paşa'nın kapısını çalan yoksul adam rüyasını aynen anlatır:
- Paşam, der, bu gece rüyamda Efendimiz'i gördüm, 'Ali Paşa'ya Ben'den selam söyle, sana yüz altın versin' dedi. 'İnanmazsa, her perşembe okuduğu Yasin'i de geçen perşembe okumadı, onu da beklediğimi hatırlat' dedi.
Ali Paşa heyecanlanır. "Bir daha anlatır mısın?" der.
Adam: "Efendimiz'in selamı var..." diyerek bir daha anlatır. Ama paşanın eli cebine bir türlü gitmez de, "bir daha anlatır mısın?" diye tekrar eder. Efendimiz'in selamı var, diyerek bir daha anlatır yoksul adam.

Paşa bir daha, bir daha diye tekrarlayınca:
- Paşam der, vermeyeceksen verme, neden bir daha anlatır mısın? diye tekrarlatıp duruyorsun?..
- Evladım, der Paşa. Tekrarladığın her selam benim için o kadar kıymetli ki her bir selama 100 altın paha biçiyorum. O'nun selamının her birine 100 altın feda olsun. Yedi defa selamı var dedin, yedi yüz altın kazandın, var gönül hoşluğuyla harca yedi yüz altını.. diyerek altınları Peygamber'i rüyasında görecek kadar Peygamber aşığı yoksulun avucu içine bir bir sayar, bundan sonra da ekler:
- Bir daha görüşecek olursan, yeni selamlarını ve emirlerini beklediğimi de söyle. Ne emrederse başım gözüm üstüne yerine getirmeye hazır bekliyorum burada...

Resulullah (Aleyhisselâm)in Güzel Ahlakı:

Resulullah (*Sallallahü Aleyhi ve Sellem*), ahlâkî değerleri hem öğretmiş, hem de onları yaşayarak örnek olmuştur. O, aynı zamanda bunu bir görev olarak kabul etmiştir.
Allahü Teala, Kur'ân-ı Kerim'de: "**Allah'ın Resulü'nde sizin için uyulması gerekli güzel örnek vardır**"[1] buyurarak, peygamberimizin ahlâkının güzelliğine işaret etmiştir.
Resulullah (*Sallallahü Aleyhi ve Sellem*)in ahlâkı, Hazreti Âişe'nin ifadesiyle Kur'ân ahlâkı idi. Zaten kendisi de bir sözünde "Ben güzel ahlâkı tamamlamak için gönderildim" buyurmuştur.
Peygamberimiz, güvenilir, dürüst bir insandı. Mekkeliler, O'nun güvenirliliğine ve dürüstlüğüne inandıkları için "Muhammedü'l-Emin" lâkabını vermişlerdi.

---
[1] Ahzap Suresi, 21

Hazreti Muhammed (*Sallallahü Aleyhi ve Sellem*), merhametliydi. O'nun merhameti, insanlara, hayvanlara, doğaya kısacası tüm canlılara karşı idi. Hazreti Muhammed (*Sallallahü Aleyhi ve Sellem*) insanlara değer verir, zengin-yoksul, yaşlı-genç, efendi-köle gibi ayrımlar yapmazdı. Herkese karşı iyi niyetli ve güler yüzlü idi.

O gerek savaş meydanlarında gerekse İslâm'ı anlatma konusunda gösterdiği cesareti ile Müslümanlara örnek olmuştur.

Hazreti Muhammed (*Sallallahü Aleyhi ve Sellem*) herkese karşı adil olup, hakkı gözetirdi. Hiç kimseye haksızlık yapmazdı. Çok sabırlıydı, arkadaşlarına da sabırlı olmalarını öğütlerdi. Bir söz verdiği zaman mutlaka sözünü yerine getirirdi. Onun en önemli niteliklerinden birisi de engin hoşgörüsü idi. Kendisine birçok işkence ve zülüm yapan, yurdundan çıkarıp sürgüne gönderen müşrikleri, Mekke'yi fethettikten sonra affetmiştir. İnsanlara, boş vakit ve sağlıklarının kıymetini bilmeleri konusunda öğütler vermiştir. Zamanını çok iyi değerlendirmiştir.

Hazreti Muhammed (*Sallallahü Aleyhi ve Sellem*) boş oturmaz, boş oturanı da sevmezdi. Her işini belirli bir plân ve program çerçevesinde yapardı. Her yaptığı işte, o işin uzmanlarına danışır, ama son kararı kendisi verirdi.

Resulullah (*Sallallahü Aleyhi ve Sellem*), konuşmalarıyla ve davranışlarıyla normal bir insan olduğunu herkese ifade ederdi. "Ben ancak bir kulum, insanım. İnsan gibi yer, insan gibi içerim." sözüyle diğer insanlar gibi yaşadığını belirtirdi. Ama o, Allah'tan vahiy alan kimse idi ve üstün bir ahlâka sahipti. Asla kendisini üstün görmezdi. Sert ve kırıcı değil, son derece nazik, güler yüzlü ve ince ruhluydu. Ağzından insanları kıracak, küçük düşürecek kaba söz çıkmazdı. İnsanların kusurlarını düzeltirken, onlara kırıcı sözler söylemez, tatlı dil kullanırdı. Lâfı uzatmadan açık seçik konuşur, başkaları konuşurken de onları can kulağıyla dinlerdi.

Konuşan kişinin sözünü kesmez, bitirmesini beklerdi. O: "İslâm güzel ahlâktır" demiştir. Bir gün Ashabı O'na: "Allah katında en sevgili kullar kimlerdir?" diye sorunca O, "Ahlâkı en güzel olanlardır" demiştir.

Resulullah (*Sallallahü Aleyhi ve Sellem*), bir gün Medinenin dışında gezinirken, çocukların bir ağacı taşlayarak, sahibinden izinsiz meyve aldıklarını gördü. Çocukların yanına yaklaşınca çocuklar korktu. Ancak O, çocukları azarlamadan tatlı bir dille "Meyveleri, sahibinden izinsiz almayın" diyerek uyardı. Bu durum, peygamberimizin eğitici özelliğini göstermektedir. Resulullah (Sallallahü Aleyhi ve Sellem)in ahlâkı Kur'an'da belirtilen ahlâkî öğütler ve prensiplerden ibarettir. Güven, merhamet, sabır, sözünde durma, dürüst olma gibi güzel ahlâk olarak nitelenen davranışları kendi yaşantısında en güzel şekilde uygulardı.

Bu Gece İle İlgili Bir Hatırlatma:

Bu gece, Kadir gecesinden sonra en kıymetli gecedir. Bu gece, O doğduğu için sevinenler affolur. Bu gece, Resulullah (*Sallallahü Aleyhi ve Sellem*)in doğumu zamanında görülen halleri, mucizeleri okumak, dinletmek, öğrenmek çok sevaptır. Kendileri de anlatırdı. Bu gece, Ashabı Kiram (*Radıyallahü Anhüm*) da bir yere toplanıp Resulullah (*Sallallahü Aleyhi ve Sellem*)in hayatı hakkında bir şeyler okurlar ve anlatırlardı.

Gündüzü oruç tutup ve hayır hasenat yapıp sevabını Resulullah (*Sallallahü Aleyhi ve Sellem*)e göndererek, geceyi Kur'ân-ı Kerim okuyarak ve nafile namaz kılarak en iyi şekilde değerlendirilmelidir.

Yalnız biz Müslümanların bu mübarek gecede yapacağı en mühim vazife, dünyaya şeref veren zatın hürmetine dileklerde ve isteklerde bulunmaktır. Bu geceyi gafletle geçirmemeli; böyle mübarek ve ulvi bir geceyi uykuya değişmeyip ibadet ve taat ile ihya etmelidir. Bilhassa Resulullah (*Sallallahü Aleyhi ve Sellem*)e çok çok Salâvat-ı Şerife getirmelidir.

Bu gecede şu şekilde tefekkür etmelidir: 'Resulullah (*Sallallahü Aleyhi ve Sellem*) ne kıymetli bir Zattır. O'na ümmet olmak ne büyük bir nimettir. O olmasa idi, kâinat yaratılmayacaktı. O'nun hakkında Allahü Teala: "**Sen olmasaydın, felekleri yaratmazdım**" buyurmuştur, yani Resulullah (*Sallallahü Aleyhi ve Sellem*) olmasaydı, Allahü Teala Rabliğini izhar etmeyecekti. Resulullah (*Sallallahü Aleyhi ve Sellem*)in hürmetine ne kapılar açılıyor. O yaratılmasaydı, ne yapardık? Bir düşünelim, bunun için Allahü Teala'ya şükredelim.'

Bu ve diğer mübarek gecelerde kişi kendisinin, ailesinin ve tüm Müslümanların selameti, affı ve mağfireti için dualar etmeli, kaza namazları varsa, onları kılmaya çalışmalıdır. Aslında kaza namazları için sadece mübarek gün ve geceleri beklemek yanlıştır. Onları ilk fırsatta kılmalıdır.

Bu gecenin manevi zenginliğinden istifade etmek için bir tesbih namazı kılmalıdır.

Tesbih namazına: "*Ya Rabbi! Niyet ettim Senin rızan için tesbih namazını kılmaya. Ya Rabbi! Bu gece teşrifleriyle âlemleri nura boğduğun sevgili Habibin, başımızın tacı Resulullah (Sallallahü Aleyhi ve Sellem)in hürmetine ve bu geceki esrarın hürmetine, ben aciz kulunu da af ve mağfiret eyle ya Rabbi!* " şeklinde niyet edilip "Allahü Ekber" deyip namaza başlanır.

Mevlid Gecesinde Yapılacak Örnek Bir Dua:

"Son ilahi rahmeti bize gönderen, yüzümüzü Hazreti Muhammed (*Sallallahü Aleyhi ve Sellem*) ile güldüren yüce Allah! Zât-ı uluhiyyetine hamdü senalar ediyor, Habibine salatü selam gönderiyoruz, Sen kabul eyle ya Rabbi!

Ey Rabbim! Sayısız nimetlerin içinde bulunuyor, gönlümüze koyduğun nurla Seni tanıyoruz, kalbimizi bu nurdan ayırma ya Rabbi!

Doğumu ile cihanı nura boğan, kâinata merhamet elini uzatan, Habibin aşkına, bize merhamet eyle Rabbi!

Doğar doğmaz ümmetim diye ağlayan, şefaatiyle bize cenneti sağlayan, Habibini vesile ediniyor, onun aşkına istiyoruz bizi affeyle ya Rabbi!

Bizi kabrin sıkmasından, Münker ve Nekir meleklerinin sualini cevapsız bırakmaktan koru ya Rabbi!

Ey Rabbim! Bu gece Sana yönelenler yöneldi. Kastedenler Seni aradı. İstekliler Senin lütuf ve iyiliğinin (kendilerine ulaşmasının) beklentisine girdi. Bu gece içinde Senin rahmet esintilerin, hediyelerin, bahşişlerin ve bağışların vardır ki, onları kullarından dilediklerine ihsan edersin. Kendilerine Senden ezelde haklarında iyi karar geçmemiş olan kimselerden de bu lütuflarını engellersin.

İşte ben, Senin lütuf ve iyiliğini bekleyen muhtaç kulunum. Ey benim Mevla'm! Eğer bu gece yaratıklarından birine lütufta bulunacaksan ve tecellinden tekrar tekrar gelen bir ikramla herhangi bir kuluna cömert davranacaksan, Muhammed (*Sallallahü Aleyhi ve Sellem*) ve Ehli Beyt'ine salât eyle, zenginliğin ve ihsanınla, bana cömertçe bağışlar ihsan eyle.

Muhammed (*Sallallahü Aleyhi ve Sellem*) ve Ehli Beyti hürmetine beni her türlü kötülükten muhafaza eyle! Senden gaflet ve dalgınlık halinde beni yakalama, işlerimin sonlarını pişmanlık kılma.

Benden razı ol, çünkü Senin mağfiretin, günah işleyerek kendine zulmedenlerdir. Ben de, o zalimlerdenim.

Allah'ım! Sana zarar vermeyecek şeyleri (günahlarımı) benim için bağışla. Sana fayda vermeyecek sevapları, bana ver. Şüphesiz ki Sen, rahmeti geniş ve hikmetli eşsiz olansın.

Öyleyse bana genişlik, rahatlık, sükûnet, emniyet, sıhhat, şükür, takva, sabır, Sana ve dostlarına karşı samimiyet ihsan eyle!

Bana zorlukla birlikte kolaylık bahşeyle! Bu duayı aileme, çocuklarıma, kardeşlerime ve bütün Müslümanları içine almanı istiyorum, Sen kabul eyle Allah'ım!

Rahmetinle duamı kabul eyle, ey merhamet edenlerin en merhametlisi olan Allah'ım!

(4) Rebî'ul-Âhir Ayı ve Fazileti

Kamerî (Hicrî) senenin dördüncü ayıdır. Rebiu's-Sânî olarak da adlandırılmaktadır.

✦ Bu aya ait özel nafile ibadet anlatılmamaktadır. Ancak her Kamerî ayda olduğu gibi, bu ayın 13. 14. 15. günlerini ve Pazartesi ve Perşembe günlerini oruçlu geçirmenin büyük sevabı vardır.

Hazreti Ali (*Radıyallahü Anh*) Resulullah (*Sallallahü Aleyhi ve Sellem*)den rivayetle buyurdu ki: "***Allahü Teala, Âdem** (Aleyhisselâm)**ı cennetten dünyaya indirdiğinde, bedeni kararınca, Cebrail** (Aleyhisselâm) **O'na gelerek:***

- Ey Âdem! Bedeninin tekrar bembeyaz olmasını istersen, ayın 13, 14 ve 15. günlerini oruçlu geçir" buyurdu.

***Âdem** (Aleyhisselâm), **bu oruçları tutmaya başlayınca, birinci gün bedeninin üçte biri, ikinci gün üçte ikisi, üçüncü gün ise tamamı bembeyaz oldu. İşte bu yüzden bu günlere "Beyaz Günler" ismi verildi.*" [1]

Resulullah (*Sallallahü Aleyhi ve Sellem*) Eyyam-ı Biyz (kameri ayların 13. 14. ve 15. günleri) orucunu seferde de hazarda da terk etmezdi.[2]

✦ Ebu Hüreyre (*Radıyallahü Anh*) anlatıyor: Resulullah (*Sallallahü Aleyhi ve Sellem*) Pazartesi ve Perşembe günleri oruç tutardı. Kendisine:

---

[1] Abdülkadir Geylanî (*Kuddise Sirruh*), Gunye, 2/126–127

[2] Tac, 2/161

- "Ey Allah'ın Resulü! Siz Pazartesi ve Perşembe günleri oruç tutuyorsunuz (bunun hikmeti nedir)?" diye sorulduğunda, şu açıklamada bulundu: "***Allahü Teala, Pazartesi ve Perşembe günleri, birbiriyle küs duran hariç bütün Müslümanları mağfiret buyurur ve*** (amelleri arz eden meleğe): **"Küs olan bu iki kişi, barışıncaya kadar onları bırak!"** ***diye emreder.***"[1]

✦ Hazreti Âişe (*Radıyallahü Anha*)dan rivayet edildiğine göre: "Resulullah (*Sallallahü Aleyhi ve Sellem*) Pazartesi, ve Perşembe orucuna çok önem verir, evinde ve yolculukta hiçbir zaman bu oruçları terk etmezdi."[2]

✦ Kişi, bu ayda normal ibadete devam eder ve nafile ibadetlere ağırlık verir.

1. Öncelikle farzlara daha ciddi eğilmeli, namazları vaktinde -erkekler cemaatle- kılınmalıdır.
2. Kaza namazları olanlar, kaza namazlarını kılmalıdır.
3. Geceleri teheccüt namazı kılınmalıdır.
4. Cuma geceleri tesbih namazı kılmaya önem verilmelidir.

✦ Rivayet edildi ki: "Bu ayda hayırlı ömür, düşmana galebe ve kötü ölümden muhafaza için sabah-akşam üçer defa şu dua okunmalıdır:

سُبْحَانَ اللهِ مِلْأَ الْمِيزَانِ وَمُنْتَهَى

الْعِلْمِ وَمَبْلَغَ الرِّضَا وَزِنَةَ الْعَرْشِ

[*Sübhânellâhi mil'el-mîzâni ve müntehel-ılmi ve meblağar-rıdâ ve zînetel-arş.*]

---

[1] İbni Mace, Oruç: 42, No: 1040, 1/552

[2] Tirmizi, Oruç, 44; No: 745, 3/221

(5) Cemâziye'l-Evvel Ayı ve Fazileti

Kamerî (Hicrî) senenin beşinci ayıdır.

✦ Bu aya özel nafile ibadet anlatılmamaktadır. Ancak her Kamerî ayda olduğu gibi, bu ayın 13. 14. 15. günlerini ve Pazartesi ve Perşembe günlerini oruçlu geçirmenin büyük sevabı vardır.

✦ Hazreti Âişe (*Radıyallahü Anha*)dan rivayet edildiğine göre: "Resulullah (*Sallallahü Aleyhi ve Sellem*) Pazartesi, ve Perşembe orucuna çok önem verir, evinde ve yolculukta hiçbir zaman bu oruçları terk etmezdi."[1]

✦ Kişi, bu ayda normal ibadete devam eder ve nafile ibadetlere ağırlık verir.

1. Öncelikle farzlara daha ciddi eğilmeli, namazları vaktinde -erkekler cemaatle- kılınmalıdır.
2. Kaza namazları olanlar, kaza namazlarını kılmalıdır.
3. Geceleri teheccüt namazı kılınmalıdır.
4. Cuma geceleri tesbih namazı kılmaya önem verilmelidir.

✦ Rivayet edildi ki: "Bu ayda hayırlı ömür, düşmana galebe ve kötü ölümden muhafaza için sabah-akşam üçer defa şu dua okunmalıdır:

سُبْحَانَ اللّٰهِ مِلْأَ الْمِيزَانِ وَمُنْتَهَى

الْعِلْمِ وَمَبْلَغَ الرِّضَا وَزِنَةَ الْعَرْشِ

[*Sübhânellâhi mil'el-mîzâni ve müntehel-ılmi ve meblağar-rıdâ ve zînetel-arş.*]

---

[1] Tirmizi, Oruç, 44; No: 745, 3/221

(6) Cemâziye'l-Âhir Ayı ve Fazileti

Kamerî (Hicrî) senenin altıncı ayıdır.

✦ Bu aya özel nafile ibadet anlatılmamaktadır. Ancak her Kamerî ayda olduğu gibi, bu ayın 13. 14. 15. günlerini ve Pazartesi ve Perşembe günlerini oruçlu geçirmenin büyük sevabı vardır.

✦ Hazreti Âişe (*Radıyallahü Anha*)dan rivayet edildiğine göre: "Resulullah (*Sallallahü Aleyhi ve Sellem*) Pazartesi, ve Perşembe orucuna çok önem verir, evinde ve yolculukta hiçbir zaman bu oruçları terk etmezdi."[1]

✦ Kişi, bu ayda normal ibadete devam eder ve nafile ibadetlere ağırlık verir.

1. Öncelikle farzlara daha ciddi eğilmeli, namazları vaktinde -erkekler cemaatle- kılınmalıdır.
2. Kaza namazları olanlar, kaza namazlarını kılmalıdır.
3. Geceleri teheccüt namazı kılınmalıdır.
4. Cuma geceleri tesbih namazı kılmaya önem verilmelidir.

✦ Rivayet edildi ki: "Bu ayda hayırlı ömür, düşmana galebe ve kötü ölümden muhafaza için sabah-akşam üçer defa şu dua okunmalıdır:

سُبْحَانَ اللهِ مِلْأَ الْمِيزَانِ وَمُنْتَهَى
الْعِلْمِ وَمَبْلَغَ الرِّضَا وَزِنَةَ الْعَرْشِ

[*Sübhânellâhi mil'el-mîzâni ve müntehel-ılmi ve meblağar-rıdâ ve zînetel-arş.*]

---

[1] Tirmizi, Oruç, 44; No: 745, 3/221

بسم الله الرحمن الرحيم

Üç Aylar ve Okunacak Dualar

- Recep Ayının Fazileti ve İhyası
  - Miraç Gecesinin Fazileti ve İhyası
  - Regaip Gecesinin Fazileti ve İhyası
- Şaban Ayı ve Okunacak Dua
  - Beraat Gecesinin Fazileti ve İhyası
- Ramazan Ayı ve Okunacak Dualar
  - Kadir Gecesinin Fazileti ve İhyası

Üç Aylar ve Fazileti

Yaşadığımız hayat çoğu zaman bize dünyaya asıl geliş gayemizi unutturabiliyor. Hâlbuki bizler, bizi asıl gayemizden uzaklaştıracak şeylere karşı sürekli teyakkuz halinde ve gerilim içinde olmalıyız ve bunların yol bulup ruhlarımızı kendi ağlarına almasına fırsat vermemeliyiz.

Allahü Teala, önümüze bugünlerde altın bir fırsat koyuyor; üç aylar!.. Allahü Teala bu aylarda af ve mağfiretini, nimetlerini sağanak sağanak yağdırıyor. Recep, Şaban ve Ramazan aylarının bütün gün ve geceleri sürpriz feyiz ve bereketlerle dopdoludur. Üstelik bu aylar içinde bulunan Regaib, Miraç, Beraat ve Kadir geceleri, hiçbir maddi ve dünyevî ölçüyle değerlendirilemeyecek kadar ilahî ikramlarla donatılmıştır.

İşte bu ölçüde Allahü Teala, sene içinde biz kullarına gönül dünyalarında adeta bir manevi hamle yapmaları adına özel gün ve geceler nasip etmiş. O'na binlerce hamdü sena olsun. Bizim de bu günleri bir fırsat bilerek çok iyi değerlendirmemiz gerekir. Aslında biraz gönül uyanıklığı, dikkat ve samimiyetle bu günlerin ve gecelerin feyzinden yararlanabilirsek, manevi yoldaki pek çok eksiğimizi telafi edebilir ve kâmil insan olma yolunda mesafeler kat edebiliriz.

Üç ayların fazileti hakkında zikredilen hadisi şeriflerden bazıları:

✦ Resulullah (*Sallallahü Aleyhi ve Sellem*) buyurdu ki: "***Recep, Allahü Teala'nın ayıdır. Şaban, Benim ayımdır. Ramazan ise, ümmetimin ayıdır.***"[1]

[1] Suyutî, Câmius-sagîr, 4411; Kenzül-Ummâl, 35164, 12/310

✦ Üç aylara girerken okunacak dua: "Rabbimizin üç ayları hakkımızda hayırlı kılması, Ümmeti Muhammed'in sıkıntı ve ıstıraplardan kurtulması, bu mübarek gün ve geceleri nasıl değerlendirilmesi gerekiyorsa, o ölçüde ihya eden; onlardan azami istifade eden ve her gecesine Kadir gecesi kıymetinde sevabın verildiği kullarından eylemesi niyazıyla:

اَللّٰهُمَّ بَارِكْ لَنَا فِى رَجَبَ وَشَعْبَانَ وَبَلِّغْنَا رَمَضَانَ

[*Allahümme bârik lenâ fî recebe ve şa'bâne ve belliğnâ ramazân*]

"Allah'ım! Recep ve Şaban aylarını bizim için mübarek kıl ve bizi Ramazan ayına ulaştır."[1]

✦ Üç ayların tamamını oruçlu geçirmek, Resulullah (*Sallallahü Aleyhi ve Sellem*)in uygulamaları arasında sayılmamıştır. Fakat kaza veya kefaret orucu bulunanlar bu aylarda tutabilirler. Üç ayların Ramazan'dan önceki iki ayında tutulan oruçların bir amacı da Ramazan'a hazırlamaktır.

Üç ayların fazileti hakkında salihler şöyle buyurmuştur:

✦ Recep, tövbe ayıdır. Şaban, muhabbet ayıdır. Ramazan ise, manevi yakınlık ayıdır.

✦ 'Sene bir ağaç gibi kabul edilirse, Receb o ağacın yaprak açma dönemi, Şaban ayı meyve verme mevsimi, Ramazan ise o ürünlerin toplanma zamanıdır. O mahsulleri devşirenler ise, müminlerindir. İbadet tohumunu Recep'de ekmeyen, Şaban ayında da o tohumu gözyaşıyla sulamayan kişi, Ramazan'daki rahmet hasadına nasıl ulaşabilir.

✦ Receb, günahlardan istiğfar içindir. Şaban, kalpleri ayıplardan ıslah içindir. Ramazan ise, kalpleri nurlandırmak içindir.

---

[1] Ahmed bin Hanbel, Müsned, 1/259

✦ Receb Allahü Teala'nın mağfiretine, Şaban ayı Resulullah (*Sallallahü Aleyhi ve Sellem*)in şefaatine, Ramazan ise sevapların kat kat edilmesine tahsis edilmiştir.

Diğer aylarda yapılan bir hasene, Receb'de 70 katı, Şaban'da 700 misli, Ramazan'da ise 1.000 katıdır.

✦ "Receb günahları bırakmak, Şaban ibadetlere yönelmek, Ramazan ise dereceler beklentisine girmek içindir. Günahları bırakmayan, ibadetlere yönelmeyen ve mertebelere heveslenmeyen kimse, boş işlerle uğraşanlardandır."

✦ 'Receb, abdest gibi, Şaban elbise giymek gibi, Ramazan ise meyveler gibidir. Çiçeği olmayan ağacın meyvesi olmayacağı gibi, Recebe hürmeti olmayanın, Şaban'a tazim etmeyenin ise, Ramazan'a saygısı hiç olmaz.'

✦ "Receb, günahlardan istiğfar içindir. Şaban, kalpleri ayıplardan ıslah içindir. Ramazan ise, kalpleri nurlandırmak içindir."

✦ Ömer bin Abdilaziz (*Radıyallahü Anh*) şöyle buyurdu: "Sene içinde dört geceye dikkat edeceksin. Allahü Teala, o gecelerde bol bol rahmet indirir. O geceler şunlardır:

1. Receb ayının ilk gecesi.
2. Şaban ayının orta gecesi (15. gecesi olan Beraat gecesi).
3. Ramazan ayının 27. gecesi (olan Kadir gecesi).
4. Ramazan bayramı gecesi."

✦ Halid bin Ma'dan (*Rahimehullah*) şöyle buyurdu: "Sene içinde beş gece vardır. Bir kimse, sevabını Allah'tan umarak, bunlar için Allah'ın vaadini tasdik ederek o geceleri ibadetle geçirmeye devam ederse, Allahü Teala, onu cennetine koyar. O beş gece şunlardır:

1. Receb ayının ilk gecesi. O gecede namaz kılmalı, o günü oruç tutmalıdır.

2. Şaban ayının ortası (yani, 15. gecesi olan Beraat gecesi olup, namaz kılarak geçirmeli, gündüzünde de oruç tutmalıdır).

3–4. İki bayram gecesi. O gecelerde namaz kılmalı, gündüzleri bayram olduğundan oruçsuz geçirmelidir.

5. Aşure (Muharrem ayının 10.) gecesi. Bu gece namaz kılmalı, gündüzünde de oruç tutmalıdır."

✦ *Bu aylarda Resulullah (Sallallahü Aleyhi ve Sellem)in ve Ashabı Kiram'ın Dikkat Ettiği Hususlar:*

Hadisi şeriflerden anlaşılıyor ki, Resulullah (*Sallallahü Aleyhi ve Sellem*), Recep ve Şaban aylarında daha çok oruç tutar, farz namazlardan başka nafile kılar; zikir ve tesbihini, hamdini ve şükrünü daha da arttırır, yoksullara daha çok sadaka verirdi.

Ashabı kiram da bu ayların faziletine erişmek için var güçleriyle çalışırlardı. Farza ilaveten nafile ibadetlerini artırırlar, çok tövbe ve istiğfar ederler, yoksullara yardım ederler; yetimleri, kimsesizleri, düşkünleri, ilgiye muhtaç yaşlıları sevindirirlerdi. Bilhassa Şaban'dan sonra Ramazan geleceği için bu huzur ve sevinç ayına yoksulların da hazırlıklı girmeleri için ellerinden gelen her yardımı yaparlardı.

Görüldüğü gibi üç aylarda ibadet, yoğun bir hayat yaşamısının -yani ibadetler konusunda daha duyarlı davranmanın sonuçları insan kişiliğinin- olumsuzluklara kaymasının önüne geçilmesi, kişilerin iyilik duygularının gelişmesi, ilgiye, desteğe, yardıma muhtaç toplum kesimlerine de gereken ilginin artması tarzında yansımaktadır. Dolayısıyla bu aylarda kişileri kullukta daha duyarlı davranma ihtiyacını hissetmeleri, o kişilerin her konuda olumlu davranışlarını daha da artırma çabasına girmeleri, hayır-hasenat tarzındaki hizmetlerine de önem vermeleri anlamına gelmektedir. Bundan da hem birey hem de toplum fayda görmektedir.

(7) Receb Ayı ve Fazileti

Hicrî ayların yedincisi ve mübarek üç ayların birincisidir. Ramazan-ı Şerifin müjdeleyicisidir. Kur'ân-ı Kerim'de "Haram Aylar" olarak isimlendirilen aylardandır.

Rivayet edildiğine göre; Allahü Teala yılın aylarını dört ay ile süslemiştir; Zilkade, Zilhicce, Muharrem ve Receb.

Tevbe Suresinin 36. âyeti bu hususa işaret eder:

"**Gökleri ve yeri yarattığı günde Allah'ın yazısına göre Allah katında ayların sayısı oniki olup, bunlardan dördü haram aylardır. İşte bu doğru hesaptır. O** (Zilkade, Zilhicce, Muharrem, Receb) **aylar içinde** (Allah'ın koyduğu yasağı çiğneyerek) **kendinize zulmetmeyin**."

Bu haram ayların üçü peşpeşe ve biri tek başına olup, Receb ayıdır.

Bu aylara haram denmesinin sebebi, kendilerinde savaş yasaklandığı içindir. İslam'ın başlangıcında müşriklerin savaş başlatması hali hariç bu haramlılık devam etmekteyken daha sonra neshedildi (hükmü kaldırıldı). Nitekim Resulullah (*Sallallahü Aleyhi ve Sellem*)in hicretin sekizinci senesinin Şevval ve Zilkade aylarında Taif'i kuşatması ve Huneyn denilen yerde Hevazin kabilesiyle savaşması, bu görüşü takviye etmektedir. Dolayısıyla haram aylarda savaşın yasaklılığı kalkmıştır, ancak günah ve sevaplara verilen karşılıkların katlanması hususunda bu haramlılık geçerliliğini sürdürmektedir. Çünkü diğer aylarda yapılan bir tek iyilik on misli ecirle mükâfatlandırılırken, Receb ayında yetmiş, Şaban ayında yediyüz ve Ramazan ayında bin misli sevapla mükâfatlandırılır.

İyiliklerin kat kat sevapla karşılık bulması sadece Resulullah (*Sallallahü Aleyhi ve Sellem*)in ümmetine verilmiş bir özelliktir.

✦ Receb, Allahü Teala'nın ayıdır. Receb ayına ikram edene, saygı gösterene, Allahü Teala dünyada ve âhirette ikram eder. Receb ayının her gecesi kıymetlidir. Receb ayı Âdem (*Aleyhisselam*)dan beri kıymetli idi. Her ümmet, bu aya saygı gösterirdi.

Receb ayının içinde iki mübarek gece bulunmaktadır. Birisi "Regaib", diğeri "Miraç" gecesidir.

✦ "**Receb**" kelimesi, üç harfli olup,

1. "**Re**" harfi, Allahü Teala'nın **R**ahmetine,
2. "**Ce**" harfi, Allahü Teala'nın **C**ömertliğine,
3. "**Be**" harfi, Allahü Teala'nın **B**irrine yani, ihsanına ve iyiliğine işaret etmektedir.

Bu ayın başından sonuna kadar tümünde Allahü Teala'nın kullarına üç hediyesi vardır. Şöyle ki:

a. Azap olmadan bol rahmet.
b. Cimrilik olmadan bol bol cömertçe vermek.
c. Cefasız, safalı ihsan.

✦ Rabbimizin istediğini yapmağa, dolayısıyla dilediği şeylere, başkalarına vermediği bazı özellikler vermeğe hakkı vardır ki, kimsenin de buna itiraz hakkı olamaz.

Allahü Teala, yaptıklarını illet ve sebeplere dayalı olarak yapmaz. Bilakis O, dilediğini hikmetiyle yapar, ancak bu hikmet bazen belirgin olur, bazen de gizli kalır.

Nitekim aylar içersinden Zilkade, Zilhicce, Muharrem, Recep, Şaban ve Ramazan'a verdiği değer, günler arasından Cuma ve Arife günlerine lütfettiği meziyet, saatlerden farz namaz vakitlerinde bahşettiği fazilet ve hikmetler bizce bilinmese de, bazı hikmetler ortadadır. Yine Resullerin ve ümmetlerin, kimini kiminden üstün kıldığı gibi, Mekke-i Mükerreme, Medine-i Münevvere, Kudüs gibi mekânlara tahsis ettiği hürmet ve kıymet açık delillerle sabittir.

Bu mübarek zaman ve mekânlarda günah işlemek, diğer zaman ve mekânlarda işlenenlerden daha ağır cezaları gerektirdiği gibi, o zaman ve mekânlarda yapılan sevaplar da, kat kat fazladır.

✦ Allahü Teala, Kur'ân-ı Kerim'de Tevbe suresinin 36. ayetinde şöyle buyurmaktadır: "**Gökleri ve yeri yarattığı günde Allah'ın yazısına göre Allah katında ayların sayısı oniki olup, bunlardan dördü haram aylardır.**"

Ayet-i kerime'de zikredilen haram aylardan maksat; Zilkade, Zilhicce, Muharrem ve Recep ayıdır.

Bu aylarda günah ve sevaplar katlanır. Günah işlemek, her zaman yasaksa da, özellikle hürmetli ve yasaklı olan bu aylarda işlenen günah, aynen ihramlı iken ve Kâbe'de işlenmiş gibi katlanır.

✦ Haram aylar dörttür; meleklerin büyükleri de dörttür, gökten indirilen kitaplar da dörttür, abdest âzaları da dörttür, tesbihlerin en faziletlileri de dörttür: Sübhanallah, el-Hamdü lillah, Lâ ilâhe illallah, Allahü Ekber.

Mevsimler dörttür: İlkbahar, yaz, sonbahar, kış.

Raşid halifeler de dörttür: Hazreti Ebubekir, Hazreti Ömer, Hazreti Osman, Hazreti Ali.

Resulullah (*Sallallahü Aleyhi ve Sellem*) buyurdu ki: "Allah dört gecede hayrı yağmur gibi döker: Kurban bayramı gecesi, Ramazan bayramı gecesi, Şaban ayının onbeşinci (Berat) gecesi ve Receb'in ilk Cuma gecesi (Regaib)."

Receb Ayının Fazileti:

✦ Resulullah (*Sallallahü Aleyhi ve Sellem*) buyurdu ki: "***Receb ayı, Allahü Teala'nın seçtiği aylardandır. O, Allahü Teala'nın ayıdır. Receb ayına tazim eden kişi, gerçekten Allahü Teala'nın emrini büyük tutmuş olur. Allahü Teala'nın emrine değer vereni de, O, naîm cennetlerine girdirir ve kendisi hakkında en büyük rızasını kesinleştirir.***" [1]

✦ Resulullah (*Sallallahü Aleyhi ve Sellem*) buyurdu ki: "***Şüphesiz Recep, Allahü Teala'nın kendisinde sevapları katladığı, tövbe edenlerden günahların silindiği,***[2] ***duaların kendisinde kabul edildiği ve sıkıntıların kendisinde açıldığı büyük bir aydır.***" [3]

✦ Resulullah (*Sallallahü Aleyhi ve Sellem*) buyurdu ki: "***Recep, Allahü Teala'nın ayıdır. Şaban, Benim ayımdır. Ramazan ise, ümmetimin ayıdır.***"[4]

Resulullah (*Sallallahü Aleyhi ve Sellem*)e Receb'in Allahü Teala'nın ayı olmasının sebebi sorulunca, O şöyle cevap verdi: "***Çünkü o ay, özellikle Allahü Teala'nın mağfiretinin tecellisine mahsustur. Kendisinde kanlar korunur.***

---

[1] Şuabül-İman, 5/346–347, no. 3532

[2] Günahları silmek iki şekilde meydana gelir: Ya meleklerin sayfalarından silinerek veya sahibini cezalandırmayıp o hususta sorgu suale tâbi tutmayarak.

[3] Kenzül-Ummâl, 35166, 12/311; Mecmeuzzevâid, 3/191

[4] Âlimler, "Receb'in Allah'ın ayı" olduğunu şöyle açıklamışlardır: "Sanki Allahü Teala şöyle buyurmak istemiştir: "Benim kapıma Receb'de başvurursan, seni hiç şefaatsiz bağışlarım. Şaban'da Bana dönersen, Habibimin şefaatine muhtaç olursun. Ramazan'da dönersen, müminlerin şefaati de gerekir." [Gunye, 1/326]

Allahü Teala, Peygamberlerinin tövbesini o ayda kabul buyurmuştur. Yine o ayda, dostlarını düşmanlarından kurtarmıştır. O ayı oruçlu geçiren, Allahü Teala'dan üç şeyi hak eder. Bunlar da:

1. Geçmiş bütün günahlarının bağışlanması,

2. Kalan ömründe günahlardan korunması,

3. Allahü Teala'nın huzuruna çıkılacak en büyük arz gününde, susuz kalmaktan emin olmasıdır. "[1]

✦ Resulullah (*Sallallahü Aleyhi ve Sellem*) buyurdu ki: "***Allahü Teala Receb'in her gecesinde:***

- **"Receb Benim ayımdır, kul Benim kulumdur, rahmet de Benim rahmetimdir, fazl**(-ı kerem) **Benim** (kudret) **elimdedir. Bu ayda Benden af isteyeni mağfiret ederim, bunda Benden bir şey isteyene de veririm"** ***buyurur.***[2]

Recebin İlk Gecesi ve Gününün Fazileti:

✦ Resulullah (*Sallallahü Aleyhi ve Sellem*) buyurdu ki: "***Receb'in ilk gecesi olduğunda Allahü Teala bir meleğe:*** **"Dikkat edin! Gerçekten tövbe ayı başlamıştır. Bu ayda Allahü Teala'dan af isteyenlere müjdeler olsun!"** ***diye, seslenmesini emreder.***"[3]

Bir rivayette ise şöyledir: "***Recebin ilk gecesi olunca, Allahü Teala Azze ve Celle ümmetime tecelli buyurarak, günahkârları bağışlar, tövbe edenlere ikram eder, zikredenleri*** (kendisine manen) ***yaklaştırır, ibadette gayret gösterenleri sürekli kendisine vasıl kılar. O geceyi ibadetle geçiren, sabaha bağışlanmış olarak çıkar.*** "[4]

---

[1] Suyûtî, Câmiussağîr, 4411; Kenzül Ummâl, 35164, 12/310

[2] Nüzhetül Mecalis, 1/141

[3] Nüzhetül Mecalis, 1/140

[4] Nüzhetül Mecalis, 1/139

Diğer bir rivayette ise şöyledir: " ***Kalplerin öldüğü günde, Receb'in ilk gecesinde ihya edenin kalbi ölmez. Allahü Teala, onun üzerine başının üzerinden hayırları yağdırır, anasının kendisini doğurduğu gün gibi, günahlarından çıkar ve günahkârlardan cehennemi hak etmiş 70.000 kişiye şefaatçi kılınır.*** "[1]

✦ Resulullah (*Sallallahü Aleyhi ve Sellem*) buyurdu ki: "***Cenabı Hak şu dört gecede hayırları yağmur gibi yağdırır:***

(1) ***Receb ayının ilk gecesi.***

(2) ***Şaban ayının onbeşinci gecesi*** (olan Beraat gecesi).

(3) ***Kurban bayramı gecesi.***

(4) ***Ramazan bayramı gecesi.***"[2]

✦ Resulullah (*Sallallahü Aleyhi ve Sellem*) buyurdu ki: "***Şu dört gecede dualar reddedilmez***:

(1) ***Receb ayının ilk gecesi.***

(2) ***Şaban ayının onbeşinci gecesi olan Beraat gecesi.***

(3) ***Cuma gecesi.***

(4) ***İki bayram*** (Ramazan ve Kurban bayramları) ***gecesi***."[3]

✦ Rivayet edildiğine göre; senede bir takım geceler vardır, sevaplarını umarak ve müjdelerine inanarak o gecelerde ibadet ve taata devam eden kişiye, Allahü Teala hayırları yağmur gibi yağdırır, cennete girdirir ve bunlarda rahmetini tam manasıyla boşaltır. Bunlar:

(1) Receb'in ilk, onbeşinci ve yirmi yedinci gecesi.

(2) Şaban'ın ilk ve onbeşinci gecesi.

---

[1] Dürretül-Vâizin, s. 45

[2] Deylemî, Müsnedül-Firdevs, 2/196

[3] Beyhakî, Şu'abül-İman, 3711

(3) Arife geceleri
(4) Ramazan bayramı gecesi ve gündüzü.
(5) Kurban bayramı gecesi ve gündüzü.
(6) Aşura gecesi ve gündüzü.
(7) Cuma gecesi ve gündüzü.
(8) Muharrem'in ilk ve onuncu gecesi.
(9) Ramazan'ın 21, 23, 25 ve 27. geceleri
(10) Zilhicce'den 7. 8. 9. 10. 11. 12. 13. 14. 15. 16. 17. günleri.

Bu gece ve gündüzleri ibadetle geçirmek, kendilerinde dua ve yalvarışı çok yapmak, sünnettir. Geçmiş büyükler, kesinlikle bu gece ve günlerlerde ibadete devam etmişlerdir.

✦ Ali bin Ebi Talib (*Radıyallahü Anh*) senede dört gece, nefsini ibadete hazır ederdi. O dört gece de;
(1) Recebin ilk gecesi,
(2) Ramazan bayramı gecesi,
(3) Kurban bayramı gecesi,
(4) Şaban'ın onbeşinci gecesidir.

O gecelerde onun duası şöyle idi:

"Allah'ım! Muhammed (*Sallallahü Aleyhi ve Sellem*)e Ailesine salât eyle. Onlar hikmet kandilleri, nimet sahipleri, temizlik kaynaklarıdır. Onların hürmetine, her kötülükten beni de temizle. Aldanmış bir halde, gaflet içinde beni yakalama. İşimin sonunu hasret ve pişmanlık eyleme. Benden razı ol. Senin mağfiretin zalimler içindir; ben de zalimlerdenim. Allah'ım! Beni bağışla. Kulluğa yakışan şeyleri bana ihsan eyle. Sen rahmeti bol olansın. Hikmetine erişilemeyensin. Bana bolluk, rahat, güven, sağlık, şükür, afiyet, korunma ver.

Bana ve sevdiğin kullara sabır ve doğruluk ver. Bana kolaylık ver, ama onunla bir zorluk olmasın. Yaptığım bu dileğime, ailemi, çocuklarımı, senin için sevdiğim kardeşlerimi de katarım, onlara aynı şeyleri Senden dilerim. Keza beni doğuranı da.. Bütün Müslüman erkekleri ve Müslüman kadınları, mümin erkekleri ve mümin kadınları da bu duama dâhil eylerim" diyerek Allahü Teala'dan niyaz ve tazarru ederdi.

Receb'in 15. Gecesi ve Gününün Fazileti:

✦ Rivayete göre; Âdem (*Aleyhisselâm*): "Ya Rabbi! Vakitlerin ve günlerin Sana en sevgilisini bana bildirir misin?" diye yalvardığında, Allahü Teala ona şöyle buyurdu:
"Günlerin Bana en sevgilisi, Receb'in 15. günüdür. Her kim Receb'in 15. gününde oruç, namaz ve sadakayla Bana (manen) **yaklaşmak isterse ve ibadette bulunursa; Benden ne isterse, mutlaka ona veririm. Benden af isterse, mutlaka onu bağışlarım.**
Ey Âdem! Receb'in 15. günü her kim, namusunu koruyarak, malından sadaka vererek, oruçlu ve zikir üzere bulunursa, onun için cennetten başka bir karşılık yoktur."[1]

✦ Recebin 15. gecesini ihya etmek etmek hakkında rivayet edildi ki: "Receb'in 15. gecesi, Allahü Teala'nın Musa (*Aleyhisselâm*) ile konuştuğu ve İdris (*Aleyhisselâm*)ı semaya yükselttiği bir gecedir. Allahü Teala o gece, kulların amel defterleriyle görevli meleklere:
- "**Onların divanlarına bir bakın ve ne kadar günah varsa silip, onun yerine sevap yapın**"[2]

---

[1] Nüzhetül-Mecâlis, 1/140
[2] Nüzhetül-Mecâlis, 1/140

Receb-i Şerif'te Oruç

Birinci Gününde Oruç:

✦ Resulullah (*Sallallahü Aleyhi ve Sellem*) buyurdu ki: "***Receb'in ilk günü oruç tutan kimseden, günahları*** –bir rivayette ***cehennem- yerle gök yer arası kadar uzaklaşır.***"[1]

✦ Resulullah (*Sallallahü Aleyhi ve Sellem*)in Recebin faziletlerine dair teşviklerini duyan yaşlı bir zatın:

- "Ey Allah'ın Resulü! Ben onun tamamını tutmaktan acizim" şeklindeki beyanına karşılık, Resulullah (*Sallallahü Aleyhi ve Sellem*) şöyle buyurmuştur:

- "***Receb'in ilk günü, ortasındaki günü ve son günü tut ki, o zaman muhakkak sana tamamını tutanın sevabı verilecektir.***"[2]

✦ Resulullah (*Sallallahü Aleyhi ve Sellem*) buyurdu ki: "***Bir kimse Receb'in birinci gününü oruçlu geçirirse, bir aylık oruç tutmuş gibi sevap verilir.***"[3]

✦ Resulullah (*Sallallahü Aleyhi ve Sellem*) buyurdu ki: "***Bir kimse, Receb'in ilk günü oruç tutsa, Allahü Teala, onun iki yıllık günahlarına keffaret olur.***"[4]

Belirsiz Günlerindeki Oruç:

Abdullah ibni Abbas (*Radıyallahü Anhüma*) şöyle demiştir: "Resulullah (*Sallallahü Aleyhi ve Sellem*) bazı yıllar Receb ayında öyle oruç tutardı ki biz: 'Galiba hiç yemeyecek (ayın neredeyse her günü tutacak)' derdik. (Bazı yıllarda da öyle) yerdi ki biz: '(Galiba) bu ayda hiç oruç tutmayacak' derdik."

---

[1] Gunye, 1/327; Nüzhetül Mecalis, 1/140
[2] Gunye, 1/331; Nüzhetül-Mecalis, 1/141
[3] Gunye, 1/327; Kenzül-Ummâl, 24262
[4] Gunye, 1/327

✦ Resulullah (*Sallallahü Aleyhi ve Sellem*) buyurdu ki: "***Her kim, Receb'den bir geceyi ihya eder, gününü de oruçlu geçirirse, Allahü Teala ona cennet meyvelerinden yedirir, cennetin yeşil ipeklerinden giydirir ve cennetin halis olan içeceğinden içirir. Ancak üç şey yapan müstesna:***

(1) ***Bir şahsı öldüren,***

(2) ***'Allah aşkına yardım edin' diye gece veya gündüzleyin Allahü Teala adıyla yardım isteyeni işitip de ona yardım etmeyen.***

(3) (Müslüman) ***kardeşi kendisine bir sıkıntısını şikâyet ettiği halde*** (maddi gücü varken) ***ondan*** (sıkıntıyı) ***gidermeyen.***"[1]

✦ Resulullah (*Sallallahü Aleyhi ve Sellem*) buyurdu ki: "***Her kim Receb'den bir gün oruç tutar ve gecelerinden bir geceyi ibadetle geçirirse, Allahü Teala onu kıyamet günü azaptan emin olarak diriltir ve sırat köprüsünü Kelime-i Tevhid ve tekbirlerle geçer.***"[2]

✦ Resulullah (*Sallallahü Aleyhi ve Sellem*) buyurdu ki: "***Her kim Receb'den bir gün oruç tutarsa, bir sene oruç tutmuş gibidir.***"[3]

✦ Resulullah (*Sallallahü Aleyhi ve Sellem*) buyurdu ki: "***İnanarak ve sevabını Allahü Teala'dan bekleyerek, Receb'den bir gün oruç tutan, Allahü Teala'nın en büyük rızasını kazanır ve Firdevs-i A'la cennetine yerleştirilir.***"[4]

✦ Resulullah (*Sallallahü Aleyhi ve Sellem*) buyurdu ki: "***Receb'den bir gün oruç tutan kimse, 40 sene oruç tutmuş gibi sevaba ulaşır.***"[5]

---

[1] Deylemî, 5938
[2] Deylemî, 5690
[3] Taberânî, Kebîr, 6/69, 5558; Heysemî, Mecmeuzzevâid, 194, 3/191
[4] Nüzhetül-Mecâlis, 1/138
[5] Nüzhetül Mecalis, 1/139

✦ Resulullah (*Sallallahü Aleyhi ve Sellem*) buyurdu ki: "***Beni iyi dinleyin; Receb ayı, savaş hislerinin duyulmadığı Allah'ın*** (haram) ***ayıdır. Kim inanarak ve sevabını sadece Allah'tan bekleyerek Receb ayında bir gün oruç tutarsa, Allahü Teala'nın en büyük hoşnutluğunu kazanmış olur.***"[1]

✦ Resulullah (*Sallallahü Aleyhi ve Sellem*) buyurdu ki: "***Receb, haram aylardandır. Onun günleri, altıncı kat semanın kapıları üzerinde yazılıdır. Bir kişi ondan bir gün oruç tutsa ve orucunu, Allahü Teala'nın takvasına tamamen ayır***(arak günahsız tamamla)***sa,*** (gökte bulunan) ***o kapı ve o gün dile gelerek:***

- Ya Rabbi! Onu bağışla.

Eğer orucunu Allahü Teala'nın takvasıyla tamamlamazsa, onun için istiğfarda bulunmazlar ve o kişiye:

- Nefsin seni aldatmış, denilir."[2]

✦ Sevban (*Radıyallahü Anh*)dan rivayet edildiğine göre; bir kere Resulullah (*Sallallahü Aleyhi ve Sellem*) bir takım kabirlerin yanından geçerken ağlamağa başlayıp:

- "***Ey Sevban! Bu kabirlerde yatanlar! Şüphesiz azap çekiyorlar. Onlardan azabı dindirmesi için Allahü Teala'ya yalvardım. Ey Sevban! Eğer bu kişiler, Receb ayından bir gün oruç tutsaydılar ve bir gece olsun ibadette bulunsaydılar, bu azaba düşmezlerdi*** " buyurunca, ben:

- 'Ey Allah'ın Resulü! Bir günün orucu ve gecenin ibadeti bile kabir azabını engeller mi?' diye sordum. Bunun üzerine buyurdular ki:

---

[1] el-Fettenî, et-Tezkire, s. 116

[2] Nüzhetül Mecalis, 1/140; Gunye, 1/333

- *"Evet! Canım kudret elinde olan Zat'a yemin ederim ki, Receb'den bir gün oruç tutup bir gece dahi ibadette bulunan herhangi bir Müslüman kadın ve erkeğe mutlaka Allahü Teala, bir senenin tüm günlerini oruç, tüm gecelerini ihya sevabı yazar."*[1]

✦ Rivayet edildiğine göre; bir kere İsa (*Aleyhisselâm*) nur gibi parlayan bir dağın yanından geçerken:

- "Ey Rabbim! Bu dağı benim için dile getir" der demez, o dağ:

- 'Ey Allah'ın Ruhu! Ne istiyorsun?' deyiverir. O, nur gibi yanmasının sırrını sorunca, o dağ, içersindeki mübarek bir zatın saklı olduğunu söyler. Bunun üzerine İsa (*Aleyhisselam*), Allahü Teala'dan o zatı ziyaret talep edince, önüne çıkan bir mağarada nur yüzlü bir pir-i fâni belirerek, kendisine:

- 'Ey İsa! Ben Musa'nın kavmindenim. Allahü Teala'dan Muhammed (*Sallallahü Aleyhi ve Sellem*)in zamanına kadar yaşayıp O'nun ümmetinden olmayı diledim. 600 senedir bu dağda ibadet etmekteyim' der.

O zaman İsa (*Aleyhisselâm*):

- "Ya Rabbi! Yeryüzünde bu kulundan daha kıymetlisi var mıdır?" diye sorunca, Allahü Teala:

- "Ey İsa! Muhammed (*Sallallahü Aleyhi ve Sellem*) ümmetinden her kim, Receb'den bir gün oruç tutarsa, o Bana bu kulumdan daha kıymetlidir" buyurur.

✦ Rivayet edildi ki: Receb, cennette bir nehirdir. Bu nehrin suyu sütten daha beyaz, baldan daha tatlı, buzdan daha soğuktur. Bu nehirden sadece Receb ayında oruç tutanlar içebilir.[2]

---

[1] Nüzhetül Mecalis, 1/139

[2] İbni Hibbân, 2/238; Gunye, 1/325; Kenzü'l-Ummâl, 24260;

Perşembe, Cuma, Cumartesi Günlerinde Tutulan Oruç:

✦ Enes (*Radıyallahü Anh*)den rivayet edildiğine göre Resulullah (*Sallallahü Aleyhi ve Sellem*) buyurdu ki: "***Kim haram aylarda***(n olan Zilkâde, Zilhicce, Muharrem ve Receb de) ***üç gün oruç tutarsa, o kişi için 900 yıllık ibadet sevabı verilir.***" Bu hadisi şerifi rivayet ettikten sonra Hazreti Enes şöyle der: "Bu hadisi şerifi Resulullah (*Sallallahü Aleyhi ve Sellem*)den işitmediysem şu iki kulağım sağır olsun." Resulullah (*Sallallahü Aleyhi ve Sellem*) buyurdu ki: "***Her kim, herhangi bir haram aydan Perşembe, Cuma ve Cumartesi olmak üzere, üç günü oruçlu geçirirse, kendisine*** (her güne karşılık) ***900 sene ibadet*** (sevabı) ***yazılır.***"[1]

13. 14. 15. Günlerinde Tutulan Oruç:

✦ Resulullah (*Sallallahü Aleyhi ve Sellem*) buyurdu ki: "***Recebin 13. günün orucu 3.000 sene oruç gibidir.***
Recebin 14. günün orucu 10.000 sene oruç gibidir.
Recebin 15. günün orucu 13.000 sene oruç gibidir."[2]

✦ Resulullah (*Sallallahü Aleyhi ve Sellem*) buyurdu ki: "***Recebin yarısının orucu, 30 senelik oruca denktir.***"[3]

✦ Rivayet edildiğine göre: "Dört şey kabir azabını hafifletir. Bunlar da:

a. Her an ve her zaman Kur'ân okumak.
b. Her mekânda yetime ikram etmek.
c. Receb ve Şaban'ın 13. 14. 15. günlerinde oruç tutmak.

---

[1] Taberânî, Evsât, 1810, 2/468; Gunye, 1/325; Kenzü'l-Ummâl, 24173, 8 / 561
[2] Suyûtî, el-Le'âlî, 2/106
[3] Nüzhetül-Mecâlis, 1/140

d. Gece yarısı namaz kılmak ki, o, kalbi nurlandırır ve Rahman Teala'nın rızasını celbeder."

✦ Diğer aylarda tutulması tavsiye edilen Pazartesi, Perşembe ve Eyyam-ı Biyd (kamerî ayların 13. 14. 15.) günlerinde tutulan oruç, Receb ayında daha büyük ecir vardır.

Ayın Tamamında Tutulan Oruç:

✦ Resulullah (*Sallallahü Aleyhi ve Sellem*) buyurdu ki: "***Receb ayı, büyük bir aydır. Receb ayında bir gün oruç tutana, Allahü Teala bir senelik oruç sevabı yazar. Receb ayında iki gün oruç tutana, Allahü Teala iki senelik oruç sevabı yazar. Receb ayında üç gün oruç tutana, Allahü Teala üç senelik oruç sevabı yazar. Receb ayında yedi gün oruç tutana, Allahü Teala cehennem kapılarını kapatır. Receb ayında sekiz gün oruç tutana, cennetin sekiz kapısı açılır. Hangisinden isterse, girer. Receb ayında onbeş gün oruç tutan kimsenin kötülükleri iyiliğe çevrilir. Semadan bir nidacı şöyle seslenir: "Sen bağışlandın. Yeni ameller işlemeye bak." Her kim Receb ayında oruç tutmayı artırırsa, Allahü Teala ona ihsanını artırır.***"

✦ Resulullah (*Sallallahü Aleyhi ve Sellem*) buyurdu ki: "***Bir kimse, Receb ayı içinde imanla ve sevabını Allah'tan bekleyerek 1 gün oruç tutarsa, Allah'ın en büyük rızasına hak kazanır. Firdevs cennetinin en üst katına yerleşir.***

Recep ayında 2 gün oruç tutana, iki kat ecir verilir. Her katın ağırlığı dünya dağlarına benzer.

Bir kimse Receb ayında 3 gün oruç tutarsa, Allahü Teala cehennemle onun arasına bir hendek açar. Bu hendeğin uzunluğu bir senelik yoldur.

Bir kimse Receb ayında 4 gün oruç tutarsa, delirmek, cüzzam, abraş hastalıklardan afiyet bulur. Mesih deccalin fitnesinden dahi kurtulur.

Bir kimse, Receb ayında 6 gün oruç tutarsa, kabir azabından kurtulur.

Bir kimse Recep'ten 7 gün oruçlu olursa, cehennemin yedi kapısı ona kapanır.

Bir kimse Recep'ten 8 gün oruçlu olursa, cennetin sekiz kapısı onun için açılır.

Bir kimse Recep'ten 9 gün oruçlu olursa, Cenabı Hak onun günahlarını sevaba çevirir.

Bir kimse 10 gün oruçlu olursa, semadan bir münadi şöyle çağırır: "Senin geçmiş günahların mağfiret olundu, amelini yenile" der.

Bir kimse Receb ayında 11 gün oruç tutarsa, kıyamet günü ondan daha faziletli biri görülmez. Meğerki onun kadar oruç tutmuş ola.

Bir kimse Receb ayında 12 gün oruç tutarsa, Allahü Teala kıyamet günü, kendisine iki hulle giydirir. O hallerde biri, dünya ve içindekilerden hayırlıdır.

Bir kimse 13 gün oruç tutarsa, Allahü Teala kıyamet günü onun için Arş'ın altında bir sofra kurar, o sofradan yer. Hâlbuki insanlar, çok büyük darlık içindeyken o, ondan yer.

Bir kimse Receb ayında 14 gün oruç tutarsa, Allahü Teala ona hiçbir gözün görmediği, kulakların duymadığı, bir insanın dahi kalbine gelmeyen ihsanlar yapar.

Bir kimse Receb'den 15 gün oruçlu olursa, Cenabı Hak o kimsenin kıyamette hesabını kolaylaştırır.

Bir kimse Receb ayında 16 gün oruç tutarsa, Rahman Allah'ı ilk ziyarţt eden, O'nu ilk gören ve kelamını ilk duyanlar arasın yer alır.

Bir kimse Receb ayında 17 gün oruç tutarsa, Allahü Teala her bir durağında, üzerinde istirahat edeceği bir istirahatgâh kurar.

Bir kimse Receb ayında 18 gün oruç tutarsa, Halil İbrahim (Aleyhisselâm)ın özel kubbesinde berbar olur.

Bir kimse Receb ayında 19 gün oruç tutarsa, Allahü Teala onun için cennette bir saray yapar ki, bu saray İbrahim (Aleyhisselâm)ın ve Âdem (Aleyhisselâm)ın sarayının karşısına düşer. Bu arada kendisi onlara selam verir; onlar dahi kendisine selam verirler.

Bir kimse Receb ayında 20 gün oruç tutarsa, semadan bir nidacı kendisine şöyle seslenir: "Ey Allah'ın kulu! Allahü Teala senin geçmişteki günahlarını bağışladı. Bundan sonrası için, yeni ameller işlemeye bak."

Bir kimse Recep'ten 30 gün oruçlu olursa, Cenabı Hak o kimseye razı olduğuna dair beraat verir. Onu azaptan korur."[1]

✦ Resulullah (*Sallallahü Aleyhi ve Sellem*) buyurdu ki: "*Receb'in tamamını tutanı Allahü Teala çok kolay bir hesap ile muhasebe eder.*"[2]

✦ Resulullah (*Sallallahü Aleyhi ve Sellem*) buyurdu ki: "*Receb ayının tamamını tutana, Allahü Teala:*

- Ey kulum! Senin hakkın Benim üzerime vacip oldu, dile Benden ne dilersen. İzzetim ve Celalim hakkı için Senin hiçbir duanı reddetmeyeceğim. Sen Arş'ımın altında Benim manevi civarımda komşumsun. Sen mahlûkatım için de Benim dostumsun. Sen İlahi katımda değerlisin. Artık sevinebilirsin. Benimle senin aranda hiçbir perde kalmamıştır, diye nida edecektir."[3]

---

[1] Gunye, 1/321–324; Nüzhetül-Mecâlis, 1/138
[2] Suyûtî, el-Le'âlî, 2/115
[3] Nüzhetül-Mecâlis, 1/139-140

Resulullah (*Sallallahü Aleyhi ve Sellem*) buyurdu ki: "***Şüphesiz Allahü Teala'nın*** (cennette öyle) ***şehirleri vardır ki, onlara ancak Receb'i oruçlu geçirenler girebilir.***" [1]

✦ Resulullah (*Sallallahü Aleyhi ve Sellem*) buyurdu ki: "***Receb'den 30 gün tutana, Allahü Teala rızasını yazar ve ona azap etmez.***" [2]

✦ Resulullah (*Sallallahü Aleyhi ve Sellem*) buyurdu ki: "***Otuz gün oruç tutana, bütün günler hakkında zikredilen sevaplarla birlikte otuz kat fazlası ihsan edilir ve bir münadi, semadan ona:***

- "Ey Allahü Teala'nın veli kulu! En büyük kerameti kazandığına sevin ki o, Allahü Teala'nın güzel cemaline bakmak ve Nebiler, Sıddıklar, şehitler ve Salihlerle arkadaşlık yapmaktır. Bunlar ne güzel yoldaştır.

Yarın (ölüp Allahü Teala ile arandaki) ***perde açıldığı zaman, Kerim olan Rabb'inin ulu sevabına kavuştuğunda, müjdeler olsun sana!" diye seslenir.***

Ölüm meleği bu kişiye geldiğinde, ruhu çıkarken ona Firdevs cennetinin havuzlarından bir şerbet içirir.

Ölümün sekeratı kendisine o kadar kolaylaştırılır ki, ölüm acısı diye bir şey hissetmez.

Kabrinde suya kanmış bir halde kalır ve Resulullah (*Sallallahü Aleyhi ve Sellem*)***in havuzuna varıncaya kadar geçen*** (binlerce senelik) ***süre boyunca,*** (insanlar susuzluktan kavrulurken) ***mahşerde hiç susuzluk çekmez.***

Kabrinden çıkarken, beraberlerinde güzide ve seçkin incilerle, yakutlar ve ilgi çekici taşlarla şaheser elbiseler bulunan 70. 000 melek onu karşılayarak kendisine:

---

[1] Nüzhetül-Mecâlis, 1/140

[2] Gunye, 1/327

- "Ey Allah'ın dostu! Gündüzünü, kendisi için susuz geçirdiğin ve rızası uğrunda cismini erittiğin O Aziz ve celil olan Rabb'ine koşup, kurtul" derler.

İşte bu kişi kıyamet günü kurtulanlarla birlikte Adn cennetine ilk girenlerden olacaktır ki onlar ve kendisi, Allahü Teala'dan razı olan kimselerdir.

İşte sana! En büyük kurtuluş bundan ibarettir."[1]

✦ Rivayet edildi ki: "Bir kimse Recep ayında oruç tutarsa, Allahü Teala üç şeyi onun için gerekli kılar:

(1) Geçmiş günahlarının tümünü bağışlar.

(2) Kalan ömrünün temiz geçmesini temin eder.

(3) Büyük huzura çıkılan kıyamet gününün susuzluğundan onu emin kılar."

Receb-i Şerif'te Namaz

Receb-i Şerif'in İlk Gecesi Namazı:

✦ Receb'in ilk gecesi namazı Enes (*Radıyallahü Anh*)dan rivayet olunan bir hadisi şerifte, Resulullah (*Sallallahü Aleyhi ve Sellem*) Ashabına hitaben:

- "***Her kim Receb'in ilk gecesinde akşamı kıldıktan sonra; bir Fatiha ve bir İhlas ile 20 rekat kılar ve onlar arasında 10 selam verirse*** (yani iki iki kılarsa), ***onun sevabının ne kadar büyük olduğunu biliyor musunuz? Şüphesiz Ruhu'l-Emin olan Cibril onu Bana bildirdi***" buyurdu. Biz:

- "Allahü Teala ve Resulü bilir" deyince, Resulullah (*Sallallahü Aleyhi ve Sellem*):

[1] Gunye, 1/324; Nüzhetül-Mecâlis, 1/139

- "***Allahü Teala, onu, canı, malı, ailesi ve çocukları hakkında korur. Bu kişi, kabir azabından korunur, hesapsız ve azapsız bir şekilde sıratı şimşek gibi geçer***" buyurdu.[1]

Receb-i Şerif'in İlk Gecesi Zikri ve Duası:

Recebi Şerif'in ilk gecesi kılınacak namazdan sonra günahlara tövbe edilir. 111 defa: "Allahümme Salli alâ Muhammedin ve alâ Âl-i Muhammed" diye Resulullah (*Sallallahü Aleyhi ve Sellem*)e salâtü selam getirilir. Akabinde 1.660 kere "Ya Allah" diye tesbih çekilir. Sonra şöyle bir dua edilebilir:

"*Ey bunalmış olan kimselerin duasına icabet buyuran, mihnet ve musibete uğrayanların sesini duyan Allah'ım!*

Zât-ı Uluhiyyetine hamdü sena ediyor, Habibine salatü selam gönderiyoruz, kabul eyle ya Rabbi!

İnsanlar arasında üç aylar diye anılan; içinde nihayetsiz feyiz ve bereket bulunan, mübarek aylara eriştik. Şükrünü edaya çalışıyor, Senden af talep ediyoruz, kabul eyle ya Rabbi! Bu aylarda bizi bol sevaba, af ve mağfiretinle felaha kavuştur ya Rabbi! Habibinin duasını tekrar ediyor, "Bize Recep ve Şaban'ı mübarek kıl, Ramazan'daki feyiz ve berekete kavuştur" diye yalvarıyoruz. Mahrum bırakma ya Rabbi! Bu feyizli aylarda bizi mağfiretine, yüce Peygamberimizin şefaatine nail eyle ya Rabbi! Bizi rahmet ve yardımından, ibadetlerimizi sevap ve mükâfatından nasipdar eyle ya Rabbi! Ya Rab! İhsan edersen, nimetlerin azalmaz. Affedersen zararın olmaz. Biz kırık gönülle dua ediyor, halimizi Sana arz ediyoruz, bu aylar hürmetine affeyle ya Rabbi! Kur'ân hükümleri ile cümlemizi abid, hidayet yolunda bizi Sen sabit eyle ya Rabbi! Bu ayların feyzi ile bize ikram, mağfiretinle geçmişlerimize yardım eyle ya Rabbi!

---

[1] Suyûtî, el-Le'âlî, 2/55

Allah'ım! Bu gece arzu, istek sahipleri Sana yönelip Senin rızana sığındılar. Fazl-ı keremini, bol ihsanını talep ederler, ümitlerini Sana bağladılar. Bu geceye mahsus lütuf ve ihsanın, hediyelerin ve türlü türlü sonsuz lütufların vardır. Bu lütuf ve ihsanlarını dilediğin kullarına bahşedersin. Dilemediğin kimselere de bu nimeti kısarsın. İşte ben ihtiyaçlı olan kulun, Senin Fazl-ı keremini ümit ederek huzurundayım.

Allah'ım! Şayet bu gecede kullarından birine lütufla muamele edip bağışlarsan, yeniden dünyaya günahsız gelmiş gibi rızana mazhar olmuş olur. Muhammed (Sallallahü Aleyhi ve Sellem)e ve Ehli Beytine salâtü selam olsun. Üzerime de bol ihsanını ve hayr-ı hasenatını yağdır, ey Âlemlerin Rabbi olan Allah'ım!

Dualarımızın kabul olması, cümlemizin af ve mağfiret olunması için el'Fâtiha."

✦ Hazreti Ali (*Radıyallahü Anh*) Receb'in ilk gecesi hiç uyumayıp kendini tamamen ibadete ayırır ve şöyle dua ederdi:

"*Hamd, Âlemlerin Rabbi Allah'a mahsustur.*

Allah'ım! Muhammed (Sallallahü Aleyhi ve Sellem)e ve Âl'ine salât eyle. Onlar, hikmet kandilleri, nimet sahipleri, temizlik kaynaklarıdır. Onların hürmetine, her kötülükten beni de temizle. Aldanmış bir halde, gaflet içinde beni yakalama. İşimin sonunu hasret ve pişmanlık eyleme. Benden razı ol. Senin mağfiretin zalimler içindir; ben de zalimlerdenim.

Sen rahmeti bol olansın. Hikmetine erişilemeyensin. Bana bolluk, rahat, güven, sağlık, şükür, afiyet, korunma ver.

Bana ve sevdiğin kullara sabır ve doğruluk ver. Bana kolaylık ver, ama onunla bir zorluk olmasın.

Yaptığım bu dileğime ailemi, çocuğumu, senin için sevdiğim kardeşlerimi de katarım; onlara aynı şeyleri Senden dilerim.

Bütün mümin ve Müslüman erkekleri ve mümine ve Müslüman kadınları da duama dâhil eylerim."

Receb-i Şerif'in İlk, Orta ve Son 10 Gün İçinde Kılınabilecek Namazı:

✦ Selman (*Radıyallahü Anh*)dan rivayete göre, Receb hilali belirdiğinde Resulullah (*Sallallahü Aleyhi ve Sellem*) ona şöyle buyurdu:

- "***Ey Selman! Herhangi bir imanlı kadın veya erkek bu ayda 30 rekât kılar; her rekâtta bir Fatiha, üç İhlâs ve üç kere de Kâfirûn surelerini okursa, mutlaka Allahü Teala ondan günahlarını siler, ayın tamamını oruç tutmuş gibi kendisine ecir verir, gelecek seneye kadar*** (devamlı) ***namaz kılanlardan*** (sayılmış) ***olur.***

Kendisi için her gün, Bedir şehitlerinden bir şehid ameli yükseltilir. Her günün orucuna mukabil onun için bir senelik ibadet yazılır. Onun için 1.000 derece yükseltilir. Eğer ayın tümünü tutup bu namazı da kılarsa, Allahü Teala onu ateşten kurtarır, cenneti kendisine vacip kılar ve Allahü Teala'nın (manevi) ***civarında*** (kabul olunmuşlardan) ***olur. Cibril Bana bunu bildirdi ve:***

- Ya Muhammed (*Sallallahü Aleyhi ve Sellem*) ***Bu namaz sizinle müşrik ve münafıklar arasında bir alamettir, çünkü münafıklar bunu kılamazlar, dedi.***"

Bunun üzerine Selman (*Radıyallahü Anh*) bu namazı nasıl ve ne zaman kılacağını sorunca, Resulullah (*Sallallahü Aleyhi ve Sellem*):

- "***Ey Selman!*** (Recep) ***ayın***(ın) ***başında*** (yani 1'i ile 10'u arasında) ***10 rekât kılıp; her rekâtta bir Fatiha, üç kere İhlâs ve üç kere de Kâfirûn surelerini okursun.*** (Son rekatta) ***selam verince, ellerini kaldırıp:***

لَا اِلٰهَ اِلَّا اللّٰهُ وَحْدَهُ لَا شَرِيكَ لَهُ ۞ لَهُ الْمُلْكُ وَلَهُ الْحَمْدُ يُحْيِى وَيُمِيتُ ۞ وَهُوَ حَىٌّ لَا يَمُوتُ بِيَدِهِ الْخَيْرُ ۞ وَهُوَ عَلٰى كُلِّ شَىْءٍ قَدِيرٌ ۞ اَللّٰهُمَّ لَا مَانِعَ لِمَا اَعْطَيْتَ وَلَا مُعْطِىَ لِمَا مَنَعْتَ وَلَا يَنْفَعُ ذَا الْجَدِّ مِنْكَ الْجَدُّ ۞

[*Lâ ilâhe illallahü vahdehü lâ şerîke lehü. Lehül mülkü ve lehül hamdü yuhyî ve yümîtü. Ve hüve hayyün lâ yemûtü. Biyedihil hayru ve hüve alâ külli şey'in kadîr. Allahümme lâ mâni'a limâ e'atayte velâ mu'tıye limâ mena'te velâ yenfe'u zel ceddi minkel ceddü.*]

"Allahü Teala'dan başka hiçbir ilah yoktur. O tektir. O'nun hiçbir ortağı yoktur. Mülk O'na aittir. Hamd, O'na mahsustur. Diriltir ve öldürür. Tüm hayırlar O'nun (kudret) elindedir ve O, her şeye hakkıyla gücü yetendir.

Ey Allah'ım! Senin verdiğine hiçbir engel yoktur, engellediğini de verecek biri yoktur. Zenginlik sahibine, serveti Sana karşı yaramaz." ***Sonra ellerini yüzüne sür.***

(Recep) ***ayın***(ın) ***ortasında*** (11 ile 20'si arasında) ***da 10 rekât kılıp, her rekâtta bir Fatiha, üç İhlâs ve üç kere de Kâfirûn surelerini okursun.*** (Son rekâtta) ***selam verince, ellerini kaldırıp:***

لَا اِلٰهَ اِلَّا اللّٰهُ وَحْدَهُ لَا شَرِيكَ لَهُ ۞ لَهُ الْمُلْكُ وَلَهُ
الْحَمْدُ يُحْيِى وَيُمِيتُ ۞ وَهُوَ حَىٌّ لَا يَمُوتُ بِيَدِهِ
الْخَيْرُ ۞ وَهُوَ عَلٰى كُلِّ شَىْءٍ قَدِيرٌ ۞ اِلٰهًا وَاحِدًا
اَحَدًا صَمَدًا فَرْدًا وَتْرًا لَمْ يَتَّخِذْ صَاحِبَةً وَلَا وَلَدًا ۞

[*Lâ ilâhe illallahü vahdehü lâ şerîke lehü. Lehül mülkü ve lehül hamdü yuhyî ve yümîtü. Ve hüve hayyün lâ yemûtü. Biyedihil hayru ve hüve alâ külli şey'in kadîr. İlâhen vâhıden ehaden sameden ferden vetran lem yettehız sâhıbeten velâ veleden.*]

"Allahü Teala'dan başka hiçbir ilah yoktur. O tektir. O'nun hiçbir ortağı yoktur. Mülk O'na aittir. Hamd O'na mahsustur, Diriltir ve öldürür. Tüm hayırlar O'nun (kudret) elindedir ve O, her şeye hakkıyla gücü yetendir. O, Vahid, Ahad, Samed, bir ve tek ilahtır. Eş ve çocuk edinmemiştir" ***de, sonrasında ellerinle yüzünün üstünü mesh et.***

Ayın sonunda (21 ile 30'si arasında) ***da 10 rekât kılıp; her rekâtta bir Fatiha, üç İhlâs ve üç kere de Kâfirûn sureleri-ni okursun***. (Son rekâtta) ***selamı verince, ellerini kaldırıp:***

لَا اِلٰهَ اِلَّا اللّٰهُ وَحْدَهُ لَا شَرِيكَ لَهُ ۞ لَهُ الْمُلْكُ وَلَهُ
الْحَمْدُ يُحْيِى وَيُمِيتُ ۞ وَهُوَ حَىٌّ لَا يَمُوتُ بِيَدِهِ
الْخَيْرُ ۞ وَهُوَ عَلٰى كُلِّ شَىْءٍ قَدِيرٌ ۞ وَصَلَّى اللّٰهُ
عَلٰى سَيِّدِنَا مُحَمَّدٍ وَعَلٰى اٰلِهِ الطَّاهِرِينَ وَلَا حَوْلَ وَلَا
قُوَّةَ اِلَّا بِاللّٰهِ الْعَلِيِّ الْعَظِيمِ ۞

[Lâ ilâhe illallahü vahdehü lâ şerîke lehü. Lehül mülkü ve lehül hamdü yuhyî ve yümîtü. Ve hüve hayyün lâ yemûtü. Biyedihil hayru ve hüve alâ külli şey'in kadîr. Ve sallellahü alâ Seyyidinâ Muhammedin ve alâ âlihit tâhirîne velâ havle velâ kuvvete illâ billahil aliyyil azîm.]

"Allahü Teala'dan başka hiçbir ilah yoktur. O tektir. O'nun hiçbir ortağı yoktur. Mülk O'na aittir. Hamd, O'na mahsustur. Diriltir ve öldürür. Tüm hayırlar O'nun (kudret) elindedir ve O, her şeye hakkıyla gücü yetendir. Allahü Teala, Efendimiz Muhammed (*Sallallahü Aleyhi ve Sellem*)e ve temiz Ehli Beyt'ine salât etsin. O çok yüce ve pek büyük Allahü Teala'nın yardımı olmadan (hiçbir şeye) güç ve kuvvet yoktur " ***de ve dilediğini iste, duan kabul edilir. Allahü Teala seninle cehennem arasına, her birinin mesafesi gökle ve yer arası kadar geniş olan 70 hendek koyar ve her rekâta karşılık sana bir milyon rekât sevabı yazar, ayrıca sana ateşten beraat ve sırattan geçiş izni verir.***"[1]

Bu namazlar, akşamdan sonra da, yatsıdan sonra da kılınabilir. Fakat Cuma ve Pazartesi gecelerinde ve bilhassa teheccüd vaktinde kılınması efdâldir.

Receb-i Şerif'in 15. Gecesi Namazı:

✦ Resulullah (*Sallallahü Aleyhi ve Sellem*) buyurdu ki: "***Her kim Receb'in 15. gecesinde 14 rekât namaz kılar; her rekâtında bir Fâtiha, yirmi İhlâs, üç kere Felak ve üç kere Nas surelerini okur, namazını bitirince on kere salavat getirir, 30 kerede:***

[1] Abdülkadir Geylanî (*Kuddise Sirruh*), Gunye, 1/329–330

سُبْحَانَ اللهِ وَالْحَمْدُ لِلّٰهِ وَلَا اِلٰهَ اِلَّا اللهُ وَاللهُ اَكْبَرُ

[*Sübhânellahi vel hamdü lillahi ve lâ ilâhe illellahü vallahü ekber.*]

"Allah'ı tüm noksanlıklardan tenzih ederim. Hamd Allah'adır. Allah'tan başka hiçbir ilah yoktur. Ve Allah en büyüktür" ***derse, Allahü Teala ona, sevaplarını yazmak, Firdevs cennetinde kendisi için ağaçlar dikmek üzere 1000 melek yollar, o geceye kadar yapılan bütün günahlarını siler, bir dahaki seneye kadar üzerine hiçbir günah yazmaz.***

Bu namazda okuduğu her harfe karşılık, 700 sevap yazar, her rükû ve secdesine karşılık cennette ona yeşil zebercetten on köşk bina eder, her rekâta karşılık, cennette ona kırmızı yakuttan on şehir verir. Bir melek gelip, elini omuzları arasına koyarak "muhakkak geçmiş günahların bağışlandı, ameline yeniden başla" der." [1]

Receb-i Şerif'teki Zikirler

Receb-i Şerif'te söylenmesi gereken zikirlerle ilgili zikredilen Hadisi Şerifler:

✦ Resulullah (*Sallallahü Aleyhi ve Sellem*) Recep ayına girdiği zaman şu duayı okudukları rivayet edilmektedir:

اَللّٰهُمَّ بَارِكْ لَنَا فِى رَجَبَ وَشَعْبَانَ وَبَلِّغْنَا رَمَضَانَ

[*Allahümme bârik lenâ fî recebe ve şa'bâne ve belliğnâ ramazân*]

"Allah'ım! Recep ve Şaban aylarını bizim için mübarek kıl ve bizi Ramazan ayına ulaştır." [2]

---

[1] Suyûtî, el-Le'âlî, 2/57

[2] Müslim, İman, 64

✦ Allah'ın ayı olan Receb ayında Allahü Teala çokça zikredilmelidir. Bilhassa bu ayda tesbih, tehlil (kelime-i tevhid) ve istiğfarla çokça meşgul olunmalıdır. Şaban ve Ramazanda ise, Allahü Teala'ya çokça hamd edilmelidir.

Üç Aylar boyunca 100 defa "Lâ İlahe illallah" yüzüncü de "Muhammedü'r-Resulullah" demek suretiyle her gün en az 1000 kere tesbihe devam edilmelidir. Bu hal üzere üç ayların sonunda 90.000 Kelime-i Tevhid tamamlanmış olur. Resulullah (*Sallallahü Aleyhi ve Sellem*): "***Bir defa Kelime-i Tevhid getiren kimsenin 4.000 adet büyük günahı amel defterinden silinir***" buyurmuşlardır. Buna göre hesabı siz yapın.

✦ Resulullah (*Sallallahü Aleyhi ve Sellem*) buyurdu ki: "***Her kim Receb ayında" bir kere tesbih***[1] ***yahut bir defa tehlil*** (kelime-i tevhid zikrin)***de bulunursa, Allah onu, Allah'ı çok zikreden erkeklerle çok zikreden kadınlardan yazar***."

Resulullah (*Sallallahü Aleyhi ve Sellem*) buyurdu ki: "***Her kim Receb'in ilk 10'unun her günü 100 kere:***

سُبْحَانَ الْحَيِّ الْقَيُّومِ

[*Sübhânel-Hayyil-Kayyûm*]

"Hay ve Kayyûm (gerçekte tek diri ve her şeyin yegane yöneticisi) olan Allahü Teala'yı tesbih ederim."

İkinci 10'un her günü 100 kere:

سُبْحَانَ اللهِ الْاَحَدِ الصَّمَدِ

[*Sübhânel-Ehadis-Samed*]

"Ahad ve Samed (tek ve ulu) olan Allahü Teala'yı tesbih ederim."

---

[1] "***Tesbih***"den maksat, Sübhânallah ... ile başlayan sözlerdir. "*Sübhânallahi ve bihamdihi, Sübhânallahil-Hayyil-Kayyûm*.." gibi.

Üçüncü onun her günü 100 kere:

سُبْحَانَ اللّٰهِ الرَّؤُفِ

[*Sübhânellahir-Raûf*]

"Rauf (yarattıklarını çokça esirgeyen) olan Allahü Teala'yı tesbih ederim" ***derse, ona verilecek sevabı hiçbir vasfedici tarif edemez."***[1]

Resulullah (*Sallallahü Aleyhi ve Sellem*)e 'Receb'in orucundan aciz kalanın ne yapacağı' soruldu. Resulullah (*Sallallahü Aleyhi ve Sellem*):

- "***Her gün bir pide sadaka versin***" buyurdu. Onu da bulamazsa, ne yapabileceği sorulunca, o zaman:

سُبْحَانَ اللّٰهِ مَنْ لَا يَنْبَغِى التَّسْبِيحُ اِلَّا لَهُ ۞ سُبْحَانَ الْاَعَزِّ الْاَكْرَمِ ۞ سُبْحَانَ مَنْ لَهُ الْعِزُّ وَهُوَ لَهُ اَهْلٌ ۞

[*Sübhânellahi men lâ yenbegıttesbîhu illâ leh. Sübhânel e'azzil ekram. Sübhâne men lehül ızzü ve hüve lehü ehlün.*]

"Kendisinden başkasını tesbih (etme) caiz olmayan Zat'ı tesbih ederim. Ululuk, kendisine ait olan ve kendisi O'na layık olan Zat'ı tenzih ederim " der, buyurdu.[2]

✦ Resulullah (*Sallallahü Aleyhi ve Sellem*) buyurdu ki: "***Receb'in ilk gecesi olduğunda Allahü Teala bir meleğe: "Dikkat edin! Gerçekten tövbe ayı başlamıştır. Bu ayda Allahü Teala'dan af isteyenlere*** (çokça istiğfar edenlere) ***müjdeler olsun" diye seslenmesini emreder.***"[3]

---

[1] Nüzhetül-Mecalis, 1/138

[2] Nüzhetül-Mecalis, 1/139

[3] Nüzhetül-Mecalis, 1/140

Özellikle şu aşağıdaki istiğfar çokça söylenmelidir:

اَسْتَغْفِرُ اللّٰهَ ذَا الْجَلاَلِ وَالْاِكْرَامِ مِنْ جَمِيعِ الذُّنُوبِ وَالْاٰثَامِ

[*Estağfirullehe zel Celâli vel İkrâmi min cemi'ızzünûbi vel âsâmi.*]

" Bütün günah ve isyanlarımdan dolayı, Celal ve İkram sahibi olan Allahü Teala'dan mağfiret talep ederim."

Resulullah (*Sallallahü Aleyhi ve Sellem*) buyurdu ki: "***Her kim Receb ayında Allahü Teala'ya bir kere istiğfarda bulunursa, Allah onu bağışlar.*** "

Özellikle Seyyidü'l-İstiğfar olan tövbeyi seher vakitlerinde hiç terk etmemek gerekir:

اَللّٰهُمَّ اَنْتَ رَبِّى لَا اِلٰهَ اِلَّا اَنْتَ ۞ خَلَقْتَنِى وَاَنَا عَبْدُكَ
وَاَنَا عَلٰى عَهْدِكَ وَوَعْدِكَ مَا اسْتَطَعْتُ ۞ اَبُوءُ لَكَ
بِنِعْمَتِكَ وَاَبُوءُ لَكَ بِذَنْبِى فَاغْفِرْ لِى فَاِنَّهُ لَا يَغْفِرُ
الذُّنُوبَ اِلَّا اَنْتَ ۞ اَعُوذُ بِكَ مِنْ شَرِّ مَا صَنَعْتُ ۞

[*Allahümme ente Rabbi lâ ilahe illâ ente. Halaktenî ve ene abdüke ve ene alâ ahdike ve va'dike mesteta'tü. Ebûü leke bi ni'metike ve ebûü leke bi zenbî fağfir lî fe innehü lâ yağfirü'z-zünübe illa ente. E'ûzü bike min şerri mâ sana'tü.*]

" Ey Allah'ım! Benim Rabbim, Sensin. Senden başka hiçbir ilah yoktur. Beni, Sen yarattın. Ben, Senin kulunum. Ben gücümün yettiği kadar Senin ahdin ve vaadin üzere sabitim. Ben, Senin ihsan ettiğin nimetlerini itiraf ediyor, günahlarımı da kabul ediyorum. Öyleyse beni mağfiret eyle. Şu muhakkak ki, günahları Senden başkası bağışlayamaz. Ben yaptığım şeylerin şerrinden Sana sığınıyorum. "

Resulullah (*Sallallahü Aleyhi ve Sellem*) buyurdu ki: "***Her kim Receb, Şaban ve Ramazan'da öğle-ikindi arası*** (en az 7 kere)***:***

اَسْتَغْفِرُ اللّٰهَ الَّذِى لَا اِلٰهَ اِلَّا هُوَ الْحَىَّ الْقَيُّومَ وَاَتُوبُ اِلَيْهِ ۞ تَوْبَةَ عَبْدٍ ظَالِمٍ لِنَفْسِهِ لَا يَمْلِكُ لِنَفْسِهِ ضَرًّا وَلَا نَفْعًا وَلَا مَوْتًا وَلَا حَيَاةً وَلَا نُشُورًا ۞

[*Esteğfirullahellezî lâ ilâhe illâ Hüvel Hayyel Kayyûme ve etûbü ileyh. Tevbete abdin zâlimin linefsihi lâ yemlikü linefsihi daran velâ nef'an velâ mevten ve lâ hayâten ve lâ nüşûran.*]

" Kendisinden başka hiçbir ilah bulunmayan, Hayy ve Kayyum olan O büyük Allahü Teala'dan mağfiret talep ederim. Kendisi hakkında ne bir zarar ne bir faydaya, ne ölüme, ne de yaşamaya ve ne de dirilmeye malik olmayan, (günahlar işleyerek) kendisine zulmetmiş bir kulun tövbesiyle, O'na tövbe ederim" ***derse, Allahü Teala*** (o kişinin sevap ve günahlarını yazmakla görevli) ***iki meleğe:***

- ***"Bu kulun amel defterindeki günahlarıyla alakalı yazıları yakın" diye vahyeder."***[1]

Resulullah (*Sallallahü Aleyhi ve Sellem*) buyurdu ki: "***Receb ayında istiğfarı çok yapın. Zira onun her bir saatinde, Allahü Teala'nın cehennemden azatlıları vardır.***"[2]

Resulullah (*Sallallahü Aleyhi ve Sellem*) buyurdu ki: "***Her kim Receb ayında sabah-akşam 70 kere istiğfarda bulunursa, şüphesiz ki Allahü Teala onun bedenini cehenneme haram kılar.***"[3]

---

[1] Nüzhetül-Mecalis, 1/140
[2] Nüzhetül-Mecalis, 1/140
[3] Nüzhetül-Mecalis, 1/140

İstiğfar çeşitleri çok olup, bunlar içinde dile en kolay olanı:

اَسْتَغْفِرُ اللّٰهَ الْعَظِيمَ

[*Estağfirullahel Azîm*]

"Yüce Allah'tan mağfiret dilerim" zikridir.

✦ Resulullah (*Sallallahü Aleyhi ve Sellem*) buyurdu ki: "***Her kim Receb'de bir kere İhlâs suresini okusa, Allahü Teala onun 50 senelik günahını bağışlar.***"

Rivayet edildi ki: "Beytül-Makdis'de bir kadın Receb ayında her gün 'Kul hüvallahü ehad (İhlâs)' Suresi'ni 12.000 [(1)] defa okurdu. Ayrıca bu kadın yine Receb ayında kaba yünden dokunmuş elbise giyerdi. Kadın hastalandı. Oğluna vefat ederse, giyindiği yün elbise ile kendisini defnetmelerini vasiyet etti. Kadın vefat edince, oğlu kendisini daha değerli bir kumaş ile kefenledi. Geceleyin annesini rüyasında gördü. Annesi kendisine:

- 'Ben senden razı değilim, çünkü vasiyetimi yerine getirmedin!' dedi.

Kadının oğlu korku içinde uykudan uyandı ve yün elbisesini aldı, onunla defnetmek için kabrini açtı. Fakat annesini kabir içinde bulamadı ve şaşırıp kaldı. Bu esnada şöyle bir ses işitti:

- "Receb ayında Bize ibadet edeni tek başına ve yalnız bırakmayacağımızı sen bilmiyor musun?" [2]

---

(1) Bir rivayette, "on defa" okurdu. Bizler en azından on defa okumalıyız.

2 İmam Gazâlî, Kalplerin Keşfi, s. 678

Receb-i Şerif'teki Diğer Salih Ameller

(1) Bir müminin sıkıntısı gidermek.

Resulullah (*Sallallahü Aleyhi ve Sellem*) buyurdu ki: "***Her kim Allahü Teala'nın sağır ayı olan Receb ayında, bir müminin sıkıntısını giderirse, Allahü Teala ona Firdevs*** (cennetin)***de gözünün gördüğü kadar geniş bir köşk verir.***" [1]

(2) Sadaka vermek.

Resulullah (*Sallallahü Aleyhi ve Sellem*) buyurdu ki: "***Her kim Receb'de sadaka verirse, Allahü Teala onu yavruyken yuvasından havaya uçup en yaşlı çağında ölen karganın ömrü kadar*** (500 sene), ***onu cehennemden uzaklaştırır.***" [2]

Resulullah (*Sallallahü Aleyhi ve Sellem*) buyurdu ki: "***Receb'den bir gün oruç tutan, bin sene oruç tutmuş ve bin köle azad etmiş gibi olur. Her kim Receb ayında bir sadaka verirse, sanki bin dinar sadaka vermiş gibidir. Allahü Teala ona, bedenindeki her tüy karşılığı bin hasene yazar, bin derecesini yükseltir, bin günahını siler, tuttuğu her günün orucuna karşılık, bin hac ve bin umre yazar. Ve ona cennette bin yurt, bin köşk ve bin oda bina eder ki, her bir odada bin yatak odası ve bin huri bulunur. Her bir huri ise, güneşten bin kat güzeldir.***" [3]

---

[1] Gunye, 1/328; Nüzhetül-Mecalis, 1/141
[2] Gunye, 1/325; Nüzhetül-Mecalis, 1/141
[3] Gunye, 1/326; Nüzhetül-Mecalis, 1/141

(3) Yetimin gönlünü almak.

Resulullah (*Sallallahü Aleyhi ve Sellem*) buyurdu ki: "***Her kim Receb ayında bir yetime ikramda bulunur ve elini başına sürerse, elinin deydiği her kıl sayısınca Allah kendisi için*** (bir günah) ***bağışlar.***"

(4) Bir mümine yemek yedirmek.

Resulullah (*Sallallahü Aleyhi ve Sellem*) buyurdu ki: "***Her kim Receb ayında bir mümine bir yemek yedirirse, kıyamet günü Allah onu, İbrahim*** *(Aleyhisselâm)* ***ve Muhammed*** *(Sallallahü Aleyhi ve Sellem)**in sofrasına oturtur. Bir yudum su içirene de, halis cennet içeceğinden içirir.***"

(5) Resulullah (*Sallallahü Aleyhi ve Sellem*) buyurdu ki: "***Her kim Receb ayında bir mümini giydirirse, Allah ona cennet hullelerinden 1.000 hulle giydirir.***"

(6) Receb ayında umre yapmaktır ki, Resulullah (*Sallallahü Aleyhi ve Sellem*) yapmıştır." [1]

(7) Akraba ziyareti yapmak.

Resulullah (*Sallallahü Aleyhi ve Sellem*) buyurdu ki: "***Her kim Receb ayında*** (yakın ve uzak akrabasını arayıp sorarak) ***sıla-i rahimde bulunursa, Allah onu, dünyada ve ahirette*** (bütün muratlarına) ***ulaştırır ve hayatının günleri boyunca, düşmanlarına karşı ona yardım eder.***"

(8) Hasta ziyareti yapmak.

Resulullah (*Sallallahü Aleyhi ve Sellem*) buyurdu ki: "***Her kim Receb ayında bir hasta ziyaret ederse, Allah kıymetli meleklerine, onu ziyaret etmelerini ve kendisine selam vermelerini emreder.***"

---

[1] Müslim, Hac, 2/916, no. 1255

(9) Cenaze namazına katılmak.

Resulullah (*Sallallahü Aleyhi ve Sellem*) buyurdu ki: "***Her kim Receb ayında bir cenaze üzerine namaz kılarsa, diri diri gömülen bir kız çocuğunu hayata kavuşturmuş gibi*** (sevaba nail) ***olur.***"

(10) Gusül abdesti almak.

Resulullah (*Sallallahü Aleyhi ve Sellem*) buyurdu ki: "***Her kim Receb'in başında, ortasında ve sonunda yıkanırsa, anasının kendisini doğurduğu gündeki gibi günahlarından çıkar.***" [1]

(11) Dilini yalan, gıybet, dedikodu ve iftira gibi her türlü haramlardan korumak.

Resulullah (*Sallallahü Aleyhi ve Sellem*) buyurdu ki: "***Her kim Receb ayında dilini korursa, Allah ona, Münker ve Nekir'in sorguları anında cevabını öğretir.***" [2]

(12) Kur'ân-ı Kerim hatmi yapmak.

Resulullah (*Sallallahü Aleyhi ve Sellem*) buyurdu ki: "***Her kim Receb ayında Kur'ân'ı bir kere hatmederse, kendisine ve ana babasından her birine, inci ve mercanla bezenmiş bir taç giydirilir ve o kişi kıyamet gününün dehşetinden emin olur.***"

---

[1] Nüzhetül-Mecalis, 1/139

[2] Nüzhetül-Mecalis, 1/139

Regaip Gecesinin Fazileti

Regaib, "bol ihsanlar, yüksek bağışlar, çok lütuflar, sayısız nimetler" anlamında kullanılır.

Recep ayının ilk cuma gecesine "Regâib gecesi" denir. Bazı âlimlerin açıklamasına göre, Peygamber Efendimiz *(Sallallahü Aleyhi ve Sellem)* bu gece pek çok ruhanî ahval ve ikrama kavuşmuş olmakla Yüce Allah'a şükür için on iki rekât namaz kılmıştır. Peygamber Efendimizin bu regâib gecesinde ana rahmine düşmüş olduğuna dair olan bir rivayet, uygun görülmemektedir. Çünkü bu gece ile Hazreti Peygamberimizin doğumu arasındaki zaman, bu hesaba aykırı düşmektedir. Ancak Hazreti Âmine'nin, Peygamber Efendimize hamile kaldığını bu gece anlamış olması düşünülebilir. Sebep ne olursa olsun, bu gece pek mübarek bir gecedir. Allahü Teala'nın ilahi ihsan ve manevi hediyelerinin diğer zamanlardan daha çok tecelli etmesi, samimi kalple Allah'a yönelenlerin affedilmelerinin çokça ümit edilmesi ve müminlerin samimiyet ve arzuyla Allahü Teala'ya yönelmeleri sebebiyle bu geceye Regaib denilmiştir. "Ragibe" kelimesinin çoğuludur. Bu geceyi ibadetle geçirmenin sevabı çok büyüktür.

Bu gece Resulullah (*Sallallahü Aleyhi ve Sellem*) için salatü selam getirmek, O'nun varlığıyla iftihar ettiğimizin en temel göstergesidir. Ayrıca sıkıntıda olan tüm Müslümanlara dua edilmesi tavsiye edilir.

Bu konuyla ilgili olarak Hadisi Şerifler:

1. Resulullah (*Sallallahü Aleyhi ve Sellem*) buyurdu ki: "***Recebin ilk Cuma gecesinden gafil olmayın, çünkü o, meleklerin kendisine Regaib ismini verdikleri bir gecedir. O gecenin üçte biri geçince, göklerde ve yerde bir melek bile kalmayıp hepsi Kâbe ve civarında toplanırlar. O anda Allahü Teala onlara bir tecelli ile muttali olarak:***

- "Ey Benim meleklerim! Benden dilediğinizi isteyin" ***buyurur. Onlar da derler ki:***

- 'Senden dileğimiz, Receb orucunu tutanları bağışlamandır.'

Allahü Teala da:

- "Muhakkak Ben bunu yaptım" ***buyurur.*** "[1]

2. Resulullah (*Sallallahü Aleyhi ve Sellem*) buyurdu ki: "***Receb'in ilk Cumâ gecesini ihyâ edene*** (saygı gösterene), ***Allahü Teala kabir azâbı yapmaz. Duâlarını kabûl eder. Yalnız, yedi kimseyi affetmez ve duâlarını kabûl etmez:***

a. Fâiz alan veya veren,

b. Müslümanları aşağı gören,

c. Anasına-babasına eziyet edip karşı gelen çocuk;

d. Müslüman olan ve şerîate dîne uyan kocasını dinlemeyen kadın,

e. Şarkı ve çalgıcılığı san'at edinenler,

f. Livâta ve zinâ edenler,

g. Beş vakit namazı kılmayanlar."

3. Rivayet edildi ki: "Receb'in ilk Cuma gecesinin (Regaib'in) üçte biri geçince, bütün melekler Receb ayında oruç tutanlar için istiğfar ederler."

---

[1] Abdülkadir Geylanî (*Kuddise Sirruh*), Gunye, 1/331

Regaip Gecesi Namazı ve Orucu

Regaib gecesinin fazileti hakkında zikredilen hadisi şerifler:

✦ Resulullah (*Sallallahü Aleyhi ve Sellem*) buyurdu ki: "***Recebin ilk Cuma gecesinin namazından gafil olmayın. O gecede namaz kılana, Allahü Teala ve melekleri gelecek seneye kadar salâtta bulunurlar. Arş'ın Rabb'i kime salât*** (rahmet) ***ederse, o kişi dünyadan ancak imanla çıkar, dünyada ancak İslam'la yaşar. Kıyamet günü de ancak iyi kullar ile diriltilir.***" [1]

✦ Resulullah (*Sallallahü Aleyhi ve Sellem*) buyurdu ki: "***Her kim Recebin ilk perşembesini tutar, sonra Cuma gecesi 12 rekât kılarsa, Allahü Teala her rekât için ona, dosdoğru yer*** (olan cennet)***de, hiç şüphesiz 100 köşk verir.***" [2]

✦ Resulullah (*Sallallahü Aleyhi ve Sellem*) buyurdu ki: "***Her kim Recebin ilk perşembesini oruçlu geçirir, sonra Cuma gecesi olan o gece akşamla yatsı arasında, 12 rekât kılar, her rekâtta bir Fatiha, üç Kadir suresi, 12 İhlâs suresi okuyup, her iki rekâtta bir selam verirse, namazını bitirince 70 kere:***

اَللّٰهُمَّ صَلِّ عَلٰى مُحَمَّدٍ النَّبِيِّ الْاُمِّيِّ وَعَلٰى اٰلِهِ وَسَلِّمْ

[*Allahümme salli alâ Muhammedinin Nebiyyil Ümmiyyi ve alâ âlihi ve sellim*]

"Allah'ım! Ümmi Peygamber Muhammed (*Sallallahü Aleyhi ve Sellem*)e O'nun Ailesine salât ve selam eyle " ***der, sonra secdeye kapanarak, secdesinde 70 defa:***

---

[1] Şir'atül-İslam Şerhi, s.133

[2] Şir'atül-İslam Şerhi, s.133

سُبُّوحٌ قُدُّوسٌ رَبُّنَا وَرَبُّ الْمَلَائِكَةِ وَالرُّوحِ

[*Subbûhûn kuddûsün Rabbül melâiketi ver rûh.*]

"Allah her kötülükten münezzeh ve mukaddestir, bizim, meleklerin ve Ruh'un (Cebrail *Aleyhisselâm*'ın) Rabbidir." ***der, başını kaldırdıktan sonra,*** (iki secde arasında otururken)***:***

رَبِّ اغْفِرْ وَارْحَمْ وَتَجَاوَزْ عَمَّا تَعْلَمُ ۞

اِنَّكَ اَنْتَ اللّٰهُ الْاَعَزُّ الْاَكْرَمُ ۞

[*Rabbiğfir verham ve tecâvez ammâ ta'lemü inneke entellahül e'azzül ekrem.*]

"Rabbim! Günahlarımızı bağışla, bize merhamet et. Bizim bildiğimiz bütün kusurlarımızı biliyorsun, bunları affet. Çünkü Sen mutlak güç, kerem ve ihsan sahibi olansın " ***der.***

Sonra ikinci secdeye vararak birinci secdede söylemiş olduğunun benzerini tekrar eder de (yani tekrar secde edip yine 70 kere:

سُبُّوحٌ قُدُّوسٌ رَبُّنَا وَرَبُّ الْمَلَائِكَةِ وَالرُّوحِ

[*Subbûhûn kuddûsün Rabbül melâiketi ver rûh.*]

duasını okuyup)***, bitiminde Allahü Teala'dan muradını isterse, dilediği muhakkak yerine getirilir.*** (Sonra secdeden başını kaldırır, namaz ve duası tamam olmuş olur.)

Nefsim elinde olan Zat'a yemin ederim ki, erkek ve kadın herhangi bir kul bu namazı kılarsa, mutlaka Allahü Teala, denizlerin köpükleri, kum taneleri, dağların ağırlığı, yağmurların damlaları ve ağaçların yaprakları kadar (fazla) ***olsa da, onun bütün günahlarını mağfiret eder.***

Bu kişi yakın akrabasından (günahkâr) ***700 kişi hakkında kıyamet günü şefaatçi kılınır. Kabrindeki ilk gecesi olunca, bu namazın sevabı güleç bir yüzle kendisine gelip, keskin ve belagatli bir dille ona:***

- 'Ey dostum! Sevinebilirsin, muhakkak ki her zorluktan kurtuldun' dediğinde o:

- 'Sen de kimsin? Vallahi senden güzel yüzlü, senden tatlı dilli ve senden hoş kokulu bir şahıs görmedim' der. O da ona:

- 'Ey sevgili! Ben şu sene, şu ay, şu gece kılmış olduğun namazın sevabıyım. Bu gece, istediğini yerine getireyim, tek başına kaldığın şu anda sana yoldaş olayım ve yalnızlık hissini senden gidereyim diye geldim. Sur'a üfürüldüğü zaman da, kıyamet arsalarında başının üstünde gölge olacağım, artık müjdelenebilirsin. Zira Mevla'ndan ebediyen hiçbir hayrı kaybetmeyeceksin' diye cevap verir."[1]

Regaip Gecesinde Yapılacak Örnek Bir Dua

"Son İlahi rahmeti bize gönderen, yüzümüzü Hazreti Muhammed ile güldüren yüce Allah! Zât-ı uluhiyyetine hamdü senalar ediyor, Habibine salatü selam gönderiyoruz, kabul eyle ya Rabbi!

Ya Rab! Rahmet havuzlarının taştığı, merhamet yağmurlarının yeryüzüne boşandığı bu gecede, bizi rahmetine nail eyle ya Rabbi!

Bizi bu gecenin rahmet ve ecrine, ilahi mükâfat ve mağfiretine lâyık olan kullarından eyle ya Rabbi!

---

[1] Abdülkâdir Geylânî (*Kuddise Sirruh*), Gunye, 1/330–331

Sana müminlerin en mutlu, günahkârların en umutlu gecesinde niyaz ediyoruz, boş döndürme ya Rabbi!

Bu gece bizi affınla güldür, gönlümüzdeki ibadet arzumuzu Sen sürdür ya Rabbi!

İçimizdeki kin ve hasedi söndür, bizi huzuruna mümin döndür ya Rabbi!

Bütün geçmişlerimizi af, her birini azabından muaf eyle ya Rabbi!

Vatanımızı dış tehlikelerden, vatandaşlarımızı küfür ve şirkten koru ya Rabbi!

Bizi İslam ve ahlak cephesinden, din ve iman caddesinden ayırma ya Rabbi!

Allah'ım! Sana Allah İsm-i Şerifinle dua ediyorum. Rahman ismin ile dua ediyorum. Senin isimlerinden Berr ve Rahîm isminle dua ediyorum. Sana bildiğim ve bilmediğim bütün güzel isimlerinle dua ediyor ve yalvarıyorum ki, benim günahlarımı bağışlamanı ve bana merhamet etmeni diliyorum Rabbim!

Allah'ım! Gazabından, cezandan, kullarının kötülüğünden, şeytanın üşüşmelerinden ve uğramalarından, Allah'ın bütün kusursuz kelimelerine sığınırım.

Allah'ım! Kuvvetimin zayıflığını çarelerimin azlığını, insanlara karşı olan ihtiyaç halimi Sana şikâyet ediyorum. Ey merhametlilerin en merhametlisi!

Allah'ım! Bildiğim ve bilmediğim bütün hayırların dünyada ve ahirette olanını Senden isterim.

Allah'ım! Kulun ve Peygamberin Muhammed (*Sallallahü Aleyhi ve Sellem*)in Senden istediği hayırları Senden isterim, sığındığı şeylerden Sana sığınırım.

Allah'ım! Cenneti ve ona yaklaştırıcı söz ve işleri işlemeyi Senden isterim. Cehennemden ve ona yaklaştıran söz ve işlerden Sana sığınırım. Hakkımda hükmettiğin her bir hükmü benim için hayırlı yapmanı Senden isterim.

Allah'ım! Kabir azabından, göğse gelen vesveselerden, işlerimin dağınıklığından Sana sığınırım.

Allah'ım! Rüzgârların getirdiği şeyin hayırlısını Senden isterim, rüzgârların getirdiği şeyin şerrinden de Sana sığınırım.

Allah'ım! Dinin emrettiği işlerde sabit olmayı Senden isterim, dünya işlerinde güzel tasarruf etmeyi Senden isterim, nimetine şükretmeyi, Sana güzel kulluk yapmayı, sadık sözlü olmayı, tertemiz kalpli olmayı Senden isterim. Bildiğin şeylerin şerrinden Sana sığınırım. Bildiğin şeylerin hayırlısını Senden isterim, bildiğin şeylerin noksanlığından mağfiretimi talep ederim, zira Sen bütün gaybleri en iyi bilensin. Beşeriyetin hidayet ve selameti, bütün müminlerin af ve mağfireti için el-Fâtiha. "

İsra-Miraç Gecesinin Fazileti

Miraç gecesi, Recep ayının yirmi yedinci gecesine rastlayan mübarek gecedir. Bu gece çok ulvi ve kutsi bir gecedir.

Miraç, hüzün senesi olarak isimlendirilen dönemde en büyük koruyucu, destekçisi olan amcası Ebu Talib ile fedakâr hayat arkadaşı Hazreti Hatice annemizin vefatıyla sıkılan, âdeta daralan Resulullah (*Sallallahü Aleyhi ve Sellem*)in 52 yaşında uyanık iken, beden ile hicretten altı ay önce Receb ayının 27. gecesi, Pazartesi günü Mekke-i Mükerreme'de Mescidi Haram'dan Kudüs'e ve oradan göklere ve bilinmeyen yerlere götürülüp, getirilmek suretiyle moral depolanmasıdır.

Bu gece de, ihyası Müstehab gecelerdendir. Namazın farz olması gibi, ümmeti alakadar eden birçok önemli hükmün teşri edildiği ve amcasıyla, eşini peş peşe kaybetmesi sonucu, müşriklerin eziyetlerinin artması nedeniyle hüzne boğulan Resulullah (*Sallallahü Aleyhi ve Sellem*)in en büyük teselliye mazhar kılındığı bir gece, elbette en üst düzeyde kutlanmayı ve ihyayı hak etmiştir.

Miraç gecesi, kulların namaz ile Rabbine yükseleceğine ve müminlerin miracının da namaz olduğu Resulullah (*Sallallahü Aleyhi ve Sellem*)e bildirildiği bir gecedir.

Allahü Teala İsra suresinin 1. ayetinde buyurdu ki:

بِسْمِ اللّٰهِ الرَّحْمٰنِ الرَّح۪يمِ

سُبْحَانَ الَّذ۪ٓي اَسْرٰى بِعَبْدِه۪ لَيْلًا مِنَ الْمَسْجِدِ الْحَرَامِ اِلَى الْمَسْجِدِ الْاَقْصَا الَّذ۪ي بَارَكْنَا حَوْلَهُ لِنُرِيَهُ مِنْ اٰيَاتِنَاۜ اِنَّهُ هُوَ السَّم۪يعُ الْبَص۪يرُ ﴿١﴾

"(Bir mekânda bulunmaktan ve Yüce Zât'ına yakışmayacak her türlü acziyet vasfından takdis ve) **tenzih O Zât'a ki; bir gece**(nin az bir anında, Muhammed) **kulunu Mescid-i Haram'dan** (alıp, Musa *Aleyhisselâm*'dan beri vahyin iniş merkezi ve tüm Peygamberlerin mabedi olması hasebiyle dinî açıdan, ırmaklar ve ağaçlarla çevrili olması itibarıyla da dünyalık bakımından) **etrafını bereketli kıldığımız o Mescid-i Aksa'ya götürmüştür. Tâ ki ona** (bir aylık yola bir gecede ulaşma, Beyt-i Mukaddes'i ziyaret, bütün Peygamberleri diri olarak görme, yedi kat semada onların makamlarına uğrama ve Cemâlimizi müşahede etme gibi) **bazı âyetlerimizi gösterelim diye!**

Şüphesiz ki O, (tüm sözleri, özellikle Resulullah *Sallallahü Aleyhi ve Sellem*'in dualarını ve müşriklerin miraç dönüşü ona neler dediklerini) **hakkıyla işiten de,** (bütün işleri, bâhusus Resulullah *Sallallahü Aleyhi ve Sellem*'in miraca mazhar kılınmasına vesile olacak kıymetli amellerini) **tam manasıyla gören de ancak O'dur."**

Bu mübarek ayet, yaratılmışların en şereflisi olan yüce Peygamberimizin bir nice kudret ve azamet eserlerini görmesi için geceleyin Mescidi Aksa'ya götürülmüş olduğunu beyan buyurmaktadır.

İsra, lügatte, gece yürüyüşü demektir. Istılahta ise, Resulullah (*Sallallahü Aleyhi ve Sellem*)in Mescid-i Haramdan Mescid-i Aksa'ya götürülmesi olayıdır.

Miraç ise, yükseğe çıkmak ve merdiven manalarına gelir. Istılahta ise, Peygamber (*Sallallahü Aleyhi ve Sellem*)in Mescid-i Aksa'dan göklere ve oradan da yüce makamlara çıkartılması hadisesidir. Miraç denince, isra da içine girer.

Bu gecede yüce Peygamberimiz, zaman ve mekândan münezzeh olan Yüce Allah'ın tecellilerine, ilâhi hitaplarına kavuşmuş, bir nice kutsî ayetleri, alâmetleri görmeye muvaffak olmuştur. Bütün Müslümanlar, her sene Miraç gecesine tesadüf eden bu mübarek geceyi kutlamaya çalışırlar, bu gecede ibadet ve itaatte bulunmayı büyük bir nimet bilirler, günahlarından tövbe etmeyi, insaniyete hizmette bulunmayı mühim bir vazife kabul ederler.

Resulü Ekrem'in bu miracı, uyanık bir halde ruh ve cesetle beraber gerçekleşmiştir. O yüce Peygamberin bir gece içinde Mescidi Haram'dan Mescidi Aksa'ya götürülmüş olduğu İsra suresinin 1. ayeti ile sabittir ki, inkâr eden kâfir olur. Mescidi Aksa'dan göklere, Sidretü'l-Münteha'ya götürülmüş, orada Allah'ın tecellilerine kavuşmuş olduğu da meşhur hadisler ile sabittir. Binaenaleyh bunu inkâr edenler de Ehli Sünnet'ten çıkmış ve sapıtmış olurlar. O yüce Peygamberin bu gecede Arş ve Kürsü'yü, cennet ile cehennemi seyretmiş olduğu da hadisi şerifle sabittir ki, bunu inkâr edenler de hata etmiş sayılırlar.

Hadislerde verilen bilgiye göre Peygamber (*Sallallahü Aleyhi ve Sellem*), Yatsı'dan sonra, Kâbe'de Hatim'de[1] ya da amcasının kızı Ümmü-hani binti Ebi Talib'in evinde yatıyordu. Cebrail (*Aleyhisselâm*) Resulullah (*Sallallahü Aleyhi ve Sellem*)in yanına geldi ve: ""Ey muhterem Nebi! Esirgeyici olan Rabbin huzuruna varmak için kalk, melekler seni bekliyor" dedi.

[1] Hatim'de yatarken bir yanında Hazreti Hamza, diğer yanında Cafer-i Tayyâr yatıyordu. Resulullah (*Sallallahü Aleyhi ve Sellem*) meleğin: "Şu üç kişiden ortada olanı kaldırın" sesini işitti.

Sonra Resulullah (*Sallallahü Aleyhi ve Sellem*)in mübarek göğsünü göbeğine kadar yardı, kalbini Zemzem ile üç defa yıkadıktan sonra içinde sıkıntı verecek ne varsa hepsini temizleyip dışarı attı. Sonra içi iman ve hikmet dolu altın bir tas getirdi, onu kalbin içine boşalttı. Cebrail (*Aleyhisselâm*) Resulullah (*Sallallahü Aleyhi ve Sellem*)in kalb-i şerifini yerine koydu ve eliyle mesh ettiğinde kalbi iyi oldu. O anda Resulullah (*Sallallahü Aleyhi ve Sellem*) hiçbir acı çekmedi. Sonra Cebrail (*Aleyhisselâm*) ile Resulullah (*Sallallahü Aleyhi ve Sellem*) mescidin kapısına geldiler. Orada Burak isimli bir hayvan, başında da Mikail (*Aleyhisselâm*) vardı. Burak, merkepten büyük, katırdan küçük, beyaz bir hayvan idi. İki bacağında iki kanat vardı. Üzerinde eyer, başında yular vardı. Bu hayvana bindi. Mikail (*Aleyhisselâm*) de hayvanın başındaki yuları tutuyordu. Cebrail (*Aleyhisselâm*) sağında, Mikail (*Aleyhisselâm*) önde hareket ettiler. Burak çok hızlı giden bir binekti. Öyle ki, ayaklarını gözünün alabildiği en son noktaya atıyordu. Rampa aşağı vadiye inerken ön ayakları uzar, arka ayakları kısalırdı. Yokuşu çıkarken arka ayakları uzar, ön ayakları kısalırdı.

Nihayet hurmayla kaplı bir araziye geldiler. Cebrail (*Aleyhisselâm*), Resulullah (*Sallallahü Aleyhi ve Sellem*)e: "Burada in ve namaz kıl!" dedi. Resulullah (*Sallallahü Aleyhi ve Sellem*) inip namaz kıldı. Sonra burağa bindi. Cebrail (*Aleyhisselâm*): "Nerede namaz kıldığını biliyor musun?, Sen Medine'de namaz kıldın. Orası hicret edeceğin yerdir!" dedi. Bundan sonra geçen hadiseyi Resulullah (*Sallallahü Aleyhi ve Sellem*)in mübarek ağızlarından dinleyelim:

"Yine hayvan göz ucuyla görebildiği uzaklığa adım atarak

bizi süratle götürdü ve bir yere geldik. Cibril (*Aleyhisselâm*) "Burada in ve namaz kıl" dedi. Bende öyle yaptım. Sonra tekrar bindim. Cebraîl (*Aleyhisselâm*) bana: "Nerede namaz kıldığını biliyor musun?" dedi. "Allah bilir" dedim. "Sen Medyen şehrinde, Allah'ın Musa (*Aleyhisselâm*)a hitap ettiği ağacın yanında namaz kıldın" dedi.

Yine hayvan göz ucuyla görebildiği en son yere ayağını atarak bizi hızla götürdü ve Cebrail (*Aleyhisselâm*): "Burada in ve namaz kıl" dedi. Bende kıldım ve tekrar burağa bindim. Cebraîl (*Aleyhisselâm*) bana: "Nerede namaz kıldığını biliyor musun?" dedi. "Allah bilir" dedim. "Sen, Allah'ın Musa (*Aleyhisselâm*) ile konuştuğu Tur-i Sînâ'da namaz kıldın" dedi.

Yine hayvan göz ucuyla görebildiği en son yere ayağını atarak bizi hızla götürdü ve bizi sarayları görünen bir toprağa ulaştırdı. Cebrail (*Aleyhisselâm*): " Burada in ve namaz kıl " dedi. Bende kıldım ve tekrar burağa bindim.

Cebrail (*Aleyhisselâm*) bana: "Sen, İsâ (*Aleyhisselâm*)ın doğduğu Beyt-i Lahm şehrinde namaz kıldın" dedi.

Nihayet Mescd-i Aksa'ya[1] geldik. Cebrail (*Aleyhisselâm*), Beytü'l-Makdis'in kıblesine gelip hayvanı orada bulunan bir halkaya bağladı. Sonra mescide güneş ve ayın meylettiği kapıdan girdik. Mescidde Allah'ın dilediği kadar namaz kıldım ve orada diğer Peygamberlerin ruhları temessül etti. Burada Hazreti İbrahim, Hazreti Musa, Hazreti İsa ve diğer bazı Peygamberler tarafından karşılandık. Bize selâm verdiler.

---

[1] ***Mescidi Aksa***: Kudüs'teki Beytü'l–Makdis'tir. Kâbe'den sonra yeryüzünde yapılan ikinci mabettir. Mescidi Aksa denilmesi Kâbe'ye bir aylık mesafede bulunmasındandır. Mescidi Aksa, Peygamberlerin toplandığı, ilâhi vahiylerin indiği mübarek bir yer olduğu için, Miraçta Peygamberimizin yol uğrağı olmuştur.

Ben de selâmlarına karşılık verdim. Cebrail (*Aleyhisselâm*) bana: "Öne geç ve Nebilere iki rekât namaz kıldır" dedi. Ben de imam olup namazı kıldırdım.

Cebrail (*Aleyhisselâm*), Resulullah (*Sallallahü Aleyhi ve Sellem*)e: "Kureyşîler Allah'ın bir şeriki (ortağı) bulunduğunu, Hıristiyanlar da Allah'ın bir oğlu olduğunu iddia ediyorlar! Sen, şu peygamberlere sor bakalım: Yüce Allah için, şerik veya oğul olur mu?" dedi. Resulullah (*Sallallahü Aleyhi ve Sellem*) onlara sordu. Onlar; "Biz tevhid ile Allah'ın bir oluşu inancını tebliğ etmek üzere gönderildik!" dediler.

Daha sonra Resulullah (*Sallallahü Aleyhi ve Sellem*)e iki kap getirildi ki; kabın birisinde şarap, diğerinde süt vardı. "Bunlardan hangisini istersen, al!" denildi. Resulullah (*Sallallahü Aleyhi ve Sellem*) onlara baktı. Şarabı bırakıp sütü aldı, içti. Cebrail (*Aleyhisselâm*), Resulullah (*Sallallahü Aleyhi ve Sellem*)e: "Sen fıtratı seçtin, fıtrata isabet ettin, fıtrata yöneltildin! Hamdolsun Allah'a ki, Seni fıtrata yöneltti. Eğer Sen, şarabı almış olsaydın, Sen'den sonra ümmetin azardı. Sütü tercih etmekle Sen de fıtratla yöneltildin, ümmetin de fıtrata yöneltildi. Şarap size haram kılındı!?" dedi.

Cebrail (*Aleyhisselâm*), Resulullah (*Sallallahü Aleyhi ve Sellem*)i Beytü'l-Makdis'teki Sahra'nın üzerine çıkardı. Resulullah (*Sallallahü Aleyhi ve Sellem*), orada tabanı Sahrada, tepesi semada, meleklerin inip çıktıkları, bakanların ondan daha güzel bir şey görmedikleri bir Mirac'ın kurulu olduğunu gördü!

Bundan sonra geçen olayı Resulullah (*Sallallahü Aleyhi ve Sellem*)in mübarek ağızlarından dinleyelim:

-"Bundan sonra Miraç (bir tür merdiven) getirildi. O miraç, ölülerinizin, ölürken gözlerini diktikleri şeydir. Ölülerin ruhları da bu merdivenden yukarı çıkar. Cebrail (*Aleyhisselâm*), beni kanadının üstüne koydu ve bu merdivenden Hafaza diye anılan kapıya kadar çıkardı."

Resulullah (*Sallallahü Aleyhi ve Sellem*)in Sidretül-Müntehâ'ya kadar göklere yükselişi hep bu Miraç ile olmuştur.

Dünya semasına varılınca, Cebrail (*Aleyhisselâm*), semanın açılmasını istedi ve orada şöyle bir konuşma geçti. İçerden soruldu:

- Sen kimsin?
- Ben Cebrail'im.
- Yanında kimse var mı?
- Yanımda Muhammed (*Sallallahü Aleyhi ve Sellem*) var!
- O, (Miraç için) gönderildi mi?
- Evet.
- Hoş geldin, safa geldin! Bu geliş ne iyi geliştir!

Hemen kapıyı açtılar ve Beni selâmladılar. Bir de ne göreyim semayı muhafaza eden İsmail isminde müvekkel büyük bir melek, yanında yetmiş bin melek ve o meleklerden her birinin yanında da yüz bin melek var.

Bunlardan ayrılınca; kapı açılıp dünya semasının üstüne çıktıkları zaman, orada oturan, sağında ve solunda birtakım karaltılar bulunan, sağına baktıkça gülen, soluna baktıkça da ağlayan bir zât ile karşılaşırlar.

Cebrail (*Aleyhisselâm*), Resulullah (*Sallallahü Aleyhi ve Sellem*)e: "O'na selam ver!" dedi. Resulullah (*Sallallahü Aleyhi ve Sellem*) de selam verdi, O da selâmına mukabele etti ve: "Hoş geldin safa geldin ey salih Peygamber! Ey salih oğlum!" diye karşıladı.

- ...'Ya Cebrail, bu kimdir' diye sorduğunda,

- "Baban Âdem'dir. Sağındaki ve solundaki şu karaltılar da, O-nun soyundan gelen çocuklarının ruhlarıdır. Onlardan, sağında olanlar cennetlik, solunda olan karaltılar da cehennemliktir-ler! Sağına bakınca güler, soluna bakınca da ağlar!" dedi.

Sonra ikinci kat semaya çıktık. Orada Yusuf (*Aleyhisselâm*) ile buluştuk. Yanında ümmetinden kendisine tabi olanlar da vardı. Yüzü ayın on dördü gibiydi. Onunla da selâmlaştık."

Resulullah (*Sallallahü Aleyhi ve Sellem*), üçüncü kat sema-da iki teyzezâde Yahya ve İsa (*Aleyhimesselam*) ile, dör-düncü kat semada İdris (*Aleyhisselâm*) ile, beşinci kat sema-da Harun (*Aleyhisselâm*) ile ve altıncı kat semada Hazreti Musa (*Aleyhisselâm*) ile görüştü. Musa (*Aleyhisselâm*), uzun boylu, esmer tenli, kulaklarına kadar uzanan düz saçlı, hafif etli idi. Karşılaştığı Peygamberlerin hepsi "Hoş geldin ey salih kardeş, salih Nebi" dediler.

Ben onun yanından geçince ağladı. Kendine:

- "Niye ağlıyorsun?" denildi. Şöyle cevap verdi:

- "Çünkü, benden sonra bir delikanlı Peygamber oldu. O-nun ümmetinden cennete gidecekler benim ümmetimden cennete gideceklerden daha çok!"[1]

Resulullah (*Sallallahü Aleyhi ve Sellem*) anlatmaya devam ediyor: "Daha sonra yedinci kat semaya geçtik. Orada İbra-him (*Aleyhisselâm*) ile buluştum. Sırtını Beytü'l-Mamur'a[2] dayamış; Beyt-i Mamur'un kapısının önündeki bir kürsü üzerinde oturuyordu. Beni selâmladı: "Hoş geldin ey salih

---

[1] Nesâî, Salât, 1; Heysemî, Mecmeuzzevâis, 10/71

[2] ***Beytül-Ma'mur***: Yedinci kat gökteki melekler tarafından tavaf edilen mabettir

Nebi!.. Hoş geldin ey salih evlât" dedi. O'na, soyundan gelen çocuklarından simaca en çok benzeyeni de, Resulullah (*Sallallahü Aleyhi ve Sellem*) idi. Burada Bana denildi ki: "İşte Senin ve ümmetinin mekânı."

Sonra Beytü'l Mamur'a girdim, içinde namaz kıldım. Bu beyti her gün yetmiş bin melek tavaf eder ve bir daha kıyamete kadar tavaf için bunlara sıra gelmez."

Resulullah (*Sallallahü Aleyhi ve Sellem*), burayı anlatırken şu âyet-i kerimeyi okudular: "**Rabbinin askerlerinin** (adedini) **ancak Rabbin bilir**." [Müddesir Suresi, 31]

Peygamberimiz yedinci kat semada gördüklerini anlatmaya devam ediyor: Cebrail (*Aleyhisselâm*), Resulullah (*Sallallahü Aleyhi ve Sellem*)i, yedinci kat göğün üzerinde bulunan ve Allah'tan başkasınca bilinmeyen makamlara yükseltti. Sidretü'l-Müntehâ'ya[1] kadar yükseltti.

---

[1] ***Sidretül-Münteha***, kökü altıncı kat gökte, gövdesi ve dalları yedinci kat göğün üzerinde, gölgesiyle bütün gökleri ve Cenneti gölgeleyen, yaprakları fil kulakları gibi, meyveleri küpler kadar bir ağaçtır ki, onu Yüce Allah'ın celâl ve azamet nurunun tecellisi kaplamış, öyle renklere bürümüş, yakut veya zümrüt veya benzeri cevherlere çevirmiş, o kadar güzelleştirmişti ki, Allah'ın yarattıklarından hiçbiri, onun güzelliğini tavsif edemez.

Sidretül-Münteha, insanların ve diğer varlıkların ilminin kendisinde son bulup, varlık âlemini sınırlandıran bir işarettir. Yedinci kat gökte ve Resulullah (*Sallallahü Aleyhi ve Sellem*)in ulaştığı en son makam ve yer

Meleklerin ve Peygamberlerin bilgilerinin ulaşabildiği en son noktadır. Yalnız Resulullah (*Sallallahü Aleyhi ve Sellem*)e oradan daha öteye Kab-ı Kavseyn'e kadar ulaşma imkânı verilmiştir. Bu hususa Necm suresinin 10–18. ayetlerinde şöyle temas edilir: "**Şimdi O'nun gördüğü hakkında Onunla mücadele mi edeceksiniz?**

Cebrail (*Aleyhisselâm*) Bana: "İşte bu Sidretü'l-Müntehadır! Ümmetinden Senin sünnetin üzere gidenlerin yükseleceği en son makam burasıdır. Burada dört nehir vardır; ikisi bâtınî (gizli) nehir, ikisi zâhirî (açık) nehir!"

Ben sordum:

- "Bunlar nedir, ey Cebrail?"

Cebrail (*Aleyhisselâm*) dedi ki:

- "Zâhirî olanların biri Nil, diğeri Fırat'tır. Şu iki bâtınî nehir cennetin iki nehri olan Kevser ve Rahmet'tir. Rahmet nehrinde yıkandım. Geçmiş ve gelecek günahlarım affedildi. Sonra, Kevser yolunu tutarak Cennete girdim. Orada göz görmedik, kulak işitmedik, beşerin hayal ve hatırına gelemeyecek olan şeyler gördüm!"

Varlıkların ilmi oraya kadardır, o son noktadır. Onun ötesi sadece Allahü Teala'nın bileceği bir âlemdir. Ondan ötesine ne bir melek, ne de başka kimse geçer. Bütün melek ve Peygamberlerin ilmi onda son bulur.

Cebrail (*Aleyhisselâm*), "Buradan bir parmak ucu ileri geçecek olursam yanarım" diyerek Sidretül-Münteha'da kaldı.

Resulullah (*Sallallahü Aleyhi ve Sellem*) tek başına kalmıştı. Lâhut âleminin bu en yüksek yerinde Refref -ki, cennetten getirilmiş ve bütün ufku kaplayan yemyeşil bir ipek döşekile Allah'ın dilediği yere geldi.

And olsun ki onu bir kere daha hakiki suretinde gördü. Sidre-i Münteha'da gördü. Ki, O'nun yanında Me'va cenneti vardır. O zaman Sidre'yi Allah'ın nuru kaplamıştı. Gözü ne şaştı, ne de başka bir şeye baktı. And olsun ki Rabbinin ayetlerinden en büyüklerini gördü. "

Resulullah (*Sallallahü Aleyhi ve Sellem*) şöyle buyurdular: "Sidre'den sonra öyle bir yere yükseldim ki, kaza ve kaderi yazan kalemlerin çıkardıkları sesleri duydum. Arşın altına geldiğimde, Arşın üstüne baktım; ne zaman var, ne mekân, nede cihet."

Hiçbir beşerin ve meleğin ulaşamayacağı bir yakınlık ile âlemlerin Rabbi Aziz ve Celil olan Allah'a yaklaştı. O makamda Allahü Teala O'na, en büyük lütfu olan Cemâlini gösterdi. Resulullah (*Sallallahü Aleyhi ve Sellem*) Allahü Teala'yı gördü ve secdeye kapandı.

Sonra Resulullah (*Sallallahü Aleyhi ve Sellem*) şöyle buyurdular: "Rabbimin şu lâhuti sesini işittim: "Yaklaş ey Muhammed!" Ben de Kâb-ı Kavseyn[1] miktarı yaklaştım. Rabbimin ilhamı ile şunları okudum:

اَلتَّحِيَّاتُ لِلّٰهِ وَالصَّلَوَاتُ وَالطَّيِّبَاتُ

[*et-Tehiyyâtü lillâhi vessalevâtü vettayyibât.*]

- "Bütün dualar ve övgüler (veya bütün mülkler), bedeni ve malî ibadetler Yüce Allah'a mahsustur, bunlara başkaları hak kazanamaz."

Allahü Teala'da Bana şöyle karşılık verdi:

اَلسَّلَامُ عَلَيْكَ اَيُّهَا النَّبِيُّ وَرَحْمَةُ اللّٰهِ وَبَرَكَاتُهُ

[*es-Selâmü aleyke eyyühennebiyyü ve rahmetullahi ve berakâtüh.*]

---

[1] ***Kâb-ı Kavseyn***: İmkân ve vücub ortasında bir makam. İki yay uzaklığı mesafesi. Bu safhada Necm suresinin 7–9. ayetlerinde şöyle anlatılır: "**O ufkun en yukarısında idi. Sonra indi ve yaklaştı. Nihayet kendisine iki yay kadar, hatta daha yakın oldu. Sonra da vahyolunacak şeyi Allah kuluna vahyetti. O'nun gördüğünü kalbi yalanlamadı.**"

- “Selam da, Yüce Allah’ın rahmet ve bereketleri de, ey şanlı Peygamber, Sana aittir.”

Ben de (bu iltifattan ümmetimi mahrum bırakmamak için) şöyle dedim:

اَلسَّلَامُ عَلَيْنَا وَعَلٰى عِبَادِ اللّٰهِ الصَّالِحِينَ

[*es-Selâmü aleynâ ve alâ ıbâdillahıssâlihîn.*]

“Selam hem bizlere, hem de Yüce Allah’ın sâlih kullarına olsun.”

Bu karşılıklı konuşmayı işiten Cebrail (*Aleyhisselâm*) da:

اَشْهَدُ اَنْ لَا اِلٰهَ اِلَّا اللّٰهُ وَاَشْهَدُ اَنَّ مُحَمَّدًا عَبْدُهُ وَرَسُولُهُ

[*Eşhedü en lâ ilâhe illallâhü ve eşhedü enne Muhammeden abdühü ve Rasûlüh.*]

- “Şehadet ederim ki, (kesinlikle bilirim ki) Yüce Allah’tan başka gerçek mabut yoktur. Yine şahadet ederim ki, Hazreti Muhammed (*Sallallahü Aleyhi ve Sellem*), Yüce Allah’ın kuludur ve Peygamberidir” dedi.

Peşinden bütün melekler de onun bu şahadetini söylediler.

Allahü Teala'nın huzuruna kabul edildiğinde kendisine:

(1) Ümmetinden şirk koşmamak şartı ile “Lâ İlâhe İllallah” diyen her Müslüman’ın cennete girebileceği müjdelendi.

(2) Bakara suresinin son ayetleri (Âmenerrasûlü) verildi.

(3) Her gün kılınmak üzere elli vakit sevabına denk olan beş vakit namaz farz kılındı.

(4) İsra suresinin 22-39. ayetlerinde bahsedilen 12 adet İslam prensibini getirmiştir.

(5) İyi amele niyetlenen kişiye -onu yapmasa bile- bir sevap; eğer yaparsa on sevap yazılacağı; fakat kötü amele niyetlenen kişiye -onu yapmadığı müddetçe- hiçbir günahın yazılmayacağı; ancak işlediği zaman da sadece bir günah yazılacağı müjdesini getirdi.

(6) Miraç gecesi Allahü Teala ile karşılıklı selamlaşma ve sohbetlerinden bazı sözleri getirmiştir ki, et-Tehiyyatü diye meşhur olan bu sözler, bütün namazlarda teşehhütte otururken okunmakla, Miraç'ta Allahü Teala ile Resulullah (*Sallallahü Aleyhi ve Sellem*) arasındaki o kutsî sohbeti hatırlatmakta ve benzeri bir mükâlemeye namaz kılanı mazhar etmektedir.

Resulullah (*Sallallahü Aleyhi ve Sellem*)in Miraçtan dönerken getirdiği bu hediyelere sahip çıkmalı, onları gözbebeğimiz gibi korumalıyız. Bir müminin günde beş vakit namaz kılması demek, Allahü Teala'nın hediyesini kabul etmesi demektir.

Bu saydığımız hediye ve ihsanlardan başka, insanlığın muhtaç bulunduğu esaslar, Miraç hadisesinden bahseden İsra suresinde anlatılmaktadır.

İtikat, ahlak, iktisat ve siyaset gibi cemiyet nizamının belkemiği olan, milletleri huzur içinde yaşatıp, mihnet, zillet ve buhranlardan kurtuluşunu sağlayan aşağıda anlatacağımız esas ve hükümler Resulullah (*Sallallahü Aleyhi ve Sellem*)e vahiy yoluyla tebliğ edilmiştir. Bu esaslar şunlardır:

(1) **Allah ile beraber diğer bir ilah edinme! Sonra kınanmış ve kendi başına bırakılmış olursun.**

(2) **Rabbin, sadece kendisine kulluk etmenizi, ana-babanıza da iyi davranmanızı kesin bir şekilde emretti.**

(3) **Akrabaya, yoksula, yolcuya hakkını ver.**

(4) **Eli sıkı olma; büsbütün eli açık da olma. Sonra kınanır,** (kaybettiklerinin) **hasretini çeker durursun.**

(5) **Geçim endişesi ile çocuklarınızın canına kıymayın. Biz, onların da sizin de rızkınızı veriniz. Onları öldürmek gerçekten büyük bir suçtur.**

(6) **Zinaya yaklaşmayın. Çünkü o, bir hayâsızlıktır ve çok kötü bir yoldur.**

(7) Haklı bir sebep olmadıkça Allah'ın muhterem kıldığı cana kıymayın. Bir kimse zulmen öldürülürse, onun velisine (hakkını alması için) **yetki verdik. Ancak veli de kısasta ileri gitmesin. Zaten** (kendisine bu yetki verilmekle) **o, alacağını almıştır.**

(8) Yetimin, ergenlik çağına erişinceye kadar malına ancak en güzel bir niyetle yaklaşın.

(9) Verdiğiniz sözü yerine getirin. Çünkü verilen söz, sorumluluğu gerektirir.

(10) Ölçtüğünüz zaman tastamam ölçün ve doğru terazi ile tartın. Bu, hem daha iyidir, hem de neticesi bakımından daha güzeldir.

(11) Hakkında bilgin bulunmayan şeyin ardına düşme. Çünkü kulak, göz ve gönül, bunların hepsi ondan sorumludur.

(12) Yeryüzünde böbürlenerek dolaşma. Çünkü sen, (ağırlık ve azametinle) **ne yeri yarabilir ne de dağlarla ululuk yarışına girebilirsin.**

Resulullah (*Sallallahü Aleyhi ve Sellem*), Rabbinden birçok vahiyler alarak, aynı yollardan geri döndü. Hazreti Musa-nın yanına gelince; Hazreti Musa, "Allah Sana neler emret-ti" diye sordu. Resulullah (*Sallallahü Aleyhi ve Sellem*) de elli vakit namazla emrolunduğunu söyledi. Hazreti Musa: "Ey Allah'ın Resulü! Elli vakit namaz çoktur. Bu, senin ümmetine aşırı gelir, yapamazlar. Rabbine iltica et de hafifletsin." dedi. Bunun üzerine Resulullah (*Sallallahü Aleyhi ve Sellem*) tekrar geri dönüp namazın hafifletilmesini istedi. Önce on vakit kaldırdı. Resulullah (*Sallallahü Aleyhi ve Sellem*) Hazreti Musa'nın yanına gelip durumu bildirince; Hazreti Musa, bunun da çok olacağını söyledi. Bu şekil üzere Resulullah (*Sallallahü Aleyhi ve Sellem*) birkaç kere geri dönerek Rabbine iltica etti. Böylece; namaz beş vakte kadar indirildi.

Daha sonra Musa (*Aleyhisselâm*) Bana dedi ki:

- Senin ümmetin her gün beş vakit namaza da tâkat getiremez. Vallahi Ben, Senden önce insanları tecrübe ettim. İsrailoğullarına muamelelerin en şiddetlisini uyguladım, fakat muvaffak olamadım. Rabbine dön, hafifletme talep et!

Ben de dedim ki:

- Rabbimden çok fazla talepte bulundum! Artık utanıyorum, daha hafifletmesini isteyemem! Ben beş vakte razıyım. Allah'ın emrine teslim oluyorum!

Musa (*Aleyhisselâm*)ı geçer geçmez bir münadi (Allah adına) nida etti:

- Farzımı kesinleştirdim, kullarıma hafiflettim de!

Bir rivayette şu ziyade geldi:

- Namazlar (günde) beş (vakit)tir. Ve onlar (sevap bakımından) ellidir de. Artık katımda hüküm değişmez!"[1]

Bundan sonra yeniden Refref ile Sidretü'l-Münteha'ya, oradan Burak'la Kudüs'e, oradan da Mekke'ye döndürüldüm.

Resulullah (*Sallallahü Aleyhi ve Sellem*) ertesi günü Miraç olayını anlattı. Olayı duyan müşrikler yoğun bir kampanya başlatarak Resulullah (*Sallallahü Aleyhi ve Sellem*)i suçlamaya, alaya almaya başladılar. Bu kampanya bazı Müslümanları da etkileyerek şüpheye düşürdü. Olayın gerçek olup olmadığını araştırmak isteyenler Beytü'l-Makdis'e ve Mekke'ye gelmekte olan bir kervana ilişkin sorular sorarak Resulullah (*Sallallahü Aleyhi ve Sellem*)i sınadılar. Resulullah (*Sallallahü Aleyhi ve Sellem*)in verdiği bilgilerin doğruluğu Müslümanları şüpheden kurtardıysa da, müşriklerin inatlarını kırmaya yetmedi.

---

[1] Buharî, Enbiya, 22, 43; Müslim, İman, 264, Tirmizî, Tefsir, 3343

Resulullah (*Sallallahü Aleyhi ve Sellem*) buyurdu ki: "Ben, İsra ve Miracı anlatınca Kureyşliler beni yalanladı. Bana, gidip geldiğim yerlerden ve Mescid-i Aksa'dan sorular sordular. Hâlbuki Ben, Mescid'i Aksa'nın hiç bir özelliğini tespit etmemiştim. Bu sebepten müşkül durumda kalıyordum. Allahü Teala, Bana Mescid-i Aksa'yı gösterdi. Ben de Kureyşlilerin bütün sorularına cevap verdim."

Sahih rivayetlere göre; Kureyşliler, Mescid-i Aksa'nın kapı, pencere ve cihet gibi her özelliğini soruyorlar; Resulullah (*Sallallahü Aleyhi ve Sellem*) de teker teker cevap veriyordu. Buna rağmen buna da inanmadılar. "Biz Sana Şam'dan gelmekte olan develerimizi soracağız; bize onlardan haber ver" dediler. Resulullah (*Sallallahü Aleyhi ve Sellem*) şöyle cevap verdi: "Evet, falan kimselerin kervanına rastladım. 'Revha' isimli mevkide idi. Bir deve yitirmişler, onu arıyorlardı. Aralarında bir su kabı vardı. Susadım, o kabı alıp su içtim ve kabı yerine koydum. Geldiklerinde sorun bakalım, kabın içinde önceki sudan bir şey kalmış mı?" O anda kervan, Resulullah (*Sallallahü Aleyhi ve Sellem*)e gösterildi. O da, kervanın nicelik ve durumuna dair haber verdi ve şöyle buyurdu: "İçlerinden boz renkli bir deve önde olarak, falan gün güneşin doğmasıyla beraber gelecekler."

Resulullah (*Sallallahü Aleyhi ve Sellem*)in haber vermiş olduğu o gün; müşrikler sabahın erken saatlerinde "Seniyye" tepesine doğru çıktılar. Güneş ne zaman doğacak da Muhammed (*Sallallahü Aleyhi ve Sellem*)i yalancı çıkaracağız diye, bekliyorlardı. Derken; içlerinden birisi, "Güneş doğdu" diye haykırdı. Tam o sırada bir diğeri de, "İşte kervan geliyor, önlerinde boz renkli bir deve tıpkı söylediği gibi" diye bağırdı. Bu da ayrı bir mucize olmuştu. Hal böyle iken, müşrikler yine iman etmediler. "Bu açık bir sihirdir" dediler.[1] Miraç olayı inatlarını ve düşmanlıklarını artırarak onlar için bir fitne nedeni oldu. Bu olay karşısındaki tutumu nedeniyle Hazreti Ebubekir (*Radıyallahü Anh*), Resulullah (*Sallallahü Aleyhi ve Sellem*)ce "Sıddîk" lakabıyla onurlandırıldı. Olayı Hazreti Ebubekir (*Radıyallahü Anh*)e anlatarak hâlâ inanmaya devam edip etmeyeceğini soran müşriklere "O söylüyorsa şüphesiz doğrudur" cevabını vermişti.[2]

Yüce yaratıcının kudret ve büyüklüğünü düşünen, bu içinde yaşadığımız dünyada bile nice kudret harikalarının gözler önünde tecelli edip durduğunu gören aydın kimseler için miraç harikasını inkâr etmek, imkânsız görmek asla mümkün değildir.

Evet.. Gök cisimlerinin varlığını, süratli hareketlerini görüp biliyoruz. Özellikle güneşin ne kadar süratle hareket ettiği ve ondan yayılan ışıkların birkaç dakika içinde yeryüzünü kapladığı görülüp durmaktadır. İnsanların bile bir takım maddi vasıtalar ile ne kadar yükseklere az bir zaman içinde uçup gittikleri görülmektedir. Bütün bunlar, Cenabı Hakk'ın bu kâinata verdiği özellikler sayesinde meydana gelmektedir. Artık bu kadar muazzam kâinatı var eden bir yüce yaratıcı dilediği muhterem bir kulunu dilediği makamlara yükseltemez mi? Bunun aksini iddia, Allah'ın kudretini inkârdan başka bir şey değildir.

---

1 Ahmed bin Hanbel, el-Müsned, 1/309; Beyhakî, Delâilün-Nübüvve, 2/363

2 Hâkim, Müstefrek, 3/62-63; Beyhakî, Delâilün-Nübüvve, 2/361

Miraç olayının gerçekleştiği gece Müslümanlarca kadir gecesinden sonra en kutsal gece sayılmış ve bu gecenin ibadetle ihyası gelenekleşmiştir. Osmanlılar döneminde, camiler kandillerle donatıldığı için Miraç kandili olarak anılan geceyi izleyen gün, cami ve tekkelerde Miraç olayını anlatan ve Miraciye adı verilen şiirlerin okunması, dinleyenlere süt ikram edilmesi de bir gelenek olmuştur.

Cennet ve Cehennemdekilerin Durumu:

✦ Miraç gecesinde Resulullah (*Sallallahü Aleyhi ve Sellem*)e cennet ile cehennemin durumları şöyle gösterildi: "Suyu soğuk ve misk gibi kokan bir dereye geldiğinde güzel bir ses işitti ve Cebrail (*Aleyhisselâm*)e bu sesin ne olduğunu sordu. Cebrail (*Aleyhisselâm*):

"Bu ses cennetin sesi. 'Ey Rabbim! Bana vermeyi vaat ettiğini ihsan et' diyor, dedi.

Başka bir dereye geldiğinde, çirkin bir ses işitti ve çirkin bir koku duydu.

- 'Ey Cebrail! Bu ses nedir?' diye sorunca,
- 'Bu ses de cehennemin sesi. 'Ey Rabbim! Bana vaad ettiğini ver' diyor, cevabını aldı.'

Cennet bekçisi Rıdvan'ı gördüm. Ne zaman ki, o Beni gördü. Beni ferahlandırdı, Beni merhabaladı ve cennete girdirdi. Allahü Teala'nın dostları için gözlerin görmediği, kulakların işitmediği cennet için vaat etti.

✦ Yedinci kat yerde olsa da cehennem Bana gösterildi. O vakit kapısı üzerine 'Muhakkak cehennem onların hepsi için vaat olunmuş yerdir' yazılmıştır.

Resulullah (*Sallallahü Aleyhi ve Sellem*) buyurdu ki: "Yüzüme gülmeyen bir melek gördüm. Ey kardeşim Cibril bu kimdir?" dedim.

- "Cehennem bekçisi Malik'tir" dedi. Allahü Teala'nın, cehennemi yarattığı günden beri hiç gülmemiştir. O, Senden önce veya Senden sonra şayet bir kimseye gülümsemiş olsaydı, elbette Sana da gülümserdi. Fakat o, gülmez, gülümsemez bir melektir.

Cebrail (*Aleyhisselâm*) ona:

- "Ey Malik! Bu, Muhammed (*Sallallahü Aleyhi ve Sellem*)-dir. O'na selam ver" dedi ve Bana selam verdi.

Cebrail (*Aleyhisselâm*)a:

- "Cehennemi bana göstermesini ona emretmez misin?" diye sormuştu. Cebrail (*Aleyhisselâm*) da: "Olur!" diyerek Cehennemin bekçisi Malik'e: "Ey Malik! Muhammed (*Sallallahü Aleyhi ve Sellem*)e Cehennemi göster!" demişti. Malik; Cehennem'in üzerinden örtüsünü açınca, Cehennem öyle kaynamaya ve kabarmaya başladı ki, Resulullah (*Sallallahü Aleyhi ve Sellem*) onun gördüğü herşeyi yakalayıp yakıvereceğini sandı. Hemen, Cebrail (*Aleyhisselâm*)a: "Ey Cebrail! Malik'e emret de, onu yerine geri çevirsin!" buyurdu. Cebrail (*Aleyhisselâm*) da, Cehennemi yerine çevirmesi için, Malik'e emretti. O da, Cehenneme: "Sakin ol!" dedi. Cehennem, çıkmış olduğu yerine girince, Malik onun üzerine örtüsünü tekrar örttü. Resulullah (*Sallallahü Aleyhi ve Sellem*); Cehennemdeki susuzluk azaplarını, azap zincirlerini, azap yılan ve akreplerini, oradaki azaplardan daha bazılarını da gördü. Resulullah (*Sallallahü Aleyhi ve Sellem*), bir hadis-i şeriflerinde: "Eğer benim bildiğimi sizler de bilmiş olsaydınız, muhakkak ki, pek az güler ve çok ağlardınız!" buyurmuştur.

✦ (Cehennemde) dilleri kafalarından çıkan bir topluluk gördüm. "Bunlar kimlerdir" dedim. Bu kimseler, yalan yere Allah'ın adıyla yemin edenlerdir.

✦ Saçlarından asılmış kadınlardan bir cemaat gördüm. "Bunlar kimlerdir?" dedim. "Mahremlerinden başkalarına saçlarını örtmeyen kadınlardır" dedi.

✦ Elbiseleri katrandan bir topluluk gördüm. "Bu kadınlar kimlerdir" dedim. "Onlar, ahlakını ve iyiliklerini saymakla beraber ölüsünün arkasından (üstünü yırtarcasına) ağlayanlardır."

✦ Miraç gecesinde başları taşlarla vurularak ezilen, eski halini aldıkça da tekrar ezilmek suretiyle azap edilmekte olan toplulukların yanından geçtim. "Bunlar kimdir ey Cibril!" dedim. "Bunlar (namaza engel hiçbir özürleri yokken, bilerek) farz namazlarını kılmayan, namazdan kaçan kimselerdir" cevabını verdi.

✦ Resulullah (*Sallallahü Aleyhi ve Sellem*)e bir adam gösterildi. O, büyük bir odun yığını biriktirmişti. Taşımaya gücü yetmiyordu. O ise, hâlâ üzerine başka odunlar yığıyordu. Resulullah (*Sallallahü Aleyhi ve Sellem*): "Ey Cebrail bu kişi kimdir?" diye sorduğunda Cebrail (*Aleyhisselâm*): "Bu, Senin ümmetinden insanların emanetlerini yüklenen bir kimsedir. O, aldığı emanetleri taşıyamazken tutar daha fazlasını almaya çalışır" dedi.

✦ Resulullah (*Sallallahü Aleyhi ve Sellem*)e Miraç gecesinde kan akan bir nehir içinde yüzen ve cehennem taşlarını yutan bir kişi gösterildi. Cebrail (*Aleyhisselâm*)a bunun kim olduğunu sordu. Cebrail (*Aleyhisselâm*) de bunun faiz yiyenler olduğunu söyledi.

Bir rivayette ise şöyledir: Bir gurup insan gösterildi. Karınları evler gibi büyüktü. İçinde yılanlar vardı, dışarıdan görünüyordu. Ayağa kalkmak istediklerinde yüz üstü yere kapaklanıyorlardı. Resulullah (*Sallallahü Aleyhi ve Sellem*): "Ey Cebrail, bunlar kimlerdir?" diye sorduğundan Cebrail (*Aleyhisselâm*): "Onlar faiz yiyenlerdir" dedi.

✦ Resulullah (*Sallallahü Aleyhi ve Sellem*)e başka bir gurup insan gösterildi. Önlerindeki bir tencerede güzelce kızarmış tertemiz etler vardı. Öbür yanlarında da kirli bir kazan içinde pişmemiş, kokuşmuş etler bulunuyordu. Onlar, güzel etleri bırakıp, kokuşmuş etleri yiyorlardı. Resulullah (*Sallallahü Aleyhi ve Sellem*): "Ey Cebrail, bunlar kimlerdir?" diye sorduğundan Cebrail (*Aleyhisselâm*): "Onlar Senin ümmetinden temiz ve helal hanımını bırakıp pis ve kötü kadınlara giden erkeklerle, temiz ve helal kocasını bırakıp pis ve kötü erkeklerin yanına giden ve onlarla geceleyen kimselerdir" dedi

✦ Miraç gecesinde Resulullah (*Sallallahü Aleyhi ve Sellem*)e ön ve arkalarında suçlarını bildiren tabela asılı bulunan, koyunların ot yedikleri gibi yayılan ve zehirli kurumuş diken ve zakkum ile cehennemin kızdırılmış taşlarını yiyen kimseler gösterildi. Cebrail (*Aleyhisselâm*)a bunların kim olduğunu sordu. Cebrail (*Aleyhisselâm*) da: "Bunlar, mallarının farz kılınan zekâtlarını vermeyenlerdir" dedi.

✦ Resulullah (*Sallallahü Aleyhi ve Sellem*)e bir gurup kadın gösterildi. Kadınlar, göğüslerinden ve ayaklarından asılmışlardı. Feryat ederek Allah'a yalvarıyorlardı. "Bunlar kimdir, ey Cebrail" dedi. Cebrail (*Aleyhisselâm*) de: "Onlar zina eden ve karınlarındaki çocukları öldüren kadınlardır" dedi.

✦ Resulullah (*Sallallahü Aleyhi ve Sellem*) bakırdan tırnakları ile yüzlerini ve göğüslerini tırmalayıp yırtan bir topluluğa uğradı. "Bunlar kimdir, ey Cebrail" dedi. Cebrail (*Aleyhisselam*) de: "Onlar başkalarının ırz ve namuslarına sataşan ve gıybet edenlerdir" dedi.

✦ Resulullah (*Sallallahü Aleyhi ve Sellem*)e bir gurup insan gösterildi. Vücutlarının yanan kısmındaki etlerden kesilip ağızlarına konuyor ve kendilerine: "Kardeşinin etini yediğin gibi haydi bunu da ye!" deniyordu. Resulullah (*Sallallahü Aleyhi ve Sellem*): "Bunlar kimdir, ey Cebrail" buyurdu. Cebrail (*Aleyhisselâm*) de: "Onlar, ümmetin içinde insanları arkadan çekiştiren ve alay edenlerdir" dedi.

✦ Miraç gecesinde Resulullah (*Sallallahü Aleyhi ve Sellem*)e demir makaslarla dudakları kırpılan, kırpıldıkça da eski durumuna dönen, dudakları tekrar kırpılmak suretiyle azap edilen kimseler gösterildi. Cebrail (*Aleyhisselâm*)a bunların kim olduğunu sordu. Cebrail (*Aleyhisselâm*) de: "Bunlar, ümmetinden, yapmadıklarını söyleyen ve söylediklerini yapmayan, fitneyi körükleyen hatiplerdir" dedi.

✦ Resulullah (*Sallallahü Aleyhi ve Sellem*) Miraç gecesinde iri bir öküzün bir inden çıkarak tekrar dönmek istediğini, ama dönemediğini görünce, "Ey Cebrail! Bu durum nedir?" diye sordu. Cebrail (*Aleyhisselâm*) de: "Ümmetinden müstehcen konuşanların söylemiş oldukları kötü sözden mahcup olup kurtulmak istediği halde kurtulamayan kişilerin durumudur" cevabını verdi.

✦ Resulullah (*Sallallahü Aleyhi ve Sellem*)e başka bir gurup insan gösterildi. Dudakları deve dudağı gibi iriydi. Ağızlarına cehennemde kızdırılmış bir taş atılıyor, taş altlarından çıkıyordu. Feryat ederek bağırıyorlardı. Resulullah (*Sallalla-*

hü Aleyhi ve Sellem), "Ey Cebrail! Bunlar kimlerdir?" diye sordu. Cebrail (*Aleyhisselâm*) de: "Onlar, zulümle yetimlerin mallarını yiyenlerdir" dedi.

✦ Resulullah (*Sallallahü Aleyhi ve Sellem*) Miraç dönüşünde birinci kat dünya semasına indiği zaman aşağıya baktı ki, dünya semasının altında bir rüzgâr, acayip sesler ve duman gördü. Onların ne olduğunu sorunca, Cebrail (*Aleyhisselâm*) şöyle dedi: "Bunlar şeytanların işidir. Bu şekilde insanların gözlerini perdeliyor, onların göklerin ve yerlerin sırlarını tefekkür etmelerini engelliyorlar. Eğer insanların gözünde böyle perdeler olmasaydı, yerdeki ve gökteki acayip sırları görürlerdi. "

Miraç Gecesi ve Gündüzündeki Namaz

✦ Resulullah (*Sallallahü Aleyhi ve Sellem*) buyurdu ki: "***Her kim Recebin 27. gecesinde 12 rekât kılar, her rekâtta bir Fatiha ve Kur'ân'dan bir sure okur, her iki rekâtta bir selam verip namazın sonunda da 100 kere:***

سُبْحَانَ اللهِ وَالْحَمْدُ لِلّٰهِ وَلَا اِلٰهَ اِلَّا اللهُ وَاللهُ اَكْبَرُ

[*Sübhânellahi vel hamdü lillahi ve lâ ilâhe illellahü vallahü ekber.*]

"Allah'ı tüm noksanlıklardan tenzih ederim. Hamd Allah'adır. Allah'tan başka hiçbir ilah yoktur. Ve Allah en büyüktür" ***deyip, 100 kere de istiğfarda bulunur, sonra da Peygamber*** (*Sallallahü Aleyhi ve Sellem*)***e 100 defa salâtü selam okursa, bu kişi dünyadan yahut ahiretten dilediği herhangi bir hususta kendisi hakkında duada bulunursa, bir de sabah oruca niyet ederse, bir günah ile alakalı dua yapmadıkça, gerçekten Allahü Teala onun bütün dualarını kabul eder.***"[1]

---

[1] Şu'abül-İman, 3531; Kenzül-Ummâl, 35170

✦ Resulullah (*Sallallahü Aleyhi ve Sellem*) buyurdu ki: "***Her kim Recebin yirmi yedinci gecesi 2 rekât kılar, her rekâtta bir Fatiha ve yirmi İhlâs suresi okur, namazı bitirince, Resulullah*** (*Sallallahü Aleyhi ve Sellem*)***e on kere salâvat getirdikten sonra:***

اَللّٰهُمَّ اِنِّى اَسْاَلُكَ بِمُشَاهَدَةِ اَسْرَارِ الْمُحِبّين وَبِالْخَلْوَةِ الَّتِى خَصَّصْتَ بِهَا سَيِّدَ الْمُرْسَلِينَ حِينَ اَسْرَرْتَ بِهِ لَيْلَةَ السَّابِعِ وَالْعِشْرِينَ اَنْ تَرْحَمَ قَلْبِىَ الْحَزِينَ وَتُجِيبَ دَعْوَتِى يَا اَكْرَمَ الْاَكْرَمِينَ

[*Allahümme innî es'elüke bimüşâhedeti esrâril-muhıbbîne ve bil-halvetil-letî hassaste bihâ seyyidel-mürselîne hîne esrârte bihi leyletes-sâbi'ı vel-ışrîne en terhame kalbiyel-hazîne ve tücîbe da'vetî yâ ekramel-ekramîn.*]

"Allah'ım! Seni sevenlerin müşahedesi aşkına İsra gecesinde Resullerin Efendisiyle başbaşa kaldığın yirmiyedinci gece hürmetine; hüzünlü kalbime rahmet et ve duamı da kabul et, ey sonsuz kerem sahibi olan Allah'ım!" ***derse, muhakkak Allahü Teala, onun duasını kabul eder, şanını yüceltir, yalvarışına acır. Ve kalplerin öldüğü günde onun kalbini ihya eder.***"[1]

Not: Bu gecede oniki rekât namaz kılmak isteyen kişi, iki rekâtını bu şekilde, geri kalan on rekâtı da yukarıdaki usulde kılıp iki rivayeti birleştirebilir. Rabbimde kılacağımız namazlarımızı kabul buyursun, âmîn!

---

[1] Nüzhetül-Mecâlis, 1/141

✦ Hasan Basrî (*Radıyallahü Anh*) şöyle anlatıyor: "Recebin 27. günü olunca, Abdullah ibni Abbas (*Radıyallahü Anhüma*), sabahleyin itikâfa girip öğlen vaktinden önceki kerahet saatine kadar namaza devam ederdi. Öğlenin son sünnetini kıldıktan sonra dört rekât nafile namaz kılar ve her rekâtta bir Fatiha, birer Felak ve Nas sureleri, üç Kadir suresi ve elli bir İhlâs okurdu. Daha sonra ikindi vaktine kadar duaya devam eder ve: "Bu gün Resulullah (*Sallallahü Aleyhi ve Sellem*) böyle yapardı" derdi." [1]

Miraç Günü Orucu

✦ Resulullah (*Sallallahü Aleyhi ve Sellem*) buyurdu ki: "***Her kim Receb ayının 27. günü oruç tutarsa, o kişi için 60 aylık oruç sevap yazılır.***"

Receb ayının 27. günü, Cebrail (*Aleyhisselâm*)ın Resulullah (*Sallallahü Aleyhi ve Sellem*)e ilk defa vahiy ve Peygamberlik getirdiği, aynı zamanda Resulullah (*Sallallahü Aleyhi ve Sellem*)in İsra ve Mira hadisesinin gerçekleştiği gündür. [2]

✦ Resulullah (*Sallallahü Aleyhi ve Sellem*) buyurdu ki: "***Recep ayında bir gün ve bir gece vardır ki, bir kimse o günü oruçlu, o geceyi ibadetle geçirirse, 100 senenin gündüzlerini oruçlu, gecelerini ibadetle geçirmiş sevabı verilir. O gün Receb'in 27. günüdür.***" [3]

✦ Resulullah (*Sallallahü Aleyhi ve Sellem*) buyurdu ki: "***Her kim Receb'in 27. günü oruç tutup, o gün sadaka verirse, Allahü Teala, orucuna karşılık o kişiye, 1.000 hasene ve 2.000 köle azadı*** (sevabı) ***yazar.***" [4]

---

[1] Gunye, 1/332
[2] İmam Gazâlî, İhya, 1/328; Gunye, 1/332
[3] Şu'abül-İman, 5/345, no. 3530; Gunye, 1/332
[4] Nüzhetül Mecalis, 1/141

Miraç Gecesinde Söylenecek Zikirler

O gece zikirlerle meşgul olmalı, Allahü Teala'ya dua ve tazarruda bulunmalıyız. Zira bu mübarek gece, duaya ve ibadete ehemmiyet verilecek mühim bir gecedir.

Abdullah ibni Mes'ud (*Radıyallahü Anhüma*)dan rivayet edildiğine göre Resulullah (*Sallallahü Aleyhi ve Sellem*) şöyle buyurdu: "***Miraca çıktığımda İbrahim*** *(Aleyhisselâm)* ***ile karşılaştım.***

- 'Ey Muhammed *(Sallallahü Aleyhi ve Sellem)****!' dedi. Ümmetine benden selam söyle ve onlara: Cennetin toprağının hoş, suyunun tatlı olduğunu ve arazisinin düz ve verimli olduğunu oraya dikilecek fidanların ise*** (şu zikirler) ***olduğunu söyle:***

سُبْحَانَ اللهِ وَالْحَمْدُ لِلّٰهِ وَلَا اِلٰهَ اِلَّا اللهُ وَاللهُ اَكْبَرُ

وَلَا حَوْلَ وَلَا قُوَّةَ اِلَّا بِاللهِ الْعَلِيِّ الْعَظِيمِ

[*Sübhanellahi vel hamdü lillahi ve lâ ilâhe illâllahü vallahü ekber. Ve lâ havle ve lâ kuvvete illâ billahil aliyyil azîm.*]

"Allah'ı tüm noksanlıklardan tenzih ederim. Hamd Allah'adır. Allah'tan başka hiçbir ilah yoktur. Ve Allah en büyüktür. Güç ve kuvvet ancak yüce olan Allah'a aittir." [1]

Miraç Gecesi Başlanarak, Beraat Gecesi Bitirilen Yasin-i Şerif'in Okunuş Niyeti:

1. Miraç gecesi okunacak Yasin-i Şerif'te Allahü Teala'nın rızasını kazanmaya niyet edilir.
2. Resulullah (*Sallallahü Aleyhi ve Sellem*)in ruhuna niyet edilir.

---

[1] Tirmizî, 5/510

3. Hazreti Âişe (*Radıyallahü Anha*) annemizin ruhuna niyet edilir.
4. Hazreti Fatıma (*Radıyallahü Anha*)nın ruhuna hediye edilir.
5. Hazreti Hasan ve Hazreti Hüseyin (*Radıyallahü Anhüma*)-nın ruhlarına hediye edilir.
6. Kur'ân-ı Kerim'in hürmetine can verirken can acısı duymamak için niyet edilir.
7. Azrail (*Aleyhisselam*)ın ruhumuzu kolayca alması niyet edilir.
8. Ölüm döşeğinden kabre kadar güzellik alması için dua edilir.
9. Münker ve Nekir meleklerine rahat cevap vermek için niyet edilir.
10. Kabrimizde nur olması için niyet edilir.
11. Güzel surette Mevla'nın huzuruna varmak için niyet edilir.
12. Mizanda sevapların ağır gelmesi için niyet edilir.
13. Sırat'ı kolayca geçmek için niyet edilir.
14. Mahşer günü Arş'ın gölgesinde olmak için niyet edilir.
15. Cennet bekçisi Rıdvan'a hediye etmek için niyet edilir.
16. Nurdan kâselerden Kevser suyunu içmek için niyet edilir.
17. Allahü Teala'nın cemalini görmek için niyet edilir.

Gecede Yapılacak Örnek Bir Dua

"Ey Habibini dergâhına davet eden, az zamanda birçok makamı gezdiren yüce Allah! Zatına hamdü sena ediyor. Habibine salatü selam gönderiyoruz, kabul eyle ya Rabbi!

Bizi miracın ruhaniyetinden, bu gecenin feyiz ve bereketinden nasipdar eyle ya Rabbi!

Bu gece bize bol bol sevap, rızanı kazanmamıza sebepler ihsan eyle ya Rabbi!

Yedi kat gökleri gezen, Zât'ına selam veren Habibin aşkına bizi affeyle ya Rabbi! Bu gece cümlemiz hakkında mutlu, bütün ümmet-i Muhammed'e kutlu eyle ya Rabbi!

İslam âlemini Sen uyandır, Kur'ân-ı Kerim ile amel etmesini sağla ya Rabbi! Cennet yurdumuza bol bereket, milletçe bize aşk ve muhabbet ihsan eyle ya Rabbi!

Ey işleri hükmeden, kalplere şifa veren! Denizlerin arasını ayırdığın gibi cehennem azabından bizi uzak et. Helak olmaktan, kabir fitnesinden bizi uzak et ya Rabbi!

Ey Âlemlerin Rabbi! Kur'ân'ın ve dosdoğru yolun sahibi olan Allah'ım! Kıyamet gününde Senden emniyet isteriz. Cemalini müşahede eden mukarrebler ve ziyade rükû ve secde edenlerle birlikte cennete girmeyi dileriz, Sen yardım et ya Rabbi!

Allah'ım! Bizi hidayet edici ve hidayet olmuşlardan yap. Sapanlar ve saptıranlardan yapma. Dostlarınla barışık, düşmanlarına buğzedici yap. Sevdiklerini sevginle severiz, düşmanlarına düşmanlığın ile düşmanlık ederiz.

Rabbimiz bize dünyada iyilik ver, ahirette de iyilik ver. Bizi cehennem azabından koru.

Allah'ım! Hidayetinle beni doğru yola ilet. Takva ile bizi tertemiz kıl. Dünyada ve ahirette bizi bağışla.

Allah'ım! Bereketlerinden, rahmetinden, lütfundan ve rızkından üzerimize saç.

Allah'ım! Senden devam eden, kesilmeyen akıcı nimetler istiyoruz. Ey kalpleri çeviren Allah'ım! Kalbimizi dinin üzerine sabit kıl Allah'ım! Senden rahmetinin gereklerini ve bağışlamana vesile olacak çabaları her türlü iyiliğe ulaşmayı her türlü günahtan kurtulmayı, cennete kavuşmayı ve cehennemden kurtulmayı istiyoruz.

Allah'ım! Senden hidayet, takva, iffet ve zenginlik istiyoruz. Allah'ım! Seni zikir, Sana şükür ve Sana güzelce ibadet konusunda bize yardım et.

Rabbimiz! İbadetlerimizi kabul eyle. Bize sıhhat ve selamet ver. Bizi affet. Sana itaat ve şükür konusunda bize yardım et. Bizi Senden başkasına bırakma. Eksiksiz bir iman ve İslam üzere ve bizden razı olduğun halde hayatımızı tamamlamayı nasip eyle.

Rabbimiz! Günahlarımızı bağışla, bize merhamet et. Bize ikram et. Bizim bildiğimiz ve bilmediğimiz bütün kusurlarımızı biliyorsun, bunları affet. Çünkü Sen mutlak güç, kerem ve ihsan sahibi olansın.

Allah'ım! Senden bilmediğimiz tüm hayırları istiyoruz. Bildiğimiz bilmediğimiz tüm şerlerden de Sana sığınıyoruz.

Allah'ım! Senden cenneti ve cennete götürecek her çeşit söz ve ameli istiyoruz. Cehenneme ve cehenneme götürecek her çeşit söz ve amelden de Sana sığınıyoruz.

Allah'ım! Kederden, üzüntüden, acizlikten, tembellikten, korkaklıktan, cimrilikten, altından kalkılamayacak borçtan ve bir takım kimselerin baskı ve şiddetinden Sana sığınırım.

Allah'ım! Seni sevenlerin müşahedesi aşkına, İsra gecesinde Resullerin efendisiyle baş başa kaldığın 27. gece hürmetine, hüzünlü kalbime rahmet et ve duamı da kabul et, ey sonsuz kerem sahibi olan Allah'ım!

Allah'ım! Duamız budur, icabet Senin fazlındır. Gayretimiz budur, itimadımız Senin üzerinedir.

Allah'ım! Bizi yaşattığın sürece günahları tamamen terk konusunda bize merhametinle yardım et. Yarar sağlamayan boş şeylerle uğraşmama konusunda da rahmetinle bize yardım eyle. Ey merhametlilerin en merhametlisi bize, Seni bizden hoşnut kılacak şeyleri güzel görmeyi nasip et.

İnsanlığın selamet ve hidayeti, bütün müminleri af ve mağfireti için el-Fâtiha.

(8) Şaban Ayı ve Fazileti

Arabî ayların sekizincisi, üç ayların ikincisidir.

Hayrın, iyiliklerin çokça görülmesi sebebiyle bu aya "Şaban" denilmiştir. Bu ay, hayırların fethedildiği, bereketlerin yağdırıldığı, hataların bırakıldığı, kötülüklerin örtüldüğü ve mahlûkatın en hayırlısı Muhammed (*Sallallahü Aleyhi ve Sellem*)e salâvatın çokça yapılması gereken bir aydır. Bu ayı ibadetle geçirmek, birçok sevaplar kazandıracağı gibi kabir azabından kurtulmaya da büyük bir vesiledir. Her ayda günahlardan sakınmak gerekliyse de, Resulullah (*Sallallahü Aleyhi ve Sellem*)in kendisine nispet ettiği ve kendisinde, ona yardım edene rahmet duasında bulunduğu, kendisinde bir yıllık amellerin Allahü Teala'ya arz olunduğu, ecellerin, musibetlerin, doğacakların ve öleceklerin kendisinde meleklere bildirildiği mübarek aydır.

Şaban Ayının Fazileti Hakkında Zikredilenler:

- Resulullah (*Sallallahü Aleyhi ve Sellem*) buyurdu ki : "***Şaban Benim ay'ımdır*** (o ayda yapılması gereken ibadeti Ben sünnet kıldım). ***Ramazan ise ümmetimin ay'ıdır. Şaban, günahları örten bir aydır. Ramazan ise, insanı tertemiz eden bir aydır.***"[1]
- Resulullah (*Sallallahü Aleyhi ve Sellem*) buyurdu ki : "***Recebin diğer aylardan üstünlüğü, Kur'ân'ın diğer kelamlardan üstünlüğü gibidir. Şaban'ın diğer aylardan üstünlüğü ise, benim diğer Peygamberlerden üstünlüğüm gibidir. Ramazanın diğer aylardan üstünlüğü de, Allahü Teala'nın yaratıklarına karşı üstünlüğü gibidir.***"[2]

---

[1] Gunye, 1/341

[2] Nüzhetül-Mecalis, 1/142

✦ Bu mübarek ayda takvaya yönelmenin, bir senelik belalardan ve kederlerden koruyacağında hiç şüphe yoktur. Nitekim Resulullah (*Sallallahü Aleyhi ve Sellem*) buyurdu ki: "***Her kim Şaban ay'ına değer verir, onda Allahü Teala'dan sakınırsa, taatıyla amel eder ve nefsini günahlardan tutarsa, Allahü Teala onun günahlarını bağışlar ve o sene gerçekleşecek tüm belalardan ve hastalıklardan kendisini emin kılar.***"[1]

✦ Resulullah (*Sallallahü Aleyhi ve Sellem*) buyurdu ki : "***Şaban Benim ayımdır. Kim Şaban ayına değer verirse, muhakkak ki o, Benim emrime önem vermiş olur. Benim emrimi büyük tutana ise, Ben kıyamet günü öncü bir kurtarıcı ve iyi bir hazırlık olurum.***"[2]

✦ Resulullah (*Sallallahü Aleyhi ve Sellem*) buyurdu ki: "***Şaban için nefislerinizi*** (tövbe ile) ***temizleyin ve onda niyetlerinizi güzel yapın. Çünkü Allah Teâlâ Beni size karşı üstün kıldığı gibi, Şaban'ı da diğer aylara üstün kılmıştır.***"

✦ Resulullah (*Sallallahü Aleyhi ve Sellem*) buyurdu ki: "***Şaban'a bu ismin verilmesi, kendisinde Ramazan'a ait birçok hayır bulunup yayıldığındandır. Ramazan ise, günahları yaktığından bu ismi almıştır.*** "[3]

✦ Âlimlerden birisi şöyle der: "Recep bedeni, Şaban kalbi, Ramazan ise ruhu temizler. Eğer Receb'de beden, Şaban'da kalp temizlenmezse, Ramazan'da ruh nasıl temizlenebilir? "

---

[1] Dürretül-Vâizin, s.235
[2] Dürül-Mensûr, 4/186
[3] Kenzül-Ummâl, 8/591, no.24293

✦ İbni Seyf el'Yemenî (*Kuddise Sirruh*) şöyle der: "Şaban ayı, Resulullah (*Sallallahü Aleyhi ve Sellem*)e getirilen Salâvat-ı Şerife ayıdır. "

✦ Allahü Teala buyuruyor: "**Rabbin dilediğini yaratır ve seçer.**"[1]

Allah Teâlâ, her çeşit nesneden dört tanesini, onların içinden de birisini seçmiştir:

Aylardan; Recep, Şaban, Ramazan ve Muharrem'i onlardan da Şaban'ı seçmiştir. Ve Şaban ayını, Resulullah (*Sallallahü Aleyhi ve Sellem*)in ayı kılmıştır. Resulullah (*Sallallahü Aleyhi ve Sellem*), Peygamberlerin efdali olduğu gibi, O'nun ayı olan Şaban da ayların efdali olmuştur.

Meleklerden; Cebrail, Mikail, İsrafil ve Azrail (*Aleyhimüsselam*)ı seçmiş, onlardan da Cebrail (*Aleyhisselam*)ı.

Peygamberlerden; Hazreti İbrahim, Hazreti Musa, Hazreti İsa ve Hazreti Muhammed (*Aleyhimüsselam*)ı, onlardan da Muhammed (*Sallallahü Aleyhi ve Sellem*)i seçmiştir.

Sahabe-i Kiram'dan; Hazreti Ebubekir, Hazreti Ömer, Hazreti Osman ve Hazreti Ali (*Radıyallahü Anhüm*)ü, onlardan da Hazreti Ebubekir'i seçmiştir.

Mescitlerden; Mescidi Haram, Mescidi Aksa, Mescidi Medine, Mescidi Turi Sina, onlardan da Mescidi Haram'ı seçmiştir.

Günlerden; Ramazan bayramı, Kurban bayramı, Arife günü, Aşure günü, onlardan da Arife gününü seçmiştir.

---

[1] Kasas Suresi, 68

Gecelerden; Beraat gecesi, Kadir gecesi, Cuma gecesi ve Bayram gecesi, onlardan da Kadir gecesini seçmiştir.

Şehirlerden; Mekke-i Mükerreme, Medine-i Münevvere, Beyti Makdis ve Mescidi Aşair, onlardan da Mekke-i Mükerreme'yi seçmiştir.

Dağlardan; Uhud, Sina, Likam ve Lübnan dağlarını, bu dağlar arasından da Turi Sina'yı seçmiştir.

Nehirlerden; Ceyhun, Seyhun, Fırat ve Nil nehrini, onlardan da Fırat'ı seçmiştir. [1]

✦ Abdülkadir Geylânî (*Kuddise Sirruh*) beyanına göre;

"**Şaban** (شَعْبَانْ) " kelimesi, beş harfli olup,

1. "**Şin** (ش) " harfi, şereften
2. "**Ayn** (ع) " harfi, ulüvv (yücelik)den,
3. "**Ba** (ب) " harfi, birr (iyilik)den,
4. "**Elif** (ا) " harfi, ülfet (kaynaşma)dan,
5. "**Nun** (ن)" nurdandır.

İşte bu ayda bu hediyeler, Allahü Teala tarafından kullarına bahşedilir. Dolayısıyla bu ay, hayır kapılarının açıldığı bereketlerin saçıldığı, hataların bırakıldığı, günahların örtüldüğü ve mahlûkatın en hayırlısı Muhammed (*Sallallahü Aleyhi ve Sellem*)e salâvatın çokça yapıldığı bir aydır.

Artık her akıllı mümine gereken; bu ayı gafletle geçirmeyip, geçmiş günlerdeki günahlarına tövbe ile temizlenerek Ramazan'ı karşılamaya hazırlanmalıdır. Böylece kul, Şaban ayında Allahü Teala'ya çokça yalvarmalıdır.

---

[1] Gunye, 1/187.

✦ Abdülkadir Geylânî (*Kuddise Sirruh*) buyurdu ki: "Akıllı her mümin, Şaban ayında günahlardan temizlenmeli ve geçmişte işlemiş olduğu günahlara tövbe ve istiğfar ederek, Ramazan'a hazırlanmalıdır. Bu ayda Allah Teala'ya tazarru ve niyaz ile yalvarmaya, bu ayın sahibi Resulullah (*Sallallahü Aleyhi ve Sellem*)in sünnetlerine sarılarak ve salâtü selamı çokça getirerek, kalbin fesatlığını ıslah ve gönül hastalıklarına deva yaparak Allahü Teala'ya vuslatı sağlamalıdır.

Tövbe ve istiğfarı yarına bırakmamalıdır. Çünkü günler üçtür:

Biri; dünkü gündür, geçip gitmiştir.

Biri amel günü olan bugündür, çalışmak gerek.

Diğeri de yarın ki gündür, o ise emelden ibarettir. Çünkü yarına çıkıp çıkmayacağını bilmiyorsun.

Geçen gün ibret, bugünkü gün ganimet, yarın ise tehlikedir.

Bunun gibi aylarda üçtür:

Birisi Receb-i Şerif'tir ki, geçti; geri dönmesi düşünülemez.

Birisi Ramazan-ı Şerif'tir, beklenmektedir. Ona kavuşup kavuşmayacağını bilmiyorsun.

Şaban-ı Şerif ayı bu iki ayın arasındaki köprü gibidir. Bunun içinde bulunduğun ayda taat ve ibadeti ganimet, büyük kazanç bilmen gerekir.

Resulullah (*Sallallahü Aleyhi ve Sellem*) Abdullah ibni Ömer'e (*Radıyallahü Anhüma*) hitaben: "***Ey Abdullah! Beş şeye yakalanmadan beş şeyin kıymetini bil:***

(1) ***İhtiyarlık gelmeden gençliğin kıymetini,***

(2) ***Hastalık gelmeden sıhhatin kıymetini,***

(3) ***Fakirlik gelmeden zenginliğin kıymetini,***

(4) ***Bir meşgale gelmeden boş vaktin kıymetini,***

(5) ***Ölüm gelmeden hayatın kıymetini bil***" buyurdu. [1]

---

[1] Hakim, el-Müstedrek, 4/306, Gunye, 1/343

Şaban-ı Şerif'te Oruç

✦ Hazreti Aişe (*Radıyallahü Anha*) şöyle demiştir: Resulullah (*Sallallahü Aleyhi ve Sellem*) hiçbir ayda Şaban'dakinden daha çok nafile oruç tutmazdı. Ve: "**... Amellerden** (devam etmeye) ***gücünüzün yeteceği miktarı alınız. Çünkü Allah, sizler*** (amelden) ***bıkmadıkça*** (sevap vermekten) ***bıkmaz***" buyururdu. [1]

✦ Resulullah (*Sallallahü Aleyhi ve Sellem*)e: "***Ramazandan sonra hangi oruç daha üstündür***" diye sorulduğunda: "***Ramazan'a hürmeten Şaban orucudur***" buyurdu. 'Hangi sadaka daha üstündür' diye sorulunca da: "***Ramazan'daki sadaka***" buyurdu. [2]

✦ Resulullah (*Sallallahü Aleyhi ve Sellem*) buyurdu ki: "***Her kim Şaban'ın başından, ortasından ve sonundan üç gün oruç tutarsa, Allahü Teala ona yetmiş Peygamber sevabı yazar. Allahü Teala'ya yetmiş sene ibadet etmiş gibi olur. O sene ölürse, şehit olarak ölür.***" [3]

✦ Resulullah (*Sallallahü Aleyhi ve Sellem*) buyurdu ki : "***Kim Şaban'dan bir gün oruç tutarsa, Allahü Teala onun cesedini cehenneme haram kılar. Cennetlerde Yusuf*** (*Aleyhisselam*)***a komşu olur. Allah ona*** (Hazreti) ***Eyyüb ve*** (Hazreti) ***Davud'un sevaplarını verir.***" [4]

✦ Resulullah (*Sallallahü Aleyhi ve Sellem*) buyurdu ki: "***Şaban'ın 13. gününün orucu 3000 sene oruç gibidir. 14. günün orucu, 3000 sene oruç gibidir. 15. gün ise, 13.000 seneye denktir.***" [5]

---

[1] Müslim, 2/811, no. 782

[2] Tirmizî, 3/43, Tergîb ve Terhîb, 2/123, no. 1539

[3] Dürretül-Vâizin, s.235

[4] Nüzhetül-Mecalis, 1/142

[5] Suyûtî, el-Le'âlî, 2/106

Eyyâm-ı Biyz denilen kameri ayların 13. 14. ve 15. günlerinin fazileti ile ilgili bir rivayet şöyledir: "Dört şey kabir azabını hafifletir. Bunlar da:

1. Receb ve Şaban'ın Eyyâm-ı Biyz oruçlarını tutmak.
2. Her an ve her zaman Kur'ân okumak.
3. Her mekânda yetime ikram etmek.
4. Gece yarısı namaz kılmak ki, o, kalbi nurlandırır ve Rahman'ın rızasını celbeder. "

✦ Resulullah (*Sallallahü Aleyhi ve Sellem*) buyurdu ki : "***Şaban'ın ilk perşembesini oruçla geçireni, rahmeti ile cennete girdirmek, Allahü Teala üzerine bir hak olur.***"[1]

✦ Resulullah (*Sallallahü Aleyhi ve Sellem*) buyurdu ki: "***Eğer Şaban ayının tamamını oruçlu geçirirse, Allahü Teala ona ölümün zorluklarını kolay eder, kabrin karanlığı ile Münker-Nekir meleklerinin şiddetini kendisinden giderir ve kıyamet günü onun ayıplarını örter.***"[2]

✦ Resulullah (*Sallallahü Aleyhi ve Sellem*) buyurdu ki: "***Ramazan ayının orucu için, Şaban orucu ile bedenlerinizi temizleyin. Herhangi bir kul, Şaban ayında üç gün oruç tutsa, iftarından önce de Bana defalarca Salâvat okusa, mutlaka Allahü Teala onun geçmiş günahlarını bağışlar.*** (Hazreti) ***Cibril Bana bildirdi ki; şüphesiz Allahü Teala bu ayda 300 rahmet kapısı açar.***"[3]

---

[1] Nüzhetül-Mecalis, 1/142
[2] Nüzhetül-Mecalis, 1/142
[3] Nüzhetül Mecalis, 1/142

✦ Hak Teala Hazretleri, Arş-ı A'lânın meleklerine, Azamet-i Şanıyla buyurur ki: "**Ey benim meleklerim! Gördünüz mü Benim kullarım, Habîbimin** (sevgilimin) **ayına nasıl tâzim ve hürmet ediyorlar. İzzetim ve Celâl'im hakkı için Ben de kullarımı af ve mağfiretime nâil eyledim.**"

✦ Resulullah (*Sallallahü Aleyhi ve Sellem*) buyurdu ki: "***Bir kimse, Şaban ayına tazim eder, Allahü Teala'dan korkup emrine baş eğer, nefsini kötü isteklere karşı alıkoyarsa, Allahü Teala onun günahlarını bağışlar, o yıl içinde meydana gelecek belalardan, hastalıklardan emin kılar.***"[1]

Muhammed bin Abdullah Zahid'in şöyle dediği rivayet edildi: "Yakın dostum Ebu Hafs el'Kebir ölmüştü. Cenaze namazını kıldım, gömüldü. Sekiz ay, onun kabrini ziyarete hiç gitmedim; sonradan onun kabrini ziyarete niyet ettim. O gece uyumuşum, rüyamda kendisini gördüm, rengi sararmıştı. Kendisine selam verdim, dedim ki:

- "Senin rengini değişmiş görüyorum, halbuki senin yüzün dünyada iken güzeldi."

Şöyle anlattı:

- Kabrime konduktan sonra, bana bir melek geldi, baş ucumda durdu, şöyle dedi:

- Ey kötü ihtiyar!

Daha sonra da, bir bir günahlarımı saymaya başladı, kötü işlerimi söyledi. Beni sopa ile dövdü, cesedimi ateşte yaktı. Ondan sonra da kabrim benimle konuşmaya başladı, dedi ki:

- Sen, Rabbimden hiç utanmadın mı?

---

[1] Dürretül-Vâizin, s.235

Beni öyle bir sıktı ki, kaburga kemiklerim birbirine geçti, mafsallarım koptu. Bundan sonra ben, Şaban ayının hilali görülünceye kadar azap içinde kaldım. Birden, baş tarafımdan, birinin şöyle seslendiğini duydum:

- Ey melek! Ondan azabı kaldır; o ömründe bir kere Şaban ayında gecelerden bir geceyi ibadetle geçirdi. Şaban ayı günlerinden bir gün oruç tuttu.

Böylece Allahü Teala, Şaban ayında bir gece ibadet ettiğim, Şaban ayında bir gün oruç tuttuğum için, benden azabı kaldırdı; onun hürmetine beni, cennetle ve rahmetle müjdeledi.

✦ Hazreti Aişe (*Radıyallahü Anha*) şöyle buyurdu: "Resulullah (*Sallallahü Aleyhi ve Sellem*) öyle oruç tutardı ki; biz artık orucu bırakmayacak derdik. Peş peşe günlerce oruç tutmadığını görünce de, Resulullah (*Sallallahü Aleyhi ve Sellem*) artık oruç tutmayacak, derdik. Şaban ayında oruç tutmak, O'na daha sevgili idi. Ben:

- 'Ey Allah'ın Resulü! Şaban'da Sen'in (çok) oruç tuttuğunu görüyorum.' (Bunun hikmeti nedir?) diye sordum.

Resulullah (*Sallallahü Aleyhi ve Sellem*):

- "***Ya Âişe! Şüphesiz Allah o sene ölecek herkesi bu ayda ölecek diye yazar. Bu sebeple ecelimin Ben oruçlu iken Bana gelmesini severim.***"[1]

Ümmü Seleme (*Radıyallahü Anha*) ise şöyle anlatmaktadır: 'Resulullah (*Sallallahü Aleyhi ve Sellem*) Ramazan'dan sonra en fazla orucu Şaban'da tutardı. Bunun sebebi, o sene

---

[1] Ebû Ya'lâ, el-Müsned, 4911; Tergîb ve Terhîb, 2/123, no. 1540

içinde ölecek olanların isimlerinin, Şaban'da diriler defterinden, ölüler defterine geçirilmesidir. Bir kimse yolculuğa çıkar (hâlbuki onun ismi yaşayanlar defterinden çıkarılıp) o sene ölecek olanların defterine yazılır.'

✦ Üsame bin Zeyd (*Radıyallahü Anh*) şöyle anlatmıştır. Bir kere ben:

- "Ey Allah'ın Resulü! Şaban'dan oruç tuttuğunuz kadar, hiçbir ayda oruç tuttuğunuzu görmedim" dediğimde; Resulullah (*Sallallahü Aleyhi ve Sellem*) buyurdu ki:

- "***Şaban, Receb ve Ramazan arasında kalmış büyük bir aydır ki, insanlar on***(un yüceliğin)***den gafildir. O, kendisinde, âlemlerin Rabbin***(in huzuru manevisin)***e amellerin yükseltildiği bir aydır. Ben de amelimin, oruçluyken yükseltilmesini seviyorum.***"[1]

Bir rivayette ise şöyledir: Resulullah (*Sallallahü Aleyhi ve Sellem*), Pazartesi-Perşembeler dışında üç gün oruç tutardı. Her ay tuttuğu üç günlerden tutamadıklarını Şaban'da kaza ederdi.

Resulullah (*Sallallahü Aleyhi ve Sellem*)in tüm amelleri devamlı idi. Gece namazları gibi nafilelerinden bir şeyi kaçırdı mı onu kaza ederdi.

Şaban ayı girdiğinde, üzerinde tutamadığı nafile bir oruç varsa, o oruçları Ramazan girmeden önce bu ayda tamamlardı.

Üzerinde farz borcu olanın, iki Ramazan arası süren bir mazereti yokken, kazalarını bir dahaki Ramazan'dan sonraya bırakması caiz değildir.

---

[1] Neseî, 4/201; Beyhakî, Şu'abül-İman, 5/352-353, no. 3540

Şaban-ı Şerif'in 15'inden Sonra Oruç Tutmak:

✦ Resulullah (*Sallallahü Aleyhi ve Sellem*) buyurdu ki : "***Şaban'ın son perşembesini oruçla geçireni, rahmeti ile cennete girdirmek, Allahü Teala üzerine bir hak olur.***"[1]

✦ Resulullah (*Sallallahü Aleyhi ve Sellem*) buyurdu ki : "***Her kim Şaban'ın son pazartesini oruçla geçirirse, o kişinin günahları bağışlanır.***"[2]

Burada son Perşembe ve Pazartesi gününden maksat, Şaban'ın son günü değildir. Zira Ramazan'ı karşılamak niyetiyle Ramazan'a bir iki gün kala oruç tutmak yasaklanmıştır.

✦ Resulullah (*Sallallahü Aleyhi ve Sellem*) buyurdu ki : "***Sizden biriniz, Ramazan'dan bir veya iki gün evvel oruç tutmasın. Şu kadar ki, bir kimse belirli günlerde oruç tutmayı âdet etmiş ve Ramazan'dan bir-iki gün evveline rastlamışsa, o kimse o gün orucunu tutsun.***"

✦ Resulullah (*Sallallahü Aleyhi ve Sellem*) buyurdu ki: "***Ramazan'dan evvelki şüpheli günde oruç tutan bir kimse, Ebu'l-Kasım'a isyan etmiş olur.***"

Havanın bulutlu olması gibi sebepler yüzünden, Şaban ayının 29'ndan sonraki günün Şaban ayına mı yoksa Ramazan ayına mı ait olduğu konusunda şüphe meydana gelirse, bu güne şek (şüpheli) gün denir. Resulullah (*Sallallahü Aleyhi ve Sellem*) bu günde oruç tutulmasını yasaklamıştır.

---

[1] Nüzhetül-Mecalis, 1/142

[2] Gunye, 1/340

Şaban-ı Şerif'te Namaz

✦ Resulullah (*Sallallahü Aleyhi ve Sellem*) buyurdu ki: " ***Her kim Şaban'ın ilk gecesinde, birinci rekâtlarında 1 Fatiha ve 5 İhlâs okumak suretiyle 12 rekât kılarsa, Allahü Teala ona 12.000 şehit sevabı verir. Kendisine 12 senelik ibadet sevabı yazılır. Anasının doğurduğu gündeki gibi hatalarından sıyrılır ve 80 güne kadar üzerine hiçbir hata yazılmaz.***" [1]

✦ Resulullah (*Sallallahü Aleyhi ve Sellem*) buyurdu ki: "***Şaban ayının ilk günü***(n gündüzünde) ***iki rekât kılıp, her rekâtında 1 Fatiha, 10 Âyetü'l-Kürsî ve Şehidallahü:***

بِسْــــــــمِ اللّٰهِ الرَّحْمٰنِ الرَّحِيمِ

﴿ شَهِدَ اللّٰهُ اَنَّهُ لَٓا اِلٰهَ اِلَّا هُوَ وَالْمَلٰٓئِكَةُ وَاُولُوا الْعِلْمِ قَٓائِمًا بِالْقِسْطِ لَٓا اِلٰهَ اِلَّا هُوَ الْعَزِيزُ الْحَكِيمُ ﴾.

[*Bismillahir Rahmânir Rahîm*

[Şehidellahü ennehü lâ ilâhe illâ hüve ve'l-melâiketü ve ulü'l-ılmi kâimen bi'l-kıstı lâ ilâhe illâ hüve'l-Azîzü'l-Hakîm.] [2] ***okuyana, Allahü Teala bir çok mükafat ihsan eder. Cennette hiçbir göz görmedik, hiçbir kulak duymadık, hiçbir insanın da kalbinden geçmedik nimetler verir. Kendisini dünyanın istenmedik şeylerinden korur. Rızkını genişletir. En büyük*** (mahşer) ***korku***(sun)***dan emin kılınır.*** "

---

[1] Nüzhetül-Mecalis, 1/142
[2] Âl-i İmrân Suresi, 18

Namazdan Sonra Yapılabilecek Örnek Bir Dua

"Ey kullarına fezanın kapılarını açan, iman edenlere rahmetini saçan yüce Allah'ım! Zât'ına hamd-ü sena ediyor, Habibine salât-ü selam gönderiyorum, kabul eyle ya Rabbi!

Allah'ım! Seni tesbih ederim, Sana hamd ederim, Sen'den bağış dilerim, Sana tövbemi iletirim, beni bağışla. Çünkü tövbeleri yalnızca Sen kabul edersin.

Allah'ım! Azabından affına, gazabından rızana, cezadan affedilişine sığınırım. Hâsılı Senden yine Sana sığınırım. Zât'ın yüce olmakta daim oldu Sana karşı övgüyü sayıp bitiremem. Sen, kendini övdüğün gibisin, ya Rabbi!

Allah'ım! Beni bağışla, bana acı, beni tüm belalardan güvende kıl, beni doğruya ilet, rızkımı bol ve dualarımı makbul eyle ya Rabbi!.

Ya Rab! Habibin "Şaban Benim ay'ımdır" buyuruyor. Ben Sana, O'nun ayında yalvarıyor, O'nun aşkına, dua ediyorum, kabul eyle ya Rabbi!

Ey Allah'ım! Bana, şerden arınmış bulunan, takva sahibi olan, kâfir ve bedbaht olmayan bir kalp bağışla.

Yavrularımızı dinsiz ve imansız kalmaktan, insanların şerrinden Sen koru ya Rabbi!

Allah'ım! Seni zikretmek, Sana şükretmek ve güzelce ibadet yapmak üzere bana yardım et.

Allah'ım! Benim yanlışlarımı, doğu ile batıyı ayırdığın gibi benden uzak tut. Allah'ım! Beyaz elbisenin kirlerden temizlenişi gibi, beni hatalarımdan temizle. Allah'ım! Sen bağışlayıcısın, bağışlamayı seversin, beni bağışla.

Beşeriyetin hidayet ve selameti, bütün müminlerin af ve mağfireti için el-Fâtiha. "

Şaban-ı Şerif'teki Zikirler

Bu ay, hayır kapılarının açıldığı aydır. Bu ayda bereketler iner. Bu ayda hatalar işlenmez olur. Bu ayda günahlar silinir. Bu ayda Allahü Teala'ya daha fazla yalvarıp yakarmalı ve bu ayın sahibi, şefaat sahibi ve yaratılmışların en hayırlısı olan Resulullah (*Sallallahü Aleyhi ve Sellem*)e çokça Salâvat getirilmeli ve dua edilmelidir. Nitekim Resulullah (*Sallallahü Aleyhi ve Sellem*) buyurdu ki: "***Ramazan ayının orucu için, Şaban orucu ile bedenlerinizi temizleyin. Herhangi bir kul, Şaban ayında üç gün oruç tutsa, iftarından önce de Bana defalarca Salâvat okusa, mutlaka Allahü Teala onun geçmiş günahlarını bağışlar.*** (Hazreti) ***Cibril Bana bildirdi ki; şüphesiz Allahü Teala bu ayda 300 rahmet kapısı açar.***" [1]

✦ Rivayet edildi ki: "Şaban-ı Şerif'te aşağıda zikredilen Salavatı bir kere okuyana 10.000 salâvat sevabı yazılır:

اَللّٰهُمَّ صَلِّ عَلٰى سَيِّدِنَا مُحَمَّدٍنِ السَّابِقِ لِلْخَلْقِ نُورُهُ
وَرَحْمَةٌ لِلْعَالَمِينَ ظُهُورُهُ عَدَدَ مَنْ مَضٰى مِنْ خَلْقِكَ
وَمَنْ بَقِىَ وَمَنْ سَعِدَ مِنْهُمْ وَمَنْ شَقِىَ صَلَاةً تَسْتَغْرِقُ
الْعَدَّ وَتُحِيطُ بِالْحَدِّ صَلَاةً لَا غَايَةَ لَهَا وَلَا مُنْتَهٰى وَلَا
انْقِضَاءَ صَلَاةً دَائِمَةً بِدَوَامِكَ وَعَلٰى اٰلِهِ وَصَحْبِهِ
وَسَلِّمْ تَسْلِيمًا مِثْلَ ذٰلِكَ

---

[1] Nüzhetül Mecalis, 1/142

[*Allahümme salli alâ Seyyidinâ Muhammedinis-sâbikı lilhalkı nûruhü ve rahmetün lil'âlemîne zuhûrühü adede men medâ min halkıke vemen bekıye vemen se'ıde minhüm vemen şekıye salâten testağrikul-adde vetühîtu bilhaddi salâten lâ gâyete lehâ velâ müntehâ velenkıdâe salâten dâimeten bidevâmike ve alâ âlihi ve sahbihi ve sellim teslîmen misle zâlik.*]

"Allah'ım! Nuru yaratılanlardan önce olan Efendimiz Muhammed (*Sallallahü Aleyhi ve Sellem*)e salât eyle. O, âlemlere rahmettir. Ona daha önce yarattıklarının, daha sonra yaratacakların içlerinde said olanların, şaki olanların sayısınca salât eyle. Tüm sınırları aşıp kuşatan bir salât olsun bu! Sınırı olmayan, müntehası bulunmayan, bitip tükenmeyen ve senin devamınla dâim bir salât eyle. Yine böyle selam eyle ona ve onlara!"

✦ Rivayet edildi ki: "Şu zikredilen Salâvat-ı Şerife'yi sabah-akşam 10 kere okuyana Resulullah (*Sallallahü Aleyhi ve Sellem*)in şefaati vacip olur."

اَللّٰهُمَّ صَلِّ عَلٰى سَيِّدِنَا مُحَمَّدٍ وَعَلٰى اٰلِهِ وَصَحْبِهِ
اَفْضَلَ صَلَوَاتِكَ وَعَدَدَ مَعْلُومَاتِكَ وَبَارِكْ وَسَلِّمْ

[*Allahümme salli alâ Seyyidinâ Muhammedin ve alâ âlihi ve sahbihi efdale salevâtike ve adede ma'lûmâtike ve bârik ve sellim.*]

"Allah'ım! Efendimiz Muhammed (*Sallallahü Aleyhi ve Sellem*)e Ailesine ve Ashabına, salâtların en faziletlisiyle, sonsuz olarak salât-ü selam et ve bereket ver."

✦ Bu ayı gafletle geçirmemeye özen gösterilmelidir. Bilakis günahlardan tövbe ederek, temizlenmek suretiyle Ramazan ayına hazırlanmalıdır. Bu ayda çokça istiğfar edileceği gibi, özellikle şu istiğfar söylenmelidir.

Resulullah (*Sallallahü Aleyhi ve Sellem*) buyurdu ki : "***Her kim Receb, Şaban ve Ramazan'da öğle-ikindi arası:***

اَسْتَغْفِرُ اللّٰهَ الَّذِى لَا اِلٰهَ اِلَّا هُوَ الْحَىَّ الْقَيُّومَ وَاَتُوبُ اِلَيْهِ ۞ تَوْبَةَ عَبْدٍ ظَالِمٍ لِنَفْسِهِ لَا يَمْلِكُ لِنَفْسِهِ ضَرًّا وَلَا نَفْعًا وَلَا مَوْتًا وَلَا حَيَاةً وَلَا نُشُورًا ۞

[*Esteğfirullahellezî lâ ilâhe illâ hüvel-hayyel-kayyûme ve etûbü ileyh. Tevbete abdin zâlimin linefsihi lâ yemlikü linefsihi mevten ve lâ hayâten ve lâ nüşûran.*]

"Kendisinden başka hiçbir ilah bulunmayan, Hayy ve Kayyum olan O büyük Allahü Teala'dan mağfiret talep ederim. Kendisi hakkında ne bir zarar ne bir faydaya, ne ölüme, ne de yaşamaya ve ne de dirilmeye mâlik olmayan, (günahlar işleyerek) kendisine zulmetmiş bir kulun tövbesiyle, O'na tövbe ederim" ***derse, Allahü Teala*** (o kişinin sevap ve günahlarını yazmakla görevli) ***iki meleğe:***

- "Bu kulun amel defterindeki günahlarıyla alakalı yazıları yakın" diye vahyeder."[1]

✦ Rivayet edildi ki: " Her kim Şaban ayında:

لَا اِلٰهَ اِلَّا اللّٰهُ ۞ وَلَا نَعْبُدُ اِلَّا اِيَّاهُ ۞ مُخْلِصِينَ لَهُ الدِّينَ ۞ وَلَوْ كَرِهَ الْكَافِرُونَ ۞

[*Lâ ilâhe illallah. Ve lâ na'büdü illâ iyyâh. Muhlısîne lehüd dîn. Ve lev kerihel kâfirûn.*]

---

[1] Nüzhetül Mecalis, 1/140

"Allah'tan başka hiçbir ilah yoktur. Biz ancak O'na ibadet ederiz. Kâfirler istemese de, biz taatımızı sırf O'na tahsis ederiz " derse, Allahü Teala ona 1.000 senelik ibadet yazar. 1.000 senelik günahı olsa bile sildirir. Kabrinden, yüzü dolunay gibi parlak olarak çıkar. Ve Allahü Teala (manevi) katıda, sıddık olarak yazılır."[1]

✦ Rivayet edildi ki: "Şaban'ın ilk onunun her günü 100 kere:

يَا لَطِيفُ جَلَّ شَانُهُ

[*Yâ Latîf celle şânüh*]

" Ey işlerinde lütuf, incelik sahibi, yaratılmışların ihtiyaçlarını en ince noktasına kadar bilip karşılayan Allah'ım!"

İkinci onun her günü 100 kere:

يَا رَزَّاقُ جَلَّ شَانُهُ

[*Yâ Rezzâk Celle Şânüh*]

"Ey rızkı bol bol veren, ruh ve bedenlerin gıdasını yaratıp veren Allah'ım!"

Üçüncü onun her günü 100 kere:

يَا عَزِيزُ جَلَّ شَانُهُ

[*Yâ Azîzü Celle Şânüh*]

"Ey İzzet, Yücelik sahibi, değerli, şerefli, güçlü, hiçbir zaman yenilmeyen Allah'ım!" söylemenin çok büyük fazileti vardır."

---

[1] Nüzhetül Mecalis, 1/144

✦ Şaban ayının birinden itibaren sonuna kadar 100 defa "Lâ İlahe illallah" yüzüncü de "Muhammedü'r-Resulullah" demek suretiyle her gün en az 1.000 kere tesbihe devam edilmelidir. Bir ay sonunda 30.000 Kelime-i Tevhid tamamlanmış olur. Resulullah (*Sallallahü Aleyhi ve Sellem*): "***Bir defa Kelime-i Tevhid getiren kimsenin 4.000 adet büyük günahı amel defterinden silinir***." buyurmuşlardır.

Buna göre hesabı siz yapın.

Şaban-ı Şerif'te Diğer Salih Ameller

(1) Kur'ân-ı Kerim hatmi yapmak.

Şaban ayı, Ramazan'ın başlangıcı gibi olduğundan, Ramazan'a güçlü ve hevesli girmeye bir hazırlık ve alışkanlık olsun ve ruhlar Rahman'ın taatine antrenmanlı bulunsun diye, oruç tutmak ve Kur'ân okumak gibi Ramazan'da yapılması gereken ameller Şaban'da da meşru kılınmıştır.

Enes (*Radıyallahü Anh*) şöyle buyurmuştur: "Resulullah (*Sallallahü Aleyhi ve Sellem*)in Ashabı Şaban ayının hilalini gördüklerinde, Mushaflara kapanıp, sıralı okurlardı."

Seleme bin Küheyl (*Radıyallahü Anh*) ve Habib bin Sabit (*Radıyallahü Anh*): "Şaban ayı, Kur'ân ayıdır." buyururdu.

Hasan bin Sehl (*Radıyallahü Anh*) ise şöyle buyurdu:

" Şaban ayı: Ya Rabbi! Beni iki büyük ayın arasına yerleştirdin. Peki, bana hangi ameli ayırdın?" deyince, Allahü Teala: "**Kur'ân okumayı, Sen'de sabit kıldım**" buyurdu.

(2) Zekât ve sadaka vermek.

Zekâtın her ayda dağıtılması caizse de, Şaban ayının bu hususta bir ayrıcalığı vardır. Çünkü fakirlerin Ramazan'dan önce bakıma ihtiyaçları vardır.

Enes bin Malik (*Radıyallahü Anh*) şöyle buyurmuştur: "Resulullah (*Sallallahü Aleyhi ve Sellem*)in Ashabı (*Radıyallahü Anhüm*), Şaban hilalini görünce, fakirler ve yoksular, Ramazan orucuna kuvvet bulsunlar diye zekâtlarını vermeye başlarlardı. Valiler, hapisteki mahkûmları denetler, had cezası gerekenlere uygular, değilse serbest bırakırlardı. Ticaret erbabı, alacak vereceklerini hesap edip, borçlarını öderler, alacaklarını tahsil işini de bitirirlerdi. Ramazan hilali belirince de gusledip, mescitlerde itikâfa çekilirlerdi."

Tabi ki sadece zekâtla yetinilmeyip sadakalar da bu ayda artırılmalıdır. Nitekim Resulullah (*Sallallahü Aleyhi ve Sellem*)in bir münadiye: "***Şaban Benim ayımdır. Benim ayımda Bana yardım edene Allah rahmet etsin!***" diye tellal bağırttığı göz ardı edilmemelidir. Çünkü ulema bu yardımın, namaz, oruç ve sadakanın arttırılması suretiyle gerçekleşeceğini açıklamışlardır.

Beraat Gecesinin Fazileti

Beraat, lügatte; "borçtan, suç ve cezadan kurtulmak" demektir. Dini manada ise; günahlardan kurtuluştur. Mukaddes dinimizin, feyiz dolu "üç aylar" olarak bilinenlerden Şaban ayının 15. gecesidir. Pek mübarek bir gecedir. Bu geceye bereketli ve feyizli bir gece olması sebebiyle "mübarek gece"; günahların affı ve temize çıkarılması sebebiyle "Beraat gecesi" ve kulların ihsana kavuşmaları nedeniyle de "Rahmet gecesi" gibi adlar verilmiştir.

Beraat gecesinde, yaratıkların bir sene içindeki rızıklarına, zengin veya fakir, aziz veya zelil olacaklarına, diriltilip öldürüleceklerine ve ecellerine dair Allah tarafından meleklere bilgi verileceği söylenmektedir. Bu bakımdan beraat gecesini ibadetle geçirmenin sevabı çoktur.

Mübarek geceler içersinde en faziletli gece, Kadir gecesi olup, ondan sonra en faziletli gecelerden biri de Beraat gecesidir.

Kadir gecesinin zamanı konusunda farklı rivayetler vardır. Beraat gecesi ise, ecellerin belirlendiği, amellerin arz edildiği, hüküm ve kaza gecesi, gazap ve rıza gecesi, kabul ve red gecesi, ulaşma ve engelleme gecesi, bahtiyarlık ve bedbahtlık gecesi, ikram ve ihanet gecesi olduğundan, açıkça tayin edilmiştir ki, kullar o geceyi bilsinler de, onda yapacakları dualarla belaları savuşturabilsinler.

Allahü Teala bu gecenin fazileti hakkında Duhan Suresinin 1–6. ayetlerinde şöyle buyurmuştur:

بِسْمِ اللّٰهِ الرَّحْمٰنِ الرَّح۪يمِ

حٰمٓ ﴿١﴾ وَالْكِتَابِ الْمُب۪ينِ ﴿٢﴾ اِنَّٓا اَنْزَلْنَاهُ ف۪ي لَيْلَةٍ
مُبَارَكَةٍ اِنَّا كُنَّا مُنْذِر۪ينَ ﴿٣﴾ ف۪يهَا يُفْرَقُ كُلُّ اَمْرٍ حَك۪يمٍ
﴿٤﴾ اَمْرًا مِنْ عِنْدِنَا اِنَّا كُنَّا مُرْسِل۪ينَ ﴿٥﴾ رَحْمَةً مِنْ
رَبِّكَ اِنَّهُ هُوَ السَّم۪يعُ الْعَل۪يمُ ﴿٦﴾

(1) Hâ-Mîm.

(2) O (hidayet yollarını) **iyice açıklayıcı Kitab** (olan Kurân)**a –o** (ince düşünenler için manaları) **pek açık olan Kitab'a- yemin olsun.**

(3) Muhakkak Biz onu (bereketi bol olan) **mübarek bir gecede indirdik. Şüphesiz Biz dâima** (kullarımızı önlerindeki tehlikelerden) **uyarıcılar olduk.**

Ayeti kerimesinde geçen "Mübarek gece"den maksat, Beraat gecesidir. Mübarek denilmesinin sebebi ise; kendisinde, yer halkına rahmet, bereket hayır, af ve mağfiretlerin bolca yağmasından dolayıdır.

Kur'ân-ı Kerim'in üç türlü indirilişi vardır:

a) Levh-i Mahfuz'a indirilişi ki, bazı ulemanın beyanına göre; bu büyük bereketli hadise Beraat gecesinde gerçekleşmiştir.

b) Levh-i Mahfuz'dan birinci kat semadaki "Beytü'l-İzze" denen yüce makama toptan indirilişi ise, ekseri âlimlere göre Kadir gecesinde gerçekleşmiştir.

c) Birinci kat semadan, Resulullah (*Sallallahü Aleyhi ve Sellem*)in kalbi şerifine indirilmesinin başlangıcı ise, Beraat gecesi meydana gelmiştir. Olaylar geliştikçe, sorular soruldukça devam ederek, 23 sene kadar uzun bir zaman zarfında vahiy tamamlanmıştır.

(4) Her hikmetli iş –(meleklere gösterildikten sonra artık değiştirilmesi söz konusu olmayan) **her sağlam** (karara bağlanmış) **iş- onda ayrılır.**

(5) Katımızdan pek önemli bir iş olarak (ki, o geceden, bir daha seneki benzeri geceye kadar meydana gelecek ecellerin kesimi, hacca gideceklerin yazımı, zelzeleler, yıldırımlar ve harplerin kaydı ve bunlarla ilgili nüshalanmanın başlaması bu önemli işimizin örneklerindendir)! **Şüphesiz ki Biz daima** (kullarımıza elçiler) **göndericiler olduk!**

(6) Senin Rabbinden (kullarına) **büyük bir rahmet olsun için! Şüphesiz ki O;** (tüm işitenleri hakkıyla duyan) **Semî'de,** (yaratıkların tüm halleri dâhil olmak üzere, bütün malumatı çok iyi bilen) **Alîm de ancak O'dur!**

Yani şöyle denmek isteniyor : "Biz, eceller, rızıklar, zengin etme, fakir kılma, diriltme ve öldürme gibi önemli emirlerimizi Beraat gecesinde takdir eder, Kadir gecesinde ise Levh-i Mahfuz'da yazılı bulunan nüshaları Cibril (*Aleyhisselam*), Mikail (*Aleyhisselâm*), İsmail (*Aleyhisselâm*) ve Azrail (*Aleyhisselâm*)a teslim ederiz. Bu nüshalar:

1. Rızıklarla ilgili dosya, Mikail (*Aleyhisselâm*)a,
2. Harplerle ilgili dosya, Cebrail (*Aleyhisselâm*)a,
3. Zelzeleler, yıldırımlar ve yer çöküntüleriyle ilgili, bir de kulların amellerini zapt eden evrak birinci kat semanın görevlisi olan İsmail (*Aleyhisselâm*) isimli büyük bir meleğe,

4. Hastalıklar ve ölümlerle ilgili kayıtlar da ölüm meleği Azrail (*Aleyhisselâm*)a teslim edilir.

Dolayısıyla bu gece maddi kısmetler, kıtlıklar, hayırlar, şerler, mihnetler, minnetler, hezimetler, yardımlar, bolluklar gibi şeyler taksim edilir.

Niceleri çarşı-pazarda meşgulken, kefenleri yıkanmış hazırdır. Niceleri sevinirken, kabirleri kazılıdır. Niceleri birazdan ölecekken yüzleri gülmektedir. Nice evin yıkılması yaklaşmışken, binası mükemmel bir şekilde bitirilmiştir. Nice kullar sevap beklerken azabı hak etmiştir.

Artık bu geceye ulaşan tüm Müslümanlar buna göre dikkatli davranıp, korkuyla ümit arası dengeyi kurmalı ve Allahü Teala'ya karşı güzel düşünce ve inancı asla bırakmayıp, durumları kötü ise, dua edip onu hayırla mükâfatlandırması için Allahü Teala'ya yalvarmalıdır.

Bu gecede saidlere gazaptan beraat verildiği gibi, şakilere de rahmetten uzaklık verilecektir.

Demek ki bu gece birine: "Kulluk vazifelerini hakkıyla yeri-ne getirdin, öyleyse ateşten beraatını al" dendiği gibi, bir diğerine de: "Allahü Teala'nın haklarını hafife aldın, kulluk görevlerini yerine getirmedin, o halde Cebbar Teala'nın yardımından mahrum kalıp, rüsvalığa uğramaktan beraatını al" denir.

✦ Şaban ayının 15. günü geldiğinde, Hasan-ı Basrî (*Rahimehullah*) evinden çıkardı da yüzünü gören, onu kabre konulup, kabrinden çıkarılmış birisine benzetirdi. Kendisine, bunun sebebi sorulduğunda, şöyle derdi:

- "Allah'a yemin ederim ki, denizde gemisi batan kimsenin elem ve üzüntüsü benimkinden daha büyük değildir! "

- 'Neden bu kadar üzüntülüsün?' denince de:
- "Çünkü günahlarımı yakinen biliyorum. Hasenatım için endişe ediyorum. Zira ibadet ve iyiliklerimin kabul edilip edilmediğini bilemiyorum" derdi.

Beraat Gecesinin Fazileti Hakkında Zikredilenler:

✦ İslam kaynaklarında bu gecede beş hasletin varlığından bahsolunur:

(1) Her önemli işin o gecede hikmetli bir şekilde ayrımı ve seçimi yapılır.

(2) O gecede yapılan ibadetlerin (kılınan namazların, okunan Kur'ân'ın, yapılan dua ve zikirlerin, tövbe ve istiğfarların) gündüzünde tutulan orucun ve ibadetlerin fazileti çok büyüktür.

(3) İlahî ihsan, feyiz ve bereketle dopdolu bir gecedir.

(4) Bağışlanma gecesidir.

(5) Resulullah (*Sallallahü Aleyhi ve Sellem*)e bu gece şefaatin tamamı verilmiştir. Şöyle ki, Resulullah (*Sallallahü Aleyhi ve Sellem*) Şaban'ın 13. gecesi Allahü Teala'dan ümmeti hakkında şefaat istemiş üçte biri verilmiş, 14. gecesi yine istemiş üçte biri daha verilmiş, 15. (beraat) gecesi tekrar istemiş ve bu gece şefaatin tamamı verilmiştir.

✦ Bütün kulların bir yıllık amelleri ve hayatları beraat gecesinde ilgili melekler tarafından Allahü Teala hazretlerine arz edilir. Şöyle ki; Rad suresinin 11. ayetinde, İnfitar suresinin 10. 11.12. ayetlerinde ve bu ayetlerle ilgili olarak Resulullah (*Sallallahü Aleyhi ve Sellem*)in açıklamalarından öğrendiğimize göre; Her insanla ilgili olarak gece ve gündüz yirmişer melek görev yapmaktadır. Bu melekler Muhafız Melekleri ve Kiramen Kâtibin (yazıcı) melekleridir. Bu melekler, Allah'ın emri gereği hayatını korudukları, yaptığı iyi ve kötü işlerini tespit ettikleri insanlarla ilgili olarak Allahü Teala'ya bilgi arz ederler. Bu bilgi arzı üç şekilde gerçekleşmektedir:

(1) *Günlük Arz*: Bu arz, sabah ve ikindi namaz vakitlerinde olmak üzere günde iki defa yapılır. Zaten meleklerin nöbet değişimleri de bu vakitlerde olmaktadır.

(2) *Haftalık Arz*: Pazartesi ve Perşembe günleri olmak üzere haftada iki defa yapılmaktadır.

(3) *Yıllık Umumî Arz*: Beraat gecesinden önceki bir yıllık hayatımızla ilgili verilen rapordur.

Allahü Teala cümlemizi alnının akıyla hesabını veren kullarından eylesin. Âmin!

✦ Rivayet edildi ki: Yeryüzündeki Müslümanların iki bayram günü olduğu gibi, göklerdeki meleklerin de iki bayram gecesi vardır. Meleklerin iki bayram gecesinden biri, Şaban ayının 15. gecesi olan Beraat gecesidir. Diğeri ise, Kadir gecesidir. Sübkî (*Rahimehullah*) tefsirinde şöyle buyurur: "Beraat gecesi, bir yıl içinde işlenen günahlara keffaret; Cuma gecesi, hafta içinde işlenen günahlara kefarettir. Yani bu geceleri ibadet ile ihya etmek, belirtilen sürelerdeki günahlara kefarettir."

Bu sebeple Beraat gecesine "*Keffaret Gecesi*" de denilir. Yine bu geceye, şu hadisi şerif sebebiyle "Hayat Gecesi" de denilmiştir: "***Her kim bayram gecesini ve Şaban ayının on beşinci*** (Beraat) ***gecesini ibadetle ihya ederse, kalplerin öldüğü günde o kişinin kalbi ölmez.***" [1]

---

[1] İbni Mâce, 1782; Taberânî, Mu'cemül-Evsât, 1/57

✦ Bu gecenin bir adı da "*Kısmet ve Kader Gecesi*" olarak bilinir. Bu ismi almasının sebebi şu rivayettir.

Resulullah (*Sallallahü Aleyhi ve Sellem*) buyurdu ki : "***Şaban'ın yarısının gecesinde senenin tüm işleri kesin karara bağlanır. Yaşayacak olanlar, ölecek olanlardan ayrılıp yazılır.***"[1]

Bir rivayette ise şöyledir: "***Şaban'ın yarısının gecesi, Allahü Teala ölüm meleğine, o sene öldürmek istediği her canlının ruhunu kabzetmesini vahiyde bulunur*** (isimlerini bildirir)."[2]

Atâ bin Yesâr (*Rahmetullahi Aleyh*) şöyle rivayet eder: "Şaban ayının 15. gecesi olunca, gelecek yılın Şaban ayına kadar ölecek olanların isimleri yazılarak ölüm meleğine verilir. İnsan bir yanda ağaç diker, evlenir, bina yapar; ama ismi ölecekler listesine kaydedilmiştir! Ölüm meleği, ölüm anının gelerek emri yerine getirmeyi bekler."

✦ Bu gecesinin bir adı da "*Şefaat Gecesi*"dir. Bunun dayanağı da rivayet edilen şu hadisi şeriftir: "Resulullah (*Sallallahü Aleyhi ve Sellem*) Şaban ayının 13. gecesi ümmetine şefaat etmek için dua edip yalvardı. Kendisine, ümmetinin üçte birine şefaat etme izni verildi. 14. gecesi yine dua edip yalvardı. Bu sefer üçte ikisine şefaat etme yetkisi verildi. 15. gecesi bir daha yalvardı. Bu sefer de, kaçak develer gibi Allah'tan kaçanlar dışında bütün ümmetine şefaat etme izni verildi. Yani günah işlemeye devam ederek Allahü Teala'dan kaçanlar ve O'ndan uzaklaşanlar şefaat dışında kaldı."[3]

---

[1] Suyûtî, Dürül-Mensûr, 13/252-253

[2] Suyûtî, Dürül-Mensûr, 13/254

[3] Ebu Dâvûd, 2775

✦ Bu gecenin diğer bir ismi de "*Mağfiret Gecesi*"dir. Şu hadisi şerif bu manaya işaret eder: "***Allahü Teala, Şaban'ın 15. gecesi kullarına nazar eder ve yeryüzünde bulunanlardan şirk koşanlarla haset edenler hariç herkesi mağfiret eder.***"[1]

✦ Bu geceye "*Azat Olma Gecesi*" de denilir. Bu isim verilmesinin dayanağı Hazreti Enes'in rivayet ettiği şu hadisi şeriftir: "Resulullah (*Sallallahü Aleyhi ve Sellem*) bir ihtiyaç için beni Hazreti Âişe (*Radıyallahü Anhâ*)nin evine gönderdi. Ben de geldim, Hazreti Âişe (*Radıyallahü Anhâ*)ya dedim ki:

- "Çabuk ol! Resulullah (*Sallallahü Aleyhi ve Sellem*)i, insanlara Şaban ayının 15. gününün faziletini anlatırken bırakıp geldim!"

Hazreti Âişe (*Radıyallahü Anhâ*) bana şöyle dedi:

- "Ey Enescik! Otur da sana Şaban ayının 15. gecesi hakkında bir hadis anlatayım. O gece (Şaban ayının 15. gecesi), Resulullah (*Sallallahü Aleyhi ve Sellem*)in geceleme sırası bende idi. Resulullah (*Sallallahü Aleyhi ve Sellem*) eve geldi ve benimle birlikte yatağa girdi. Gece bir uyandım, baktım Resulullah (*Sallallahü Aleyhi ve Sellem*) yanımda değil! Kendi kendime 'Herhalde Kıptî cariyesinin yanına gitmiştir!' diye düşündüm. Odamdan çıktım ve mescide geçtim. Mescitte ayağım Resulullah (*Sallallahü Aleyhi ve Sellem*)e takıldı. Şöyle dua ediyordu:

- "***Sana bütün benliğim ve duygularımla secde ediyorum! Kalbim Sana iman etti! İşte bunlar ellerim; onlarla nefsim aleyhine işlediğim günahlara gelince, ey Yüceler Yücesi!***

---

[1] İbni Mâce, 1/445

Her Yüce olandan bağışlaması umulur. Büyük günahı bağışla! Yüzüm, onu yaratıp şekil verene, kulak ve gözleri yerleştirene secde etti! "

Sonra Resulullah (*Sallallahü Aleyhi ve Sellem*) başını kaldırdı ve şöyle buyurdu:

- "***Allah'ım! Bana takva sahibi, şirkten arınmış ve temizlenmiş, kâfir ve bedbaht olmayan bir kalp ihsan et!***"

Sonra tekrar secdeye vardı ve şöyle dua ettiğini işittim:

- "***Allah'ım! Öfkenden rızana, cezalandırmandan affına ve Senden yine Sana sığınırım! Seni övüp sena edecek şeyleri Ben sayamam; Sen kendini sena ettiğin gibisin! Ben kadreşim Davud*** (*Aleyhisselâm*)***ın söylediği şu sözü söylerim: «Ben yüzümü Efendim için yere koyup toza toprağa sürdüm; Benim Efendim, kendisi için yerlere yüz sürecek biridir!»*** "

Sonra başını kaldırdı ve ben dedim ki:

- "Anam babam Sana feda olsun! Ben Senin hakkında neler düşünüyordum, Sen ise nelerle meşgulsün!"

Resulullah (*Sallallahü Aleyhi ve Sellem*) buyurdu ki:

- "***Ey Hümeyra! Bilmez misin ki bu gece, Şaban'ın yarı gecesidir. Bu gecede, Kelb kabilesinin koyunlarının kılları kadar, Allah'ın*** (cehennemden) ***azat ettiği kişiler vardır.*** "

Ben de kendisine:

- "Kelb kabilesinin koyunlarının tüylerinin durumu nedir (ki ondan bahsettiniz)?" diye sorunca:

- "***Araplar içinde onlardan fazla sürüye sahip olan bir kabile yoktur. Ancak Ben,*** (af olunacaklar arasında) ***altı kişiden bahsetmiyorum ki bunlar:***

1. ***İçki*** (ve uyuşturucu) ***içmeye devam eden,***

2. ***Ana-babasın***(ın Şeriata uymayan istekleri müstesna onlar)***a isyan eden*** (karşı gelen),

3. ***Zinaya ısrar eden,***
4. ***Sıla-i rahimi*** (akraba bağını kopartan. Fakat akraba ziyareti, selamlama hatta mektup göndermek ve telefon açmak gibi yolla ifa edilebilir. Mani bir hastalık, imkânsızlık ve dinini koruma gibi meşru mazeretlerle bu yükümlülük kalkabilir),
5. (Ağaç ve manzara gibi cansızlar müstesna) ***heykel yapanlar,***
6. ***Laf taşıyanlar*** (, iftira edenler ve alimlerle velilerin gıybetini yapanlar)***dır.***" [1]

Bir rivayette ise şu ilaveler vardır:

1. ***Allah'a şirk koşanlar,***
2. ***Adam öldüren,***
3. ***Kindarlar*** (kinlerini bırakıncaya kadar affedilmezler)
4. ***Kibirliler,***
5. ***Kâhinler*** (gelecekten haber veren),
6. ***Faizcilikten vazgeçmeyen,***
7. (İçkilerle birliktelik ve farzları kaçırma ihtimali gibi olan zamanlarda) ***müzik aletleri çalanlar,***
8. ***Şairler,*** (Allah'a karşı "Adaletin nerede?" gibi dinden çıkaracak küfür sözleri ihtiva eden ya da belli bir kadının tarifi ve haram şehvetin tahriki gibi unsurlar içeren şarkı, türkü ve şiirleri yazmak ya da okumak.)
9. ***Büyü yapanlar.***

Ancak günahlarından usanıp, Rabbine tam manasıyla tövbe edenleri, Allahü Teala en sağlam yola sokar ve Peygamberler, Sıddıklar, Şehitlerle Salihlerden oluşan en güzel dostlara katar. Tövbe tüm geçmişi yıkar. O halde Allahü Teala'ya tam manasıyla yönelmeli ve "Yok mu af isteyen ki bağışlayayım" diye nida eden Rabbimizin nidasına kulak verilmelidir.

---

[1] Müslim, 974; Tirmizi, 836; Nesâî, 2028

✦ Resulullah (*Sallallahü Aleyhi ve Sellem*) buyurdu ki: "***Beş gece vardır ki o gecelerde yapılan dua geri çevrilmez, bunlar: Recebin ilk gecesi, Şaban'ın yarı gecesi, Cuma gecesi, Ramazan ve Kurban bayramı geceleridir.*** "[1]

✦ Resulullah (*Sallallahü Aleyhi ve Sellem*) buyurdu ki : "***Şaban'ın yarısının gecesi Cebrail** (Aleyhisselâm) **Bana gelerek:***

- Ya Muhammed** (Sallallahü Aleyhi ve Sellem), **Başını semaya doğru kaldır! " buyurdu.

- "Bu hangi gecedir?" dediğimde;

- "Bu, Allahü Sübhanehü'nün 300 rahmet kapısı açtığı bir gecedir ki onda, kendisine hiçbir şeyi ortak koşmayan (Müslüman)***ların tümünü bağışlar, ancak büyücü, kahin*** (gaybdan haber veren), ***içki içmeye devam eden yahut faiz ve zinayı bırakmayanları, tövbe etmedikleri sürece affetmez" buyurdu.***

Gecenin dörtte biri geçince, Cebrail** (Aleyhisselâm) **tekrar inerek:

- "Ya Muhammed** (Sallallahü Aleyhi ve Sellem), **Başını kaldır!" buyurdu.

Başımı kaldırdığında bir de ne göreyim? Cennetin tüm kapıları (ardına kadar) ***açılmış, dünya semasından Arş'a kadar tüm melekler secdede Muhammed** (Sallallahü Aleyhi ve Sellem)**in ümmeti için istiğfarda bulunuyorlar ve her sema kapısında bir melek bulunuyor.***

Birinci kapıdaki melek: "Bu gece rükû edenlere müjdeler olsun!" diye nida ediyor.

İkinci kapıdaki melek: "Bu gece secde edenlere müjdeler olsun!" diye nida ediyor.

Üçüncü kapıdaki melek: "Bu gece dua edenlere müjdeler olsun!" diye nida ediyor.

---

[1] Beyhakî, Şu'abül-İman, 3711

Dördüncü kapıdaki melek: "Bu gece zikredenlere müjdeler olsun!" diye nida ediyor.

Beşinci kapıdaki melek: "Bu gece Allah korkusundan ağlayanlara ve hayır yapanlara müjdeler olsun!"

Altıncı kapıda görevli melek: "Bu gece Müslümanlara müjdeler olsun!" diye sesleniyor.

Yedinci kapıda bulunan melek ise: "Bu gece bir şey isteyen var mı ki, muradı kendisine verilsin? (veya) *Bu gece Kur'ân okuyanlara müjdeler olsun" diye nida eder.*

Sekizinci kapıda duran melek de: "İstiğfar eden var mı ki kendisi için (günahları) *mağfiret olunsun?"diye nida ediyor.*

Bunun üzerine: "Ey Cibril! Bu kapılar ne zamana kadar açık olacak" diye sorduğumda;

- "Gecenin başından imsak vakti girinceye kadar" buyurduktan sonra şöyle dedi:

- "Bu gece, Kelb kabilesinin koyun sürülerinin tüyleri kadar (çok) *sayıda Allahü Teala'nın ateşten azatlıları vardır!"*[1]

Beraat Günündeki Oruç

✦ Resulullah (*Sallallahü Aleyhi ve Sellem*) buyurdu ki: "***Şaban ayının yarısı oldu mu, o geceyi ibadetle ihya edin*** (geceyi mana ve önemine uygun olarak değerlendirin), ***gündüzünde de oruç tutun. Çünkü Allahü Teala o akşam, seher vakti dünya semasına tecelli eder ve: "İstiğfar eden yok mu ki, affedeyim. Rızık isteyen yok mu ki, ona rızık vereyim.***

[1] Nüzhetül-Mecalis, 1/142; Gunye, 1/347

Hastalığa uğramış yok mu ki, ona şifa ve afiyet vereyim… diyerek sabaha kadar devam eder. "[1]

✦ Resulullah (*Sallallahü Aleyhi ve Sellem*) bir kimseye hitaben:

- "***Sen bu*** (Şaban) ***ayının ortalarında bir oruç tuttun mu?***" diye sordu. O zat:

- "Hayır tutmadım" deyince, Resulullah (*Sallallahü Aleyhi ve Sellem*):

- "***O halde Ramazan'dan sonra çıkıp iftar ettiğinde*** (bayramdan sonra Şaban'da) ***o tutmadığın oruç yerine*** (nafile olarak) ***iki gün oruç tut.***"

Beraat Gecesi Namazı

✦ Resulullah (*Sallallahü Aleyhi ve Sellem*) buyurdu ki: "***Beraat günü nafile namaz kılın ki, her rekatı size kaçırdığınız namazlar yerine sayılsın. Allahü Teala, inanan kulunu bir kere affedip, ondan amellerini kabul edince, bir daha ona sonsuza kadar azab etmez.***"

Namazın 4 Rekât Olarak Kılınmasındaki Müjde:

✦ Bu gecede dört rekât namaz kılınır; şöyle ki:
Her rekâtta 1 Fatiha'dan sonra 1 Zilzâl suresi, 25 kere İhlâs suresi okunur. Selamdan sonra secde yapılır ve secdede 7 Fâtiha, 1 İhlâs, 1 Felak, 1 Nas sureleri okunur. 100 kere:

اَسْتَغْفِرُ اللّٰهَ الَّذِى لَا اِلٰهَ اِلَّا هُوَ الْحَىَّ الْقَيُّومَ وَاَتُوبُ اِلَيْهِ

[*Esteğfirullahellezî lâ ilâhe illâ Hüvel Hayyel Kayyûme ve etûbü ileyh.*]

---

[1] İbni Mâce, 1/444 no. 1388; Şu'bül-İman, 5/354-362, n.3542

100 kere:

اَللّٰهُمَّ صَلِّ عَلٰى سَيِّدِنَا مُحَمَّدٍ وَعَلٰى اٰلِهِ وَصَحْبِهِ وَسَلِّمْ

[*Allahümme salli alâ Seyyidinâ Muhammedi'vve alâ Âlihi ve sahbihi ve sellim.*]

100 kere:

لَا حَوْلَ وَلَا قُوَّةَ اِلَّا بِاللّٰهِ

[*Lâ havle ve lâ kuvvete illâ billah.*]

okunur.

Namazın 12 Rekât Olarak Kılınmasındaki Müjde:

✦ Resulullah (*Sallallahü Aleyhi ve Sellem*) buyurdu ki: "***Her kim Şaban'ın yarı gecesinde, her rekâtında 30 kere İhlâs okuyarak, 12 rekât kılarsa, cennetteki makamını görmeden*** (dünyadan) ***çıkmaz.*** "[1]

✦ Resulullah (*Sallallahü Aleyhi ve Sellem*) buyurdu ki: "***Her kim Şaban'ın yarı gecesinde, bir Fâtiha ve on İhlâs okuyarak, 12 rekât kılarsa, günahları mahvedilir ve ömrüne bereket verilir.*** "[2]

Namazın 14 Rekât Olarak Kılınmasındaki Müjde:

✦ Hazreti Ali (*Radıyallahü Anh*) anlatıyor: Şaban'ın yarı gecesi, Resulullah (*Sallallahü Aleyhi ve Sellem*)in kalkıp 14 rekât namaz kıldığını gördüm. Namazdan sonra oturup, 14 kere Fatiha, 14 kere Felak, 14 kere Nas surelerini, 1 kere de (Tevbe suresinin son iki) ayetlerini okudu:

---

[1] Suyûtî, el-Le'âlil-Masnû'â, 2/59

[2] Nüzhetül-Mecâlis, 1/143

بِسْــــــــــمِ اللّٰهِ الرَّحْمٰنِ الرَّح۪يمِ

لَقَدْ جَٓاءَكُمْ رَسُولٌ مِنْ اَنْفُسِكُمْ عَز۪يزٌ عَلَيْهِ مَا عَنِتُّمْ حَر۪يصٌ عَلَيْكُمْ بِالْمُؤْمِن۪ينَ رَؤُ۫فٌ رَح۪يمٌ ﴿١٢٨﴾ فَاِنْ تَوَلَّوْا فَقُلْ حَسْبِيَ اللّٰهُ لَٓا اِلٰهَ اِلَّا هُوَ عَلَيْهِ تَوَكَّلْتُ وَهُوَ رَبُّ الْعَرْشِ الْعَظ۪يمِ ﴿١٢٩﴾

[*Bismillahir Rahmânir Rahîm*

Lekad câeküm Rasûlüm min enfüsiküm Azîz. Aleyhi mâ anittüm harîsun aleyküm bi'l-mü'minîne raûfün rahîm. Fein tevellev fekul hasbiyellahü lâ ilâhe illa hüve aleyhi tevekkeltü ve hüve Rabbü'l-Arşi'l-Azîm.]

okuması bitince, kendisine yaptığını gördüğüm amelinden sordum. Buyurdular ki: "***Her kim benim yaptığımı yaparsa, kendisi için 20 tane kabul olmuş hac ve 20 sene kabul olmuş oruç sevabı verilir. Eğer o gün oruca niyetle sabahlarsa, geçmiş ve gelecek birer sene olmak üzere iki sene oruç tutmuş gibi olur.***" [1]

Namazın 100 Rekât Olarak Kılınmasındaki Müjde:

✦ Resulullah (*Sallallahü Aleyhi ve Sellem*) buyurdu ki: "***Her kim Şaban'ın yarı gecesinde, bir Fâtiha ve beş İhlas ile yüz rekat kılarsa, Allahü Teala ona, her birinin yanında nurdan bir defter bulunan 500 bin melek indirir ki, kıyamet gününe kadar onun sevabını yazmaya devam ederler.***" [2]

---

[1] Şu'abül-İman, 5/366, n.3559; İthâf, 3/426

[2] Dürretül-Vâizin, s. 250

✦ Abdülkadir Geylânî (*Rahimehullah*)ın Gunyetü't-Talibin adlı eserinde bu gecede 100 rekâtlık namaz kılınması ile ilgili olarak şunlar zikredilmiştir: "Hazreti Ali (*Radıyallahü Anh*)dan rivayet edildiğine göre Resulullah (*Sallallahü Aleyhi ve Sellem*) buyurdu ki: "***Ey Ali! Her kim Şaban ayının 15. gecesi 100 rekât namaz kılar, her rekâtta Fatiha-i Şerife'den sonra 10 İhlâs-ı Şerif okursa – hangi bir kul bu namazları kılarsa- Allahü Teala, onun için o gece istediği her haceti yerine getirir.***"

Resulullah (*Sallallahü Aleyhi ve Sellem*) bu gecenin fazileti hakkında devamla şöyle buyurdu: "***Allahü Teala bu*** (namazı kılan) ***kuluna, 70.000 melek gönderir ki, bir daha ki sene başına kadar, onun sevaplarını yazarlar, günahlarını silerler ve derecelerini yükseltirler.***

Allahü Teala Adn cennetlerine 770.000 melek gönderir de, onun için şehirler ve köşkler bina ederler, hiçbir gözün görmediği, hiçbir kulağın duymadığı, ağaçlar dikerler.

Bu cennetlerin bir benzeri, kullardan hiçbirinin kalbinden bile geçemez ki, her bir cennette size tarifte bulunduğum şehirler, köşkler ve ağaçlar doludur.

Eğer bu kişi, bir dahaki seneye kadar ölürse, şehit olarak ölür. Allahü Teala ona, o gece okuduğu İhlâs suresinin her bir harfine karşılık, 70.000 huri verir ki, her bir hurinin bir erkek, bir de dişi hizmetçisi bulunur.

O gece İhlâs suresini okuyan herkese, 70 şehit sevabı yazılır. Daha önce kıldığı ve daha sonra kılacağı tüm namazlar kabul edilir.

Anne-babası cehennemde bile olsalar, onlara dua ederse, onlar da (sağlıklarında) *Allahü Teala'ya hiçbir şeyi şirk koşmamışlarsa, Allahü Teala onları cehennemden çıkarır da, böylece onlar cennete girerler.*

Beni hak Peygamber gönderen Allahü Teala'ya yemin ederim ki; bu kişi, cennetteki makamını, Allahü Teala'nın yarattığı şekliyle görmedikçe yahut ona gösterilmedikçe dünyadan çıkmaz.

Beni hak Peygamber gönderene yemin ederim ki; Allahü Teala gece ve gündüzün yirmidört saatinin her bir saatinde, ona 70.000 melek gönderir ki, ona selam verirler, onunla musafaha ederler ve Sur'a üfürülünceye kadar ona dua ederler.

Kıyamet günü en kıymetli ebrar meleklerle yaratılırlar.

Allahü Teala yazıcı meleklere:

- Üzerinden sene geçinceye kadar bu kuluma hiçbir (büyük) *günah yazmayın* (veya yaptıysa onu silin) *ve ona sevaplar yazın, diye emir buyurur.*

Her kim ahiret yurdunu niyet ederek (düşünerek) *bu namazı kılarsa, Allahü Teala ona o gece kendi katından büyük bir nasip verir.*

Allahü Teala ona 30'u kendisini cennetle müjdeleyen, 30'u ona cehennem azabından eman veren, 30'u onu hata yapmasın diye koruyan, 10'u da (ondan dünyanın belalarını uzaklaştıran ve) *kendisine düşmanlık edenlere tuzak kuran* (ve ondan şeytanın hilelerini uzaklaştıran) *yüz melek göndermedikçe dünyadan çıkmaz.*"[1]

---

[1] İhyâ, 1/203; Gunye, 1/348-349

Ömer bin Abdilaziz (*Radıyallahü Anh*), Şaban'ın yarı gecesi bu namazdan başını kaldırdığında, yanı başında nuru semaya bitişmiş yemyeşil bir kâğıt buldu ki, onda:

"İşte bu, Melik-i Aziz'den kulu Ömer bin Abdülaziz'e cehennemden beraat fermanıdır" yazılıydı.

Hasan-ı Basrî (*Rahimehullah*) buyurdu ki: Resulullah (*Sallallahü Aleyhi ve Sellem*)in Ashabından 30 kişi bana haber verdiler ki: "Bir kimse bu namazı, Beraat gecesinde kılmış olsa, Allahü Teala ona rahmet nazarı ile 70 defa bakar ki, her bir bakışta o kimsenin 70 ihtiyacını ona ihsan eder. Bunların en aşağısı, günahlarının bağışlanmasıdır."

Kişi dilerse, on rekatta, 100 İhlas'la da bu namazı kılabilir. Asıl bu namazdan maksat, İhlas-ı Şerifin 1.000 kere okunmasıdır.

Zamanımızda insanlara uyku galip geldiğinden ve birbirlerinden utandıklarından az rekatlı namazlarla yetinirler. İbadet ve ihlas ehli ise, en az 100 rekat ve daha fazla kılarlar. İşte bu geceler hayır zamanıdır ki, tüm kulların, bundan nasibini zayi etmemeleri gerekir.

✦ Resulullah (*Sallallahü Aleyhi ve Sellem*) Beraat gecesi namazından sonra şu duayı okurdu:

اَللّٰهُمَّ اِنْ كُنْتَ كَتَبْتَ اِسْمِى شَقِيًّا فِى دِيوَانِ الْاَشْقِيَاءِ فَامْحُهُ وَاكْتُبْنِى فِى دِيوَانِ السُّعَدَاءِ ۞ وَاِنْ كُنْتَ كَتَبْتَ اِسْمِى سَعِيدًا فِى دِيوَانِ السُّعَدَاءِ فَاثْبُتْهُ فَاِنَّكَ قُلْتَ فِى كِتَابِكَ الْكَرِيمِ: ﴿يَمْحُوا اللّٰهُ مَا يَشَآءُ وَيُثْبِتُ وَعِنْدَهُٓ اُمُّ الْكِتَابِ﴾.

[*Allahümme in künte ketebte ismî şakıyyen fî dîvânil eşkıyâi femhuhü vektübnî fî dîvânis sü'adâi. Ve in künte ketebte ismî saîden fî dîvânis sü'adâi fesbüthü feinneke kulte fî kîtâbikel kerîm:* **Yemhullahü mâ yeşâü ve yüsbitü ve ındehü ümmül kitâb.**]

"Allah'ım! Eğer ismimi bedbahtlar, asiler arasına yazmışsan, oradan silip imha et ve beni iyiler divanına yaz. Eğer ismimi mesutlar, bahtiyarlar arasına yazmışsan, onu orada sabit kıl. Şüphesiz Sen Kur'ân-ı Kerim'de şöyle buyurdun: **"Allah** (kulları hakkında yazmış olduğu hükümlerden, rızıklardan, ecellerden ve günahlardan) **dilediğini siler ve** (istediğini) **sabit kılar!** (Tüm yazıların aslını teşkil eden ve hiç değişmeyen ezelî ilmi temsil eden) **Ümmü'l-Kitab ise sadece O'nun katındadır.** (Meleklere verilen nüshalardaki yazılar değişikliğe tâbiyse de,) **ana kitap** (olan Levh-i Mahfuz) **sadece O'nun katındadır.**"[1]

Beraat Gecesinde Dua

✦ Cebrail (*Aleyhisselâm*), Resulullah (*Sallallahü Aleyhi ve Sellem*)e: ***"Ya Muhammed** (Sallallahü Aleyhi ve Sellem)**! Bu gece duaya çok çalış. Zira bütün ihtiyaçlar gerçekten bu gece görülecektir"*** buyurmuştur.[2]

Bu gece hürmetine Rabbimiz, ağlamamıza ve yalvarmamıza acısın da beraatlarımızı ihsan eylesin!

---

[1] Rad Suresi, 39

[2] Nüzhetül-Mecalis, 1/143

✦ Hazreti Aişe annemiz şöyle anlatmaktadır: Bir gece Resulullah (*Sallallahü Aleyhi ve Sellem*)in yanında uyuyordum. Uyandığımda O'nu yanımda göremeyince, (Hazreti) Ali, (Hazreti) Hasan, (Hazreti) Hüseyin ve (Hazreti) Fatıma (*Radıyallahü Anhüm*) ile birlikte O'nu aramaya çıktık.

- "Nerede arayalım?" dedik.

- "Mescitte arayalım" dediler.

Orada bulamayınca, Ali (*Radıyallahü Anh*):

- "Resulullah (*Sallallahü Aleyhi ve Sellem*) ancak Bekîu'l-Garkad (denilen Medine mezarlığın)a gitmiştir" dedi.

Oraya gittiğimizde kabirden bir nur yükseldiğini görünce, Ali (*Radıyallahü Anh*):

- "Bu, Resulullah (*Sallallahü Aleyhi ve Sellem*)in nurundan başkası değildir" dedi. Yanına vardığımızda O'nu secdede, kimsenin fark edemeyeceği bir halde ağlayarak buyuruyordu ki:

- "***Onlara azap edecek olursan*** (bu Senin hakkın), ***çünkü onlar Senin kulların. Kendilerini bağışlayacak olursan da, şüphesiz ki Sen, ancak Sen, Aziz'sin, Hakîm'sin.***"

Fatıma (*Radıyallahü Anha*) O'nu bu halde görünce, başında durup, mübarek başını yerden kaldırarak:

- "Babacığım! Ne oldu Sana, bir düşman mı saldırdı yoksa bir vahiy mi indi?" diye sorunca:

- "***Ey Fâtıma! Ne düşman geldi, ne de vahiy indi. Ancak bu gece, Beraat gecesidir. Allahü Teala'dan taleplerde bulunuyorum***" buyurdu.

Sonra:

- "***Ey Âişe! Kıyamet kopsa, Ben yine secdede olurum. Rabbimden isteklerde bulunurum ve şefaate çalışırım***" buyurmasının ardından:

- "***Eğer Benim rızamı arıyorsanız, secde yapın, dua ve yalvarışla Bana yardımcı olun.***

- Ey Ali! Sende secde yap, insanları da çağır. Ey Fatıma ve ey Âişe! Siz de secde yapın, çocukları da arayı(p onlara da secde ve dua yaptırı)***n***" buyurdu. [1]

✦ Hazreti Aişe annemiz şöyle anlatmaktadır: Resulullah (*Sallallahü Aleyhi ve Sellem*) Beraat gecelerinden birinde buyurdular ki:

- "***Ya Âişe*** (*Radıyallahü Anha*)***! Bu gece ibadet etmeme müsaade eder misin?***"

- Anam babam Sana feda olsun, evet ey Allah'ın Resulü! diye cevap verdim.

Bunun üzerine Resulullah (*Sallallahü Aleyhi ve Sellem*) kalkıp namaz kılmaya başladı. Bir ara secdeye kapanıp da uzun müddet kalkmayıp öylece kaldığını fark ettim. Endişeye kapılarak kalktım ve elimle yokladım. Resulullah (*Sallallahü Aleyhi ve Sellem*) benim elim kendi ayağına dokununca kımıldadı. Ben de böyle olunca ferahladım. Resulullah (*Sallallahü Aleyhi ve Sellem*)in secdede iken şöyle niyaz ettiğini işitmiştim:

سُبْحَانَ اللهِ وَالْحَمْدُ لِلّٰهِ وَلَا اِلٰهَ اِلَّا اللهُ
وَاللهُ اَكْبَرُ وَلَا حَوْلَ وَلَا قُوَّةَ اِلَّا بِاللهِ

[*Sübhanellahi vel hamdü lillahi ve lâ ilâhe illâllahü vallahü ekber. Ve lâ havle ve lâ kuvvete illâ billah.*]

deyip arkasından şöyle dua etti:

[1] Dürretül-Vâizin, s. 251-252

اَعُوذُ بِعَفْوِكَ مِنْ عِقَابِكَ ، وَاَعُوذُ بِرِضَاكَ مِنْ سَخَطِكَ ، وَاَعُوذُ بِكَ مِنْكَ جَلَّ ثَنَاؤُكَ لَا اُحْصِى ثَنَاءً عَلَيْكَ اَنْتَ كَمَا اَثْنَيْتَ عَلٰى نَفْسِكَ .

[*E'ûzü bi afvike min ıkâbik. Ve e'ûzü biridâke min sehatık. Ve e'ûzü bike minke celle senâüke lâ uhsî senâen aleyke ente kemâ esneyte alâ nefsik.*]

"Ya Rabbi! Azabından affına ve gazabından da Senin rızana sığınıyorum. Senden gene Sana sığınırım. Senin şanın pek yücedir. Sana yaptığım senayı, Senin kendine yaptığın senaya uygun yapamıyorum. Sana layıkıyla hamdetmekten acizim."

Sabah olunca bunları kendisine hatırlattım.

- " ***Bunları öğrendin mi ya Aişe?***" buyurdular.

- Evet öğrendim ey Allah'ın Resulü! diye cevap verdim.

Resulullah (*Sallallahü Aleyhi ve Sellem*):

- "***Bunları hem kendin öğren, hem de başkasına öğret. Çünkü bunları Cebrail*** *(Aleyhisselam)* ***öğretti ve secdede okumamı söyledi***" buyurdular.

İşte Resulullah (*Sallallahü Aleyhi ve Sellem*) böylece sabaha kadar ayakta ve oturarak namaza ve ibadete devam etti.

Sabah olduğunda iki ayağı da iyice şişmişti. Ben onları ovuştururken:

- "Anam-babam Sana feda olsun! Kendinize çok zahmet verdiniz. Allahü Teala, Sizin geçmiş ve gelecek günahlarınızı bağışlamamış mıydı?" deyince:

- "*Ey Âişe!* (Mademki Rabbim Bana bu kadar lütuflarda bulundu,) ***şimdi Ben çok şükreden bir kul olmalı değil miyim?***" buyurdu. [1]

✦ Resulullah (*Sallallahü Aleyhi ve Sellem*) Beraat gecesi şu duayı okurdu:

اَعُوذُ بِعَفْوِكَ مِنْ عِقَابِكَ ، وَاَعُوذُ بِرِضَاكَ مِنْ سَخَطِكَ ، وَاَعُوذُ بِكَ مِنْكَ جَلَّ ثَنَاؤُكَ لَا اُحْصِى ثَنَاءً عَلَيْكَ اَنْتَ كَمَا اَثْنَيْتَ عَلٰى نَفْسِكَ .

[*E'ûzü bi afvike min ıkâbik. Ve e'ûzü biridâke min sehatık. Ve e'ûzü bike minke celle senâüke lâ uhsî senâen aleyke ente kemâ esneyte alâ nefsik.*]

"Ya Rabbi! Azabından affına ve gazabından da Senin rızana sığınıyorum. Senden gene Sana sığınırım. Senin şanın pek yücedir. Sana yaptığım senayı, Senin kendine yaptığın senaya uygun yapamıyorum. Sana layıkıyla hamdetmekten acizim." [2]

✦ Bu mübarek Beraat gecesinde insanların ömürleri, rızıkları ve saidlik, şakilik mertebeleri takdir edileceğine, her şeyin takdiri bu gece olacağına göre, bu gece şu aşağıdaki tarif edildiği şekilde ibadette bulunmak çok önemlidir.

Rivayet edildiğine göre; her kim Beraat gecesi şu sayılanları yaparsa, o gece yaptığı bütün istekler kendisine verilerek istekleri yerine getirilir.

---

[1] Beyhakî, Fedâilül-Evkât, no.26-29, s. 126-132; et-Tergîb, 2/124, no. 1546
[2] et-Tergîb, 2/124, no. 1546

Bu mübarek Beraat gecesinde biz müslümanlar:

Akşam namazından sonra, ikişer rekat olmak üzere toplam 6 rekat namaz kılınır. Her rekatında bir Fatiha ve 6 İhlas suresi okunur.

(1) İlk iki rekatın selamından sonra "Uzun ömürlü olmayı Allahü Teala'dan temenni ve niyaz ederek kuvvetli bir itikat ile" önce Yasin suresini, sonra da şu aşağıdaki duayı okumalıyız.

(2) İkinci iki rekatın selamından sonra "Belaların, kazaların, musibetlerin, felaketlerin, hasılı bütün fenalıkların bizlerden kaldırılmasını Allahü Teala'dan rica ve niyaz ederek" Yasin suresini okuyup tekrar aşağıdaki duayı okumalıyız.

(3) Üçüncü iki rekatın selamından sonra "Allahü Teala'dan başka hiçbir kimseye muhtaç olmamayı temenni ve rica ederek" yine Yasin suresini okuyup tekrar aşağıdaki duayı okumalıyız.

Bu şekilde Allahü Teala'dan herşeyi içersine alan üç rica ve istekte üç defa Yasin suresini ve üç defa da şu aşağıdaki yazılmış olan Beraat duasını okumuş oluruz.

Beraat gecesi okunacak olan dua şudur:

بِسْمِ اللّٰهِ الرَّحْمٰنِ الرَّحِيمِ

اَللّٰهُمَّ يَا ذَا الْمَنِّ وَلَا يُمَنُّ عَلَيْهِ يَا ذَا الْجَلَالِ وَالْإِكْرَامِ يَا ذَا الطَّوْلِ وَالْإِنْعَامِ لَا اِلٰهَ اِلَّا اَنْتَ ظَهْرُ الّلاجِينَ وَجَارُ الْمُسْتَجِيرِينَ وَمَأْمَنُ الْخَائِفِينَ . اَللّٰهُمَّ اِنْ كُنْتَ كَتَبْتَنِى عِنْدَكَ فِى اُمِّ الْكِتَابِ شَقِيًّا اَوْ مَحْرُومًا اَوْ مَطْرُودًا اَوْ مُقْتَرًا عَلَيَّ فِى الرِّزْقِ فَامْحُ . اَللّٰهُمَّ بِفَضْلِكَ شَقَاوَتِى وَحِرْمَانِى وَطَرْدِى وَاِقْتَارَ رِزْقِى وَاَثْبِتْنِى عِنْدَكَ فِى اُمِّ الْكِتَابِ سَعِيدًا مَرْزُوقًا مُوَفَّقًا لِلْخَيْرَاتِ فَاِنَّكَ قُلْتَ وَقَوْلُكَ الْحَقُّ فِى كِتَابِكَ الْمُنْزَلِ عَلٰى لِسَانِ نَبِيِّكَ الْمُرْسَلِ ﴿ **يَمْحُوا اللّٰهُ مَا يَشَآءُ وَيُثْبِتُ وَعِنْدَهُٓ اُمُّ الْكِتَابِ** ﴾ اِلٰهِى بِالتَّجَلِّى الْاَعْظَمِ فِى لَيْلَةِ النِّصْفِ مِنْ شَهْرِ شَعْبَانَ الْمُكَرَّمِ الَّتِى ﴿ **فِيهَا يُفْرَقُ كُلُّ اَمْرٍ حَكِيمٍ** ﴾ وَيُبْرَمُ اَنْ تَكْشِفَ عَنَّا مِنَ الْبَلَاءِ مَا نَعْلَمُ وَمَا لَا نَعْلَمُ وَمَا اَنْتَ بِهِ اَعْلَمُ اِنَّكَ اَنْتَ الْاَعَزُّ الْاَكْرَمُ وَصَلَّى اللّٰهُ عَلٰى سَيِّدِنَا مُحَمَّدٍ الْاُمِّيِّ وَعَلٰى اٰلِهِ وَصَحْبِهِ وَسَلَّمَ .

[Bismillahirrahmânirrahîm
Allahümme yâ zel meni velâ yümennü aleyhi yâ zel celâli vel ikrâmi yâ zettavli vel in'am. Lâ ilâhe illâ ente zahrullâcîne ve cârul-müstecîrîne ve me'menül-hâifîn. Allahümme in künte ketebtenî ındeke fî ümmil-kitabi şakıyyen ev mahrûmen ev matrûden ev mukteran aleyye firrizkı femhu. Allahümme bi fadlike şekâvetî ve hırmânî ve tardî ve ıktâra rızkî ve esbitnî ındeke fî ümmil kitâbi se'ıden merzûkan müveffekan lilhayrâti feinneke kulte ve kavlikel hakku fî kitâbikel münzeli alâ lisâni nebiyyikel mürseli. **Yemhullahü mâ yeşâü ve yüsbitü ve ındehü ümmül-kitâbi.** *İlâhî bittecellil-e'azami fî leyletin-nısfi min şehri şa'banel-mükerramilletî.* **Fîhâ yüfraku küllü emrin hakîm**. *Ve yübramü en tekşife annâ minel belâi mâ na'lemü ve mâ lâ na'lemü vemâ ente bihi e'alemü inneke entel e'azzül ekramü ve sallallahü alâ seyyidinâ Muhammedinil ümmiyyi ve alâ âlihi ve sahbihi ve sellem.*]

"Ey kullarına sayısız lütuf ve ihsanlarda bulunan, onların karşılığına ihtiyacı olmayan Allah'ım! Celal ve Kerem sahibi Rabbim! Biz aciz kullarına sonsuz nimet ve imkânlar bahşeden Sensin! Senden başka hiçbir ilah yoktur. Sana sığınıp yalvaranlara yardım edersin. Korkanların güvenip sığınacağı yegâne merci yine Sensin.

Ya Rabbi! Senin katındaki kitabında, Levh-i Mahfuz'da şayet beni kötü, mahrum, ilahi rahmetten kovulmuş, fakir bir insan olarak yazmışsan, fazlınla bu kötü kaderimi; asi, mahrum, ilahi huzurdan kovulmuş, darlık içinde hayat geçirmeye mahkûm bir insan oluşuma ait yazgımı siliver Allah'ım! Beni, katındaki ana kitapta iyilerden, salih kullarından, rızkı bol, zengin ve hayırlı işlerde yarışan ve muvaffak olan kullarından olarak yazıver.

Allah'ım! Senin sözün haktır. Nebi-i Zişan'ın lisanı üzere gönderdiğin mukaddes kitabında şöyle buyurdun: "**Allah dilediğini siler.** (Dilediğini de) **sabit bırakır. Bütün kitapların aslı O'nun yanındadır.**"[1]

İlahi! "**Her hikmetli iş nezdimizde bir emir ile o zaman ayrılır**"[2] buyurduğun mükerrem Şaban ayının 15. gecesi en büyük tecellin ile bildiğimiz bilmediğimiz Senin bildiğin bela ve musibetleri bizlerin üzerinden kaldırmanı diliyoruz. Şüphesiz Sen, sonsuz güç ve kuvvet sahibisin! Lütuf ve ihsanı bol olan Rabbimizsin!

Allah'ım Efendimiz Hazreti Muhammed (*Sallallahü Aleyhi ve Sellem*)e, Ailesine, Ashabına, Evlatlarına, (her bakımdan) temiz olan hanımlarına salatü selam eyle! Dualarımızı Habibin hürmetine kabul eyle!"

Beraat Gecesinde Yapılacak Örnek Bir Dua:

"Ey kullarına fezanın kapılarını açan, iman edenlere rahmetini saçan yüce Allah'ım! Zât'ına hamdü sena ediyor, Habibine salâtü selam gönderiyorum, kabul eyle ya Rabbi!

Allah'ım! Azabından affına, gazabından rızana sığınıyorum. Senden Sana sığınıyorum. Zât'ın yüce olmakta daim oldu. Sana karşı övgüyü sayıp bitiremem. Sen kendini övdüğün gibisin, ya Rabbi!

Habibin bu gece huzuruna gelenin affedileceğini, arzusu olanın verileceğini haber veriyor. Benim bu gecedeki arzum; rahmetinin beni kaplaması ve huzuruna mümin çıkmaktır, bunu benden esirgeme ya Rabbi!

---

[1] Ra'd Suresi, 39

[2] Duhân Suresi, 4

Beni bu gecenin feyzinden bu gecedeki rahmet ve inayetinden mahrum bırakma ya Rabbi!

Rahmet deryalarının taştığı, müminlerin kurtuluş beraatının yazıldığı şu gecede suçumu itiraf ediyor, affınla beni güldürmeni niyaz ediyorum kabul eyle ya Rabbi!

Allah'ım! Sen Şaban'ın yarısının gecesi, yaratıklarına tecelli buyururken, lütfunu ve cehennem beraatını bana da ihsan et.

Fazlı kereminden bana bol rızıklar takdir et! Bana verdiğin nimetlerin, hiç olmazsa, bir kısım haklarını yerine getirenlere dâhil eyle.

Allah'ım! Bu gece kimin vefatına hükmettiysen, rahmetinle birlikte hükmet.

Kimin uzun yaşamasını takdir buyurduysan, bunu nimetinle beraber takdir et. Beni emellerimin ulaşamayacağı derecelere ulaştır.

Ey huzurunda tüm ayakların kalakaldığı varlıkların en hayırlısı! Ey acıyanların en rahmetlisi! Dualarımı kabul et!

Allah'ım! Bu gecede Sana yönelenler yöneldi, hevesliler Senin cömertliğin ve kereminin beklentisine girdi. Bu gece Senin nice rahmet esintilerin, hediyelerin, bahşişlerin, ikramların ve bağışların vardır ki, Sen bunları kullarından seçip seçtiklerine özellikle lütfeder, Senden haklarında inayet geçmemiş olanları da engelleyip mahrum edersin.

Allah'ım! En sevdiğin isimlerin ve en değerli Peygamberin hürmetine, beni Senin inayetine mazhar olan kullarından kılmanı Senden niyaz ediyorum.

Allah'ım! Bu gece veya sonrasında dağıtacağın, her hidayet edici bir nur yahut neşredeceğin bir rahmet, döşeyeceğin bir rızık, kaldıracağın bir zarar, affedeceğin bir günah, defedeceğin bir şiddet, geri çevireceğin bir fitne, kaldıracağın bir bela, lütfedeceğin bir nimet, şerrine kâfi geleceğin herhangi bir düşman hususunda, beni en bol ve üstün hazza, nasibe, kısmete, hibe ve bahşişe mazhar olan kullarından eyle.

Allah'ım! Beni her türlü şerden koru. En üstün ahlaka muvaffak eyle. Bana, bedenimde afiyet, rızıklarda bolluk ve bereket nasip eyle. Beni şirkten ve nifaktan selamete erdir.

Allah'ım! Gerçekten de Senin öyle lütuf esintilerin vardır ki, gaflet hastasına eserlerse, şifa verir. Senin öyle merhamet rüzgârların vardır ki, nefsinin esiri bir kula yönelirse, onu azat eder. Öyleyse Allah'ım! Hemen bana gizli lütfundan, gaflet hastalığıma şifa verecek bir hoş rüzgâr estir. Bol ilginden bana, şehvet bağlarımdan esaretimi çözeceğin hoş bir esinti gönder. İnayet nazarınla bana bak ve beni sapıklık denizinden kurtar.

Dünyada ve ahirette tarafından bana öyle bir rahmet bahşet ki, sayesinde bedbahtlığımı, saadet ve bahtiyarlığa çeviresin.

Duamı kabul et, kabulünde acele et Rabbim! İsteklerimi yerine getir ve bana afiyet ver Allah'ım! Geniş olan cömertliğin ve iyiliğinden, Sana karşı samimi ve tam bir dönüş ve yöneliş bana nasip eyle!

Ey cömert olan Allah'ım! Dua için kapını çalmaya beni ehil eyle ki, kalbim Senin katındakilere eklensin de, beni Senin kasıt ve muradına ulaştırsın! Ey kastedilenlerin en hayırlısı! Ey tapılanların en iyisi! Yardımını talep hususunda Sana yalvarıp yakarıyorum.

Allah'ım! Seni bir sığınak ve kaçış yeri ediniyorum. Dileklerimi, isteklerimi ve şikâyetlerimi Sana arz ediyorum. Zarar ve ziyanımı Sana açıklıyorum. İşlerimi ve münacatımı Sana ısmarlıyor, tüm hallerimde ancak Sana itimat ediyorum.

Allah'ım! Bu gece de, ben de, Senin yaratıklarından biriyim. Ne bunda ne de sonrasında beni kötü ve istenmedik şeylere giriftar kılma, bu gecede bana herhangi bir günah ve zelle takdir buyurma ve bu gece üzerimde bir günah bile bırakma. Bana ancak en güzel şeyleri nasip eyle. Haramlarına karşı cesareti, günahlarına doğru meyli, muhalefetine yönelmeyi, taatini terk etmeyi, yüce hakkını hafife almayı ve rızkında şüpheye kapılmayı bana hoş gösterme!

Allah'ım! Engin rahmetlerinden bir merhamet, pek hoş hediyelerinden bir hediye isterim Senden!

Yaratıklarının şerrine karşı bana kâfi gel, İslam dinimi muhafaza eyle. Hiç uyumayan kudretinle bana nazar eyle.

Allah'ım! Bana dünyada ve ahirette de bir güzelik ver; beni, anne-babamı ve bütün müminleri hesap günü affet, o ateşin azabından koru.

Allah'ım! En önemli işleri kendisinde seçip sağlamlaştırdığın kıymetli Şaban ayının yarısının gecesindeki en büyük tecelli hürmetine, bildiğimiz ve bilmediğimiz tüm belaları bizden kaldır. Senin daha iyi bildiğin tüm günahlarımı benim için bağışla!

Allah'ım! Bilmekte olduklarının en hayırlılarını Senden istiyorum. Kötü bildiklerinden Sana sığınıyorum. Her bildiğinden ötürü Senden mağfiret talep ediyorum. Şüphesiz ki tüm gizlileri hakkıyla bilen Sensin!

Allah'ım! Senin bildiğin, benim bilemediğim tüm hayırlara nailiyet diliyorum. Bildiğim bilmediğim her günahım için istiğfar ediyorum.

Allah'ım! Bütün ilimler, Senin katındadır, bizden ise gizlidir, nefsimin hayrına ne isteyeceğimi bile bilemiyorum. İşlerimi Sana arz ettim, ihtiyaçlarımın ve fakirliğimin giderilmesi için Sana ümit bağladım. Öyleyse Allah'ım! Beni irşad eyle, katındaki en sevilen ve beğenilen amellere beni muvaffak kıl ve çokça sebat nasip eyle. Şüphesiz ki dilediğine dilediği kadar veren ve istediğini yapabilen ancak Sensin ve Sen her şeye hakkıyla gücü yetensin.

O çok yüce ve pek büyük Allah'ın yardımı olmadan hiçbir imkân ve kuvvet olamaz.

O müşriklerin söylentilerinden İzzet sahibi Rabbine tenzih olsun. Gönderilenlere selam olsun. Âlemlerin Rabbine hamd olsun. Allahü Teala, mahlûkatının en hayırlısı Efendimiz Muhammed (*Sallallahü Aleyhi ve Sellem*)e Ailesine ve Ashabına çokça salât eylesin!

Beşeriyetin hidayet ve selameti, bütün müminlerin af ve mağfireti için el-Fâtiha. "

Beraat Gecesindeki Zikirler

✦ Resulullah (*Sallallahü Aleyhi ve Sellem*) buyurdu ki : "***Beni hak Peygamber olarak gönderen Zat'a yemin olsun ki, bu gece Bana Salâvat okuyana, tüm Nebilerin, Resullerin, Meleklerin ve insanların sevabı ihsan edilir.***"[1]

✦ Resulullah (*Sallallahü Aleyhi ve Sellem*) buyurdu ki : "(Ölmüş ve hayatta olan) ***inanan erkek ve kadınların affedilmelerini isteyenlere, mümin ve mümineler kadar sevap yazılır*** ."[2]

---

[1] Dürretül-Vâizin, s. 204

[2] Nebhânî, Fethul-Kebîr, 11403, 2/382

✦ Rivayet edildiğine göre; beraat gecesi şu Salâvatı 100 kere okuyan kişi, Resulullah (*Sallallahü Aleyhi ve Sellem*)i rüyasında görme şerefine, dolayısıyla şefaatine nail olur:

اَللّٰهُمَّ صَلِّ عَلٰى رُوحِ سَيِّدِنَا مُحَمَّدٍ فِى الْاَرْوَاحِ .

وَصَلِّ عَلٰى جَسَدِ سَيِّدِنَا مُحَمَّدٍ فِى الْاَجْسَادِ .

وَصَلِّ عَلٰى قَبْرِ سَيِّدِنَا مُحَمَّدٍ فِى الْقُبُورِ .

[*Allahümme salli alâ rûhi Seyyidinâ Muhammedin fil ervâh.*
Ve salli alâ cesedi Seyyidinâ Muhammedin fil ecsâd.
Ve salli alâ kabri Seyyidinâ Muhammedin fil kubûr.]

"Allah'ım! Ruhlar içinde Efendimiz Muhammed'in ruhu şerifine salât eyle. Allah'ım! Bedenler içersinde, Efendimiz Muhammed'in bedeni şerifine salât eyle! Allah'ım! Kabirler arasında, Efendimiz Muhammed'in kabri şerifine salât eyle."

Beraat Gecesi ve Gündüzündeki Ameller

✦ Resulullah (*Sallallahü Aleyhi ve Sellem*) buyurdu ki: "***Beraat gecesi, iki gözünüzün birine, üç defa, diğerine ise iki defa sürme çekin ki, Allahü Teala sizi göz rahatsızlığından korusun.***"

✦ Resulullah (*Sallallahü Aleyhi ve Sellem*) buyurdu ki: "***O gün evlerinizde, kapkacaklarınızı boş bırakmayın. Zira Allahü Teala o gün alıp yerleştirdikleriniz hususunda gelecek seneye kadar size bereket verir.***"

(9) Ramazan Ayı ve Fazileti

✦ Hicrî ayların dokuzuncusu, üç ayların sonuncusu ve farz olan orucun tutulduğu aydır.

Ramazan orucu, Hicretin ikinci yılı Şaban ayının onunda kıble Kâbe'ye döndürüldükten bir buçuk sene sonra farz kılınmıştır. Resulullah (*Sallallahü Aleyhi ve Sellem*) dokuz yılda dokuz Ramazan orucu tutmuştur. Dinin farz hükümlerinden biri olduğu için farz olduğunu inkâr eden küfre girer.

Allahü Teala şöyle buyuruyor:

بِسْــــــــــمِ اللّٰهِ الرَّحْمٰنِ الرَّحِيمِ

يَٓا اَيُّهَا الَّذٖينَ اٰمَنُوا كُتِبَ عَلَيْكُمُ الصِّيَامُ كَمَا كُتِبَ عَلَى الَّذٖينَ مِنْ قَبْلِكُمْ لَعَلَّكُمْ تَتَّقُونَ ﴿١٨٣﴾

"**Ey iman etmiş olan kimseler! Sizden önce geçen** (peygamberlerin ümmet)**ler**(i) **üzerine** (farz olarak) **yazılmış olduğu gibi, sizin üzerinize de o** (ramazan ayındaki) **oruç** (farz olarak) **yazılmıştır. Tâ ki siz** (açlık yardımıyla günahlardan) **hakkıyla sakınabilesiniz.**"[1]

Her ümmete Ramazan ayında oruç tutmak farz kılınmış, fakat hepsi de bunda sapıklığa düşmüşlerdir.

Said bin Cübeyr (*Radıyallahü Anh*) der ki: "Bizden öncekilerin orucu yatsıdan başlar, ertesi günün akşamına kadar devam ederdi. İslam'ın ilk devirlerinde de oruç böyle idi."

[1] Bakara Suresi, 183

✦ Ayrıca, bir kudsi hadiste geçtiği üzere Allahü Teala'nın: "Oruç, Benim içindir; onun mükâfatını Ben vereceğim" buyurarak, kendi zatına tahsis etmiş olduğu oruç ibadetinin bu ayda tutulmuş olması, 1.000 aydan daha hayırlı bir gece olan Kadir gecesinin bu ay içinde gizlenmiş olması, Ramazan ayının faziletini anlatmaya yeterli delildir. Ramazan ayı kendisine verilen özel önemden dolayı, ayların sultanıdır. Onun için Ramazan ayına "onbir ayın sultanı" denilmiştir.

✦ Ramazan ayında tutulan oruçlar, insana sıhhat kazandırır. İnsanın vücudu tamamen yenilenir ve bu sayede zindelik kazanır. Ramazan ayındaki sevaplar, diğer aylara nispetle bire bin fazlasıdır. Bu ayın hürmetinden dolayı yapılan her türlü iyi ve hayırlı işlere sayısız mükâfatlar verilir.

✦ Ramazan ayı ilahi rahmet ve nimet ayıdır. Yüce Allah'ın lütuf ve kereminin mağfiret ve bereketinin müminler üzerine yağdığı kutsal bir aydır. Onun içindir ki, Ramazan ayının başlangıcı rahmet, ortası mağfiret, sonu da Müslümanların günahlarının bağışlanıp cehennemden azat olduğu umumi af vakti olarak değerlendirilmiştir.

✦ Ramazan ayında müminler merhametli ve şefkatlidirler. Bol bol hayır ve hasenatta bulunurlar. Birbirlerini görüp gözetirler. Allah rızası için fakirlere, düşkünlere ve yetimlere; muhtaç olanlara maddi ve manevi yardımda bulunurlar.

Ramazan Ayına Hürmetin Karşılığı:

Herhangi bir özür ile oruç tutamayanların, bu aya hürmet etmesi, oruç tutamadıkları günler, gizli yemeleri lazımdır. Bu aya hürmetsizlik çok tehlikelidir. Ramazan-ı Şerifte umumî yerlerde, Müslümanların karşısında, oruç yiyenlerin ve oruç tutanları aldatarak, oruç tutturmayanlar büyük günah işlemiş olur.

Ramazan günlerinde lokanta, büfe gibi yiyip içme yerlerini işletmek günahtır. Bunların oruç yiyenlerden kazandıkları, helal ise de habistir, zararlıdır. Bu gibi yerler iftardan sonra açılmalıdır.

Oruca hürmet çok önemlidir. Eskiden bugünkü gibi değildi. Gayri müslimler bile Müslümanların orucuna hürmet ederdi. Açıkta yemezlerdi. Yine böyle bir Ramazan gününde, gayri müslim bir kimse, evine geldiğinde, çocuğunu evin önünde açıktan yemek yediğini gördü. Hemen oğlunu azarlayıp: 'Evladım bilmiyor musun, bugün Müslümanların oruç tutma günü! Nasıl böyle onların gözü önünde açıktan karnını doyuruyorsun? Çabuk gir içeri! Bir daha böyle açıktan yediğini görmeyeyim!' dedi.

Aradan bir zaman geçtikten sonra, bu kimse vefat etti. Bu kimseyi, Müslüman komşusu rüyada gördü. Kendisini çok güzel yerlerde, rahat bir şekilde görünce merak edip kendisine sordu:

- Senin bu bulunduğun yer neresidir?
- Cennettir.
- Peki dünyada iken, İslam dinine sen inanmazdın, nasıl oldu da cennete girdin?
- Doğru, son zamanlarıma kadar Müslüman değildim. Fakat vefatıma yakın iman edip Müslüman oldum.
- Bu nasıl oldu?
- Bu büyük nimete kavuşmama sebep şu; bir gün Ramazanda çocuğumu açıkta yemek yediği için azarlayıp, oruca hürmet etmesini istemiştim. Bu hürmet sebebiyle ömrümün son zamanlarında, Allahü Teala beni iman ile şereflendirdi. Gördüğün gibi cennette rahat içindeyim. [1]

---

[1] Dürretül-Vâizin, s. 11

✦ Rivayet edildi ki: "Kıyamet günü Ramazan ayı gerçekten pek güzel surette gelip, Allahü Teala'nın huzurunda secde-ye kapanacaktır. Allahü Teala şöyle buyuracaktır:

- "**Ey Ramazan! Hacetini iste, hakkını tanıyanların** (ve sana saygı gösterenin) **elinden tutup, ona şefaat et!**"

Böylece o, Arasat'ta dolaşıp, hakkını tanıyan kişinin elinden tutarak Allahü Teala'nın manevi yanında oturacaktır.

Allahü Teala:

- "**Ey Ramazan! Ne istiyorsun?**" buyuracak, o da:

- 'Onu vakar tacı ile taçlandırmanı istiyorum!' diyecektir.

Bunun üzerine Allahü Teala o kişiyi pek değerli bir taçla talandıracak, sonra büyük günah sahiplerinden 70.000 kişi hakkında şefaatçi kılacak, daha sonra da her birinin yanında 1.000 hizmetçi bulunan 1.000 huri ile evlendirecek, ardından da onu burağa bindirecektir.

Allahü Teala tekrar:

- "Ey Ramazan! Ne diliyorsun!" buyurunca, o:

- 'Onu Peygamberinin civarına yerleştir' diyecektir.

Bunun üzerine Allahü Teala onu (cennetin en gözde yeri olan) Firdevs'e kayacaktır. Bu sefer Allahü Teala:

- "**Ey Ramazan! Daha ne diliyorsun?**" buyurduğunda, o:

- 'Ya Rabbi! Ben işimi gördüm, ya senin bana ikramın nerede?' diyecektir. Böylece Allahü Teala ona, her birinde (altından ve gümüşten) 1000 köşk bulunan, kırmızı yakuttan ve yeşil zebercetten oluşan 1.000 şehir verecektir."[1]

---

[1] Dürretül-Vâizin, shf: 6

✦ Rivayet edildi ki: "Muhammed isminde bir adam namaz kılmazmış, ama Ramazan girince kendisini güzel elbiselerle ve kokularla süsler, namaza başlar ve geçirdiği namazları kaza edermiş. Kendisine niçin böyle yaptığı sorulduğunda ise:

- 'İşte bu, tövbe ayıdır, rahmet ve bereket ayıdır, belki Allahü Teala onun hürmetine günahlarımı affeder' dermiş.

O kişi ölüp de rüyada görüldüğünde:

-'Allahü Teala sana nasıl muamele yaptı?' diye sorulunca:

- 'Ramazan ayına hürmetim sebebiyle Rabbim beni bağışladı' demiş.[1]

Ramazan-ı Şerif Orucu

Üç ayların tamamını oruçlu geçirmek, Resulullah (*Sallallahü Aleyhi ve Sellem*)in uygulamaları arasında sayılmamıştır. Fakat kaza veya kefaret orucu bulunanlar bu aylarda tutabilirler. Üç ayların Ramazan'dan önceki iki ayında tutulan oruçların bir amacı da Ramazan'a hazırlanmaktır.

Ramazan Orucunun Kabul Olunması

'Erkek-kadın herhangi bir kimse, Ramazan ayı girince sevinir, önce güzelce bir gusül abdesti alır, bir aylık Ramazan orucunu, şartlarını yerine getirerek tutar, üzerinde namaz borcu varsa, onların kazasını bilhassa bu ayda çokça yerine getirir, haramlardan kaçınır, dilini yalan ve gıybetten sakınır, çokça tövbe ve istiğfar eder, çokça Salâvat-ı Şerife getirir, teravih namazını cemaatle kılmaya çalışır, hanımlar özellikle evlerinde teravih namazlarını eda ederlerse, tutulan orucun kabul olunmasında şüphe yoktur.'

---

[1] Dürretül-Vâizin, shf: 5

Sizin Orucunuz Hangisidir?

Üç çeşit oruç vardır: Ruhun Orucu; aşırı ihtiraslardan uzak bulunmak ve kanaat sahibi olmaktır. Aklın Orucu; heva ve heveslere aykırı hareket etmektir. Nefsin Orucu; yeme-içme ve harama karşı perhizkâr olmaktır.

"Oruç kalkandır" hadisi şerifi, oruç, insanla masiva, yani insanla Allah'tan gayri şeyler arasında perde olmalıdır, şeklinde yorumlanmıştır.

Mevlana Celaleddin Rûmî (*Kuddise Sirruh*) şöyle buyurur: Oruç, ağzı bağlamaya karşı gönül gözünün açılmasına yarar. Can gözünün açılması, bedenî güçleri etkisiz hale getirmekle mümkün olur. Gönül gözü kör olanları hiçbir ibadet aydınlatamaz.

Oruç; ibadetlerin en büyüğüdür, insanları miraca götüren Buraktır, Kur'ân sırrıdır. İnsanların arzuları ve nefisleriyle yaptıkları savaştır; onlara taze can bağışlar, insanların insanlığını olgunlaştırır, varlıktan yokluğa ulaştırır.

Bu bilgilerden sonra acaba sizin orucunuz bu oruçlardan hangisine giriyor bir düşünün bakalım!

Orucun Faydalarını Gaye Haline Getirmeyin

Oruç, bir ibadet olduğundan, sırf Allah'a kulluk olarak yerine getirilmelidir. Onun faydaları gaye haline getirilirse, oruç, ibadet olmaktan çıkar, yani oruçlarımızda mide dolgunluklarını önlemek, kilo vermek gibi gayeler olmamalıdır. Çünkü bu şekilde tutulan oruçlarda Allah rızası düşünülemez.

Bedenî hareketlerin faydasını kastederek kılınan veya gaflet ve kalp katılığı ile eda edilen namazları da bu şekilde anlamak mümkündür. İbadetler, yalnız Allah rızasını kazanmak gayesi ile yerine getirilir. Bu gayenin gerçekleşmesi için, kalbin seviye kazanması, hamlıktan kurtulup kemale erişmesi zarurîdir.

Ramazan-ı Şerifin Fazileti İle İlgili Hadisi Şerifler:

Ramazan-ı Şerifin fazileti hakkında pek çok hadisi şerif ve meşayıhın sözleri vardır. Bunlardan bazıları şunlardır:

✦ Resulullah (*Sallallahü Aleyhi ve Sellem*) buyuruyor ki: "***Eğer ümmetim, Ramazan ayındaki feyiz ve bereketi bilmiş olsalardı, mutlaka bütün senenin Ramazan ayı olmasını temenni ederlerdi.***"[1]

✦ Resulullah (*Sallallahü Aleyhi ve Sellem*) buyuruyor ki: "***Ramazân-ı şerîfin gelmesine sevinenin cesedini Allah cehenneme haram kılar.***"[2]

✦ Hazreti Ömer (*Radıyallahü Anh*) Ramazan ayı girdiğinde şöyle buyururdu: "Bizi temizleyen aya merhaba. Ramazanın tamamı hayırdı, gündüzü oruçtur, gecesi namazdır, o ayda yapılan harcamalar ise, Allah yolundaki infak gibidir."[3]

✦ Ubade bin Sâmit (*Radıyallahü Anh*) Ramazan ayının girdiği bir zamanda Resulullah (*Sallallahü Aleyhi ve Sellem*)in şöyle buyurduğunu nakletmiştir: "***Şüphesiz bereketli olan***

---

[1] Taberânî, el-Mu'cemül-Kebir, 967, 22/388-389

[2] Dürretü'n-nâsıhîn, 7

[3] Tenbihül-Gâfilin, 265

Ramazan ayı gelmiştir. Bu ayda Allahü Teala rahmetiyle kuşatıp, günahlarınız affediyor. Duaları bu ayda kabul ediyor. Sizin bu aydaki birbirinizle hayırda yaptığınız yarışa bakıp, melekleri katında sizinle iftihar ediyor. O halde kendi nefislerinizi ıslah etme hususunda kendinizi Allah'ın huzurunda sınayın. Şüphesiz asi kimse bu ayda Allah'ın sonsuz rahmetinden kendini mahrum edendir."[1]

✦ Selmân-ı Fârisî (*Radıyallahü Anh*) şöyle rivayet ediyor: Resulullah (*Sallallahü Aleyhi ve Sellem*) Şaban ayının son günü bize bir hutbe okudu ve buyurdu ki: "***Ey insanlar! Büyük bir ayın gölgesi üzerimize düşmüş bulunuyor! O ay içinde bulunan Kadir gecesi 1.000 aydan hayırlıdır. Allahü Teala, bu ayda oruç tutmayı farz ve geceleri ibadet etmeyi*** (teravih) ***nafile kılmıştır. Kim bu ayda hayırlı bir haslet ile Allahü Teala'ya yaklaşırsa, diğer aylarda bir farz eda etmiş gibi sevap kazanır. Yine bu ayda bir farzı yerine getiren diğer aylarda 70 farzı yerine getirmiş gibi sevap kazanır. Bu ay sabır ayıdır. Sabrın karşılığı ise, cennettir. Bu ay yardımlaşma ayıdır. Bu ayda müminin rızkı artar. Kim bu ayda bir oruçluya iftar ettirirse bu, günahlarının bağışlanmasına ve cehennemden kurtulmasına sebep olur. Aynı zamanda oruçlunun sevabı kadar sevap verilir. Oruçlunun sevabından da bir şey noksanlaşmaz.***

Ashabı Kiram (*Radıyallahü Anhüm*):

- "Ey Allah'ın Resulü! Hepimiz oruçluyu iftar ettirecek bir şey bulamıyoruz" buyurunca, Resulullah (*Sallallahü Aleyhi ve Sellem*):

---

[1] Tergib ve Terhib, 2/95

- "*Allah, bu sevabı oruçluyu kuru bir hurma ile veya bir yudum su ile ya da bir yudum süt karşılığı ile iftar ettirene de verir. O öyle bir aydır ki, evveli rahmet, ortası mağfiret ve sonu da cehennem ateşinden kurtuluştur. O ayda köle ve hizmetçilerinin* (yanında çalıştırdığı işçisinin) *yükünü hafifleten kimseyi Allah bağışlar ve cehennem ateşinden kurtarır.*

Bu ayda şu dört haslete sıkıca sarılın; iki haslet ile Rabbinizin rızasını kazanır, ikisine ise her zaman ihtiyaç duyarsınız. Rabbinizin rızasını kazandıracak iki haslet şudur:

(1) ***Allah'tan başka hiçbir ilah bulunmadığına şahadet getirmek*** (yani çokça Kelime-i Tevhid'i söylemek).

(2) ***Allah'tan günahların bağışlanmasını dilemek*** (çokça istiğfar etmek).

Her zaman ihtiyaç duyduğunuz iki haslet ise:

(1) ***Rabbinizden cenneti istemek.***

(2) ***Cehennemden O'na sığınmak.***

Her kim oruçluya su verirse, Allahü Teala ona Benim Havzı (Kevseri)***mdan su içirecektir ki, cennete girinceye kadar bir daha susamayacaktır.***"[1]

✦ Resulullah (*Sallallahü Aleyhi ve Sellem*) buyuruyor ki:

"***Ümmetime bu*** (Ramazan) ***ay***(ın)***da beş haslet verildi ki, bunlar benden önceki hiçbir Peygambere verilmemiştir:***

1. ***Oruçlunun*** (midenin boş olmasından doğan) ***ağız kokusu, Allah katında misk kokusundan daha hoştur.***

2. ***Melekler onlar için iftar edinceye kadar dua*** (istiğfar) ***ederler.***

---

[1] Beyhaki, Şüabü'l-İman, 3695; Tergib ve Terhib; 2/94-95

3. ***Cennet her gün onlar için süslenir. Allahü Teala şöyle buyurur: "Yakında Benim salih kullarım*** (dünyanın) ***meşakkatini üzerlerinden atıp sana geleceklerdir*** (yani burada onlar için hazırladığım eve gelip istirahat etsinler diye süslenip hazırlık yap)."
4. ***Diğer aylarda yaptıkları kötülükleri bu ayda yapmasınlar diye azgın şeytanlar bağlanır.*** (Böylece mübarek Ramazan'da günahların şiddeti azalır.)[1]
5. ***Ramazan ayının son gecesi olunca, Allahü Teala hepsinin günahlarını affeder.***"

Bunun üzerine orada bulunanlardan biri sordu: 'O gece Kadir gecesi midir?' Resulullah (*Salllahü Aleyhi ve Sellem*) buyurdu ki: "***Hayır! Fakat*** (kaide şudur ki) ***işçiye ücreti, işini bitirdiğinde ödenir.***"[2]

---

[1] Ramazan ayındaki rahmetin coşması ve ibadetlerin artması yüzünden şeytanların insanları sapıtmak için daha çok çalışıp bütün güçlerini kullanmaları ve bu yüzden Ramazan'da günahların haddinden fazla çoğalması gerekmekteydi. Fakat bu ayda günahlarda kesin olarak geniş ölçüde bir azalma olduğu görülmektedir. Nice içki düşkünleri vardır ki, özellikle Ramazan'da içmezler. Aynı şekilde diğer günahlarda da apaçık bir azalma olur. Buna rağmen tabi ki, günah işlenmektedir. O halde işlenen günahlar azgın olmayan şeytanların bağlanmadığından tesir etmektedir. Şöyle ki, her ne kadar günahlar şeytanların tesiriyle oluyorsa da, sene boyunca nefsin o günahlarla iç içe olması, onlara karışması ve onun zehirli tesirinin pekişmesi sonucu günahlara o kadar alışır ve tesir alır ki, artık şeytanların bir zaman ortada bulunmayışını hissetmez. Bu yüzden şeytani düşünceler alışkanlık haline gelir. İşte bu sebepten Ramazan'ın dışında fazla günah işleyenler, Ramazan'da da fazla günah işlemeye devam ederler. Nefis devamlı insanla beraber kaldığından, bu ayda işlenen günahlar nefsin yüzündendir.

[2] Ahmed bin Hanbel, el-Müsned, 7904; Heysemî, Mecmeuzzevaid, 3/140

✦ Resulullah (*Sallallahü Aleyhi ve Sellem*) buyuruyor ki: "***Her kim Ramazanı*** (kavga-gürültü yapmadan) ***sessizlik ve sakinlik içersinde tutar, Allahü Teala'yı zikreder, O'nun helallerini helal, haramlarını haram kabul eder, bir de o ayda hiçbir büyük günah işlemezse, mutlaka Ramazan çıkarken o, tüm günahları bağışlanmış olarak ayrılır.***" [1]

✦ Resulullah (*Sallallahü Aleyhi ve Sellem*) buyuruyor ki: "***Her kim beş vakit namaz ile Cumadan Cuma'ya ve Ramazandan Ramazan'a büyük günahlardan uzaklaşılırsa, arada işlenen*** (küçük) ***günahları Allah affeder.***" [2]

Resulullah (*Sallallahü Aleyhi ve Sellem*) buyurdu ki: "***Cuma günü sağlam ve günahlardan temizlenmiş olarak geçince, diğer günlerde böyle geçer. Ramazan ayı iyi olduğu ve günahlardan beri olarak geçtiği zaman senenin hepsi iyi geçer.***" [3]

Şu duruma göre Cuma haftanın , Ramazan ayı da diğer ayların terazisidir.

İmamRabbanî (*Kuddise Sirruh*) buyurdu ki: "Bir kimse, Ramazan ayını hayırlı amellerle geçirirse, sene boyunca o şekilde geçer. Şayet Ramazan ayı, dağınıklık ve perişanlık içinde geçerse, sene boyunca dağınıklık ve perişanlık sürer. Bunun için mümkün olduğu kadar bu ay içinde gönül birliği elde etmeye bakmalıdır."

✦ Resulullah (*Sallallahü Aleyhi ve Sellem*) buyuruyor ki: "***Ramazan ayı girince, cennet kapıları açılır, cehennem kapıları kapanır ve şeytanlar da zincire vurulur.***" [4]

---

[1] Tenbihül-Gâfilin, s.266

[2] Tergib ve Terhib, 2/15; Ahmed bin Hanbel, el-Müsned, 2/400

[3] Beyhaki, Şüabü'l-İman, 3434; Kenzü'l-Ummal, 21049

[4] Müslim, Oruç, 1; İmam Ahmed bin Hanbel, Müsned, 2/357

✦ Resulullah (*Sallallahü Aleyhi ve Sellem*) buyuruyor ki: "***Ramazan ayının ilk gecesi olunca, cennet kapıları açılır. Ramazan sonuna kadar da hiçbiri kapanmaz. Cehennem kapıları da kapanır ve bu ay boyunca hiçbiri açılmaz. şeytanlar zincire vurulur. Bir münadî de her gece sabaha kadar çağırır:***

- Ey hayrı isteyen! Sana müjdeler olsun. Ey şer isteyen! Haramlardan vazgeç ve aklını başına topla! Yok mu af dileyen, mağfiret olunsun. Yok mu tövbe eden, tövbesini Allah kabul etsin, isteği yerine getirilsin.

Allahü Teala bundan ayrı olarak her gece Ramazan boyunca 60.000 kişiyi cehennemden azad eder. Bayram günü olunca affettiğinin 60.000 katını daha affeder."[1]

✦ Resulullah (*Sallallahü Aleyhi ve Sellem*) Ramazan-ı Şerif'te hutbeye çıkarken, birinci, ikinci ve üçüncü basamaklarda "Amin" buyurdular. (Hutbeyi bitirip) inince, Ashabı Kiram (*Radıyallahü Anhüm*) sordu:

- "Ey Allah'ın Resulü! Üç kere Amin demenizin hikmeti nedir?"

Resulullah (*Sallallahü Aleyhi ve Sellem*) şöyle buyurdu:

- "***Cebrail** (Aleyhisselam) **bana gelerek şöyle dedi:***

(1) ***"Ramazan'a yetiştiği halde günahları bağışlanmayan kimse helak olsun"*** (2) ***dedi, ben de "Âmin" dedim.***

---

[1] Kenzü'l-Ummal, 2370

[2] Allah'ın rahmet ve bereketinin yağmur gibi yağdığı Ramazan ayında gaflet ve günahlar içinde geçer. Netice olarak kişi Ramazan ayını da böyle kötü ameller ve kusurları yüzünden mağfiretten mahrum olarak geçirirse, artık onun bağışlanması için başka hangi vakit uygun olabilir? Böyle birinin helak olmasında ne şüphe vardır? Bağışlanmasının yolu ise şöyledir: Mübarek Ramazan'a ait ameller, yani oruç ve teravih son derece dikkatle eda edildikten sonra her zaman günahlara bol bol tövbe ve istiğfar edilmelidir.

(2) *İkinci basamağa çıktığımda: "Yanında Senin ismin anıldığı halde Sana Salavat-ı Şerife getirmeyen kimse helak olsun"* (1) *dedi, ben de "Âmin" dedim.*

(3) *Üçüncü basamağa çıktığımda: "Ana-babası veya onlardan biri yanında yaşlandığı halde onların hakkını eda etmediğinden dolayı cennete giremeyen kimse helak olsun"* (2) *dedi, ben de "Âmin" dedim."*[1]

---

[1] Kendisine beddua edilen şahıs, yanında Resulullah (*Sallallahü Aleyhi ve Sellem*)in adı anıldığı halde O'na Salâvat-ı Şerife getirmeyen kimsedir.

Resulullah (*Sallallahü Aleyhi ve Sellem*)in ümmeti üzerine olan hakkı o kadar çoktur ki, onlara bakınca Salâvat-ı Şerife okumayanların hakkındaki her çeşit tehdit ve tembihin yerinde ve uygun olduğu anlaşılmaktadır. Salâvat-ı Şerife getirmenin faziletleri o kadar çoktur ki, onlardan mahrum olmak başlı başına nasipsizliktir. Şundan daha büyük hangi fazilet olabilir! Kim Resulullah (*Sallallahü Aleyhi ve Sellem*)e bir defa Salâvat-ı Şerife getirirse, Allahü Teala ona on defa rahmet gönderir. Bununla beraber meleklerin ona dua etmesi, günahların affolunması, derecelerin yükselmesi, Uhud dağı kadar sevap kazanması, o kişi için şefaatin vacip olması ve saire gibi faziletler de buna ilavedir. Ayrıca Salâvat-ı Şerifeyi belli miktarda okumaya karşılık Allahü Teala'nın rızası ve rahmeti, O'nun gazabından korunmak, kıyametin dehşetinden kurtulmak, ölmeden önce cennetteki yerini görmek gibi birçok mükâfatlar verilmektedir. Bunlardan başka Salâvat-ı Şerife geçim sıkıntısı ve fakirliği uzaklaştırır. Allah ve Resulüne yakınlık nasip olur. Düşmanlara karşı yardım nasip olur. Kalp, nifak ve günah pasından temizlenir. İnsanlar onu sever. Hadisi şeriflerde çokça Salâvat-ı Şerife getirmek hakkında daha birçok müjdeler yer almaktadır.

[2] Burada yerilen kişi, ana-babası yahut onlardan biri hayatta olup, cennete girmeye hak kazanana kadar onlara hizmet etmeyen biridir. Birçok hadisi şeriflerde ana-baba hakları üzerinde ısrarla durulmuştur.

Âlimler, ana-baba haklarını şöyle yazmışlardır: Mubah işlerde onlara itaat etmeli, onlara karşı saygısızlık yapmamalı, müşrik olsalar dahi onlara karşı kibirli davranmamalıdır. Sesini onların sesinden fazla yükseltmemeli, onları isimleriyle çağırmamalıdır. Hiçbir işte onların önüne geçmemeli, iyiliğe çağırıp, kötülükten vazgeçirirken yumuşak olmalı, kabul etmedikleri takdirde yine onlarla yumuşak olmalı, kabul etmedikleri takdirde yine onlarla iyi geçinmeye devam etmeli ve onların hidayeti için dua etmelidir. Kısacası, her hususta onlara saygı göstermeye dikkat göstermelidir. Bir Hadisi Şerifte şöyle buyrulmuştur: "***Cennet kapılarından en değerli kapı babadır. İstersen onu koru, istersen kaybet.***"

Bir sahabi Resulullah (*Sallallahü Aleyhi ve Sellem*)e: 'Ana-babanın hakkı nedir?' diye sorunca, Resulullah (*Sallallahü Aleyhi ve Sellem*): "***Onlar senin ya cennetindir ya da cehennemin*** (yani, onların rızası cennet, darılmaları ise cehennemdir)" buyurmuştur.

Başka bir hadisi şerifte buyruluyor ki: "***İtaatkâr evladın sevgi ve şefkatle babasına bir defa bakması, kabul olunmuş bir hac sevabına eşittir.***"

Diğer bir hadisi şerifte şöyle buyrulmuştur: "***Allahü Teala, şirkten başka dilediği günahların hepsini affeder. Ancak, ana-babaya karşı gelmenin cezasını ölmeden önce daha dünyada iken verir***" buyrulmuştur.

Bir gün bir sahabi: 'Ben cihada katılmak istiyorum' dedi. Resulullah (*Sallallahü Aleyhi ve Sellem*): "***Senin annen sağ mı?***" diye sorunca, o sahabi: "Evet sağ" dedi. Resulullah (*Sallallahü Aleyhi ve Sellem*): "***Ona hizmet et. Çünkü cennet, annenin ayakları altındadır***" buyurdu.

Bir hadisi şerifte: "***Allah'ın rızası babanın rızasında, Allah'ın gazabı ise babanın gazabındadır***" buyrulmuştur.

Daha başka hadisi şeriflerde de ana-babaya itaate önem verilmesi ve bunun faziletleri anlatılmıştır. Bir gafletten dolayı bu hususta kusur edip de artık ana-babaları hayatta olmayanlar için yüce dinimiz bir çare göstermiştir. Nitekim bir hadisi şerifte buyruluyor ki: "***Ana-***

✦ Resulullah (*Sallallahü Aleyhi ve Sellem*) buyuruyor ki: "***İşte, kendisinde cennet kapılarının açıldığı, cehennem kapılarının kilitlendiği ve şeytanların bukağılarla bağlandığı ramazan gerçekten gelmiştir. Ramazan'a kavuşup da affolmayana*** (rahmetten) ***uzak olsun! Bu ayda da bağışlanmayan ne zaman*** (affolacak)***?***"[2]

✦ Resulullah (*Sallallahü Aleyhi ve Sellem*) buyuruyor ki: "***Allahü Teala*** (cennet kapısında görevli meleğe) ***buyuruyor ki:***

- "Ey Rıdvan! Cennet kapılarını aç!

(Cehennem kapısında görevli olan meleğe) **ey Malik! Muhammed** (*Sallallahü Aleyhi ve Sellem*) **ümmetinden oruç tutanlara cehennem kapılarını kilitle!**

Ey Cebrail! Yeryüzüne in ve şeytanların hile ve tuzaklarını engelle. Onları zincirlerle bağla! Sonra da onları denizlere atıver ki, Habibim Muhammed (*Sallallahü Aleyhi ve Sellem*)**in ümmetini fitneye sokmasınlar** (oruçlarını bozmasın veya sevaplarını tamamen giderip mahrum etmesinler)**.**" [3]

✦ Resulullah (*Sallallahü Aleyhi ve Sellem*) buyuruyor ki: "***Cennet, Ramazan ayının girişiyle donatılır ve bezenir. Ramazan'ın ilk gecesi olunca, Arş'ın altında Müsîra adlı bir rüzgâr esip, cennet ağaçlarının dallarını, yapraklarını***

---

babasına karşı geldiği bir durumda iken onları kaybeden kimse, onlar için bol bol dua ve istiğfar etmekle itaat edenlerden sayılır." Bir diğer hadisi şerifte: "***En üstün iyilik, babası ölen kişinin onun dostlarına iyi davranmasıdır***" buyrulmuştur.

[1] Hâkim, el'Müstedrek, 4/153; Ahmed bin Hanbel, el-Müsned, 2/254

[2] Mecmeuzzevaid, 3/142

[3] Beyhakî, Şu'abül-İman,3421, 5/276–278

ve kapı halkalarını sallar. Bunlar öyle güzel sesler çıkarırlar ki, cennetlikler o güzel seslerden daha hoş ses işitmemişlerdir. Yine (Ramazan ayı hürmetine) *iri gözlü huriler süslenir, cennetin yüksek yerlerine çıkarak:*

- 'Bizi Allahü Teala'dan zevceliğe isteyecek yok mu?' diye seslenirler.

Sonra (cennet meleklerinin büyüğü olan) *Rıdvan'a:*

- 'Ey güzellerin hayırlıları! Bu gece Ramazan ayının ilk gecesidir. Muhammed (Sallallahü Aleyhi ve Sellem)*in ümmetinden oruç tutanlara cennet kapıları açılır' diye cevap verir."*[1]

✦ Resulullah (*Sallallahü Aleyhi ve Sellem*) buyuruyor ki: "*Şüphesiz cennet, seneden seneye Ramazan ayı için süslenir ve muhakkak huriler, senden seneye Ramazan girince cennet: "Allah'ım! Bu ayda kullarından bana nasip ayır" der. Huriler de: "Allah'ım! Bu ayda bizim için kullarından eşler belirle!" derler.*

Her kim o ayda, bir müslümana iftira atmaz ve sarhoş edici bir şey içmezse, Allahü Teala onun günahlarını siler. Ama her kim o ayda bir müslümana iftira atar veya sarhoş edici bir şey içerse, Allah onu bir senelik amelini mahveder. Allahü Teala size, kendilerinde yiyip-içip lezzetleneceğiniz onbir ay tayin etti; kendisi için de bir ay ayırdı. O halde Ramazan ayında (günah işlemekte)*n sakının. Çünkü o, Allahü Teala'nın ayıdır."*[2]

---

[1] Tergîb ve Terhîb, 2/100-101; Gunye, 2/11-12

[2] Beyhakî, Şu'abül-İman, 3359, 5/238

✦ Hazreti Aişe (*Radıyallahü Anha*) buyurdu ki: "Ramazanı Şerif girdiğinde Resulullah (*Sallallahü Aleyhi ve Sellem*) her esiri salar ve her dilenciye sadaka verirdi. Ve Ramazan çıkıncaya kadar yatağa (ailelerine) yaklaşmazdı. Ramazanı Şerifte rengi değişir, namazı çoğaltır ve çok dua ederdi.

✦ Rivayet edildi ki: "Kıyamet günü Ramazan ayı, en güzel bir biçimde Allah'ın huzuruna gelir. Allah'ın huzurunda secdeye kapanır. Allahü Teala Ramazan ayına:

"Ey Ramazan! Ne istiyorsan, söyle! Senin hakkını verip oruç tutan kimseleri getir de onların dileklerini karşılayayım" buyurur. [1]

✦ Resulullah (*Sallallahü Aleyhi ve Sellem*) buyuruyor ki: "***Ramazan ayı gelince, Cennet kapıları açılır. Cehennem kapıları kapanır ve şeytanlar bağlanır.***" [2]

✦ Resulullah (*Sallallahü Aleyhi ve Sellem*) buyuruyor ki: "***Ramazan orucunu tutup, onun haklarına riayet eden,*** (günah işlememek gibi şeylerden) ***kendisini koruyarak oruca gerekn riayeti gösteren kimse için oruç günahlarına kefaret olur.***" [3]

✦ Resulullah (*Sallallahü Aleyhi ve Sellem*) buyuruyor ki: "***Her kim Ramazan orucunu, inanarak ve mükafatını yalnız Allah'tan umarak tutarsa, kendisi için geçmiş günahları mağfiret olunur.***" [4]

Resulullah (*Sallallahü Aleyhi ve Sellem*) bu hadisinde; gece yapılan ibadeti ve gündüz tutulan orucu, buna inanmaya ve

---

[1] Müslim, Oruç, 1; İmam Ahmed bin Hanbel, Müsned, 2/357
[2] Nesaî, Oruç, 5
[3] Tergib ve Terhib, 2/216; İbni Hibbân, Sahih, 5/183
[4] Buhari, 4/115; Müslim, 1/524

sevabını sadece Allah'tan bekleme şartına bağlamıştır. O halde kişi Allahü Teala'nın vaad etmiş olduğu sevaba inanmalı ve O'na huşu halinde yönelmelidir. Eğer kişi, Resulullah (*Sallallahü Aleyhi ve Sellem*)in zikrettiği faziletlere ve sevaba ulaşmak istiyorsa, bu ayın hürmetini bilmesi gerekir. Özellikle bu ayda dilini yalan, gıybet ve fuzulî şeylerden çokça sakınmalıdır. Azalarını hata ve yanlış hareketlere sebep olacak şeylerden korumalıdır. Bunları yaptıktan sonra da 'acaba Allahü Teala amellerimi kabul edecek mi etmeyecek mi?' endişesini taşımalıdır.

Hikmet ehli bir zat şöyle münacatta bulunmuştur: "Allah'ım! Sen musibete uğrayanlara dünyada ecir, ahirette de sevap vereceğini kendinden bir söz ile ahdettin. Eğer şu orucumu reddedersen, bizi musibet ecrinden etme! Ey bağışı ve ihsanı bol Rabbim!"

✦ Resulullah (*Sallallahü Aleyhi ve Sellem*) buyuruyor ki: "***Ramazan ayının ilk gecesi gelince sekiz cennetin bütün kapıları açılır. Bu ay boyunca cennet kapılarından hiçbiri kapanmaz. Cenabı Hak bir nidacıya şöyle ilan etmesi için emir verir:***

- "Ey hayır arayan kişi, gel! Ey kötülükte ileri giden kişi, bırak! Günahlarının bağışlanmasını dileyen yok mu, bağışlansın! Dilekte bulunan yok mu, dileği verilsin! Tövbe eden yok mu, tövbesi kabul edilsin!"

Bu durum fecir doğup sabah oluncaya kadar böyle devam eder. Allahü Teala, her akşam iftar vakti, azabı hak etmiş bir milyon kişiyi cehennemden azad eder. "[1]

---

[1] Beyhaki, Şüabü'l-İman, 3608

✦ Afrece (*Radıyallahü Anh*) şöyle demiştir: Utbe bin Ferkad (*Radıyallahü Anh*)ı ziyaret etmiştik ve Ramazan ayından bahsediyorduk. Resulullah (*Sallallahü Aleyhi ve Sellem*):

- "***Neden bahsediyorsunuz?***" diye sordu.

- "Ramazan ayından" dedik.

Resulullah (*Sallallahü Aleyhi ve Sellem*) buyurdu ki:

- "***Ramazan ayında cennet kapıları açılır, cehennem kapıları kapanır, şeytanlar bağlanır ve bir münadi her gece: "Her hayır isteyen, haydi koş, ey şer isteyen, kötülüğü bırak!" diye seslenir.***"[1]

✦ Resulullah (*Sallallahü Aleyhi ve Sellem*) buyurdu ki: "***Şayet Allahü Teala, yer ve göklere konuşma izni vermiş olsaydı, onlar Ramazan ayını oruçla geçirenleri cennetle müjdelerdi.***"[2]

✦ Resulullah (*Sallallahü Aleyhi ve Sellem*) buyurdu ki: "***Kim arife günü oruç tutarsa, iki senelik günahına kefaret olur ve kim de, Muharrem ayında bir gün oruç tutarsa, her bir günü için 30 gün sevabı yazılır. Ramazan'da bir gün oruç tutmak, haram aylarda 30 gün oruçtan daha faziletlidir.***"[3]

✦ Resulullah (*Sallallahü Aleyhi ve Sellem*) buyurdu ki: "***Şüphesiz cennetler dört kişiye âşıktırlar. Bunlar da:***

(1) ***Ramazan orucunu tutanlar,***

(2) ***Kur'ân okuyanlar,***

(3) ***Dillerini*** (yalan, gıybet, iftira ve çirkin sözlerden) ***koruyanlar,***

(4) ***Açları doyuranlar.***

---

[1] Nesaî, Oruç, 5

[2] Kenzül-Ummâl, 8/482, 23738–23739

[3] Tergib ve Terhib, 2/114

Şüphesiz Allahü Teala, iftar vakti, Müslüman kulunun ayaklarıyla, yürüdüğü, elleriyle tuttuğu, gözleriyle baktığı, kulaklarıyla dinlediği, diliyle söylediği ve kalbiyle düşündüğü (bütün günahları)***nı affeder.***"[1]

✦ Resulullah (*Sallallahü Aleyhi ve Sellem*) buyuruyor ki: "***Bir kişi Ramazan'ın birinci günü oruç tuttuğunda, Allahü Teala Ramazan'ın son gününe kadar onun günahlarını bağışlar. O oruç, bir o kadar günahına kefaret olur. Ramazan ayında tutulan her oruç için ona bir saray verilir ki, o sarayın altıbin kapısı vardır. Ayrıca yetmişbin melek, sabahtan akşama kadar onun günahlarının bağışlanması için Allah'a dua ederler. Ramazan'ın gece ve gündüzünde yapmış olduğu her secdesine karşılık, cennette bir ağaç verilir ki, hayvana binmiş bir kimse yüz yılda onun sonuna ulaşamaz.***"[2]

✦ Resulullah (*Sallallahü Aleyhi ve Sellem*) buyuruyor ki: "***Cennet, Ramazan ayı için senenin başlangıcından ta sonuna kadar süslenir, hatta Ramazan'ın ilk gecesi olduğunda, Arş altından bir rüzgâr esip, cennetin ağaç ve yaprakları hareket eder. Huriler bu hale nazar edip:***

- 'Ya Rabbi! Şu ayda Sana ibadetle meşgul kullarından, bize eşler nasip eyle. Bizimle onların ve onlarla bizim gözlerimizi sevindir' derler. Allahü Teala Hazretleri, Ramazan-ı Şerif'te oruçlu olan her bir kuluna, içi oyulmuş incilerden çadır içinde örtülü hurilerden birini eş olarak verir. O hurilerden her biri üzerinde 70 türlü elbise vardır ki, onlardan hiçbirisinin rengi diğerine benzemez. Onlardan

---

[1] Dürretül-Vâizin, 8

[2] Gunye: 2/6

her biri inci ile süslenmiş yakuttan bir taht üzerindedir. O taht üzerinde atlastan bir yastık ve her yastıkta da bir yatak vardır. Her kadının kendisine hizmet edecek 70.000 ve zevci için de 70.000 hizmetçisi vardır. Her hizmetçinin elinde altından kâse, içinde bin türlü yemek vardır ki, cennet ehli, onun her birisinde, başka türlü bir lezzet hisseder. O kadının eşi için de onun aynı verilir. Onun eşi üzerinde yakutla işlenmiş, altından iki bilezik vardır. Bu şekilde inayet ve ihsan, o kimsenin Ramazan'da yaptığı hasenatın haricinde sırf bir günkü orucu içindir" diye buyurmuştur.[1]

✦ Resulullah (*Sallallahü Aleyhi ve Sellem*) şöyle buyurmuştur: "***Cennette "Reyyan" denilen bir kapı vardır. Bu kapıdan kıyamet gününde yalnız oruç tutanlar girer; ondan oruç tutanlardan başka hiç kimse giremez.*** (Kıyamet gününde:)
- " Oruç tutanlar nerede?" denilir.
Oruç tutanlar kalkarlar ve o kapıdan girerler. Onlardan başka hiçbir kimse buradan giremez. Onlar girdiği zaman kapı kapatılır, artık bu kapıdan hiçbir kimse giremez."[2]

✦ Resulullah (*Sallallahü Aleyhi ve Sellem*) veda haccında şöyle buyurmuştur: "***Şüphesiz Allah'ın velileri*** (gerçek dostları) ***namaz kılanlar; Allah'ın kendilerine farz kıldığı beş vakit namazı dosdoğru kılan, Ramazan ayı orucunu tutan ve orucun ecrini Allah'tan bekleyen, zekâtı gönül hoşluğuyla veren ve Allah'ın yasakladığı büyük günahlardan uzak kalan kimselerdir.***"

Ashabı Kiram'dan bir kişi:

---

[1] Beyhaki, Şüabü'l-İman, 2361, 5/240
[2] Buhari, Oruç, 4, 2/226

- "Ey Allah'ın Resûlü! Büyük günahlar kaç tanedir?" diye sorunca Resulullah (*Sallallahü Aleyhi ve Sellem*) şöyle buyurdu:

- "***Dokuzdur. En büyükleri:***

1. ***Allah'a şirk koşmak,***
2. ***Haksız yere mümin birisini öldürmek,***
3. ***Savaştan kaçmak,***
4. ***Namuslu ve iffetli bir kadına iftirada bulunmak,***
5. ***Büyü yapmak,***
6. ***Yetim malı yemek,***
7. ***Faiz yemek,***
8. ***Müslüman anne-babaya karşı gelip haklarına riayet etmemek,***
9. ***Hayattayken de ölüm halinizde kıbleniz olan Kâbe'ye*** (hürmetine, saygınlığına) ***riayet etmeyerek oradaki yasakları helalmiş gibi işlemek.***

Bir kimse bu büyük günahları işlemeksizin ölür, namazı dosdoğru kılar ve zekâtı verirse, mutlaka Muhammed *(Sallallahü Aleyhi ve Sellem)**e, kapılarının kanatları altın olan bir cennetin ortasında arkadaş olur.*** "[1]

✦ Rivayet edildi ki: Musa (*Aleyhisselâm*) Allahü Teala'ya: "Ya Rabbi! Bana Seninle konuşmayı lütfettin. (Benden) başkasına böyle bir ikramın olacak mı?" der. Allahü Teala, Musa (*Aleyhisselâm*)ın bu sualine şöyle cevap verir: "**Ey Musa! Ahir zamanda yaratacağım kullarım vardır. Onlara Ramazan ayı ile ikramda bulunacak** (bu sebeple) **onlara Senden daha yakın olacağım. Zira Sen, Benim ile aranızda 70.000 perde olduğu halde konuştun. Ümmeti Muhammed ise oruç tutup da** (açlık ve susuzluktan)

---

[1] Taberânî, el-Kebîr, 17/48; Heysemî, el-Mecmeuzzevâid, 1/48

dudakları beyazlaşıp yüzleri sararmış olduğu halde iftar etme vakitlerinde Bana dua ettiklerinde, Benim ile onlar arasında bulunan perdeleri kaldırırım. Ey Musa! Ramazanı Şerif'te ciğeri susuz karnı aç kalana müjde olsun." [1]

✦ Rivayet edildi ki: Allahü Teala, Musa (*Aleyhisselâm*)a şöyle vahyetti: "**Muhakkak ki Ben ahir zamanda yaratacağım kullarıma orucu farz kıldım ki, o ay Ramazan ayıdır. Ya Musa! Her kim amel defterinde 10 Ramazan bulunarak kıyamet gününe gelirse, o seçkin velilerimdendir. Her kim de amel defterinde 20 Ramazan ile kıyamete gelirse,** (Allah'ın müjdelediği) **huşu ve tevazu sahibi kimselerdendir. Her kim amel defterinde 30 Ramazan bulunarak kıyamete gelirse, işte o kimse, Benim katımda en üstün sevaplara sahip şehitlerdir.**

Ey Musa! Şüphesiz ki Ben Ramazan ayı girdiğinde, Arş'ı taşıyan Melâike-i Kiram'a ibadeti bırakmalarını ve Ramazan'ı oruçlu geçirenler bir dua yaptıklarında Âmin demelerini emrediyorum. Böylece Ben Ramazan tutanların duasını reddetmemeyi Kendime vacip kıldım.

Ey Musa! Gerçekten Ben Ramazan'da göklere, yerlere, dağlara, hayvanlara ve böceklere (yani tüm canlılara), **Ramazan orucu tutanlar için istiğfarda bulunmalarını ilham ediyorum.**

Ey Musa! Ramazan orucu tutanlardan üç kişi ara! On-larla namaz kıl ve onlarla birlikte ye ve iç. Çünkü muhakkak ki Ben, içersinde Ramazan orucu tutanlardan üç kişi bulunan bir yere azabımı da musibetimi de yollamam. Ey Musa! Yolcuysan gel! Hastaysan, onlara seni taşımalarını emret.

---

[1] Dürretü'l-Vâizin, 16

Kadınlara, kızlara ve küçük çocuklara da söyle ki; Ramazan'ın bitiminde, Ramazan orucu tutanların (bayram namazı için) **çıktıkları** (cami gibi) **yere seninle birlikte çıksınlar. Çünkü şüphesiz ki Ben, göklerime ve yerime izin verecek olsaydım, elbette onlara selam verirler, kendileri ile kesinle konuşurlar ve onlara** (bayram) **hediye**(si) **olarak sunmakta olduğum:**

- 'Ey Benim Ramazan'ı oruçlu geçirmiş kullarım! Yerlerinize (affedildiğiniz halde) **dönün, gerçekten Beni razı ettiniz. Ben sizin orucunuzun sevabını şu şekilde tespit ettim: "Sizi cehennemden azat edeceğim, pek kolay bir hesapla hesaba çekeceğim, ayak kaydıracak günahlarınızı sizin için gidereceğim.**

(Ramazan orucu için yaptığınız) **harcamalarının yerini dolduracağım ve** (dünyada ve ahirette) **hiç kimsenin önünde sizi rezil-rüsva etmeyeceğim.**

İzzetim hakkı için Ramazan orucundan sonra, işte şu bulunduğunuz yerde ahiretiniz için Benden herhangi bir şey isterseniz, mutlaka (istediğinizi) **size verdim. Dünya işinizden de Benden ne dilerseniz, kesinlikle sizin için** (hayırlı olan şeylere) **bak**(tım ve onları yerine getir)**dim!" şeklindeki kelamımı mutlaka onlara müjdelerdi.**" [1]

✦ Hazreti Ömer (*Radıyallahü Anh*) buyuruyor ki: "Ramazan çok hayırlı ve mübârek bir aydır. Gündüz tutulan oruca, gece kılınan namaza, bu ayda verilen sadakaya, Allahü Teala kat kat sevâb verir."

---

[1] Hilyetül-Evliya, 6/16

✦ İmâm-ı Rabbânî (*Kuddise Sirruh*) buyuruyor ki: "Ramazân-ı şerîfte yapılan nâfile namaz, zikir, sadaka ve bütün nâfile ibâdetlere verilen sevâb, başka aylarda yapılan yetmiş farz gibidir. Bu ayda, bir oruçluya iftâr verenin günâhları affolur. Cehennem'den âzâd olur. O oruçlunun sevâbı kadar, ayrıca buna da sevâb verilir. Bu ayda ibâdet ve iyi iş yapabilenlere bütün sene bu işleri yapmak nasîb olur. Bu aya saygısızlık edenin bütün senesi, günâh işlemekle geçer. Bu ayı fırsat bilmelidir. Elden geldiği kadar ibâdet etmelidir. Allahü Teala'nın râzı olduğu işleri yapmalıdır.

Mübarek Ramazan ayında bütün bereketler bulunur. Her iyilik, her bereket, Allahü Teala'nın Zat'ından meydana gelmektedir. Nisa suresinin 78. ayetinde: "**Sana gelen her güzel şey, Allahü Teala'dan gelmektedir. Sana gelen her kötülük de, kendindendir.**"

Bu üstünlüklerin hepsi de, kelam şanında bulunmaktadır. Kur'ân-ı Kerim, bu kelam şanının hakikatinin hepsinden meydana gelmektedir. Bundan dolayı, bu mübarek ayın Kur'ân-ı Kerim ile tam bağlılığı vardır. Çünkü Kur'ân-ı Kerim'de bütün üstünlükler bulunmaktadır. Bu ayda da, o üstünlüklerden meydana gelen bütün iyilikler bulunmaktadır. Bu bağlılıktan dolayı, Kur'ân-ı Kerim bu ayda nazil oldu.

Kadir gecesi bu aydadır. Bu ayın özüdür. Kadir gecesi, çekirdeğin içi gibidir. Ramazan ayı da, kabuğu gibidir. Bunun için bir kimse, bu ayı saygılı, iyi geçirerek bu ayın iyiliklerine, bereketlerine kavuşursa, bu senesi iyi geçerek, hayırlı ve bereketli olur. "

✦ Muhyiddîn-i Arabî (*Kuddise Sirruh*) buyuruyor ki: "Ramazan ayının ilk gecesinden son gecesine kadar göklerin kapıları açılır. Yani bereket ve duaların kabul kapıları açık kalır.

Ramazan gecelerinde namaz kılanlara Allahü Teala her bir secdesine bin beş yüz hasenat, lütuf ve ihsan buyurur. Kırmızı yakuttan yapılmış bir cennet verilir. Birçok kapısı olup, kapıları altından, kırmızı yakutlar ile süslüdür. Allahü Teala insanın her orucuna başka başka lütuflar ihsan eder. Oruçlu olduğu günün güneşinin doğuşundan batışına kadar yetmiş bin melek o oruçluya istiğfar eder. Gecesinde ve gündüzündeki secdelerine, Cennet bağlarında dünyada tasavvur edemediği ağaçlar dikilir ve gölgeliklerinde binlerce insan gölgelenir."

Mübarek Mekânlarda Oruç Tutmanın Fazileti

✦ Resulullah (*Sallallahü Aleyhi ve Sellem*) buyurdular ki: "***Mekke'de Ramazan orucu tutmak, diğer yerlerde 1.000 Ramazan'dan daha üstündür.***"[1]

✦ Resulullah (*Sallallahü Aleyhi ve Sellem*) buyurdular ki: "***Her kim Ramazan'a Mekke'de kavuşur da orucunu tutar, mümkün olduğu kadar da kıyamda bulunursa, Allahü Teala O'na başka yerlerdeki 100.000 Ramazan sevabı yazar. Her gününe ve gecesine karşılık bir köle azadı yazar ve her gün Allah yolunda binek bir at*** (infak sevabı) ***yazar. Ayrıca her gününe ve gecesine karşılık bir hasene yazar.***"[2]

✦ Resulullah (*Sallallahü Aleyhi ve Sellem*) buyurdular ki: "***Medine'de bir Ramazan, diğer yerlerdeki 1.000 Ramazan'dan daha hayırlıdır.***"[3]

---

[1] Mecmeu'z-Zevaid, No: 4799, 3/348
[2] Tergib ve Terhib, No: 1479, 2/106
[3] Taberanî, el'Kebir, 1144

Ramazan Orucunu Tutmayanlar Hakkında Zikredilenler

✦ Resulullah (*Sallallahü Aleyhi ve Sellem*) buyuruyor ki:
"***Her kim kıyamet gününde Allahü Teala'ya beş vakit namazla, Ramazan orucuyla ve cünüplükten yıkanmayla kavuşursa, o gerçekten Allahü teala'nın hakiki kulu olur. Her kim de bunlardan bir şeyi noksan ederse, o da Allahü Teala'nın hakiki manada düşmanı olur.***" [1]

✦ Resulullah (*Sallallahü Aleyhi ve Sellem*) buyuruyor ki:
"***Her kim*** (yolculuk gibi bir) ***ruhsat ve hastalık bulunmaksızın Ramazan'dan bir günün orucunu yerse, bütün bir ömür oruç tutsa da onu ödemiş olmaz!***" [2]

✦ Resulullah (*Sallallahü Aleyhi ve Sellem*) buyuruyor ki:
"***Her kim geçen Ramazan'dan borcu varken, yeni Ramazan'a ulaşırsa, o kişiden*** (bu yeni tutmuş olduğu) ***oruç*** (kâmil manada) ***kabul olunmaz*** (yani eksik bir oruç olur). ***Her kimin Ramazan borcu varken, nafile oruç tutarsa, farz borcunu tutmadıkça o kişiden*** (bu nafilesi) ***kabul olunmaz.***" [3]

Burada kast edilmek istenen şudur: 'Kaza orucu olan, yeni Ramazan orucunu tutmasın veya yeni Ramazan'da, eskiye niyet etsin' demek olmayıp, ancak yeni tuttuğu oruç, gerçek manada oruç olmayıp sevap yönünden eksiktir.'

---

[1] Mecmeuzzevaid, 1/201, 127
[2] Ebu Davud, Oruç, 38
[3] Ahmed bin Hanbel, Müsned, 2/352

✦ Resulullah (*Sallallahü Aleyhi ve Sellem*) buyuruyor ki:

"***Bir kere Ben uyuyorken, iki kişi Bana gelip, pazılarımdan tutarak Beni sarp bir dağa götürdüler ve "çık" dediler.***

Ben:

- "Buna gücüm yetmez" deyince,

- "Biz onu Sana kolay edeceğiz" dediler.

Ben dağa çıktım. Tam dağın düzlüğüne vardığımda, kuvvetli sesler duydum ve:

- "Bu sesler de ne?" diye sordum.

Onlar:

- "Bu, cehennem ehlinin ulumasıdır" dediler.

Sonra Ben götürüldüm, bir de ne göreyim, topuklarından asılmış bir topluluk ki dudakları kulaklarına kadar yarılmış, dudaklarından sel gibi kan akıyor. Ben:

- "Bunlar da kim" diye sorunca, onlar dediler ki:

- "İftar vakti gelmeden oruç açanlar (oruç tutmayanlar).***"*** [1]

✦ Resulullah (*Sallallahü Aleyhi ve Sellem*) buyurdu ki:

"***Kıyamet günü olduğunda, Ben mizanın yanında bulunuyorken, ümmetimden bir genci, melekler yüzüne ve arkasına vura vura getirirler. O da Bana sarılarak:***

- 'Ya Muhammed *(Sallallahü Aleyhi ve Sellem)**! Sana sığındım, medet Senden!' der. Bunun üzerine Ben:***

- "Ey Rabbimin melekleri! Bunun günahı nedir?" derim.

Onlar:

- 'Ramazan ayına ulaştı da onda tövbe etmeyip Allah'a isyan etti, Allah da onu âniden (ruhunu) ***aldı' derler.***

---

[1] Tergib ve Terhib, 1512, 2/116–117

O zaman Ben:
- "Ne kötü gençmişsin! Sen ne fena gençmişsin!" derim.
Böylece ne o Beni bırakır, ne de melekler onu bırakırlar.
Sonra Ben ona şefaat edip Allahü Teala'dan yardım istemek üzere:
- "İlâhi! Ümmetimden bu genc(i kurtar)***!" derim.***
Allahü Teala da:
- "Onun hasmı Ramazan ayıdır!" buyurur. Ben de:
- "Ramazan ayıyla davalı olanlardan uzağım! Ramazanın hürmetini tanımayana kim şefaat edebilir?" derim.
İşte o anda Allahü Teala:
- "Senin uzak olduğun kimseden Ben de uzağım" buyurur.
Böylece kendisi cehenneme götürülür." [1]

Oruçluya Sünnet ve Müstehab Olan Şeyler

(1) Oruçlu kimsenin, yakınlarına ve fakirlere fazlaca yardımda bulunması müstehaptır.

Resulullah (*Sallallahü Aleyhi ve Sellem*) Ramazan ayında daha fazla Kur'ân okurlar, onun üzerinde tefekkür ederlerdi. Ramazan ayı boyunca o zamana kadar kendisine nazil olan Kur'ân ayetlerini Ramazan ayında okur, aynı zamanda daha fazla cömertlik ederlerdi.

Abdullah ibni Abbas (*Radıyallahü Anhüma*)dan rivayet edilmiştir, şöyle denilmiştir: "Resulullah (*Sallallahü Aleyhi ve Sellem*) Allah'ın kullarına hayır yapmak bakımından insanların en cömerdi idi. Ve de en çok Cebrail (*Aleyhisselam*) kendisine geldiği sırada cömert olurdu." [2]

---

[1] Nüzhetül-Mecalis, 1/147

[2] Buhari, Oruç, 7

Cömertlikle alakalı hadisi şerifte buyruldu ki:

Abdullah ibni Abbas (*Radıyallahü Anhüma*)nın anlattığına göre kendisine bir dilenci gelmiş o da dilenciye sormuştur:

- "Allah'tan başka ilah olmadığına ve Muhammed (*Sallallahü Aleyhi ve Sellem*)in O'nun elçisi olduğuna şahadet ediyor musun?"

Dilenci olan kişi:

- 'Evet!' deyince tekrar sormuştur:

- "Oruç tutuyor musun?"

O kişi tekrar:

- 'Evet!' demiştir. Bunun üzerine Abdullah ibni Abbas (*Radıyallahü Anhüma*):

- "Sen istedin, isteyenin hakkı vardır. Bizim de isteyene vermek, üzerimize vazifedir" der ve ona bir elbise verir. Sonra ilaveten der ki:

- "Resulullah (*Sallallahü Aleyhi ve Sellem*)i işittim şöyle buyurmuştu: "***Bir Müslüman'a elbise giydiren her Müslüman*** (taki o giydirdiğinden bir parça onun üzerinde bulundukça) ***mutlaka Allah'ın hıfzı altındadır.***" [1]

Resulullah (*Sallallahü Aleyhi ve Sellem*) buyurdu ki:

"***Güzel ahlak ve cömertlikle İslam'a ihsanda bulunun! Cömertlik bir ağaç gibidir. Kökü cennete, dalları ise dünyaya sarkmıştır. Her kim, o ağacın altında yaşar ve cömertçe davranırsa, er-geç o ağacın dallarından birine tutunur ve ağacın kökünün bulunduğu cennete yükselir.***"[2]

---

[1] Tirmizi, Kıyame, 42

[2] Tirmizi, Birr, 40

Resulullah (*Sallallahü Aleyhi ve Sellem*) buyurdu ki: "***Cömert, Allah'a, cennete ve insanlara yakın, cehenneme uzaktır. Cimri ise, Allah'a, cennete ve insanlara uzak, cehenneme yakındır.***"[1]

(2) Oruçlunun mümkün olduğu kadar gece ve gündüz Kur'ân okumak, zikir yapmak, Peygamberimize Salât ve Selâm getirmek ve ilimle uğraşmak suretiyle meşgul olması müstehaptır.

Abdullah ibni Abbas (*Radıyallahü Anhüma*)dan rivayet edilmiştir, şöyle demiştir: "Cebrail (*Aleyhisselâm*) Ramazan'ın sonuna kadar her gece kendisine gelir ve Resulullah (*Sallallahü Aleyhi ve Sellem*)e Kur'ân dersi verirdi (yani önce Cebrail (*Aleyhisselâm*) okur, Resulullah (*Sallallahü Aleyhi ve Sellem*) okur, Cebrail (*Aleyhisselâm*)e dinletirdi.) Cebrail (*Aleyhisselâm*) ile mülakat ettikleri zamanlarda hayır yapmakta esen rüzgârdan daha cömert olurdu." [2]

(3) Oruçlu için İtikâf da sünnettir. [3]

Resulullah (*Sallallahü Aleyhi ve Sellem*) buyurdu ki: "***İtikâf, günahları hapseder*** (sahibini bütün kötülüklerden ve günahlardan korur) ***ve bütün iyilikleri işleyen gibi itikâfa girene sevaplar yazılır.***" [4]

Hazreti Ali'nin oğlu Hazreti Hüseyin (*Radıyallahü Anhüma*), Resulullah (*Sallallahü Aleyhi ve Sellem*)in şöyle buyurduğunu nakleder: "***Ramazan'da on gün itikâf etmek iki hac ve iki umre sevabına denktir.***" buyurmuştur. [5]

---

[1] Kenzü'l-Ummâl, 6/571

[2] Buhari, Oruç, 7

[3] Bu konu hakkında geniş bilgi için "İtikaf", bahsine bakınız.

[4] İbni Mâce, Oruç, 67

[5] Suyutî, Durru'l-Mensur, 1/486

Resulullah (*Sallallahü Aleyhi ve Sellem*) buyurdu ki: "***Bir kişinin*** (mümin) ***kardeşine sevgi ile bakması, benim şu mescidimde bir sene itikâf etmesinden hayırlıdır.***"[1]

Resulullah (*Sallallahü Aleyhi ve Sellem*) buyurdu ki: "***Her kim bir kardeşinin ihtiyacı için yürürse, o, kendisi için 10 sene itikâf etmesinden hayırlıdır. Her kim Allah rızası için bir gün itikâf ederse, Allahü Teala onunla cehennem arasına üç hendek koyar ki, her bir hendek doğu ile batı arasından daha uzaktır.***"[2]

(4) Ramazan orucunu tutmaya engel olacak derecede bedene takatsizlik verici işlerde bulunmak caiz değildir. Öğleye kadar çalışıp sonra dinlenmelidir. Mümkünse bazı işleri, ücret karşılığında başkasına gördürmelidir. Denildi ki, kesin bir zaruret bulunmadıkça, insanın kendisini pek ağır işlerle yorarak oruç tutamaz hale getirmesi caiz görülemez.

(5) Nafile oruç tutanın yanında yemek yemek, mekruh olmayıp bilakis oruçlunun sevabının artmasına sebep olan sünnettir.

Resulullah (*Sallallahü Aleyhi ve Sellem*) Bilal Habeşî (*Radıyallahü Anh*)ı yemeğe çağırdığında, o:

- "Ben oruçluyum" deyince, Resulullah (*Sallallahü Aleyhi ve Sellem*) buyurdu ki:

- "***Oruçlunun yanında yemek yenildiği zaman, yiyenler bitirinceye kadar melekler oruçluya dua ederler. Biz rızklarımızı yerken*** (oruçlu olan Hazreti) ***Bilal'in bol rızkı cennettedir.***

---

[1] Suyutî, Durru'l-Mensur, 1/488

[2] Suyutî, Durru'l-Mensur, 1/485

Ey Bilal! Biliyor musun? Oruçlunun yanında yenildiği müddetçe kemikleri tesbih eder ve melekler kendisi için istiğfar eder."[1]

(6) Sahura kalkmak sünnettir.

Bunun vakti, gecenin sonudur. Âlimlerden Ebu'l-Leys'e göre, gecenin son altıda biridir. Sahur yemeği, insana oruç için kuvvet verir. Sahurun geciktirilmesi müstehapsa da, ikinci fecrin doğup doğmadığından şüphe edilecek bir zamana kadar geciktirilmesi mekruhtur.

Resulullah (*Sallallahü Aleyhi ve Sellem*) buyurdu ki: "***Sahur yemek berekettir. Sakın onu bırakmayın. Velev ki sizin biriniz bir yudum su içsin. Çünkü Allahü Teala, sahur yiyenlere rahmet, melekleri de dua ederler.***"[2]

Resulullah (*Sallallahü Aleyhi ve Sellem*) buyurdu ki: "***Gündüzün kaylüle uykusu ile gece kalkıp teheccüt namazı kılmaya, sahur yemeği ile de gündüz orucuna kuvvet kazanın.***"[3]

Resulullah (*Sallallahü Aleyhi ve Sellem*) buyurdu ki: "***Bizim orucumuz ile ehli kitabın orucunun arasındaki fark, sahur yemeğidir.***"[4]

Resulullah (*Sallallahü Aleyhi ve Sellem*) buyurdu ki: "***Üç şeyde bereket vardır: Cemaatte, tiritte ve sahurda.***"[5]

Resulullah (*Sallallahü Aleyhi ve Sellem*) buyurdu ki: "***Sahur olarak hurma ne kadar güzeldir.***" Yine: "***Allah, sahur yiyenlere rahmetini ihsan buyursun.***"[6]

---

[1] Tergib ve Terhib, 2/145, No: 1627-1628; İbni Mâce, 1/556
[2] Ahmeb bin Hanbel, Müsned, 3/12, 44
[3] İbni Mâce, 1/540; Kenzü'l-Ummal, 7/803, 21484
[4] Müslim, Oruç, 46
[5] Taberânî, el-Kebîr, 6, 308; Heysemî, el-Mecmeuzzevâid, 3/151
[6] Taberânî, el-Kebîr, 7, 189

Resulullah (*Sallallahü Aleyhi ve Sellem*) buyurdu ki: "***Üç kişiye yediklerinden dolayı yedikleri helal olmak şartıyla -inşaallah- hesaba çekilmek söz konusu olmayacaktır: Oruç tutan, sahur yemeği yiyen ve Allah yolunda cihat eden.***" [1]

(7) Sahuru geciktirmek, iftarı acele etmek.

İftar acele yapmak, yani ezan okunup akşam namazına durulmadan önce oruç açmak müstehaptır. Böylece oruç hali, namazda kalbin huzuruna engel olmaz.

Resulullah (*Sallallahü Aleyhi ve Sellem*) şöyle buyurdu: "***Aziz ve Celil olan Allah buyurdu ki***: «**Kullarım arasında en sevdiğim kişi, iftar etmekte elini daha çabuk tutandır** (acele edendir).»[2]

Resulullah (*Sallallahü Aleyhi ve Sellem*) buyurdu ki: "***İnsanlar iftarda acele ettikleri müddetçe hayır üzere olmakta devam ederler.***" [3]

Resulullah (*Sallallahü Aleyhi ve Sellem*) buyurdu ki: "***Üç şey Peygamberlerin sünnetidir: Sahuru geciktirmek, iftarı acele yapmak, namazda*** (ayakta iken) ***sağ eli sol elin üzerine koymak*** (üzere el bağlamak)." [4]

İmam Rabbânî (*Kuddise Sirruh*) buyurdu ki: "İftarda acele etmek ve sahuru geciktirmek, belki insanın acziyetini, yiyip içmeye ve dolayısıyla her şeye muhtaç olduğunu göstermektir. İbadet etmek de zaten bu demektir."

---

[1] Bezzâr, Müsned –Keşfül-Estâr-, 1/464
[2] Tirmizi, 3/74
[3] Buharî, 4/198; Müslim, 2/771
[4] Taberanî, el-Kebîr, 22/263

(8) Ziyafetinde iftar açtığı kimselere dua etmesi de sünnettir.

Resulullah (*Sallallahü Aleyhi ve Sellem*) şu şekilde dua ederdi: "***Yanınızda oruçlular iftar etsin, yemeğinizi iyiler yesin ve melekler size salât etsin.***"[1]

Resulullah (*Sallallahü Aleyhi ve Sellem*) iftar zamanının sevincinden söz ederken şöyle buyurmuştur: "***Müminin kendisiyle neşelendiği iki sevinci vardır. Birisi iftar vaktindeki oruç bozma sevinci, diğeri Rabbine kavuştuğu zaman ki*** (orucunun mükâfatı ile) ***sevincidir.***"[2]

(9) İftarı hurmayla açmak sünnettir.

Enes bin Malik (*Radıyallahü Anh*) şöyle demiştir: "Resulullah (*Sallallahü Aleyhi ve Sellem,* akşam) namazını kılmadan önce yaş hurmayla iftar ederdi, yaş hurma bulamazsa, kuru hurmayla iftar ederdi. O da yoksa birkaç yudum su içerdi."[3]

(10) İftar ettirmek de sünnettir.

Resulullah (*Sallallahü Aleyhi ve Sellem*) buyurdu ki: "***Kim oruçluya iftar ettirirse, kendisine onun sevabı kadar sevap yazılır. Üstelik bu sebeple oruçlunun sevabından hiçbir eksilme olmaz.***"[4]

Resulullah (*Sallallahü Aleyhi ve Sellem*)e soruldu ki:

- "Ey Allah'ın Resulü! Bizim hepimiz bir oruçluyu iftar ettirecek imkâna sahip değiliz."

Resulullah (*Sallallahü Aleyhi ve Sellem*) sözlerine şöyle devam etti:

---

[1] İmam Nevevî, Ezkar, Sahife: 173
[2] Buhari, Oruç, 9
[3] Ebu Davud, Oruç:21, 2356
[4] Tirmizi, Oruç, 82

- "*Oruçluya bir içim süt, bir içim su ve birkaç hurma vererek iftar ettirene de Allahü Teala bu sevabı verir. Kim bir oruçlunun karnını doyurursa, Allahü Teala onun günahlarını mağfiret eder. Yine onu benim Kevser havuzumdan içirir ve ondan sonra hiç susuzluk çekmez. Oruç tutan kişinin sevabından bir şey eksilmeden, kendisinin kazandığı sevap kadar da iftar ettiren kişiye sevap verilir.*" [1]

Resulullah (*Sallallahü Aleyhi ve Sellem*) buyurdu ki: "***Bu ay sabır ayıdır. Sabrın mükâfatı*** (ise) ***cennettir. Bu ay bolluk ayıdır. Bu ay, bir müminin rızkının arttığı aydır. Bu ayda bir kimse, bir oruçluya iftar ziyafeti verirse, günahlarının bağışlanmasına ve cehennemden azat olunmasına vesile olur. İftar ziyafeti verdiği kimsenin sevabı kadar sevaba ulaşır. Öbürünün sevabında ise hiçbir eksilme olmaz.***"

Sahabe-i Kiram (*Radıyallahü Anhüm*) dediler ki:

- "Ey Allah'ın Resulü! Bizim hepimiz bir oruçluyu iftar ettirecek imkâna sahip değiliz."

Resulullah (*Sallallahü Aleyhi ve Sellem*):

- "***Allahü Teala bu sevabı bir hurma, bir yudum su, bir tadım süt ile de verir***" buyurdu.

Resulullah (*Sallallahü Aleyhi ve Sellem*) buyuruyor ki: "***Kim Ramazan'da helal kazancından oruçluya iftar ettirirse, Ramazan gecelerinde melekler ona rahmet duası yaparlar. Kadir gecesinde Cebrail*** *(Aleyhisselâm)* ***onunla musafaha eder. Kiminle Cebrail*** *(Aleyhisselâm)* ***musafaha ederse,*** (onun alameti şudur ki) ***o yufka yürekli ve gözü yaşlı olur.***" [2]

---

[1] İbni Hüzeyme, Sahih, 3/191

[2] Taberânî, el-Kebîr, 6/321

Resulullah (*Sallallahü Aleyhi ve Sellem*) buyuruyor ki: "***Bir mücahidi, bir hacıyı donatan yahut onun gıyabında ailesine güzel bir şekilde göz-kulak olan yahut bir oruçluya iftar ettiren kimseye de onların ecirleri gibi ecir verilir, üstelik onların ecirlerinden de hiçbir şey eksiltilmez.***" [1]

(11) Oruçlunun şu şekilde iftar duası yapması sünnettir. [2]

اَللّٰهُمَّ لَكَ صُمْتُ ۞ وَبِكَ اٰمَنْتُ ۞ وَعَلَيْكَ تَوَكَّلْتُ ۞ وَعَلٰى رِزْقِكَ اَفْطَرْتُ ۞ يَا وَاسِعَ الْمَغْفِرَةِ ! اِغْفِرْ لِى وَلِوَالِدَىَّ وَلِلْمُؤْمِنِينَ يَوْمَ يَقُومُ الْحِسَابُ ۞

[*Allahümme leke sumtü, ve bike âmentü, ve aleyke tevekkeltü, ve alâ rizkıke eftartü, yâ vâsi'al-mağfirati! Iğfir lî ve li-vâlideyye ve lil-mü'minîne yevme yakûmül-hisab.*]

"Allah'ım! Senin rızan için oruç tuttum, Sana iman ettim, Sana güvendim, Senin rızkınla iftar ettim (orucumu açtım). Ey bağışlaması bol Rabbim! Beni, ana-babamı ve müminleri hesap gününde bağışla."

Resulullah (Sallallahü Aleyhi ve Sellem) oruç açtığı zaman şöyle buyururdu:

اَلْحَمْدُ لِلّٰهِ الَّذِى اَعَانَنِى وَصُمْتُ وَرَزَقَنِى فَافْطَرْتُ

[*el-Hamdü lillahi-llezî e'ânenî ve sumtü ve razekanî feftartü*]

"Allah'a hamd olsun ki, bana yardım etti, oruç tutum ve bana rızık verdi, iftar ettim." [3]

---

[1] Neseî, 6/46; İbni Hüzeyme, 3/277

[2] Ebu Davud, Oruç, 22, 2358

[3] İbni Sünni, el-Ezkar, 233

(12) Oruçlunun iftar vakti duası kabul olunacağından, o saatte dua etmesi de sünnettir.

Abdullah ibni Amr (*Radıyallahü Anhüma*)dan rivayet edildiğine göre; Resulullah (*Sallallahü Aleyhi ve Sellem*)in "***İftar sırasında oruçluya, reddolunmayan bir dua vardır***" buyurduğunu işittim. Ve:

اَللّٰهُمَّ اِنّى اَسْئَلُكَ بِرَحْمَتِكَ الَّتى
وَسِعَتْ كُلَّ شَىْءٍ اَنْ تَغْفِرَ لَهُ

[*Allahümme innî es'elüke bi-rahmetike-lletî vesi'at külle şey'in en tağfira lehü.*]

"Allah'ım! Her şeyi kaplayan rahmetinle beni bağışlamanı isterim" buyurmuştur.[1]

Resulullah (*Sallallahü Aleyhi ve Sellem*) buyurdu ki:

"***Üç kimsenin duası reddolunmaz:***

1. ***Adil hükümdarın duası.***
2. ***İftar sırasında oruçlunun duası.***
3. ***Mazlumun duası.***

Allahü Teala, bu duaları semaya yükseltir, gökyüzünün kapılarını açar ve:

"İzzet ve Celalime yemin olsun ki, bir süre sonra da olsa, sana yardım edeceğim" diye yemin eder. "[2]

---

[1] İbni Sünni, el'Ezkar, 234

[2] El'Azizî, Camiussağir şerhi Siracü'l-Münir, 2/182

Örnek Bir Dua:

Bütün hamdler, yüce olan ve kahreden Allahü Teala'ya mahsustur. Bütün hamdler, görüp bilen Allahü Teala'ya mahsustur. Bütün hamdler, sahip olup gücü yeten Allahü Teala'ya mahsustur. Bütün hamdler, ölüleri dirilten Allahü Teala'ya mahsustur.

Allah'ım! Resulullah Efendimiz (*Sallallahü Aleyhi ve Sellem*)e ve O'nun aile efradına salât ve selam olsun. Allah'ım! Bizi rahmetinden kovulmuş bulunan şeytanın şerrinden ve her türlü kötülükten koru. Bize rızık olarak verdiğin şeylerde kanaatkâr kıl ve bunları bize bereketli eyle.

Ey Allah'ım! Senin için oruç tuttuk. Senin rızkınla orucumuzu açtık. Bizden kabul et. Çünkü Sen ziyade işiten, hakkıyla bilensin.

Allah'ım! Her şeyi kaplayan rahmetinle benim günahlarımı affetmeni isterim.

Rabbimiz! Şüphesiz biz "Rabbinize inanın" diye imana çağıran bir davetçiyi işittik, hemen iman ettik. Artık bizim günahlarımızı bağışla, kötülüklerimiz ört, ruhumuzu iyilerle beraber al."

Rabbimiz! Bize Peygamberlerin vasıtasıyla vaat ettiklerini de ikram et ve kıyamet gününde bizi rezil rüsva etme. Şüphesiz Sen vaadinden caymazsın.

Rabbimiz! Yalnızca Sana tevekkül ettik ve yalnızca Sana yöneldik. Dönüş de ancak Sana'dır.

Rabbimiz! Bizi ve bizden önce iman etmiş olan kardeşlerimizi bağışla. Kalplerimizde iman etmiş olanlara karşı hiçbir kin bırakma. Rabbimiz! Şüphesiz Sen çok şefkatli, çok merhametli olansın.

Allah'ım! Sen mülkün sahibisin. Senden başka hiçbir ilah yoktur. Sen Rabbimizsin. Biz ise Senin kulunuz. Nefsimize zulmettik, günahımızı itiraf ediyoruz. Bütün günahlarımızı bağışla. Çünkü günahlarımızı ancak Sen bağışlarsın. Bizi en güzel ahlaka eriştir. En güzel ahlaka ancak Sen eriştirirsin. Kötü ahlakı bizden uzaklaştır. Kötü ahlakı bizden ancak Sen uzaklaştırırsın. Emrine icabet ettim. Yardımını istiyoruz. Bütün hayırlar Senin elindedir. Şer Sana ait değildir. Senden geldik, Sana döneceğiz. Yücesin, üstünsün. Beni bağışlamanı istiyorum ve Sana tövbe ediyorum.

Allah'ım! "Dua edin, duanızı karşılık vereyim" diye buyurdun. Şüphesiz Sen vaadinden dönmezsin. Bizi İslam'a ulaştırdığın gibi Müslüman olarak bizi ondan ayırmamanı Senden istiyoruz.

Allah'ım! Bizi doğru yola erdirdikten sonra kalplerimizi haktan saptırma, katından bize bir rahmet bağışla. Şüphesiz Sen, çok bağışta bulunansın.

Allah'ım! Bizi zalimler topluluğunun baskı ve zulümlerine maruz bırakma. Rahmetinle bizi kâfirler topluluğundan kurtar.

Ey Allah'ım! Senin tarafından, kalplerimizi hidayete ulaştıran, işimizi toparlayan, dağınıklığımızı düzenleyen, bizden gaip olanı ıslah eden, zahirde olan işlerimizi düzelten, amellerimizi temizleyen, istikametimize ulaştıran, bizden ayrılanı bize geri çeviren ve her türlü kötülükten bizi koruyan rahmetini talep ederim.

Allah'ım! Bize kendisinden sonra küfür olmayan iman ve yakin ver. Dünya ve ahirette ikramınla şerefleneceğimiz rahmetini ver.

Allah'ım! Senden hükümde lütfünü, şehitlerin menzilini, saidlerin yaşantısını ve düşmanlara karşı yardımı istiyoruz.

Allah'ım! Hacetimizi ödemeni Senden istiyoruz. Eğer görüşümüz noksan olursa, amelimiz zayıf olursa, Senin rahmetine ihtiyaç duyarız.

Bu gece inen feyiz ve bereket hürmetine, bu gecedeki lütf-i inayet hürmetine, bizi dinsizlikle terbiye etme ya Rabbi!

Rızkımızı gayet çok, yaptığımız duaları makbul eyle ya Rabbi!

Beşeriyetin hidayet ve selameti, bütün müminlerin af ve mağfireti için el'Fâtiha. "

Ramazan-ı Şerifte Farz ve Nafile İbadet

✦ Resulullah (*Sallallahü Aleyhi ve Sellem*) buyurdu ki: "***Allahü Teala, bu ayda oruç tutmayı farz ve geceleri ibadet etmeyi nafile kılmıştır. Kim bu ayda hayırlı bir haslet ile Allahü Teala'ya yaklaşırsa, diğer aylarda bir farz eda etmiş gibi sevap kazanır. Yine bu ayda bir farzı yerine getiren diğer aylarda 70 farzı yerine getirmiş gibi sevap kazanır.***"[1]

✦ Resulullah (*Sallallahü Aleyhi ve Sellem*) buyuruyor ki: "***Ramazan'ın ilk gecesi olunca, göğün kapıları açılır ve Ramazan'ın son gecesine kadar açık kalır, hiçbiri kapanmaz. Bu mübarek ayın gecesinde namaz kılan herkese her secde için 1700 sevap yazılır, cennette de onun için yetmiş bin kapısı olan kırmızı yakuttan köşk yapılır. Kişi Ramazan'ın ilk gününü oruçlu geçirirse, Allahü Teala gelmiş geçmiş bütün günahlarını affeder. Her gün için binlerce melek de onun için istiğfarda bulunur.***"[2]

---

[1] Beyhaki, Şüabü'l-İman, 3695

[2] Kenzü'l-Ummal, 23706

✦ Rivayet edildi ki: "Bir kimse, Ramazan-ı Şerif'in ilk gecesinde nafile namazında Fetih suresini okursa, o kimse o sene içinde kötülüklerden ve belalardan muhafaza olunur." [1]

✦ Ramazan-ı Şerifin ilk akşamı (Şaban'ın son gününü, Ramazan'ın ilk gününe bağlayan gece) akşamla yatsı arasında iki rekat şükür namazı kılınır: "Ya Rabbi! Ramazan-ı Şerif ile müşerref kıldığın için " denilir ve namaza durulur.

Fatiha'dan sonra birinci rekatta 1 Kevser suresi, ikinci rekatta 1 ihlas suresi okunur.

Namazdan sonra: 70 İstiğfar, 70 Salavat-ı Şerife (Salat-ı Tüncina'yı okumak efdaldir) okunup, dua yapılır.

✦ Ramazanan-ı Şerif'in geceleri içinde mümkünse, her gece tesbih namazı kılınır.

✦ Ramazan-ı Şerif geceleri kılınacak nafile namazlar için çok büyük mükafat verileceği zikredilmiştir.

Rivayet edildi ki: "Her kim Ramazan-ı Şerif'te:

1.Gece: 2 rekât namaz kılarsa, her rekâtta da Kadir Suresini okursa, Allahü Teala, o kişiye üç türlü kolaylık verir:

(a) Bu ay içinde orucu ve namazı ona kolaylaştırılır.

(b) Bu ay içindeki orucunu ve namazını kabul eder.

(c) Gelecek yıla kadar fakirlikten emin eder.

2.Gece: Resulullah (*Sallallahü Aleyhi ve Sellem*) buyuruyor ki: "***Bu gece bir kimse, bir Fatiha suresi ile dörder kere Felak ve Nas surelerini okumak suretiyle iki rekât namaz kılsa, o yıl içinde ettiği muameleden ziyan görmez. İmansız kalmak tehlikesinden emin olur. Ahirette de iki iyilik bulur:***

(a) ***Cehennemden halas olur*** (kurtulur).

(b) ***Cennette felah bulur*** (girmeye hak kazanır)."

---

[1] Gunye, 2/14; Nüzhetül-Mecalis, 1/146

3.Gece: Resulullah (*Sallallahü Aleyhi ve Sellem*) buyuruyor ki: "***Bu gecenin sonunda bir Fatiha suresi, beş Kevser suresi ve beş İhlâs suresi ile iki rekât namaz kılan kişi, Hazreti Ebubekir** (Radıyallahü Anh) **elinden bir kâse dolusu Kevser şarabı içer ki, asla susuzluk görmez.***"

4.Gece: Resulullah (*Sallallahü Aleyhi ve Sellem*) buyuruyor ki: "***Bu gece Bir Fatiha suresi ile dört kere Asr suresi okuyarak altı rekât namaz kılan kişi, altı türlü iyilik bulur:***

(a) ***Müslüman olarak dirilir.***

(b) ***Müslüman olarak ölür.***

(c) ***Kabir sualine İhlâs okur gibi cevap verir.***

(d) ***Yüzü ayın on dördü gibi olur.***

(e) ***Sırat köprüsünden yıldırım gibi geçer.***

(f) ***Hazreti Ebubekir Sıddık** (Radıyallahü Anh) **köprü başında ona cenneti müjdeler.*** "

5.Gece: Resulullah (*Sallallahü Aleyhi ve Sellem*) buyuruyor ki: "***Bu gece dört rekât namaz kılıp birinci rekâtta bir Fatiha suresi ile bir Tekasür suresi, ikinci rekâtta bir Fatiha suresi ile bir Asr suresi, üçüncü rekâtta bir Fatiha suresi ile bir Maun suresi, dördüncü rekâtta da bir Fatiha suresi ile üç İhlâs suresi okuyan kişi kabir azabı görmez. Allahü Teala onun günahlarını defterinden siler. Yerine büyük taatlerin sevabını yazar.***"

6.Gece: Resulullah (*Sallallahü Aleyhi ve Sellem*) buyuruyor ki: "***Bu gece bir kişi, bir Fatiha suresi, bir Ayetü'l-Kürsî ile 'Şehidallahü ennehü …'***[1] ***ayetini okuyarak iki rekat namaz kılarsa, Allahü Teala buyuruyor ki:*** **"Ey kulum! Bu namaz ile bütün günahlarını bağışladım. Artık bunun gibi güzel amellere başla ve güzel işlerden yüz çevirme."**

---

[1] Âl-i İmran Suresi, 18

7.Gece: Resulullah (*Sallallahü Aleyhi ve Sellem*) buyuruyor ki: "***Bir kimse, bu gecenin yarısında dört rekât namaz kılarsa ve her rekâtında bir Fatiha suresi ile onar defa İhlas, Felak ve Nas surelerini okursa, Allahü Teala meleklere buyurur ki:*** **"Görün benim kulumu ki, tatlı uykusunu terk edip Benim rızamı ister. O halde siz şahit olun ki, Ben de kulumun günahlarını bağışlayıp cennete girmesini emrederim."**

8.Gece: Resulullah (*Sallallahü Aleyhi ve Sellem*) buyuruyor ki: "***Bu gecede bir Fatiha suresi, birer defa da İhlâs, Felak ve Nas surelerini okuyarak iki rekat namaz kılan kimseye, yedi cehennem kapısı kapanıp sekiz cennet kapısı açılır.***"

9.Gece: Resulullah (*Sallallahü Aleyhi ve Sellem*) buyuruyor ki: "***Bir kimse bu gecede bir Fatiha suresi, on İhlâs suresi ve beşer kere Felak ve Nas sureleri ile 12 rekat namaz kılsa, on türlü haceti kabul olunur ve kıyamette yüzü ayın ondördü gibi nurlanır.***"

10.Gece: Resulullah (*Sallallahü Aleyhi ve Sellem*) buyuruyor ki: "***Bir kişi bu gecede dört rekât namaz kılsa:***

(a) ***Birinci rekâtta bir Fatiha suresi, bir Ayetü'l-Kürsî, 'Şehidallahü ennehü ...'***[1] ***ayeti ile Duha suresini,***

(b) ***İkinci rekâtta birer defa Fatiha, A'la ve Gaşiye surelerini,***

(c) ***Üçüncü rekâtta birer defa Fatiha ve Duha suresini,***

(d) ***Dördüncü rekâtta da Fatiha ile İnşirah surelerini birer kere okusa, Allahü Teala o kulun namazını kabul edip ölüm meleğine emir verir ki:***

-"Ben bu kulumu, Benim şiddetimden ve azabımdan emin kıldım."

---

[1] Âl-i İmran Suresi, 18

11.Gece: Resulullah (*Sallallahü Aleyhi ve Sellem*) buyuruyor ki: "***Bir kişi bu gecede dört rekât namaz kılsa, her bir rekâtında da bir Fatiha suresi, on Ayetü'l-Kürsî, on Kevser suresi ile on İhlâs suresi okusa, kıyamet gününde kendisine bütün Peygamberlerin sevapları kadar sevap verilir. Aynı zamanda kıldığı bu namaz, 50 yıllık geçmiş günahlarına kefaret olur.***"

12.Gece: Resulullah (*Sallallahü Aleyhi ve Sellem*) buyuruyor ki: "***Bu gece, Allahü Teala'nın herhangi bir sure ile on rekât namaz kılan kimse, muhakkak ki, günah derdine karşı dermanı tam olarak bulmuştur.***"

13.Gece: Resulullah (*Sallallahü Aleyhi ve Sellem*) buyuruyor ki: "***Bu gece bir kimse, bir Fatiha suresi ve otuzar kere de Felak ve Nas surelerini okumak suretiyle altı rekât namaz kılsa, o kimsenin günahları, denizlerdeki köpüklerden fazla olsa da, Allahü Teala o kimsenin bütün günahlarını bağışlar.***"

14.Gece: Resulullah (*Sallallahü Aleyhi ve Sellem*) buyuruyor ki: "***Bu gecede bir kimse, bir Fatiha suresi ve 30 İhlâs suresi ile dört rekât namaz kılarsa, rızkı ve bereketi fazla olur. Aynı zamanda o yıl içinde bütün muratları hâsıl olur.***"

15.Gece: Resulullah (*Sallallahü Aleyhi ve Sellem*) buyuruyor ki: "***Bir kimse, bu gece bir Fatiha suresi ve on İhlâs suresi ile altı rekât namaz kılsa, Allahü Teala, o kimseyi cehennemden azat ettiği gibi ona Tevrat'ı, İncil'i ve Hazreti İbrahim'e inen sahifeleri okumuş kadar sevap verir. Ayrıca yetmiş yıl aralıksız ve hiç dönmeden kâfirlerle gaza etmiş gibi sevap verir. Aynı zamanda 100 kere de hac etmiş sevabı verir.***"

16.Gece: Resulullah (*Sallallahü Aleyhi ve Sellem*) buyuruyor ki:

"Bu gece seher vaktinde bir kimse, bir Fatiha suresi ile 'Kulillahümme ....'[1] *okuyarak iki rekat namaz kılsa, Allahü Teala o kimsenin 100 türlü hacetini verir. Bunların 10'u dünya ve 90'ı ahiret hacetleridir."*

17.Gece: Resulullah (*Sallallahü Aleyhi ve Sellem*) buyuruyor ki: *"Bir kimse, bu gecede ilk rekâtında birer defa Fatiha suresi ile Kevser suresini, ikinci rekâtta da bir Fatiha suresi ile 10 defa İhlâs suresini okuyarak iki rekât namaz kılarsa, Allahü Teala o kimseyi Müslümanlık üzerine öldürür. Ayrıca Azrail* (Aleyhisselam), *son nefesinde ona Kevser şarabından içirir. Kıyamette açlık ve susuzluk görmez."*

18.Gece: Resulullah (*Sallallahü Aleyhi ve Sellem*) buyuruyor ki: *"Bu gece bir kimse dört rekât namaz kılarsa, her rekâtta bir Fatiha suresi, üçer defa da Âyetü'l-Kürsî, İhlâs, Felâk ve Nas suresini okursa, o kimse anasından doğduğu gün gibi günahlarından soyunup çıkar. Azrail* (Aleyhisselâm) *ona geldiği vakit, kendisini cennetle müjdeler."*

19.Gece: Resulullah (*Sallallahü Aleyhi ve Sellem*) buyuruyor ki: *"Bir kimse bu gecede dört rekât namaz kılsa, her rekâtında da bir Fatiha suresi ile yedi kere de Zilzâl suresini okusa, o kişi kıyamet korkularından emin olur ve bütün günahlarından arınır. Bütün kötülükleri iyiliğe dönüşür."*

20.Gece: Resulullah (*Sallallahü Aleyhi ve Sellem*) buyuruyor ki: *"Bir kimse, bu gecede altı rekât namaz kılsa, her rekâtında da birer defa Fatiha suresi ile Duha suresini okusa, o kimsenin kabri nurlu olur ve hesabı da kolay olur."*

---

[1] Âl-i İmran Suresi, 26

21.Gece: Resulullah (*Sallallahü Aleyhi ve Sellem*) buyuruyor ki: "***Bir kimse bu gece iki rekât namaz kılsa, her rekâtında da bir Fatiha suresi ile beşer defa da Felâk ve Nas surelerini okusa, o kimseye gelecek yıla dek kötü nazar değmez ve rızkı bereketli olur.***"

22.Gece: Resulullah (*Sallallahü Aleyhi ve Sellem*) buyuruyor ki: "***Bir kimse bu gece yarısında dört rekât namaz kılsa, her rekâtında da bir Fatiha suresi ile dört İnşirah suresi okusa, o kimse kırk Peygamber sevabını bulur.***"

23.Gece: Resulullah (*Sallallahü Aleyhi ve Sellem*) buyuruyor ki: "***Bu gece bir kimse gece yarısında iki rekât namaz kılsa, her rekâtta bir Fatiha suresi ile beş kere Duha suresini okusa, o kimsenin yüzü kıyamette güneşten daha fazla nurlu olur. Onun yüzünün nuru ile sırat köprüsünden ev halkının yetmiş kişisi rahatça girer.***"

24.Gece: Resulullah (*Sallallahü Aleyhi ve Sellem*) buyuruyor ki: "***Bu gece bir kimse bir Fatiha suresi ile bir Karia suresi ile iki rekât namaz kılsa, o kimseye şöyle nida olunur: 'Korkma! Muhakkak ki sen, emin kılınanlardansın.'***"

25.Gece: Resulullah (*Sallallahü Aleyhi ve Sellem*) buyuruyor ki: "***Bu gece bir kimse iki rekât namaz kılsa, her rekâtta birer defa Fatiha, Fil ve Kureyş suresini okusa, o kimse kıyamette kime şefaat ederse, şefaati reddolunmaz. Ayrıca suya kanmış ve karnını tok tutmuş olur.***"

26.Gece: Resulullah (*Sallallahü Aleyhi ve Sellem*) buyuruyor ki: "***Bu gece bir kimse iki rekât namaz kılsa, her rekâtında***

bir Fatiha suresi, bir Ayetü'l-Kürsî, üç de İhlâs suresi okusa, kıyamet gününde o kimseye öyle bir taç giydirilir ki, bütün mahlûkların kılları sayısınca dil olsa, o tacın kıymetini tarif edemez."

27.Gece: Resulullah (*Sallallahü Aleyhi ve Sellem*) buyuruyor ki: "***Bu gece bir kimse iki rekât namaz kılsa, her rekâtında bir Fatiha suresi ile yedi Kadir suresi okusa, Kadir gecesini değerlendirmiş gibi sevap verilir.***"

28.Gece: Resulullah (*Sallallahü Aleyhi ve Sellem*) buyuruyor ki: "***Bu gece bir kimse, bir Fatiha suresi ve üç İhlâs suresi ile iki rekât namaz kılsa, anasından doğduğu gün gibi günahlarından çıkar ve kıyamette hesaptan kurtulur.***"

29.Gece: Resulullah (*Sallallahü Aleyhi ve Sellem*) buyuruyor ki: "***Bu gece bir kimse, bir Fatiha suresi, yedi İhlâs suresi ve birer Felak ve Nas surelerini okuyarak iki rekât namaz kılsa, Allahü Teala o kimseye nida eder ki:*** **"Ey kulum! Sana müjdeler olsun ki, orucunu ve namazını kabul ettim. Günahlarını bağışlayıp cenneti sana vacip kıldım."**

30.Gece: Resulullah (*Sallallahü Aleyhi ve Sellem*) buyuruyor ki: "***Bu gece bir kimse, bir Fatiha suresi, onar kere de İhlâs, Felak ve Nas surelerini okuyarak iki rekat namaz kılsa, o kimsenin üç türlü büyük haceti kabul olunur:***

(a) ***İbadetleri makbul olur.***

(b) ***Dünyadan iman ile gider.***

(c) ***Kitabı sağ yanından verilir.***"

Teravih Namazı

Ramazan ayına mahsus ve nafile olarak kılınan namazdır. Kadın olsun erkek olsun, her ikisi için sünnettir. Yatsı namazından sonra, vitir namazından önce kılınır. Bunun kılınış zamanı gecenin son anına kadar devam eder.

Teravih namazı, Ramazan ayına mahsus yirmi rekâttan ibaret bir müekked sünnettir. Bu namaza Peygamber efendimiz *(Sallallahü Aleyhi ve Sellem)* ile dört halife (Hulefâ-i Râşidîn) devam etmişlerdir. Bu namazın cemaatle kılınması da, bir kifaye sünnettir. Bunun için bütün mahalle insanları, teravih namazını cemaatle kılmayıp evlerinde yalnız başlarına kılacak olsalar, sünneti terk edip hata işlemiş olurlar.

Teravih namazının her dört rekât sonunda bir miktar oturup istirahat edildiği için bu dört rekâta bir "Terviha" denilmiştir. Bir teravih namazında beş "Terviha" vardır. Bu söz, Tervîh kelimesinden bir mastardır. Tervih ise, nefsi rahatlandırmak anlamındadır. Çoğulu "Teravih" dir.

Mescitlerde teravih namazı cemaatle kılındığı halde, bir özrü olmaksızın cemaati terk edip bu namazı evinde kılan kimse, günah işlemiş olmazsa da fazileti terk etmiş olur. Bu kimse evinde cemaatle kılsa, cemaat sevabını alırsa da, mescitteki cemaatin faziletine eremez. Çünkü mescitlerin fazileti fazladır.

Teravih namazını kılacak kimsenin, teravih namazına veya vaktin sünnetine veya gece ibadetine niyet etmesi ihtiyat bakımından daha uygundur. Kayıtsız olarak "namaza" veya "nafile namazına" niyet edilmesi de birçok fıkıh âlimlerine göre caizdir.

Teravih namazını, her iki rekâtta bir selam vererek on selam ile bitirmek daha faziletlidir. Dört rekâtta bir selam da verilebilir. Sekizde, onda veya yirmi rekâtta bir selam vererek bitirmek de caizdir. Fakat böyle kılmak mekruh sayılmaktadır.

Teravih namazı, iki rekâtta bir selam verilince, tam akşam namazının iki rekât sünneti gibi kılınır. Dört rekâtta bir selam verilince, tam yatsı namazının dört rekât sünneti gibi kılınır. Cemaatle kılındığı zaman, cemaat hem teravihe, hem de imama uymaya niyet eder. İmam da kıraati aşikâre yapar.

Teravih namazının fazileti hakkında buyruldu ki:

Hazreti Âişe (*Radıyallahü Anha*) anlatıyor: "Resulullah (*Sallallahü Aleyhi ve Sellem*) Ramazan'ın ilk gecesi evden çıktı, mescide gitti ve namaz kıldı. İnsanlar da Resulullah (*Sallallahü Aleyhi ve Sellem*)e tâbi olarak namaz kıldılar. Sabah olduğunda herkes bu namazdan bahsediyordu. İkinci gece bu namaza katılanlar çoğaldı. Resulullah (*Sallallahü Aleyhi ve Sellem*) namaz kıldı, insanlar da O'na tâbi oldu. Üçüncü gece olduğunda sayı çok daha fazlalaşmış ve hatta mescide sığmaz olmuştu. Bunun üzerine mescide gitmedi. Sabah namazı olduğunda mescide gitti. Sabah namazını kıldırdıktan sonra insanlara döndü ve şöyle buyurdu: "***Bu gece hakkındaki durumunuz Benim için gizli bir şey değildir, fakat onun size farz olmasından korktum, zira siz buna güç yetiremezsiniz.***"[1]

---

[1] Buharî, 2012; Müslim, 761

Hazreti Âişe (*Radıyallahü Anha*) anlatıyor: "Resulullah (*Sallallahü Aleyhi ve Sellem*) teravih namazını farz olarak yapılmasını emretmemekle birlikte Ashabını Ramazan geceleri bu namazı kılmaya teşvik ederdi. Resulullah (*Sallallahü Aleyhi ve Sellem*) vefat ettikten sonra Hazreti Ebubekir (*Radıyallahü Anh*) döneminde de durum böyle devam etti. Halileliği döneminde Hazreti Ömer herkesi topladı ve Übey bin Ka'b'ın imamlığında cemaatle bu namazı kıldırdı." [1]

✦ Resulullah (*Sallallahü Aleyhi ve Sellem*) buyuruyor ki: "***Kim inanarak ve sevabını yalnız Allah'tan bekleyerek geceleri namaz kılarak Ramazan'ı ibadetle geçirirse, geçmiş günahları*** (kul hakları hariç) ***bağışlanır.***" [2]

✦ Resulullah (*Sallallahü Aleyhi ve Sellem*) buyuruyor ki: "***Kim imanlı bir gönül ile sevabını bekleyerek orucu tutar, teravihi kılarsa, anasından doğduğu gün gibi günahlardan temiz olur.***" [3]

✦ Resulullah (*Sallallahü Aleyhi ve Sellem*) buyuruyor ki: "***Gerçekten Allahü Teala size Ramazan orucunu farz kıldı. Ben de size teravih namazını kılıp ibadet etmeyi Sünnet kıldım. Her kim inanarak ve sevabını Allah'tan bekleyerek Ramazan orucunu tutar ve Teravih namazını kılarsa, ilk doğduğu gündeki gibi küçük günahlardan temizlenmiş olur.***" [4]

---

[1] Müslim, 759, Ebu Davud, 1371, Tirmizî, 808
[2] Buhari, İman, 27
[3] Tergib ve Terhib, 2/105; İbni Mâce, İkâme, 173, 1/421
[4] Neseî, 4/158

✦ Hazreti Ali (*Radıyallahü Anh*) şöyle demiştir: "Hazreti Ömer bu teravih namazını benden işittiği bir hadisi şerif üzerine bu şekilde kıldırmaya başladı. Oradakiler, "O hadis nedir ey Ali!" dediler.

Hazreti Ali anlattı: Resulullah (*Sallallahü Aleyhi ve Sellem*)-den işittim; şöyle buyurdu: "***Allahü Teala'nın Arş'ın etrafında Hazîretül-Kuds denilen bir yer vardır. Orası nurdandır. Orada, sayılarını ancak Allah'ın bildiği kadar melek bulunur. Bu melekler hiçbir an bile bıkmadan usanmadan Rablerine ibadet ederler. Ramazan geceleri geldiği zaman Rablerinden izin isteyerek yeryüzüne inerler; insanlarla beraber namaz kılarlar. Onlar ramazan boyunca her gece yeryüzüne inerler. Kim onlara dokunur veya onlar kime dokunur, ebediyen mutlu olur; bedbaht ve âsi olmazlar.***"

Hazreti Ömer (*Radıyallahü Anh*) bu hadisi dinledikten sonra, "Biz bunu yapmaya en layık olanlarız" dedi ve insanları topladı. Übey bin Ka'b (*Radıyallahü Anh*)ın imamlığında onlara teravih namazını kıldırdı."

Hazreti Ali (*Radıyallahü Anh*) hakkında rivayet edilir: Ramazan ayının ilk gecesi dışarı çıkmıştı. Gezerken mescitlerden gelen Kur'ân seslerini işitti. Mescitlerin pencerelerinden kandillerin yandığı görünüyordu. Bunun üzerine şöyle dedi: "Mescitlerimizi Kur'ân'la nurlandırdığı gibi Allah da Ömer'in kabrini nurlandırsın."

Hazreti Osman (*Radıyallahü Anh*) da aynı sözlerle Hazreti Ömer'e duada bulunmuştur. [1]

---

[1] Tenbîhül-Gâfilîn, 406

✦ Resulullah (*Sallallahü Aleyhi ve Sellem*) buyuruyor ki: "***Ramazan ayının ilk gecesi olunca, gök kapıları açılır. Ramazanın son gecesine kadar hiçbir kapısı kapanmaz. Onun herhangi bir gecesinde*** (teravih) ***namaz kılan mümin bir kula mutlaka Allahü Teala, her secdesine karşılık 1500 sevap yazar ve ona cennette kırmızı yakuttan bir köşk bina eder ki, onun 60.000 kapısı vardır. O köşklerden biri de kırmızı yakutla donanmış altındandır.***

Kul, Ramazanı Şerifin ilk günü oruç tuttuğunda, o günden önceki senenin Ramazan ayının o gününe kadar geçmiş günahları affedilir. Ve her gün, sabah namazından o gün batıncaya kadar 70.000 melek onun için istiğfar ederler. Ve Ramazanı Şerif ayında gece ve gündüz yapmış olduğu her secdeye karşılık, kendisi için (cennette) ***öyle bir ağaç ihsan edilir ki, süvari onun gölgesinde 500 sene gider.***"[1]

✦ Kudaalılardan bir adam Resulullah (*Sallallahü Aleyhi ve Sellem*)e gelerek şöyle dedi:

- "Ben Allah'tan başka hiçbir ilah olmadığına, senin Allah'ın Resûlü olduğuna şahadet ediyorum. Beş vakit namazı kılar, Ramazan orucunu tutup (teravih) namazını kılar, zekâtı veririm." Bunun üzerine Resulullah (*Sallallahü Aleyhi ve Sellem*) şöyle buyurdu:

-"***Bu hal üzere ölen bir kimse, sıddîklardan ve şehitlerdendir.***"[2]

---

[1] Beyhakî, Şü'abül-İman, 3362, 5/241-242; Kenzül-Ummâl, 23706, 8/470

[2] Heysemî, Mecmeuzzevâid, 1/46; İbni Hibbân, Sahih, 5/184

✦ İmam Gazâlî teravih namazın fazileti hakkında şöyle buyurmuştur: "Hazreti Ali (*Radıyallahü Anh*)den rivayet edilmiştir ki: "Her kim Ramazan-ı Şerif'in:

1. ***gecesi teravih namazını kılarsa***, annesinin kendisini doğurduğu gün gibi günahlarından çıkar.
2. ***gecesi kılarsa***, eğer mümin iseler, Allahü Teala anasının ve babasının bütün günahlarını bağışlar.
3. ***gece kılarsa***, Arş'ın altındaki melekler o kimseye müjde vererek derler ki: "Ey falan kişi! Sana müjde olsun ki, Allahü Teala senin amelini kabul edip umduğun devletlere nail eyledi.
4. ***gece kılarsa***, Tevrat, İncil, Zebur ve Kur'ân'ı okumuş gibi Allahü Teala o kula sevap ihsan eder.
5. ***gece kılarsa***, Mevla Teala ona, Mescid-i Haram, Mescid-i Nebevî ve Mescid-i Aksa'da namaz kılmış olanların sevabını verir.
6. ***gece kılarsa***, Allahü Teala ona, Beyt-i Mâmur'u tavaf eden meleklerin sevabını verir. Her taş ve tuğla kendisi için istiğfar eder.
7. ***gece kılarsa***, Musa (*Aleyhisselâm*)a kavuşup, firavun ve haman'a karşı O'na yardım etmiş gibi olur.
8. ***gece kılarsa***, Bedir savaşına katılmış gibidir. Ayrıca Allahü Teala ona İbrahim (*Aleyhisselâm*)a verdiği mükâfatı verir.
9. ***gece kılarsa***, tövbe eden Davud (*Aleyhisselâm*)ın ibadeti ve Resulullah (*Sallallahü Aleyhi ve Sellem*)in taati kadar Allahü Teala'ya ibadet etmiş gibidir.

10. ***gece kılarsa***, Allahü Teala kendisine dünya ve ahiret selameti verir ve iki cihanın hayırlarını bahşeder. Ayrıca 70 bin ve daha fazla kişi hakkında şefaatçi olur.

11. ***gece kılarsa***, dünyadan suya kanmış olarak çıkar ve sıratı şimşek gibi geçer.

12. ***gece kılarsa***, Allahü Teala kendisine 70 kabul edilmiş hac ve umre sevabı yazar ve mahşer meydanına dolunay gecesindeki ay gibi nurlu gelir.

13. ***gece kılarsa***, Beytullah'ı imar etmiş kimseler ve orada bulunmuş Peygamberler, sıddıklar, şehitler ve salihler gibi sevaplara ulaşır ve kıyamet günü bütün kötülüklerden emin olarak mahşere gelir.

14. ***gece kılarsa***, Kadir gecesine ulaşıp, Hacerül-Esved ile Makam-ı İbrahim arasında namaz kılmış gibi olur ve melekler onun teravih kılmış olduğuna dair şahit olarak mahşere gelir. Bundan dolayı kıyamet gününde Allahü Teala kendisini (zor bir) hesaba tabi tutmaz.

15. ***gece kılarsa***, Allahü Teala o kimsenin hacetini ve duasını kabul eder, anlatanların tarif edemeyeceği kadar kendisine mükafat verir. Ayrıca melekler, özellikle Arş'ı ve Kürsî'yi taşıyan melekler kendisine feyiz yağdırırlar.

16. ***gece kılarsa***, dünyadan ahirete giderken, kıyamet gününde, kabirden kalkarken "Lâ ilâhe illallah" diyerek kalkar. Böylece Allahü Teala kendisine cehennemden kurtuluş beraatı ve cennete giriş beraatı yazar.

17. ***gece kılarsa***, dünyadan çıkmadan Cennet-i A'lâ'daki makamını görür, kendisine Peygamberlerin sevabının bir misli bağışlanır.

18. ***gece kılarsa***, şehitlere ve gazilere verilen ecir gibi ecir verilir ve kendisine: "Ey Allah'ın kulu! Muhakkak ki Allahü Teala senden de anne ve babandan da razı olmuştur" diye nida eder.
19. ***gece kılarsa***, Allahü Teala, kendisine dünya ve Ahiret sıkıntılarına karşı kâfi gelir ve Firdevs cennetinde derecelerini yükseltir.
20. ***gece kılarsa***, Resulullah (*Sallallahü Aleyhi ve Sellem*)i görmeden, kendisini cennetle müjdelemeden ve melekler onu ziyaret etmeden dünyadan çıkmaz.
21. ***gece kılarsa***, Allahü Teala, kendisine cennette nurdan bir köşk bina eder ve ona göktekilerle yerdekiler sayısınca sevap yazar.
22. ***gece kılarsa***, Allahü Teala ona ümmet-i Muhammed'in yetimleri ve dullarını doyuran herkes kadar sevap alır.
23. ***gece kılarsa***, Ümmet-i Muhammed'in esirlerini satın alıp azat etmiş gibi sevap alır ve Allahü Teala kendisine cennette bir şehir bina eder.
24. ***gece kılarsa***, Allahü Teala onun amelini sağ elinden verir, kendisinin 24 tane kabul edeceği dua hakkı verir.
25. ***gece kılarsa***, ölüm meleği ona en güzel surette gelir, onu cennet nimetleriyle müjdeler. Allahü Teala ondan kabir azabını kaldırır.
26. ***gece kılarsa***, Allahü Teala'nın emri ile melekler o kimseyi şeytanın şerrinden korurlar.
27. ***gece kılarsa***, Allahü Teala, cennet meleği Rıdvan'a cennet kapılarını onun için açmasını emreder.

28. ***gece kılarsa***, Allahü Teala ona cehennemin kapılarını kapamalarını meleklere emreder. Ayrıca onu cennette bin derecesini yükseltilir.

29. ***gece kılarsa***, Eyyüb (*Aleyhisselâm*)ın dört belaya sabredip karşılığında aldığı ecir gibi sevap verilir ve tüm günahları bağışlanır.

30. ***gece kılarsa***, Allahü Teala'nın emriyle Arş'ın altından bir münadi şöyle seslenir:

"Gece teravih namazını kılan kullar cehennemden azat olmuş kullardır. Korktukları cehennemden kurtulup umdukları cennette ve Allahü Teala'nın cemaline nail olanlardır."

Allahü Teala buyurdu ki: "İzzetim ve celalim hakkı için, bu kullarıma af ile muamele eyledim. Cehennem ateşini vücutlarına haram eyledim."

Sonra Allahü Teala emreder ki, o kullar -erkek olsun kadın olsun- cehennem azabından kurtulmak ve Sırat'ı kolaylıkla geçmek için beraat yazılır.

Her kim inanarak 30 gece teravih kılarsa, Allahü Teala bu ecirleri o kula şeksiz şüphesiz ihsan eder. [1]

---

[1] Dürretü'l-Vâizin, 16, 17

Ramazan-ı Şerif Duası

✦ Dualar içersinde en makbul dua, Allahü Teala'nın isimleri ile yapılan duadır. Allahü Teala, A'raf Suresi'nin 180. ayetinde şöyle buyurmuştur: "**Allah'ın güzel isimleri vardır; O'na onlarla dua edin**. " Bu emre binâen âlimler tarafından derlenmiş ve "Ramazan-ı Şerif Duası" olarak meşhur olan bu dua ile yapılan isteklerinin Allah tarafından kabul göreceği muhakkaktır.

بِسْــــــــــمِ اللّٰهِ الرَّحْمٰنِ الرَّحِيمِ

اَللّٰهُمَّ اِنّٖى اَسْئَلُكَ بِاَسْمَائِكَ الْحُسْنٰى .

يَا اَللّٰهُ ﷻ ﴿ فَاعْلَمْ اَنَّهُ لَا اِلٰهَ اِلَّا اللّٰهُ ﴾ . يَا رَحْمٰنُ ﷻ
﴿ اَلرَّحْمٰنُ عَلَّمَ الْقُرْاٰنَ ﴾ . يَا رَحِيمُ ﷻ ﴿ وَكَانَ اللّٰهُ
غَفُورًا رَحِيمًا ﴾ . يَا مَلِكُ ﷻ ﴿ مَلِكِ يَوْمِ الدِّينِ ﴾ . يَا
قُدُّوسُ ﷻ ﴿ اَلْمَلِكُ الْقُدُّوسُ السَّلَامُ ﴾ . يَا مُتَعَالُ ﷻ
﴿ فَتَعَالَى اللّٰهُ الْمَلِكُ الْحَقُّ الْمُبِينُ ﴾ . يَا سَلَامُ ﷻ
﴿ وَاللّٰهُ يَدْعُوا اِلٰى دَارِ السَّلَامِ ﴾ . يَا مُؤْمِنُ ﷻ ﴿ اَلْمُؤْمِنُ
الْمُهَيْمِنُ الْعَزِيزُ الْجَبَّارُ الْمُتَكَبِّرُ ﴾ . يَا عَزِيزُ ﷻ ﴿ وَكَانَ
اللّٰهُ عَزِيزًا حَكِيمًا ﴾ . يَا خَالِقُ ﷻ ﴿ فَتَبَارَكَ اللّٰهُ اَحْسَنُ
الْخَالِقِينَ ﴾ . يَا مُصَوِّرُ ﷻ ﴿ هُوَ الَّذٖى يُصَوِّرُكُمْ فِى

الْاَرْحَامِ ﴾. يَا اَوَّلُ جَلَّ جَلَالُهُ ﴿ هُوَ الْاَوَّلُ وَالْاٰخِرُ وَالظَّاهِرُ
وَالْبَاطِنُ ﴾. يَا شَكُورُ جَلَّ جَلَالُهُ ﴿ اِنَّ رَبَّنَا لَغَفُورٌ شَكُورٌ ﴾.
يَا غَفُورُ جَلَّ جَلَالُهُ ﴿ وَاللّٰهُ غَفُورٌ رَحِيمٌ ﴾. يَا وَدُودُ جَلَّ جَلَالُهُ
﴿ وَهُوَ الْغَفُورُ الْوَدُودُ ﴾. يَا ظَاهِرُ جَلَّ جَلَالُهُ ﴿ وَالظَّاهِرُ
وَالْبَاطِنُ ﴾. يَا قَائِمُ جَلَّ جَلَالُهُ ﴿ قَائِمًا بِالْقِسْطِ لَا اِلٰهَ اِلَّا
هُوَ ﴾. يَا حَىُّ يَا قَيُّومُ جَلَّ جَلَالُهُ ﴿ اَللّٰهُ لَا اِلٰهَ اِلَّا هُوَ الْحَىُّ
الْقَيُّومُ ﴾. يَا سَمِيعُ جَلَّ جَلَالُهُ ﴿ وَهُوَ السَّمِيعُ الْعَلِيمُ ﴾. يَا
بَصِيرُ جَلَّ جَلَالُهُ ﴿ اِنَّ اللّٰهَ بَصِيرٌ بِالْعِبَادِ ﴾. يَا حَلِيمُ جَلَّ جَلَالُهُ
﴿ اِنَّ اللّٰهَ عَلِىٌّ حَلِيمٌ ﴾. يَا عَظِيمُ جَلَّ جَلَالُهُ ﴿ وَهُوَ الْعَلِىُّ
الْعَظِيمُ ﴾. يَا حَكِيمُ جَلَّ جَلَالُهُ ﴿ وَكَانَ اللّٰهُ عَزِيزًا حَكِيمًا ﴾.
يَا كَرِيمُ جَلَّ جَلَالُهُ ﴿ اِنَّ اللّٰهَ لَغَنِىٌّ كَرِيمٌ ﴾. يَا قَادِرُ جَلَّ جَلَالُهُ
﴿ وَهُوَ الْقَادِرُ عَلٰى اَنْ يَبْعَثَ عَلَيْكُمْ ﴾. يَا مُقْتَدِرُ جَلَّ جَلَالُهُ
﴿ عِنْدَ مَلِيكٍ مُقْتَدِرٍ ﴾. يَا بَاعِثُ جَلَّ جَلَالُهُ ﴿ اِنَّ اللّٰهَ يَبْعَثُ
مَنْ فِى الْقُبُورِ ﴾. يَا رَزَّاقُ جَلَّ جَلَالُهُ ﴿ وَاللّٰهُ خَيْرُ الرَّازِقِينَ ﴾.
يَا وَارِثُ جَلَّ جَلَالُهُ ﴿ وَلِلّٰهِ مِيرَاثُ السَّمٰوَاتِ وَالْاَرْضِ ﴾.

يَا قَوِىُّ ﷻ ﴿ اِنَّ اللّٰهَ قَوِىٌّ عَزِيزٌ ﴾. يَا شَهِيدُ ﷻ
﴿ اِنَّ اللّٰهَ عَلٰى كُلِّ شَىْءٍ شَهِيدٌ ﴾. يَا مُبْدِئُ يَا مُعِيدُ ﷻ
﴿ اِنَّهُ هُوَ يُبْدِئُ وَ يُعِيدُ ﴾. يَا تَوَّابُ ﷻ ﴿ اِنَّهُ كَانَ
تَوَّابًا ﴾. يَا وَهَّابُ ﷻ ﴿ اِنَّكَ اَنْتَ الْوَهَّابُ ﴾. يَا
جَلِيلُ ﷻ ﴿ ذُو الْجَلَالِ وَالْاِكْرَامِ ﴾. يَا جَمِيلُ ﷻ
﴿ فَاصْبِرْ صَبْرًا جَمِيلًا ﴾. يَا وَكِيلُ ﷻ ﴿ وَكَفٰى بِاللّٰهِ
وَكِيلًا ﴾. يَا كَافِى ﷻ ﴿ وَكَفَى اللّٰهُ الْمُؤْمِنِينَ الْقِتَالَ ﴾. يَا
وَلِىُّ ﷻ ﴿ وَهُوَ وَلِىُّ الْحَمِيدُ ﴾. يَا رَبِّ ﷻ ﴿ رَبِّ
الْعَالَمِينَ ﴾. يَا غَنِىُّ ﷻ ﴿ وَاللّٰهُ الْغَنِىُّ وَاَنْتُمُ الْفُقَرَاءُ ﴾.
يَا شَاكِرُ ﷻ ﴿ اِنَّ اللّٰهَ شَاكِرٌ عَلِيمٌ ﴾. يَا خَلَّاقُ ﷻ
﴿ وَهُوَ الْخَلَّاقُ الْعَلِيمُ ﴾. يَا مُحْسِنُ ﷻ ﴿ وَاللّٰهُ يُحِبُّ
الْمُحْسِنِينَ ﴾. يَا قَادِرُ ﷻ ﴿ وَاللّٰهُ عَلٰى كُلِّ شَىْءٍ
قَدِيرٌ ﴾. يَا مُفَضِّلُ ﷻ ﴿ وَاللّٰهُ ذُو الْفَضْلِ الْعَظِيمِ ﴾.
يَا مُنْعِمُ ﷻ ﴿ وَيُتِمُّ نِعْمَتَهُ عَلَيْكَ وَيَهْدِيكَ صِرَاطًا
مُسْتَقِيمًا ﴾. يَا مُعِزُّ يَا مُذِلُّ ﷻ ﴿ تُعِزُّ مَنْ تَشَاءُ وَتُذِلُّ

تَشَاءُ ﴾. يَا رَفِيعُ جَلَّ جَلَالُهُ ﴿ رَفِيعُ الدَّرَجَاتِ ﴾. يَا شَفِيعُ
جَلَّ جَلَالُهُ ﴿ مَنْ ذَا الَّذِى يَشْفَعُ عِنْدَهُ اِلَّا بِاِذْنِهِ ﴾. يَا كَبِيرُ جَلَّ جَلَالُهُ
﴿ اِنَّ اللّٰهَ كَانَ عَلِيًّا كَبِيرًا ﴾. يَا حَقُّ جَلَّ جَلَالُهُ ﴿ فَتَعَالَى اللّٰهُ
الْمَلِكُ الْحَقُّ ﴾. يَا بَرُّ جَلَّ جَلَالُهُ ﴿ اِنَّ اللّٰهَ هُوَ الْبَرُّ الرَّحِيمُ ﴾.
يَا وِتْرُ جَلَّ جَلَالُهُ ﴿ وَالشَّفْعِ وَالْوَتْرِ ﴾. يَا غَفَّارُ جَلَّ جَلَالُهُ ﴿ اِنَّهُ
كَانَ غَفَّارًا ﴾. يَا غَافِرُ جَلَّ جَلَالُهُ ﴿ وَاَنْتَ خَيْرُ الْغَافِرِينَ ﴾.
يَا حَمِيدُ جَلَّ جَلَالُهُ ﴿ تَنْزِيلٌ مِنْ حَكِيمٍ حَمِيدٍ ﴾. يَا مَنَّانُ جَلَّ جَلَالُهُ
﴿ بَلِ اللّٰهُ يَمُنُّ عَلَيْكُمْ ﴾. يَا بَاقِى جَلَّ جَلَالُهُ ﴿ وَيَبْقٰى وَجْهُ
رَبِّكَ ﴾. يَا اَحَدُ جَلَّ جَلَالُهُ ﴿ قُلْ هُوَ اللّٰهُ اَحَدٌ ﴾. يَا صَمَدُ جَلَّ جَلَالُهُ
﴿ اَللّٰهُ الصَّمَدُ ﴾. يَا مَتِينُ جَلَّ جَلَالُهُ ﴿ هُوَ الرَّزَّاقُ ذُو الْقُوَّةِ
الْمَتِينِ ﴾. يَا هَادِى جَلَّ جَلَالُهُ ﴿ اِنَّ اللّٰهَ يَهْدِى مَنْ يَشَاءُ ﴾.
يَا بَدِيعُ جَلَّ جَلَالُهُ ﴿ بَدِيعُ السَّمٰوَاتِ وَالْاَرْضِ ﴾. يَا عَلِيمُ
جَلَّ جَلَالُهُ ﴿ عَالِمُ الْغَيْبِ وَالشَّهَادَةِ ﴾. يَا فَتَّاحُ جَلَّ جَلَالُهُ ﴿ رَبَّنَا
افْتَحْ بَيْنَنَا وَبَيْنَ قَوْمِنَا بِالْحَقِّ وَاَنْتَ خَيْرُ الْفَاتِحِينَ ﴾.
يَا مُبِينُ جَلَّ جَلَالُهُ ﴿ اِنَّا فَتَحْنَا لَكَ فَتْحًا مُبِينًا ﴾. يَا مُحِيطُ جَلَّ جَلَالُهُ

﴿ وَاللّٰهُ بِمَا تَعْمَلُونَ مُحِيطٌ ﴾. يَا قَاضِى جَلَّ جَلَالُهُ ﴿ وَاللّٰهُ يَقْضِى بِالْحَقِّ ﴾. يَا حَسِيبُ جَلَّ جَلَالُهُ ﴿ وَكَانَ اللّٰهُ عَلٰى كُلِّ شَىْءٍ حَسِيبًا ﴾. يَا نَصِيرُ جَلَّ جَلَالُهُ ﴿ نِعْمَ الْمَوْلٰى وَنِعْمَ النَّصِيرُ ﴾. يَا وَاسِعُ جَلَّ جَلَالُهُ ﴿ وَكَانَ اللّٰهُ وَاسِعًا عَلِيمًا ﴾. يَا قَاهِرُ جَلَّ جَلَالُهُ ﴿ وَهُوَ الْقَاهِرُ فَوْقَ عِبَادِهِ ﴾. يَا غَافِرُ جَلَّ جَلَالُهُ ﴿ اِنَّ اللّٰهَ يَغْفِرُ الذُّنُوبَ جَمِيعًا ﴾. يَا طَاهِرُ جَلَّ جَلَالُهُ ﴿ اِنَّ اللّٰهَ يُحِبُّ الْمُتَطَهِّرِينَ ﴾.

يَا مَنْ لَيْسَ لَهُ مِثْلٌ وَلَا شَبِيهٌ فِى الْاَرْضِ وَلَا فِى السَّمَاءِ وَهُوَ السَّمِيعُ الْعَلِيمُ . وَلَا حَوْلَ وَلَا قُوَّةَ اِلَّا بِاللّٰهِ الْعَلِىِّ الْعَظِيمِ وَصَلَّى اللّٰهُ عَلٰى سَيِّدِنَا مُحَمَّدٍ وَاٰلِهِ الطَّيِّبِينَ الطَّاهِرِينَ بِرَحْمَتِكَ يَا اَرْحَمَ الرَّاحِمِينَ وَالْحَمْدُ لِلّٰهِ رَبِّ الْعَالَمِينَ .

[Bismillahirrahmânirrahîm
Allâhümme inni es'elüke bismikel hüsnâ.

Yâ Allâhu «Fa'lem ennehû lâ ilâhe illellâh». **Yâ Rahmânü** «er-Rahmânü 'allemel-Kur'ân». **Yâ Rahîmü** «Ve kânellâhü Gafûrar-Rahîmâ». **Yâ Mâlikü** «Mâliki yevmiddin». **Yâ Kuddûsü** «el-Melikül-Kuddûsüs-Selâm». **Yâ Müte'âlü** «Fe te'âlellâhül-Melikül-Hakk». **Yâ Selâmü** «Vallahü yed'û ilâ dâris-selâm».

Yâ Mü'minü «el-Mü'minül Müheyminül-'Azîz». **Yâ Azîzü** «Ve kânellâhü 'Azîzen Hakîmâ». **Yâ Cebbâru** «el-Cebbârül-Mütekebbir». **Yâ Hâlıku** «Fe tebârakellâhü ahsenül-hâlıkîn». **Yâ Musavviru** «Hüvellezi yüsavvirukûm fil-erhâm». **Yâ Evvelü** «Hüvel-Evvelü vel-Âhiru vez-Zâhiru vel-Bâtın». **Yâ Şekûru** «İnne Rabbenâ le-Gafûrun Şekûr». **Yâ Vedûdü** «Ve hüvel-Gafûrul-Vedûd». **Yâ Zâhiru** «Vez-Zâhiru vel-Bâtın». **Yâ Kâimü** «Kâimen bil kıstı lâ ilâhe illâ hû». **Yâ Hayyü-Yâ Kayyûmü** «Allâhü lâ ilâhe illâ hüvel-Hayyül-Kayyûm». **Yâ Semî'u** «Ve hüves-Semî'ul-Alîm». **Yâ Basîru** «İnnellâhe basîrun bil-'ıbâd». **Yâ Halîmü** «İnnellahe 'Aliyyün Halîm». **Yâ 'Azîmü** «Ve hüvel-Aliyyül-'Azîm». **Yâ Hakîmü** «Ve kânellâhü 'Azîzen Hakîmâ». **Yâ Kerîmü** «İnnellâhe le-Ganiyyün Kerîm». **Yâ Kâdiru** «Ve hüvel-kâdiru alâ en yeb'ase 'aleykûm». **Yâ Muktediru** «'Inde melîkün muktedir». **Yâ Bâ'isü** «İnnellâhe yeb'asü men fil-kubûr». **Yâ Rezzâku** «Vallahü hayrur-Râzikîn». **Yâ Vârisü** «Ve lillâhi mîrâsüs-semâvati vel-ard». **Yâ Kaviyyü** «İnnellâhe Kaviyyün 'Azîz». **Yâ Şehîdü** «İnnellâhe 'alâ külli şey'in şehîd». **Yâ Mübdiü-Yâ Mü'îdü** «İnnehû hüve yübdiü ve yü'îdü». **Yâ Razzâku** «Vallâhü yerzüku men yeşâ'». **Yâ Tevvâbü** «İnnehü kâne tevvâben». **Yâ Vehhâbü** «İnneke entel-Vehhâb». **Yâ Celîlü** «Zül-Celâli vel-İkrâm». **Yâ Cemîlü** «Fasbir sabran cemîlâ». **Yâ Vekîlü** «Ve kefâ billâhi Vekîlâ». **Yâ Kâfiü** «Ve kefallâhül-mü'minînel-kıtâl». **Yâ Veliyyü** «Ve hüvel-veliyyül-hamîd». **Yâ Rabbi** «Fe tebârekellâhü Rabbül-'âlemîn». **Yâ Ganiyyü** «Vellâhül-ğaniyyü ve entümül-fükarâ». **Yâ Şâkiru** «innellahe şâkirun 'alîm». **Yâ Hallâku** «Ve hüvel-hallâkul-'alîm». **Yâ Muhsinü** «Vallâhü yuhibbül-muhsinîn». **Yâ Kadîru** «Vallâhü 'alâ külli şey'in kadîr». **Yâ Mufaddilu** «Vallâhü zül-fadlil-'azîm». **Yâ Mün'imü** «Ve yütimmü ni'metehû 'aleyke ve yehdiyeke sırâtan müstakîmâ». **Yâ Mü'ızzu-Ya Müzillü** «Tü'ızzü men teşâü ve tüzillü men teşâü». **Yâ Refî'u** «Refî'ud-deracât». **Yâ Şefî'u** «Men zellezî yeşfe'u 'indehü illâ bi iznih». **Yâ Kebîru** «İnnellâhe kâne 'aliyyen kebîrâ». **Yâ Hakku** «Fe te'âlellâhül-Melikül-Hakk». **Yâ Berru** «İnnellahe hüvel-Berrur-Rahîm». **Yâ Vitru** «Veşşef'ı vel-vetr». **Yâ Gaffâru** «İnnehû kâne Gaffârâ». **Yâ Gâfiru** «Ve ente hayrul-Gâfirîn». **Yâ Hamîdü** «Tenzîlün min Hakîmin Hamîd». **Yâ Mennânü** «Belillâhü yemünnü 'aleyküm». **Yâ Bâkî** «Ve yebkâ vechü Rabbik». **Yâ Ehadü** «Kul hüvellâhü ehad». **Yâ Samedü** «Allahüs-Samed». **Yâ Metînü** «Hüver-Razzâku zül-kuvvetil-Metîn». **Yâ Hâdî** «İnnellâhe yehdî men yeşâü». **Yâ Bedî'u** «Bedî'us-semâvâti vel-ard». **Yâ Alîmü** «'Âlimül-gaybi veş-şehâdeh». **Yâ Fettâhu** «Rabbeneftah beynenâ ve beyne kavminâ bil-hakkı ve ente hayrul-fâtihîn». **Yâ Mübînü** «İnnâ fetahnâ leke fethan mübînâ». **Yâ Muhîtu** «Vallâhü bi mâ ta'melûne muhît». **Yâ Kâdî** «Vallâhü yakdî bil-hakk». **Yâ Hasîbü** «Ve kânellâhü 'alâ külli şey'in hasîba». **Yâ Nasîru** «Ni'mel Mevlâ ve ni'men-Nasîr». **Yâ Vâsi'u** «Ve kânellâhü vâsi'an 'alîmâ». **Yâ Kâhiru** «Ve hüvel-kâhiru fevka 'ıbâdih». **Yâ Gâfiru** «İnnellahe yağfirüz-zünûbe cemî'â». **Yâ Tâhiru** «İnnellahe yühıbbül-mütetahhirîn». *Yâ men leyse lehû mislün ve lâ şebîhün fil-ardı velâ fis-semâi ve hüves-semî'ul-'alîm. Ve lâ havle ve lâ kuvvete illâ billâhil-'azîm. Ve sallellahü 'alâ seyyidinâ Muhammedin ve âlihit-tâyyibînet-tâhirîne birahmetike yâ erhamer-râhımîne vel-hamdü lillahi Rabbil-'âlemîn.*]

✦ Rivayet edildi ki: Her kim Ramazan-ı Şerif'te şu duayı okumaya devam ederse, Allah'ın rahmet ve mağfiretine nail olur.

اَسْتَغْفِرُ اللّٰهَ الَّذٖى لَا اِلٰهَ اِلَّا هُوَ الْحَىَّ الْقَيُّومَ وَاَتُوبُ اِلَيْهِ
۞ اِنَّهُ هُوَ التَّوَّابُ الرَّحٖيمُ ۞ اَللّٰهُمَّ اِنّٖى اَسْئَلُكَ الْجَنَّةَ
وَمَا قَرَّبَ اِلَيْهَا مِنْ قَوْلٍ وَعَمَلٍ ۞ وَاَعُوذُ بِكَ مِنَ النَّارِ
وَمَا قَرَّبَ اِلَيْهَا مِنْ قَوْلٍ وَعَمَلٍ ۞ وَاَسْئَلُكَ مَا قَضَيْتَ
لٖى قَضَاءً اَنْ تَجْعَلَ عَاقِبَتَهُ لٖى رُشْدًا ۞ اَللّٰهُمَّ اِنّٖى
اَسْئَلُكَ الْجَنَّةَ وَنَعٖيمَهَا وَاِسْتَبْرَقَهَا وَاَعُوذُ بِكَ مِنَ النَّارِ
وَسَلَاسِلِهَا وَاَغْلَالِهَا يَا اَرْحَمَ الرَّاحِمٖينَ ۞

[*Estağfirullahellezî lâ ilâhe illâ hüvel Hayyel Kayyûme ve etûbü ileyh. İnnehü Hüvet Tevvâbür Rahîm. Allahümme innî es'elükel cennete vemâ karrabe ileyhâ min kavlin ve amel. Ve e'ûzü minennâri ve mâ karrabe ileyhâ min kavlin ve amel. Ve es'elüke mâ kadayte lî kadâen en tec'ale âkıbetehü lî ruşdâ. Allahümme innî es'elükel cennete ve na'îmehâ ve istebrakahâ ve e'ûzü bike minennâri ve selâsilihâ ve ağlâlihâ yâ erhâmer Râhımîn.*]

İlave olarak şöyle bir dua yapılabilir:

"Allah'ım! Göz açıp kapayıncaya kadar dahi olsa hoşnut olmayacağın şeylerle bizi baş başa bırakma!

Allah'ım! Ciddiyetimi, şakamı, hatamı, kastımı mağfiret buyur. İtiraf ediyorum ki, bu kusurların hepsi bende vardır.

Allah'ım! Doğu ile Batı'yı birbirinden uzaklaştırdığın gibi, beni de günah ve hatalarımdan uzaklaştır.

Allah'ım! Beni hatalardan, beyaz elbisenin kirden temizlendiği gibi temizle.

Allah'ım! Sen'den bildiğim bilmediğim şu anda lütfedilen, ileride lütfedilecek bütün hayırları istiyorum. Allah'ım! Bildiğim bilmediğim şu anda gelip çatan, ileride başa gelecek olan bütün şerlerden Sana sığınırım.

Allah'ım! Peygamberin Muhammed Mustafa (Sallallahü Aleyhi ve Sellem)in Sen'den istediği her hayrı Sen'den istiyor, yine Muhammed Mustafa (Sallallahü Aleyhi ve Sellem)in Sana sığındığı her şeyden de Sana sığınırım.

Allah'ım! Fayda vermeyen ilimden, ürpermeyen kalpten, doymayan nefisten, kabul olunmayan duadan Sana sığınırım.

Allah'ım! Sen'den işimde sebatı diliyorum, doğru yolda azim istiyorum. Sen'den nimetine şükretmeyi ve Sana güzelce ibadet etmeyi istiyorum. Ve sadık bir dil, selim bir kalp istiyorum. Bildiğin şeylerin şerrinden Sana sığınıyorum. Bildi-ğin şeylerin hayrını Sen'den istiyor ve bildiğin şeylerden Sana istiğfar ediyorum. Şüphesiz Sen, gaybı ziyade bilensin.

Allah'ım! Sen'den hayırlı işler yapmayı; kötülükleri terk etmeyi ve fakirleri sevmeyi, beni bağışlamanı, bana merhamet etmeni ve insanların fitnesini murad buyurduğunda, fitnelere duçar olmadan beni vefat ettirmeni dilerim. Sen'den, Sen'in sevgini, Sen'in sevdiklerinin sevgisini ve Sen'in sevgine beni yaklaştıracak amellerin sevgisini dilerim.

Allah'ım! Borca batmaktan, düşmanın galebesinden ve insanların başıma gelenlerden dolayı sevinmesinden Sana sığınırım.

Allah'ım! Benim hatalarımı, cahilliğimi, işlerimde göstermiş olduğum israfı ve Sen'in benden daha iyi bildiğin günahlarımı bağışla Ya Rabbi!

Allah'ım! Nimetinin yok olup gitmesinden, verdiğin afiyetin değişmesinden, azabının ansızın gelip çatmasından ve gazabına sebep olacak şeylerden Sana sığınırım.

Allah'ım! Benim günahlarımı bağışla, evime genişlik ver ve bana rızık olarak verdiğin nimeti de bereketli kıl!

Allah'ım! Ben acizlikten, tembellikten, korkaklıktan, cimrilikten, ihtiyarlayıp bunamaktan ve kabir azabından Sana sığınırım.

Allah'ım! Sen'i zikir, Sana şükür ve güzelce ibadet etmemiz için bize yardım et.

Allah'ım! Sen'den hidayet, takva, iffet ve gönül zenginliği isterim.

Allah'ım! Bütün işlerimizde akıbetimizi güzel yap. Dünyada rezil-rüsva olmaktan ve ahiret azabından bizi koru Rabbim! Duamızı fazlı kereminle kabul buyur Allah'ım!"

Ramazan-ı Şerifteki Zikirler

✦ Resulullah (*Sallallahü Aleyhi ve Sellem*) buyurdu ki: "***Ramazanı Şerifte Allahü Teala'yı zikreden affedilmiştir. Ve Ramazanı Şerifte bir şey isteyen mahrum olmaz.***"[1]

✦ Rivayet edildi ki: "Ramazan'ın ilk onunun her günü 100 kere:

يَا اَرْحَمَ الرَّاحِمِينَ

[*Yâ erhamer Râhimîn*]

" Ey merhametlilerin en merhametlisi Allah'ım!"

---

[1] Kenzü'l-Ummal, 8/464, No: 23676

İkinci onun her günü 100 kere:

يَا غَفَّارَ الذُّنُوبِ

[*Yâ Gaffâraz zünûb*]

"Ey günahları en çok affeden Allah'ım!"

Üçüncü onun her günü 100 kere:

يَا عَاتِقَ الرِّقَابِ

[*Yâ 'Âtikar rikâb*]

" Ey günahkârları cehennemden azad eden Allah'ım!" söylemek hakkında büyük faziletler vardır, buyrulmuştur.

✦ Resulullah (*Sallallahü Aleyhi ve Sellem*) buyurdu ki: "***Her kim Receb, Şaban ve Ramazan'da öğle-ikindi arası:***

اَسْتَغْفِرُ اللّٰهَ الَّذِى لَا اِلٰهَ اِلَّا هُوَ الْحَىَّ الْقَيُّومَ وَاَتُوبُ اِلَيْهِ ۞ تَوْبَةَ عَبْدٍ ظَالِمٍ لِنَفْسِهِ لَا يَمْلِكُ لِنَفْسِهِ ضَرًّا وَلَا نَفْعًا وَلَا مَوْتًا وَلَا حَيَاةً وَلَا نُشُورًا ۞

[*Esteğfirullahellezî lâ ilâhe illâ hüve'l-hayye'l-kayyûme ve etûbü ileyh. Tevbete abdin zâlimin linefsihi lâ yemlikü linefsihi daran velâ nef'an velâ mevten ve lâ hayâten ve lâ nüşûran.*]

" Kendisinden başka hiçbir ilah bulunmayan, Hayy ve Kayyum olan O büyük Allahü Teala'dan mağfiret talep ederim. Kendisi hakkında ne bir zarar ne bir faydaya, ne ölüme, ne de yaşamaya ve ne de dirilmeye malik olmayan, (günahlar işleyerek) kendisine zulmetmiş bir kulun tövbesiyle, O'na tövbe ederim" ***derse, Allahü Teala*** (o kişinin sevap ve günahlarını yazmakla görevli) ***iki meleğe:***

- "Bu kulun amel defterindeki günahlarıyla alakalı yazıları yakın" diye vahyeder." [1]

✦ Resulullah (*Sallallahü Aleyhi ve Sellem*) Ashabına ve Ümmetlerine tavsiye olarak şöyle buyurmuşlardır: "***Siz Ramazan-ı Şerifte dört şeye ehemmiyet ve ihtimam gösterin. Zira onların ikisinden dolayı Allahü Teala'yı kendinizden razı etmiş olursunuz. O diğer ikisi de sizin istifadenize menfaatiniz içindir.***"

- "O dört şey nedir ey Allah'ın Resulü?" diye kendisine sorduklarında Resulullah (*Sallallahü Aleyhi ve Sellem*):

1. "***Kelime-i Tevhid'i***

لَا اِلٰهَ اِلَّا اللّٰهُ مُحَمَّدٌ رَسُولُ اللّٰهِ

[*Lâ ilâhe illallah Muhammedün Resûlullah.*]

çok söyleyiniz."

2. "***Tövbe-istiğfarı***

اَسْتَغْفِرُ اللّٰهَ الَّذِى لَا اِلٰهَ اِلَّا هُوَ الْحَىَّ الْقَيُّومَ وَاَتُوبُ اِلَيْهِ

[*Esteğfirullahellezî lâ ilâhe illâ Hüvel Hayyel Kayyûme ve etûbü ileyh.*]

çok yapın."

3-4. "***Cennet-i A'la'yı isteyin, Cehennemden Allah'a sığının*** (korunmanız için yalvarın, yani şöyle dua edin:)

اَللّٰهُمَّ اِنِّى اَسْئَلُكَ الْجَنَّةَ وَمَا قَرَّبَ اِلَيْهَا مِنْ قَوْلٍ وَعَمَلٍ ۞ وَاَعُوذُ بِكَ مِنَ النَّارِ وَمَا قَرَّبَ اِلَيْهَا مِنْ قَوْلٍ وَعَمَلٍ ۞

---

[1] Nüzhetül-Mecalis, 1/140

[*Allahümme innî es'elükel cennete ve mâ karrabe ileyhâ min kavlin ve amel. Ve eûzü bike minennâri vemâ karrabe ileyhâ min kavlin ve amel.*]

"Allah'ım! Senden cenneti isterim ve cennete yaklaştıracak söz ve amele muvaffak kılmanı (başartmanı) isterim. Ve cehennem ateşinden Sana sığınırım ve cehenneme yaklaştıracak söz ve amelden koruman için Senin yardımını ve lütfunu isterim."[1]

✦ Ramazan ayının birinden itibaren sonuna kadar 100 defa "Lâ İlahe illallah" yüzüncü de "Muhammedü'r-Resulullah" demek suretiyle her gün en az 1.000 kere tesbihe devam edilmelidir. Bir ay sonunda 30.000 Kelime-i Tevhid tamamlanmış olur. Resulullah (*Sallallahü Aleyhi ve Sellem*): "***Bir defa Kelime-i Tevhid getiren kimsenin 4.000 adet büyük günahı amel defterinden silinir.***" buyurmuşlardır. Buna göre hesabı siz yapın.

✦ İbrahim Nehâî (*Rahimehullah*) buyurdu ki: "Ramazanı Şerifteki bir oruç, 1.000 oruçtan, bir tesbih diğer aylardaki 1.000 tesbihden, bir rekât diğer aylardaki 1.000 rekâttan üstündür."

✦ İmam Zührî (*Rahimehullah*) buyurdu ki: "Ramazanı Şerifteki bir tesbih, Ramazanı Şerif'in dışındaki 1.000 tesbihten daha üstündür."

✦ Mualla bin Fazl (*Rahimehullah*) buyurdu ki: "Allah'ın dostları, Ramazanı Şerif'ten önceki altı ayda Ramazanı Şerif'e kavuşmak için dua ederlerdi. Ramazanı Şerif'ten sonraki altı ayda ise, Ramazanı Şerif'in kabul olması için dua ederlerdi."

---

[1] Beyhakî, Fedailül-Evkat, No:37, 146-148; Şuabül-İman, 3336, 5/223

Ramazanı Şerif Müddetince Okunacak Yasini Şerif'in Okunuş Niyeti:

1.Gece: Allahü Teala'nın kendisinden ve bütün müminlerden razı olması niyetiyle okunmalıdır.

2.Gece: Peygamberimiz Muhammed Mustafa (*Sallallahü Aleyhi ve Sellem*)in ruhu için okunmalıdır.

3.Gece: Hazreti Âdem (*Aleyhisselam*)ın ruhu için okunur.

4.Gece: Hazreti Havva annemiz için okumalıdır.

5.Gece: Hazreti Ebubekir (*Radıyallahü Anh*) için okunmalıdır.

6.Gece: Hazreti Ömer (*Radıyallahü Anh*) için okunmalıdır.

7.Gece: Hazreti Osman (*Radıyallahü Anh*) için okunmalıdır.

8.Gece: Hazreti Ali (*Radıyallahü Anh*) için okunmalıdır.

9.Gece: Hazreti Fâtıma (*Radıyallahü Anha*) için okunmalıdır.

10.Gece: Hazreti Aişe (*Radıyallahü Anha*) için okunmalıdır.

11.Gece: Hazreti Hasan (*Radıyallahü Anh*) için okunmalıdır.

12.Gece: Hazreti Hüseyin (*Radıyallahü Anh*) için okunmalıdır.

13.Gece: Hazreti Zeynelabidin (*Radıyallahü Anh*) için okunmalıdır.

14.Gece: Ashabı Kiram (*Radıyallahü Anhüm*) için okunmalıdır.

15.Gece: Kur'ân-ı Kerim'in nuru her yanımızı kaplaması için okunmalıdır.

16.Gece: Ruhunu kolayca teslim edebilmeye vesile için okunur.

17.Gece: Kabir suali kolay geçmesi için okunur.

18.Gece: Münker ve Nekir meleklerinin sualleri kolay olsun için okunur.

19.Gece: Kur'ân-ı Kerim'in kabrini aydınlatması için okunur.

20.Gece: Kur'ân-ı Kerim'in kabrinde yoldaş olması için okunur.

21.Gece: Mizanda hayrının ağır gelmesi için okunur.

22.Gece: Sırat'ı kolay geçmesi için okunur.

23.Gece: Arş-ı A'la'nın gölgesinde gölgelenmek için okunur.

24.Gece: Peygamberlerin ve velilerin şefaati için okunur.

25.Gece: Peygamberimiz Muhammed Mustafa (*Sallallahü Aleyhi ve Sellem*)e komşu olmak niyetiyle okunur.

26.Gece: Azrail (*Aleyhisselâm*)ın hoş gelmesine vesile olması için okunur.

27.Gece: Büyük ve küçük tüm günahların affı için okunur.

28.Gece: Rabbimizin yüce cemalini görmek için okunur.

29.Gece: Tüm Müslümanların selameti için okunur.

30.Gece: Allahü Teala'ya emanet etmek niyetiyle okunur.

Bu şekilde her gün Yasin-i Şerif okunduktan sonra şu şekilde dua edilebilir:

Nimetlerine denk düşecek ve artırdığın nimetleri karşılayacak derecede bir hamd ancak Sana mahsustur. Bildiğimiz bilmediğimiz Seni övecek ne varsa ve her halükarda bunların tamamıyla Sana hamd ediyoruz.

Allah'ım! Resulullah Efendimiz (*Sallallahü Aleyhi ve Sellem*)e ve O'nun aile efradına salât ve selam olsun. Allah'ım! Bizi rahmetinden kovulmuş bulunan şeytanın şerrinden ve her türlü kötülükten koru. Bize rızık olarak verdiğin şeylerde kanaatkâr kıl ve bunları bize bereketli eyle.

"Ya Rabbi! Okuduğum Yasin-i Şerif'in sevabını Senin yüce katına emanet ediyorum. Senden başka ibadete layık hiçbir ilah yoktur. Sen kemaliyle bilen ve kemaliyle işitensin.

Allah'ım! Senden zikrimi yükseltmeni, günahımı affetmeni, işlerimi ıslah etmeni, kalbimi pak etmeni, namusumu korumanı kalbimi nurlandırmanı ve günahlarımı affetmeni istiyorum. Cennetten en yüksek dereceleri istiyorum.

Göklerin ve yerin yaratıcısı Allah'ım! Yaşamamız bizim hayırlı olduğu sürece bizi yaşat. Ölüm bizim için hayırlısıysa, canımı al. Bizi iyiler arasına kat.

Allah'ım! Senden bize verdiğin şeyin en hayırlısını, yaptığım şeyin en hayırlısını, işlediğim şeyin en hayırlısını, gizli olanın ve aşikâr olanın en hayırlısını, cennetten olan en yüksek dereceleri istiyorum.

Ey yolunu şaşıranlara yol gösteren, günahkârları bağışlayan ve geçinemeyen kişileri sıkıntıdan kurtaran Allah'ım! Benim ve bütün Müslümanların günahlarını af ve mağfiret et. Kendilerine nimet verdiğin ve ihsan ettiğin Peygamberler, Sıddıklar, Şehitler ve Salih kullarına ihsan ettiğini hepimize ihsan et Allah'ım!

Allah'ım! Bizim yanlışlarımızı, doğu ile batıyı ayırdığın gibi bizden uzak tut. Allah'ım! Beyaz elbisemin kirlerden temizlenişi gibi, bizi hatalarımızdan temizle. Allah'ım! Sen bağışlayıcısın. Bağışlamayı seversin, bizi bağışla.

Salât ve Selam Muhammed (*Sallallahü Aleyhi ve Sellem*)e ve bütün Peygamberlere, hamd Âlemlerin Rabbi olan Allah'adır.

Beşeriyetin hidayet ve selameti, bütün müminlerin af ve mağfireti için el-Fâtiha. "

Ramazan-ı Şerif'te Diğer Salih Ameller

(1) Kur'an-ı Kerim Okumak.

Bu mübarek ayın Allah'ın kelamı ile özel bir münasebeti vardır. Bundan dolayı genellikle Allahü Teala'nın bütün kitapları bu ayda inmiştir. Nitekim;

a. Kur'ân-ı Kerim'in tamamı Levh-i Mahfuz'dan dünya semasına ve oradan duruma göre azar azar 23 senede dünya semasına Ramazan ayının 27. gecesinde,

b. İbrahim (*Aleyhisselâm*)a inen sahifeler Ramazan'ın 1. gecesinde,

c. Tevrat; Ramazan ayının 6. gecesinde,

d. İncil; Ramazan ayının 13. gecesinde,

e. Zebur; Ramazan ayının 18. gecesinde indirilmiştir.[1]

Bundan anlaşılıyor ki, bu ayın Allah'ın kelamı ile hususi bir münasebeti vardır. Bundan dolayı bu ayda Kur'ân-ı Kerim'in çokça okunması rivayet edilmiştir. Büyük zatlar da bununla amel etmişlerdir.

Cebrail (*Aleyhisselâm*) Ramazan'ın her gecesinde Resulullah (*Sallallahü Aleyhi ve Sellem*) ile buluşur, O'nunla karşılıklı Kur'ân dersi yaparlardı ve Kur'ân-ı Kerim'in tamamını Resulullah (*Sallallahü Aleyhi ve Sellem*)e dinletirdi veya –bir rivayete göre- dinlerdi. [2]

Bu iki hadisi şerifi göz önünde tutarak âlimler yaygın olarak yapılan mukabele (karşılıklı Kur'ân okuma)nın müstehap olduğu görüşüne varmışlardır. Kısaca mümkün olduğu kadar bu ayda Kur'ân okumaya özel bir gayret gösterilmelidir. Kur'ân okumaktan artan vakitleri de boşa geçirmek doğru değildir. Çünkü Resulullah (*Sallallahü Aleyhi ve Sellem*) geride geçen hadisi şerifte bilhassa dört şeye dikkatleri çekmiş ve bu ayda onların çokça yapılmasını emretmiştir: (1) Kelime-i Tevhid, (2) İstiğfar, (3) Cenneti kazanmak için dua etmek, (4) Cehennemden kurtulmak için dua etmek. Ele geçen zamanı bu dört şeye sarf etmeyi saadet bilmektir. İşte böyle yapmak, Resulullah (*Sallallahü Aleyhi ve Sellem*)in sözlerinin kıymetini bilmektir. Bir kişi dünyevî işleriyle meşgul iken diliyle Salâvat-ı Şerife veya Kelime-i Tevhid'i söylemesinin ne zorluğu vardır? Böylece ahirette yüzü ak olsun.

---

[1] Feyzü'l-Kadir: 2/68

[2] Buharî, Bed'ül-Vahy, 5; Bed'ül-Halk, 6; Menâkıb, 23; Nesâî, Sıyâm,2

(2) Zikir, Sohbet ve İlim Meclisinde Bulunmak.

Resulullah (*Sallallahü Aleyhi ve Sellem*) buyurdu ki: "***Her kim Ramazanı Şerif'te zikir*** (ilim, sohbet) ***meclislerinden bir mecliste bulunursa,*** (oraya giderken atmış olduğu) ***her adıma karşılık ibadet sevabı verilir.***" [1]

Resulullah (*Sallallahü Aleyhi ve Sellem*) buyurdu ki: "***Her kim Ramazanı Şerif'te zikir*** (ilim, sohbet) ***meclisine giderse, Allah o kimseye, giderken attığı her bir adımın başına bir senelik ibadet sevabı yazar ve o kimse ahirette Benimle birlikte Arş'ın gölgesinde ve Livâul-Hamd sancağının altında olur.***" [2]

(3) Haramlardan Sakınmak.

Resulullah (*Sallallahü Aleyhi ve Sellem*) buyurdu ki: "***Benim ümmetim, Ramazan ayında gündüzleri oruçlu, geceleri ibadetle geçirdikleri müddetçe rüsva olmazlar***" buyurduğunda, bir kimse: 'Ey Allah'ın Resulü! Onlar ne zaman zararda ve rüsva olurlar?' diye sordu. Resulullah (*Sallallahü Aleyhi ve Sellem*) şöyle buyurdu ki: "***Bir kimse Ramazanda, haram olunduğu şeyi yese yahut içki içse yahut zina etse, onun Ramazan'ı kabul olunmaz. O gibi kişilere Allah, Melekler ve gök ehli lanet eder. O, Ramazanla gelecek Ramazan arasında vefat ederse, Allahü Teala katında o kişi için bir hasene yoktur. O halde siz Ramazan ayında Allahü Teala'dan sakının. Zira gerçekten diğerlerinde katlanmadığı kadar sevaplar onda katlanır. Günahlar da böylecedir.***" [3]

---

[1] Tirmizi, Oruç, 82

[2] Dürretül-Vâizin, 18

[3] Gunye, 15; Taberânî, el-Mu'cemus-sağîr, 1/248

Resulullah (*Sallallahü Aleyhi ve Sellem*) buyurdu ki: "***Her kim Ramazan ayında canını dinini korursa, Allahü Teala onu hur-i în ile evlendirir ve kendisine cennet köşklerinden bir köşk verir. Ama her kim Ramazan ayında bir kötülük işler yahut bir mümine iftira atar veya sarhoş edici bir şeyler içerse, Allahü Teala bir senelik amelini boşa çıkarır. Ramazan-ı şerif ayından sakının; çünkü o, Allah'ın ayıdır. O, size kendilerinde doyasıya yiyeceğiniz ve suya kanacağınız onbir ay vermiştir. Ramazan ise, Allah'ın ayıdır. O halde o ayda kendisiniz muhafaza ediniz.***" [1]

Rivayet edildi ki: "Melek, orucu Allahü Teala'ya yükselttiğinde, Allahü Teala:

- "Kulum sana ikram ve tazimde bulundu mu?" diye sorar.

Oruç da:

- 'Evet ya Rabbi! Beni kendince en değerli olan yere yerleştirdi, namaz ve teravih sofrasına koydu, bana hizmete koyuldu, gözlerini haramdan, kulağını da boş şeylerden korudu' diye cevap verir.

Bunun üzerine Allahü Teala:

- "İşte bugün Ben de onu o güçlü padişah (olan Zatım)ın nezdinde dosdoğru bir makama yerleştireceğim" buyurur. [2]

(4) Cemaate Devam Etmek.

Resulullah (*Sallallahü Aleyhi ve Sellem*) buyurdu ki: "***Allahü Teala, Ramazanı Şerif'te cemaate devam edenlere, her bir rekâtı için nurdan bir şehir verir.***" [3]

---

[1] Dürrul-Mensûr, 2/228–229

[2] Nüzhetü'l-Mecalis, 1/146

[3] Nüzhetü'l-Mecalis, 1/145

(5) Müminin Sıkıntısını Gidermek.

Resulullah (*Sallallahü Aleyhi ve Sellem*) buyurdu ki: "***Ramazanı Şerif'te bir müminin ihtiyacını giderirse, Allahü Teala da onun milyonlarca ihtiyacını giderir.***"[1]

(6) Umre Yapmak.

Resulullah (*Sallallahü Aleyhi ve Sellem*) buyurdu ki: "***Şüphesiz Ramazanda bir umre, Benimle birlikte bir hacca denktir.***"[2]

(7) Zekât Vermek.

İmam Gazalî (*Rahimehullah*) buyurur ki: "Zekat vermekle mükellef kimse, geciktirmenin afet ve günahı, acele etmedeki emre uymanın ve fakiri sevindirmenin ehemmiyetini düşünerek bir an evvel bu borcunu ödemelidir. İçinde iyiliğe teşvik duyduğu zaman sevinmeli ve bunun melekî ilham ile olduğunu bilmelidir. Müminin kalbi, Allahü Teala'nın kudret elindedir, dilediği tarafa çevirir. Şeytan daima fenalığı emreder. Fakirlik ile korkutur ve vesvese verir. Bunun için ilk fırsatı ganimet bilmeli ve hemen zekâtını ödemelidir. Bu hususta da ecir ve mükâfatının çoğalması için şerefli vakitleri ve sene başı olan Muharrem veya Ramazanı Şerif ayı gibi hürmet edilen ayları seçmelidir.

Resulullah (*Sallallahü Aleyhi ve Sellem*), insanların en cömerdi olmakla beraber, özellikle Ramazan ayında gelip geçen yel gibi bir şey bırakmaz, eline geçeni hemen infak ederdi."

---

[1] Nüzhetü'l-Mecalis, 1/145

[2] Buhari, Hac, 26, No: 1863

(8) Sadaka Vermek.

Resulullah (*Sallallahü Aleyhi ve Sellem*) buyurdu ki: "***Her kim aile sahibi bir fakire sadaka verirse, Allahü Teala ona binlerce iyilik sevabı verir. Milyonlarca günahını affeder ve onun milyonlarca derecesini yükseltir.***"[1]

✦ Resulullah (*Sallallahü Aleyhi ve Sellem*)e; "Hangi sadaka daha üstündür?" diye sorulunca: ***Ramazan'daki sadaka***" buyurdu. Zira Ramazan'da amellerin sevapları katlanır. Ramazan'da yemek yedirmek gibi güzel âdetler de vardır. Resulullah (*Sallallahü Aleyhi ve Sellem*) çok cömert idi. Ramazan ayında daha da cömert olurlardı.

✦ Abdullah ibni Abbas (*Radıyallahü Anhüma*) şöyle demiştir: Resulullah (*Sallallahü Aleyhi ve Sellem*) hayırda insanların en cömerdi idi. En cömert olduğu zaman da, Ramazan ayında, Cibril'in kendisini çokça ziyaret ettiği zamanlardı. Cebrail (*Aleyhisselâm*) Ramazan'ın her gecesinde Kur'ân'ı O'na arz ederdi. Cibril'in Resulullah (*Sallallahü Aleyhi ve Sellem*) ile buluştuğu zamanlar ise, Resulullah (*Sallallahü Aleyhi ve Sellem*) hayırda eserken engele uğramayan rüzgârdan daha cömert olurdu.

Allahü Teala'nın kendisine verdiği malları biriktirmez, bir köşede tutmazdı. Bir kimse, kendisinden bir şey istediğinde az veya çok mutlaka verirdi. O'nun sadaka verişi, fakirlikten korkmazcasına bir verişti. Sadaka vermek, kendisi için en büyük hazdı. O'nun vermekten duyduğu sevinç, ihtiyacı olup da, O'ndan alanın duyduğu sevinçten kat kat daha fazlaydı. Bir ihtiyaç sahibi, O'na derdinden söz açtığı zaman çok duygulanır, onu kendisine terçih eder, bazen yemeğini bazen de üzerindeki elbisesini verirdi.

---

[1] Nüzhetü'l-Mecalis, 1/145

Denildi ki: Küçük bir çocuk Resulullah (*Sallallahü Aleyhi ve Sellem*)in huzuruna geldi. Annesinin bir gömlek istediğini arzetti. O sırada Resulullah (*Sallallahü Aleyhi ve Sellem*)in sırtındakinden başka gömleği yoktu. Çocuğa başka bir zaman gelmesini söyledi. Çocuk gitti. Tekrar gelip, annesinin Resulullah (*Sallallahü Aleyhi ve Sellem*)in sırtındaki gömleği istediğini söyledi. Bunun üzerine Resulullah (*Sallallahü Aleyhi ve Sellem*), Hücre-i Saadet'e girdi, sırtındaki gömleği çıkarıp çocuğa uzattı.

O esnada Hazreti Bilal (*Radıyallahü Anh*) da, namaz vakti girmiş olduğundan Ezan-ı Muhammedî'yi okumaya başladı. Fakat Resulullah (*Sallallahü Aleyhi ve Sellem*) sırtına alacak bir şey bulamadığı için cemaate çıkamadı. Ashabı Kiram'dan bazıları, merak edip Hücre-i Saadet'e girdiler; Resulullah (*Sallallahü Aleyhi ve Sellem*)i gömleksiz olarak buldular. Bu hal, onları derin derin düşündürdü.

Allahü Teala buyuruyor ki: "**Size rızık olarak verdiğimiz şeylerden infak edin!**"[1]

"(Ey Resulüm!) **Altın ve gümüşü biriktirerek saklayıp onları Allah yolunda harcamayan kimseleri acıklı bir azap ile müjdele!..**"[2]

Zekât ve infak, Allah için bir ibadet olduğundan dolayı, verilenlerin doğrudan doğruya Allahü Teala'ya verildiğini bilmelidir.

Hadisi şerifte buyruldu ki: "***Sadakalar, önce Allah'ın lütuf eline, oradan da muhtacın eline geçer.***"

---

[1] Münafikûn Suresi, 10

[2] Tevbe Suresi, 34

Beşinci Halife unvanını alan Ömer bin Abdilaziz (*Radıyallahü Anhüma*) şöyle buyurdu: "Namaz, seni yolun ortasına kadar götürür. Oruç, Padişah'ın kapısını açar. Sadaka da, Padişah'ın huzuruna sokar."

Ubeyd bin Umeyr (*Radıyallahü Anhüma*) rivayet edildi ki: "İnsanlar son derece aç, susuz ve çıplak olarak haşrolunurlar. Onlardan hangisi dünyadayken Allah için yedirmişse, Allah da onu o günde doyurur. Allah için dünyada içirene Allah orada içirir. Nihayet Allah için giydireni de Allah orada giydirir."

Mevlana Celaleddin Rumî (*Kuddise Sirruh*) buyurdu ki: "Mal, sadakalar vermekle hiç eksilmez; hayırlarda bulunmak, malı kaybolmaktan, zayi olmaktan korur.

Verdiğin zekât, kesene bekçilik yapar, onu korur. Kıldığın namaz da sana çobanlık eder, seni kötülükten kurtarır.

Ekin ekenin ambarı boşalır, lakin hasat vakti gelince, saçtığı tohumlara karşılık kaç mislini geri alır. Boşalttığı bir ambara karşılık kaç ambar dolusunu iade alır.

Fakat buğday ekilmez, yerinde kullanılmaz da ambarda saklanırsa, bitlere, küçük kurtlara, farelere yem olur. Bunlar, onu tamamıyla mahvederler."

Sadaka verirken dikkat edilmesi gereken edep hakkında Allahü Teala Bakara suresinin 264. ayetinde buyuruyor ki: **"Ey iman edenler! Allah'a ve ahiret gününe inanmadığı halde malını gösteriş için harcayan kimse gibi, başa kakmak ve incitmek suretiyle yaptığınız hayırlarınızı boşa çıkarmayın!"**

Allah dostları, zekât ve sadaka verirken minnet ve başa kakmak endişesinden kurtulmak için muhtacın önünde ayağa kalkıp tevazu göstererek takdim etmişlerdir.

Süleyman (*Aleyhisselâm*), Allahü Teala'nın bahşettiği dünya saltanatına bir meyil göstermeyip, bu saltanatı, kalbinin dışında taşımıştır. O, sık sık fakirlerin yanına gider, onlarla oturmaktan haz alırdı: "Miskin, miskinlere yakışır!" derdi. Böylece, dünya saltanatı içinde tevazuun en güzel halini yaşardı. Ayeti kerimede buyrulan: "**Ey insanlar! Hepiniz fakirsiniz. Zengin olan ancak Allah'tır**"[1] hakikatinin idraki içindeydi. Bir gün gafilin biri zengin gönüllü fakirlerle bir arada olmaktan hoşlanan, onlarla beraber olan Süleyman (*Aleyhisselam*)a şöyle dedi: 'Niçin böyle fakir ve miskinlerle oturur, yer-içersin?' Süleyman (*Aleyhisselâm*) da cevaben buyurdu ki: "Çünkü ben yalnız gönülleri zengin olanları severim."

✦ Bu mübarek günlerin değerlendirilmesi hususunda ifa edilen ibadetlerin başında yoksul, yetim, kimsesiz, çaresiz, hasta ve muhtaçların gözetilmesi de gelir ki, yüreklerin böyle kimselere uzanması, onlarla bir gönül beraberliği yaşanması ve onlara sıcak bir kucak olunabilmesi, Ramazanı Şerif'in faziletini yücelten en mühim müessirlerdendir. Zira bu ibadetler, yani ehline verilen zekât ve sadaka gibi salih ameller, Allahü Teala'nın af ve mağfiretlerini coşturur. Feyiz ve bereketlere gark eder. İlahi rahmetin kapılarını aralar. Azabın yolunu kapatır.

Resulullah (*Sallallahü Aleyhi ve Sellem*) buyurdu ki: "***Sadaka, şerrin yetmiş kapısını kapatır.***"

Yine Resulullah (*Sallallahü Aleyhi ve Sellem*) buyurdu ki: "***Sadaka, Allah'ın gazabını söndürür.***"

Lokman Hekim oğluna: "Evladım! Bilerek veya bilmeyerek bir günah işlediğinde, hemen tövbe edip tasaddukta bulun!" derdi.

---

[1] Âl-i İmrân Suresi, 181

(9) Anne-Babaya İyilik Etmek.

Resulullah (*Sallallahü Aleyhi ve Sellem*) buyurdu ki: "***Anne ve babasına iyiliği dokunana, Allahü Teala rahmet ve acıma nazarıyla bakar, onu affeder. Ben de onun kefili olurum.***"[1]

(10) Kocasını Razı Etmek.

Resulullah (*Sallallahü Aleyhi ve Sellem*) buyurdu ki: "***Ramazanı Şerif'te kocasını razı eden bir hanım için, Allahü Teala katında*** (firavunun hanımı Hazreti) ***Asiye ve*** (Hazreti İsa'nın annesi Hazreti) ***Meryem'in*** (o büyük imtihanlara karşı sabredip elde ettiği) ***sevabı verir.***"[2]

Ramazan'ın Son On Günü

Bu on gün, ilahi ve Rabbanî feyizlerin tecelli ettiği günlerdir. İbadet ve itaat günleridir.

✦ Hazreti Âişe (*Radıyallahü Anhâ*) buyurdu ki: Resulullah (*Sallallahü Aleyhi ve Sellem*) bu on gündeki ibadet ve taat hususunda diğer günlerden daha fazla önem verirdi."

✦ Hazreti Âişe (*Radıyallahü Anhâ*) buyurdu ki: Ramazan-Şerifin son on günü girince Resulullah (*Sallallahü Aleyhi ve Sellem*) yatağa yanaşmaz, gecesini ibadetle ihya eder, ailesini uyandırır ve başka zamanlarda gayret göstermediği kadar son on günde ibadete çalışırdı.[3]

Resulullah (*Sallallahü Aleyhi ve Sellem*), Allahü Teâlâ kendisini vefat ettirinceye kadar Ramazanın son on gününü itikâfta geçirirdi."

---

[1] Nüzhetül-Mecâlis, 145

[2] Nüzhetül-Mecâlis, 145

[3] Müslim, İtikâf, 7; Tirmizî, Savm, 72; İbni Mâce, Sıyâm, 57

İtikâf

İtikâf; bir mescitte veya o hükümdeki bir yerde itikâf niyetiyle durmaktan ibarettir.

İtikâf; vaktini mescitte ikametten kasıt, Allahü Teala'ya manevi yakınlıktır.

Ramazan ayının son on gününde itikâf, kifaye yolu ile bir müekked sünnettir. Başka bir zamanda ibadet niyeti ile bir mescitte bir müddet yapılan itikâf da müstehaptır.

✦ Resulullah (*Sallallahü Aleyhi ve Sellem*) buyurdu ki: "***İtikâf, günahları hapseder*** (itikâf müddetince, sahibini bütün şerlerden ve günahlardan korur) ***ve bütün iyilikleri işleyen gibi itikâfa girene sevaplar yazılır.***" [1]

Bu hadisi şerifte itikâfın iki özel faydası anlatılmıştır:

Birincisi; itikâftan dolayı günahlardan korunulur. Yoksa çoğu zaman bir ihmal ve hata yüzünden insanı mutlaka günaha düşüren bazı sebepler ortaya çıkar. Böyle mübarek bir vakitte günah işlemek ne kadar büyük bir zulümdür. Ama itikâftan dolayı insan günahlardan korunur ve güvenlik içinde kalmış olur.

İkincisi; bir kimse itikâfta kaldığı müddetçe hasta ziyareti, cenazeye katılmak ve bunun gibi cami dışındaki iyi amelleri yapamaz. Fakat itikâftan dolayı yapamadığı bu amellerin sevabı kendisine verilir. Bu ne büyük bir merhamet ve cömertliktir. İnsan bir ibadete karşı birçok yapamadığı ibadetlerin sevabını kazanır. Aslında Allah'ın rahmetine ermek için bahaneler aramaktadır. Birazcık Allah'a yönelip istemekle o rahmet bol bol yağar.

---

[1] İbni Mace, Oruç, 67

✦ Hazreti Ali'nin oğlu Hazreti Hüseyin (*Radıyallahü Anhüma*), Resulullah (*Sallallahü Aleyhi ve Sellem*)in şöyle buyurduğunu nakleder: "***Ramazan'da on gün itikâf etmek, iki hac ve iki umre sevabına denktir. Her kim cemaatle namaz kılınan bir camide akşamdan yatsıya kadar itikâf eder*** (ve bu itikâf esnasında) ***namaz kılıp, Kur'ân okumanın dışında kimseyle bir şey konuşmazsa, Allahü Teala ona cennette bir köşk hazırlar*** " buyurmuştur.[1]

✦ Resulullah (*Sallallahü Aleyhi ve Sellem*) buyurdu ki: "***Bir kişinin*** (mümin) ***kardeşine sevgi ile bakması, benim şu mescidimde bir sene itikâf etmesinden hayırlıdır.***"[2]

✦ Resulullah (*Sallallahü Aleyhi ve Sellem*) buyurdu ki: "***Kim Allah rızası için herhangi bir yere çekilip kalpten inanarak, karşılığını da yalnız Allah'tan isteyerek itikâfta bulunursa, geçmiş bütün günahları affolur.***"[3]

✦ Resulullah (*Sallallahü Aleyhi ve Sellem*) buyurdu ki: "***Her kim bir kardeşinin ihtiyacı için yürürse, o, kendisi için 10 sene itikâf etmesinden hayırlıdır. Her kim Allah rızası için bir gün itikâf ederse, Allahü Teala onunla cehennem arasına üç hendek koyar ki, her bir hendek doğu ile batı arasından daha uzaktır.***"[4]

✦ Hazreti Âişe (*Radıyallahü Anha*)dan yapılan rivayete göre o şöyle demiştir: Resulullah (*Sallallahü Aleyhi ve Sellem*) Ramazan'ın son on gününde itikaf ederdi. Bunu vefat edinceye kadar böylece sürdürdü."[5]

---

[1] Mecmeuzzevâid, 3/404, 5025; Suyutî, Durru'l-Mensur, 1/486
[2] Suyutî, Durru'l-Mensur, 1/488
[3] Kenzül-Ummâl, 8/530; 24007
[4] Hakim, el-Müstedrek, 4/270; Suyutî, Durru'l-Mensur, 1/485
[5] Buharî, İtikâf, 1,6; Müslim, İtikâf, 2

✦ Resulullah (*Sallallahü Aleyhi ve Sellem*)in nasıl itikafa girdiği konusunda Hazreti Aişe (*Radıyallahü Anha*)dan yapılan bir rivayet ise şöyledir: Resulullah (*Sallallahü Aleyhi ve Sellem*) Efendimiz, itikaf etmek istediği zaman, sabah namazını kıldıktan sonra itikaf edeceği yere girerdi. Ramazan'ın son on gününde itikâf etmeği murat edince, kendisi için çadırımsı bir örtü konulmasını emrederdi."[1]

Bir itikâfın en az müddeti, İmam Ebû Yusuf'a göre bir gündür. İmam Muhammed'e göre bir saattir. Bir saat, fıkıh âlimlerine göre, zamanın belirsiz olan az veya çok bir parçası demektir. Yoksa bir günün yirmi dört saatte biri demek değildir.

İtikâfın meşru olmasındaki hikmet ve yarara gelince, bu pek önemlidir. Resulü Ekrem (*Sallallahü Aleyhi ve Sellem*) Efendimiz Medine-i Münevvere'ye hicretinden sonra ahirete göçüşlerine kadar her Ramazanın son on gününü itikâf ile geçirirlerdi.

İhlâs ile olan bir itikâf, amellerin pek şereflisi sayılmaktadır. Bu sayede kalpler bir müddet olsun, dünya işlerinden uzak kalır ve Hakka yönelir, birer Beytullah olan mescitlerden birine bu şekilde devam eden bir mümin çok kuvvetli bir kaleye sığınmış, kerim olan mabudunun feyiz ve yardım kapısına sığınmış olur.

İslâm büyüklerinden ünlü Ataullah İskenderî (*Kuddise Sirruh*) buyurmuştur ki: "İtikâf yapan, ihtiyacından dolayı büyük bir zatın kapısında oturup dileğini elde etmedikçe buradan ayrılıp gitmem, diye yalvaran bir kimseye benzer ki, Allah'ın bir mabedine sokulmuş, beni bağışlamadıkça buradan ayrılıp gitmem demektedir."

---

[1] Buharî, İtikâf, 6; Nesaî, Mesacid, 18

Bir müminin her gün azalmakta olan hayat günlerinden faydalanarak böyle kutsal bir yerde bir zaman ebedi ve ezelî yaratıcısına olanca varlığı ile yönelip saf bir kalp ve temiz bir dil ile ibadette bulunması, manevî bir zevke dalması ne büyük bir nimettir.

İtikâf yapan kimse, bütün vakitlerini ibadete, namaza ayırmış demektir. Çünkü fiilî olarak namaz kılmadığı vakitlerde de mescid içinde namaza hazır bir haldedir. Bu bekleyiş ise, namaz hükmündedir.

Sonuç: İtikâf sayesinde insanın maneviyatı yükselir, kalbi nurlanır, simasında kulluk nişanları parlar, İlâhi feyizlere kavuşur. Ne mübarek, ne güzel bir hayat anı!..

İtikâfın Edepleri:

İtikâfın şu edepleri vardır:

1) İtikâf, Ramazan ayının son on gününde ve mescitlerin en faziletlisinde yapılmalıdır.
2) İtikâf esnasında hayırdan başka bir şey söylenmemelidir. Günah gerektirmeyen şeyleri konuşmakta bir sakınca yoktur. Bir ibadet inancı ile susmak ise mekruhtur. Günah sayılan şeylerden dili tutmak ise, ibadetlerin büyüklerinden biridir.
3) İtikâf esnasında Kur'ân-ı Kerimi okumaya, hadisi şerife, Peygamberlerin yüksek hayatlarına, dinî meseleleri öğrenmeye devam etmelidir.
4) Çok çok dualar edilir, istiğfarda bulunur, Resulullah (*Sallallahü Aleyhi ve Sellem*)e salatü selam getirilir.
5) İtikâf yapan kimse, temiz elbiselerini giymeli, güzel kokular sürünmelidir. Başını da yağlayabilir.
6) Nefsine itikâfı vacip kılacak kimse, buna yalnız kalben niyetle yetinmemeli, dili ile de söylemelidir.

Fıtır (Fitre) Sadakası

Fitre sadakası, Ramazan ayının sonuna yetişen ve temel ihtiyaçlarından başka en az nisap miktarı bir mala sahip bulunan her Müslüman için verilmesi vacip olan bir sadakadır. Buna yalnız "Fitre"de denir. Bu sadaka, sevap için verilen yaratılış ikramı demektir.

Fitre sadakasının vacip olması, zekâtın farz kılınmasından öncedir. Orucun farz kılındığı yıla rastlar. Bu bir yardımlaşmadır, orucun kabulüne ve can çekişme ile kabir azabından kurtuluşa bir yoldur. Yoksulların ihtiyaçlarını gidermeye, bayram gününün sevincine katılmalarına bir yardımdır. Bu yönü ile fitre sadakası, insanlık için bir hayır ve bir görevdir.

Fıtır Sadakası İle İlgili Hükümler:

(1) Fitre sadakasının miktarı il müftülüğünce belirlenen miktardır.

(2) Fitre sadakası, yükümlünün bulunduğu yerdeki fakirlere verilmelidir. Başka yerlere gönderilmesi mekruhtur.

(3) Fitre sadakası, Ramazan Bayramının birinci günü fecrin doğuşundan önce verilmelidir. Şayet böyle yapılırsa, fakirler bayramlık ihtiyaçlarını gidermiş olurlar.

✦ Resulullah (*Sallallahü Aleyhi ve Sellem*) buyurdu ki: "***Her kim Ramazan'ı oruçlu geçirir, gusül alarak namazgâha erkenden gider ve onu fitre ile sona erdirirse,*** (bayram namazından) ***bağışlanmış olarak döner.***" [1]

[1] Kenzül-Ummâl, 23733

✦ Abdullah ibni Ömer (*Radıyallahü Anhüma*) diyor ki: "Şüphesiz Resulullah (*Sallallahü Aleyhi ve Sellem*) fıtır sadakasının insanlar henüz (bayram) namazından çıkmadan önce ödenmesini emretti." [1]

✦ Abdullah ibni Abbas (*Radıyallahü Anhüma*) diyor ki: Resulullah (*Sallallahü Aleyhi ve Sellem*) fıtır sadakasını oruç tutan kimsenin boş ve anlamsız söz ve davranışlardan arındırmak, hayâ dışı şeylerden temizlemek ve yoksullar için de bir yiyecek sebebi olarak tayin etmiştir. Artık kim bayram namazından önce verirse, o makbul bir sadaka olur; kim de bayram namazından sonra verirse, o sadece sadakalardan bir sadaka olur." [2]

✦ Rivayet edildi ki: Hazreti Osman (*Radıyallahü Anh*) bayram namazından önce fıtır sadakasını vermeyi unutmuştu. Bunun için kefaret olarak bir köle azat etti. Sonra Resulullah (*Sallallahü Aleyhi ve Sellem*)e gelerek:

- "Ey Allah'ın Resulü! Bayram namazından önce fıtır sadakasını vermeyi unuttum; buna kefaret olarak bir köle azat ettim, ne buyuruyorsunuz?" diye sordu. Resulullah (*Sallallahü Aleyhi ve Sellem*) Efendimiz buyurdu ki:

- "***Ey Osman! Yüz köle azat etsen bile, bayram namazından önce verilen fıtır sadakasının sevabına ulaşamazsın.***"

(4) Fitre sadakası, İmam Ebû Yusuf ile İmam Şafiî'ye göre, fakir olan zimmîlere de verilemez. Fetva da bu şekildedir. Çünkü bunun verilmesindeki maksat, bayram gününde fakir Müslümanların ihtiyaçlarını gidererek onların da bayrama sevinçle katılmalarını sağlamaktır.

---

[1] Buhari, Zekât, 74

[2] Ebu Davud, 2/115; İbni Mâce, 1/585; Hakim, el-Müstedrek, 1/409

(5) Birkaç fitre, gerek aynen ve gerek kıymet olarak sahiplerinin izni ile karıştırılmış bir halde fakirlere verilebilir. Her fitreyi diğerinden ayırmaya gerek yoktur. Bununla beraber fitrelerin ayrı ayrı verilmesi ihtiyata daha uygundur.

(6) Bir kimse fitresini bir fakire verebileceği gibi, birkaç fakire de dağıtabilir. Birçok kimseler de, fitrelerini birkaç fakire verebilecekleri gibi, bir fakire de verebilirler. Fakat bir görüşe göre, bir fitre birkaç kimseye verilemez.

(7) Fitre sadakasını, aralarında zevciyet veya doğum bakımından ilgi bulunanların birbirlerine vermesi sahih değildir. Bir kimse fitresini, fakir olan karısına, babasına ve oğluna veremez.

Fıtır Sadakasının Hikmeti:

Rivayet edildi ki: "Namazda rükû bir tane, secde ise iki tanedir. Bununla beraber her ikisi de farzdır. Rükû kulluğun göstergesi, secdeler ise bunun şahitleridir. Nasıl ki, secdeler olmadan rükû da kabul olunmuyorsa, fıtır sadakası olmadan da Ramazan orucu kabul olunmaz, yani hakiki sevabına nail olunamaz. Çünkü fıtır sadakası, tutulan ramazan orucunun şahididir.

Resulullah (*Sallallahü Aleyhi ve Sellem*) buyurdu ki: "***Ramazan ayı, gök ile yer arasında asılı kalmıştır. Fitre verilmeden Allahü Teala'ya ulaştırılmaz.***"[1]

Yine Resulullah (*Sallallahü Aleyhi ve Sellem*) buyurdu ki: "***Her kim fıtır sadakasını verirse, ona on güzel haslet bahşedilir:***"

[1] Kenzül-Ummâl, 23687

1. Bedeni günahlardan temizlenir.

2. Cehennemden azat olur.

3. Tuttuğu oruçlar kabul edilir.

Hasan Basrî (*Rahimehullah*) bu hususta şöyle demiştir: "Fıtır sadakası, namazda yapılan sehiv secdesi gibidir. Nasıl ki sehiv secdesi namazda yapılan eksikleri örtüyorsa, fıtır sadakası da oruçta ve ramazanda ifa ettiği teravih namazları gibi ibadetlerde meydana gelen eksikleri örtmekte, kusurları düzeltmektedir. Çünkü iyilikler, günahları silip götürür."

4. Cennete girmeyi hak eder.

5. Mahşer günü kabrinden emin bir şekilde kalkar.

6. O sene yaptığı ve yapacağı hayırlı ameller kabul edilir.

7. Kıyamet günü şefaatim ona vacip olur.

8. Şimşek hızıyla sırat köprüsünden geçer.

9. Amel terazisinin sevap kefesi ağır basar.

10. Allahü Teala, (Levh-i mahfuz'dan) o kişinin ismini (eğer yazılı ise) şakiler (cehennemlikler) divanından siler."

Kadir Gecesinin Fazileti

Zaman ve mekânlar, kendilerinde meydana gelen önemli olaylarla değer kazanırlar. Kadir gecesini bu derece değerli kılan en önemli özellik de Kur'ân-ı Kerim'in bu gece indirilmeye başlanmış olmasıdır. Kur'ân-ı Kerim'deki Kadir suresinin ilk beş ayeti bu gecenin faziletini şöyle anlatmaktadır:

بِسْــــــــــمِ اللّٰهِ الرَّحْمٰنِ الرَّحِيمِ

اِنَّٓا اَنْزَلْنَاهُ فِي لَيْلَةِ الْقَدْرِ ﴿١﴾ وَمَٓا اَدْرٰيكَ مَا لَيْلَةُ الْقَدْرِ

﴿٢﴾ لَيْلَةُ الْقَدْرِ خَيْرٌ مِنْ اَلْفِ شَهْرٍ ﴿٣﴾ تَنَزَّلُ الْمَلٰٓئِكَةُ

وَالرُّوحُ فِيهَا بِاِذْنِ رَبِّهِمْ مِنْ كُلِّ اَمْرٍ ﴿٤﴾ سَلَامٌ قف هِىَ

حَتّٰى مَطْلَعِ الْفَجْرِ ﴿٥﴾

"**1. Muhakkak ki Biz, O'nu** (o ebedî mucize olan Kur'ân-ı Kerim'i) **Kadir gecesinde** (Levh-i Mahfuz'dan, birinci kat semaya) **topluca indirdik.**

2. Kadir gecesi'nin ne (kadar büyük bir gece) **olduğunu Sana bildirmiş olan şey de nedir?**

3. Kadir gecesi, (içersinde Kadir gecesi bulunmayan) **bin aydan hayırlıdır.** (Bu nedenle onda yapılan salih bir amel, 83 sen 4 ay boyunca sürekli yapılan bir amele denk olmaktan öte, ondan daha faziletlidir.)

4. Melekler de, Ruh (diye adlandırılan Cebrail *Aleyhisselâm*) **da** (o geceden bir dahaki seneye kadar takdir edilmiş olan) **her önemli işten dolayı Rablerinin izni ile o gece iner de iner.**

5. **Fecir doğuncaya** (ve tan yeri ağarıncaya) **kadar** (melekler karşılaştıkları her imanlı erkek ve kadına selam verdikleri için,) **o** (gece) **ancak bir selamdır.** (Başka zamanlarda Allahü Teâlâ hem bela hem de selamet takdir ederken) **o** (gecedeki takdirler), **fecir doğuncaya kadar ancak bir selamettir.**"

Kur'an-ı Kerim, bu geceden başlayarak Resulullah (*Sallallahü Aleyhi ve Sellem*)e peyderpey, ihtiyaç ve lüzuma göre indirilmiştir. Bu geceyi ibadetle geçirmenin sevabı çoktur. Bu gecenin bir anı vardır ki, ona rastlayan bir dua muhakkak kabul olunur. Bu şerefli gecede, teravihten sonra bir müddet daha ibadette bulunulması, nafile namaz kılınması, bu geceyi ibadetle geçirmek demektir.

Zikredilen Kadir suresini Ömer Nasuhî Bilmen şöyle tefsir etmektedir:

1. Bu mübarek sure, Kur'ân-ı Kerim'in Allah tarafından indirilmiş olduğu pek yüce bir gecenin şeref ve şanını bildiriyor. O feyiz dolu gecede bir takım semavî zatların birer vazife ile yeryüzüne şeref vereceklerini ve o gecenin sabaha kadar bir selâmet ve emniyet mahiyetinde bulunacağını şöylece beyan buyuruyor: **(Muhakkak ki Biz)** yani: Yüce Zat'ım, kudret ve azametimle **(O'nu)** O hakikatleri beyan eden Kur'an'ı **(Kadir gecesinde)** şeref ve şanı pek yüksek olan bir zamanda **(topluca indirdik.)** Yani, O'nu Levh-i mahfuzdan dünya semasına birden inzal ettik, sonra da O'nun ayetlerini yirmi üç sene içinde Cibril-i Emin vasıtasıyla son Peygamber Muhammed (*Sallallahü Aleyhi ve Sellem*)e parça parça (ayet ayet, sure sure) indirilmiştir.

Kadir gecesi, Ramazan-ı Şerif'in gecelerinden biridir. Çünkü Kur'ân-ı Kerim'in Ramazan-ı Şerif'te inmeye başlamış olduğunu Bakara suresinin 185. ayeti açıkça gösteriyor:

بِسْمِ اللّٰهِ الرَّحْمٰنِ الرَّحِيمِ

شَهْرُ رَمَضَانَ الَّذِى اُنْزِلَ فِيهِ الْقُرْاٰنُ

"**Ramazan ayı, Kur'ân'ın indirildiği aydır**."

Bu Kadir suresi de Kur'ân-ı Kerim'in Kadir gecesinde indirilmiş olduğunu bildiriyor. Binaenaleyh bu gecenin Ramazan'a mahsus olduğu ortaya çıkmaktadır. Şu kadar var ki, bu gecenin Ramazan-ı Şerif ayının hangi gecesine ait olduğunda ihtilâf vardır. Meşhur olan ve ekseriyetçe kabul edilen bu Kadir gecesi, Ramazan-ı Şerif'in yirmi yedinci gününün gecesidir.

Bu mübarek gecenin kat'î surette tayin buyrulmamış olması, bir nice hikmetlere dayalıdır.

Kısacası: Müslümanların Ramazan-ı Şerif'te daha ziyade ibadet ve itaatte bulunmaları, onun herhangi bir gecesinin Kadir gecesi olması ihtimalîni dikkate alarak, her gecesinde fazlaca ruhanî bir zevk ile zikre ve düşünmeye devam etmeleri içindir.

2. Ey Peygamber!. **(Kadir gecesinin ne olduğunu)** nasıl büyük bir şeref ve fazilete, bir yüksek mertebeye, manevî bir büyüklüğe sahip bulunduğunu **(Sana bildirmiş olan şey de nedir?.)** O öyle mübarek bir vakittir ki, onun değerinin yüceliğini, Allahü Teala'dan başkası bilip kuşatamaz. İnsanlar, o pek feyizli gecenin pek büyük kıymeti, kutsiyetini, ancak Cenabı Hakk'ın bildirmesi sayesinde anlayabilirler.

3. (Kadir gecesi, bin aydan hayırlıdır.) O, öyle seçkin, nurlu bir mübarek gecedir, Kur'ân-ı Kerim, o kutsal geceden itibaren yeryüzünü aydınlatmaya başlamıştır. Ve İslâm dini, dinlerin sonuncusu olarak kurulmaya başlamış, insanlığın ufukları, manevî nurlar içinde kalmıştır.

Kadir gecesinin böyle bin aydan hayırlı olması, şu bakımdan da Müslümanlar hakkında hususi bir lütuftur ki: Bu ümmetin ömürleri eski ümmetlerin ömürlerine kıyasla kısa bulunmaktadır. Fakat bunlara verilen böyle pek feyizli bir gece bin aydan hayırlı olunca, bu ümmetin ömrü manen uzatılmış demektir. Çünkü böyle bir gecede yapacakları ibadet ve itaat, bin gecede yapılmış gibi sayılarak o derece çok sevaba vesile olacaktır.

Bu surenin iniş sebebi hakkında şöyle rivayetler zikredilir:

(a) Bir gün Cebrail (*Aleyhisselâm*) Resulullah (*Sallallahü Aleyhi ve Sellem*) hazretleriyle sohbeti esnasında İsrailoğullarından 1.000 ay mütemadiyen gaza, cihat ve çokça ibadet eden Şem'ûn veya Hazkıyl adında bir mücahidin hayat hikâyesinden bahsediyor.

Resulullah (*Sallallahü Aleyhi ve Sellem*) bunu Ashabına anlatınca; Ashabı Kiram Efendilerimiz Şem'ûn isimli şahsa gıpta ediyorlar. Ve bu kadar ibadete kendi ömürlerinin kâfi gelmeyeceğini düşünerek müteessir oluyorlar. O zaman Allahü Teala, Kâinatı yüzüsuyu hürmetine yarattığı Resulullah (*Sallallahü Aleyhi ve Sellem*) Efendimizin ümmetine bu sureyi inzal buyuruyor.

Ümmeti Muhammed'e ihsan buyrulan bu mübarek gece, o mücahidin 1.000 ay mütemadiyen gaza, cihat ve çokça ibadet etmesinden daha hayırlıdır.

"Şem'ûn Allah yolunda atının palanı kurumadan bin ay düşmanlarla savaşmış, Allahü Teala'nın kendisine lutfettiği kuvvet ve cesaret ile kâfirleri dize getirmiştir.

Düşmanları artık onunla başa çıkamayacaklarını anlamışlardı. Bu yüzden hanımına bir adam gönderdiler. Eğer kocasını bağlayıp bir eve hapseder ve kendisinden kurtulmalarını sağlarsa, kadına bir tas dolusu altın vereceklerini söylediler.

Kadın, kocası uyurken onu iplerle iyice bağladı. Uyanınca karısına bunu neden yaptığını sordu. Kadın 'Senin kuvvetini denemek için!' diye cevap verdi. Kadın durumu düşmanlara haber verince, kocasını bağlamak için kendisine zincir gönderdiler. Fakat Şem'ûn uyanınca daha önce ipi kopardığı gibi zinciri de kopardı.

Bunun üzerine iblis geldi ve kâfirlere şöyle fikir verdi: 'Kadını kocasına gönderin ve hangi şeyi koparıp çözemeyeceğini sormasını söyleyin!' Onlar da denileni yaptılar. Kadının, neyi koparmaya güç yetiremeyeceği sorusuna kocası "Saç örgüleri!" diye cevap verdi. Şem'ûn'un arkasında yerlere kadar uzanan sekiz saç örgüsü vardı. Uykuya dalınca karısı saç örgülerinin dördü ile ellerini, diğer dördü ile de ayaklarını bağladı.

Durumu kâfirlere bildirdi. Geldiler ve onu öldürecekleri e-ve götürdüler. Evin yüksekliği dörtyüz arşın boyunda idi. Onca büyüklüğüne rağmen tek bir direği vardı. Önce iki kulağını ve dudaklarını kestiler. Hepsi de önünde toplanmışlardı.

Bu sırada bağlanmış olan Şem'ûn, Allah Teala'ya yalvararak kendisini bağlarından kurtaracak bir güç vermesini, direği yerinden oynatmak suretiyle evin kâfirlerin başına yıkılmasını ve hepsinin helak olmasını niyaz etti. Allahü Teala kendisine bağlarını koparacak gücü verdi; bağlarından kurtuldu, evi ayakta tutan direği yerinden oynattı. Ev orada bulunanların üzerine çöktü ve Allahü Teala onların hepsini helak etti. Böylece kâfirlerden kurtulmuş oldu.

Sahabe-i Kiram Şem'ûn'un hikâyesini dinleyince dediler ki:

- "Ey Allah'ın Resûlü! Bizler de onun kazandığı sevabı elde edebilir miyiz?"

Resulullah (Sallallahü Aleyhi ve Sellem) bunun için Rab-b'ine niyazda bulundu. Bunun üzerine Allahü Teala kendisine Kadir gecesini ihsan etti."[1]

(b) İmam Malik (*Rahimehullah*)ın Muvatta adlı eserinde zikrettiğine göre: Resulullah (*Sallallahü Aleyhi ve Sellem*)e geçmiş ümmetlerin ömürleri gösterildiğinde kendi ümmetinin ömürlerini kısa görüyordu. Bu kısa ömürlük, başka ümmetlerin uzun ömürleri sayesinde işlemiş oldukları amellere yetişememelerinden dolayı üzüntü ve ıstırap duyuyorlardı. Resulullah (*Sallallahü Aleyhi ve Sellem*)in bu hüznünü gideren Allahü Teala, Kadir gecesini hediye buyurdu.

4. O gecenin ne kadar ehemmiyet ve azamete sahip olduğunu düşününüz ki: **(Melekler de, Ruh)** diye adlandırılan Cebrail *Aleyhisselâm* **(da)** o geceden bir dahaki seneye kadar takdir edilmiş olan **(her önemli işten dolayı Rablerinin izni ile o gece iner de iner)** yani; o vazifelerini yerine getirirler. Yahut Kâbe-i Muazzam'a gibi, Ravza-i Mutahhara gibi yüce makamları ziyarette bulunurlar. Müminlerle karşılaşarak onlara selâm verirler, haklarında iyiliksever olarak selâmetlerine dua ediverirler.

---

[1] İbni Kesir, Tefsîru'l-Kur'ân'il Azîm, 4/564

Cebrail (*Aleyhisselâm*) Allahü Teala'ya şöyle niyaz eder:

- "Ya Rabbi! Rahmetini, dirilere dağıttın, yine de arttı."

Allahü Teala şöyle buyurur:

- "Ölenlere de taksim et."

Allahü Teala'nın rahmeti, ölenlere de taksim edilir, yine de artar. Cebrail (*Aleyhisselâm*) tekrar niyazda bulunur:

- "Ya Rabbi! Ölenlere de dağıttım, yine de arttı."

Allahü Teala:

- "Ya Cebrail! Rahmet hazinelerimi doldur, artan rahmetimi de kâfir diyarlarına taksim et."

İşte, O Allahü Teala'nın rahmetinden kendilerine hisse isabet eden kimseler, iman üzere ölürler ve salihlere ilhak olunurlar.

Ebu Hüreyre (*Radıyallahü Anh*) buyuruyor ki: "Kadir gecesi pek çok melek yeryüzüne iner. Onların inişi için gök kapıları açılır. Her tarafı nur kaplar ve büyük bir tecelli meydana gelir. Melekler her tarafa yayılırlar. O zaman insanların hali değişiktir. Göklerden perdeler kaldırılır. İnsanlardan bazılarına göklerin ve yerin sırrı açılır. O kimseler gökler de melekleri kıyam halinde, oturur halde, rükû, sücud halinde, zikreder, şükreder, tesbih ve tehlil eder (Lâ ilahe illallah der) bir halde müşahede ederler. Allah'ın yüce kullarından kimisine cennet açılır. Evleri, köşkleri, hurileri, nehirleri, ağaçları, meyveleri ve içindekileri müşahede eder. O kimse Allah'ın Arş'ını, Peygamberlerin, velilerin, şehitlerin ve sıddıkların makamlarını müşahede eder, safa ve sürur bulur, o ruhani âleme hayran kalır. Rahmet deryasında gezer. Cenneti, cehennemi, cehennemin çukurlarını ve imansızların mekânlarını müşahede eder. Gene o mübarek gece perde kaldırılır ve müminlerden bazıları Allahü Teala'nın cemalini müşahede ederler."

5. O mübarek Kadir gecesi **(Fecir doğuncaya kadar)** sabah vaktine, gündüz olup güneşin doğmaya yaklaştığı zamana kadar melekler karşılaştıkları her imanlı erkek ve kadına selam verdikleri için, **(o)** gece **(ancak bir selâmdır.)** Başka zamanlarda Allahü Teâlâ hem bela hem de selamet takdir ederken **(o)** gecedeki takdirler, **(fecir doğuncaya kadar ancak bir selamettir)** bir güven ve emniyettir. Bütün o gece, bir hayır ve bereketten ibarettir. Çünkü asıl hakikat güneşi, insanlık âlemini manevî, ruhanî ışıklar içinde bırakan Kur'an-ı Kerim, o geceden itibaren doğmaya başlamıştır. Kabiliyetini, temiz yaratılışını muhafaza etmekte olanlar, o sayede aydınlanarak cehaletin karanlığından kurtulmaktadırlar. Artık o mübârek gecenin yüce değerini Cenabı Hak'tan başka kim tamamıyla takdîr edebilir?. Kerim, Rahîm mabudumuz, o gibi mukaddes vakitlerin feyizlerinden İslâm âlemini daima faydalandırsın. Resulullah (*Sallallahü Aleyhi ve Sellem*) hürmetine âmin.

Bu geceye Kadir Gecesi denilmesi şeref ve kıymetinden dolayıdır. Çünkü:

(1) Kur'ân-ı Kerim bu gecede inmeye başlamıştır.

(2) Bu gecedeki ibadet, içersinde Kadir gecesi bulunmayan bin ayda yapılan ibadetten daha faziletlidir.

(3) Gelecek bir seneye kadar cereyan edecek olan her türlü hadiseler Allahü Teala'nın ezeli kaza ve takdiri ile ilgili meleklere bu gece bildirir.

(4) Bu gecede yeryüzüne çok sayıda melek iner.

(5) Bu gece tan yerinin ağarmasına kadar esenliktir. Her türlü kötülükten uzaktır. Yeryüzüne inen melekler uğradıkları her mümine selam verirler.

Kadir Gecesinin Zamanı:

Kadir gecesi, mübarek Ramazan ayının içinde çok kıymetli, pek kutsi bir gecedir. Yalnız Kadir gecesini Allahü Teala bir takım hikmetlere binaen Ramazan ayı içersinde gizlemiştir. Allahü Teala, kullarına Cuma gecesini açıkça bildirdiği halde, Kadir gecesini kesin ve kati olarak neden bildirmediği şeklinde akla bir soru gelirse, şöyle cevap verilebilir:

(a) Rahmet, mağfiret ve cehennemden azad gecesi olduğundan, müminlerin uyanık, dikkatli ve devamlı Allah'a ibadet ve taat içersinde olmalarını sağlayıp, Ramazan'ın tüm gecelerini Kadir gecesine verdiği hassasiyeti vererek ihya etsinler diye, onu gizli tutmuştur.

(b) İnsanlar o gece yaptıkları amellere güvenip: 'Biz bin aydan daha hayırlı bir geceyi ibadetle geçirdik. Allahü Teala bizi bağışladı. Allah katında dereceler ve cennetler kazandık' derler ve artık hiçbir ibadet yapmaya lüzum görmezler. O gece yaptıklarına dayanıp, güvenirler. Ümit ağır basar, helak olurlar.

Nitekim ömürlerinin ne zaman sona ereceği de kullara bildirilmemiştir. Ta ki, ömrü uzun olan "Şehevi arzularımı tatmin ederim, dünya nimet ve lezzetlerinden tadabildiğim kadarını tadarım (yani hayatımı hiçbir ölçü tanımadan yaşarım.) Ömrümün sonuna doğru da tövbe eder ve Rabbime ibadetle meşgul olurum. Böylece tövbekâr ve salih bir kimse olarak ölürüm" dememesi için, ömrün ne zaman biteceği bildirilmemiştir. Bu suretle kul, daima ölümden korku ve çekinme hali üzere olsun. Yaptığı işleri iyi yapsın, tövbeye ve salih amel işlemeye devam etsin. Böylece ölüm, iyi hal üzereyken gelsin.

Bu meyanda, dünya hayatındaki bir kısım lezzet ve arzular helal yoldan kendilerine ulaşır, Allah'ın rahmetiyle, ahirette azaptan kurtulmuş olurlar.

İmam Nesefî (*Rahimehullah*)ın beyanına göre; Allahü Teala bazı şeyleri bazı hikmetlerle gizlemiştir:

1. Ramazan ayının tümünde ibadete çok çalışılsın diye Kadir gecesini gizlemiştir.
2. Cuma gününün tümü dua ile geçirilsin diye, onda bulunan kabul saatini gizlemiştir.
3. Tüm isimleri ile kendisine dua edilsin diye, İsmi Azam'ını Esmaü'l-Hüsna'sı içinde gizlemiştir.
4. Müslümanlardan hiçbirine hor bakılmasın diye velisini kulları içersinde gizlemiştir.
5. Hiçbir ibadet küçümsenmesin diye, rızasını taatları arasında gizlemiştir.
6. Hiçbir günah hafife alınmasın diye, gazabını günahlar içersinde gizlemiştir.

Kadir gecesi, Allah'ın hakkında bir sure indirdiği ve Kur-ân'da "Mübarek bir gece" olarak nitelediği kutsal bir gecedir. Bu gecenin Ramazan ayı içinde olduğu kesin olmakla birlikte, hangi gece olduğu hakkında kesin bir bilgi yoktur. Sadece Resulullah (*Sallallahü Aleyhi ve Sellem*)in bu gece hakkında bazı tavsiye ve uyarıları olmuştur:

✦ İslam âlimlerinin ittifakla beyanları üzere Kadir gecesinin, Ramazan ayının son on gününde olduğu Resulullah (*Sallallahü Aleyhi ve Sellem*)in hadisi şerifinde ifade edilmiştir: "***Kadir gecesini Ramazan ayının son on gününde arayınız.***"[1]

---

[1] İmam Malik, Muvatta, 319

✦ Hazreti Âişe (*Radıyallahü Anha*) şöyle demiştir: "Resulullah (*Sallallahü Aleyhi ve Sellem*), Ramazan'ın son on günü girince geceyi ihya eder, ev halkını uyandırır, bütün ciddiyet ve heyecanıyla ibadete yönelirdi." [1]

✦ Ubade bin Samit (*Radıyallahü Anh*) şöyle anlatır: Resulullah (*Sallallahü Aleyhi ve Sellem*) bize Kadir gecesini şöyle haber verdi: "***Kadir gecesi, Ramazan ayının son on gündedir. 21. gecesi veya 23. gecesi veya 25. gecesi veya 27. gecesi veya Ramazanın son gecesinde olabilir. Kim bu geceyi inanarak ve sevabını Allah'tan umarak ibadetle ihya ederse, geçmiş günahları affolunur.***"[2]

✦ Muaz bin Cebel (*Radıyallahü Anh*), Resulullah (*Sallallahü Aleyhi ve Sellem*)in Kadir gecesi için şöyle buyurduğunu nakletmiştir: "***Kadir gecesi Ramazan'ın 27. gecesidir.***"[3]

✦ Übey bin Ka'b (*Radıyallahü Anh*) buyuruyor ki: "Ondan başka ilah olmayan Allahü Teala'ya yemin ederim ki Kadir gecesi, Ramazan ayı içindedir. Yine Allah'a yemin olsun ki, hangi gece olduğunu da biliyorum. O gece Resulullah (*Sallallahü Aleyhi ve Sellem*)in onu ihya etmemizi emrettiği 27. gecedir. Onun belirtisi de, o günün sabahında güneşin şekli, beyaz ışınları sönüktür."[4]

---

[1] Buharî, Kadir Gecesi, 5
[2] Ahmed bin Hanbel, Müsned, 5/313
[3] Ebu Davud, 1386
[4] İmam İbni Esir, el'Cevzî, Cami' lil Usul, 10/6832

Kadir Gecesinin Belirtileri:

Bu gecenin şüphesiz bazı belirti ve alametleri vardır. Bunlardan bazıları şöyledir:

1. Kadir gecesi parlak aydınlık bir gecedir.
2. Sabahı ne fazla sıcak ve ne de fazla soğuktur.
3. Bulutsuz ve yağışsızdır.
4. Rüzgâr da o gecede esmez.
5. Yıldızlar da diğer gecelere nispetle daha az gözlenir.
6. Sabahının güneşi de zayıf ışıklıdır, parlaklığı azdır.[1]

Kadir Gecesinin Fazileti Hakkında Zikredilenler:

✦ Resulullah (*Sallallahü Aleyhi ve Sellem*): "***Kim Ramazan'ın 27. gecesini sabaha kadar ihya ederse, o, Ramazan'ın bütün gecelerini ihya edenden daha sevimlidir***" buyurunca, Hazreti Fatıma (*Radıyallahü Anha*) sordu:

- "Babacığım! O geceyi ihya edemeyecek kadar kudreti olmayan zayıflar ne yapar?"

Resulullah (*Sallallahü Aleyhi ve Sellem*) buyurdu ki:

- "***Yastıklarına dayanıp bu gecenin saatlerinden bir saatte otururlar. Allah'a dua ederlerse, bu, Ramazan'ın diğer gecelerini ihyadan daha sevimlidir.***"[2]

✦ Resulullah (*Sallallahü Aleyhi ve Sellem*) buyurdu ki: "***Kim Kadir gecesini imanlı olarak, mükâfatını Allah'tan umarak ibadetle geçirirse, onun geçmiş bütün günahları affolunur.***"[3]

---

[1] Ahmed bin Hanbel, el-Müsned, 5/324; Heysemî, Mecmeuzzevâid, 3/175

[2] İmam Gazâlî, Kalplerin Keşfi, s. 690

[3] Buhari, Teravih, 2; Müslim, Müsâfirûn, 175; Ebu Dâvud, Ramazan, 1; Tirmizî, Savm, 1; Nesâî, Savm, 39-40; Tergib ve Terhib, 2/90

Hadisi Şerifte, "***İbadetle geçirmekten***" maksat, namaz kılmaktır. Fakat Kur'ân-ı Kerim okumak, zikirle meşgul olmak diğer şeyler de buna dâhildir.

"***Mükâfatını Allah'tan ummak***" yani gösteriş ve diğer kötü niyetlerle ibadet yapmayıp, ihlâsla sadece Allah'ın rızası için ve sevap kazanmak niyetiyle ibadet yapmak demektir.

✦ Enes bin Malik (*Radıyallahü Anh*) Resulullah (*Sallallahü Aleyhi ve Sellem*)in şöyle buyurduğunu rivayet eder: "***Size içinde 1.000 aydan daha hayırlı bir gece olan bir ay gelmiştir. Kim, o gecenin hayrından mahrum kalırsa, o bütün hayırlardan mahrum kalmış demektir. O gecenin hayrından ancak gerçekten nasipsiz biri mahrum kalır.***"[1]

✦ Ebu Hüreyre (*Radıyallahü Anh*)den rivayet edildiğine göre Resulullah (*Sallallahü Aleyhi ve Sellem*) buyurdu ki: "***Ramazan ayı geldi. Bu ay, Allah'ın oruç tutmayı farz kıldığı mübarek bir aydır. Bu ayda cennetin kapıları açılır, cehennem kapıları kapanır ve Allah'a karşı gelen azgın şeytanlar bağlanır. Bu ay içinde öyle bir gece vardır ki, 1.000 aydan daha hayırlıdır. Bu gecenin faziletinden mahrum kalan*** (1.000 ayın faziletinden) ***mahrum kalmış olur.***"[2]

✦ Enes bin Malik (*Radıyallahü Anh*) Resulullah (*Sallallahü Aleyhi ve Sellem*)in şöyle buyurduğunu rivayet eder: "***Kadir gecesi olunca, Cebrail*** *(Aleyhisselâm)* ***meleklerden bir cemaat ile namaz kılan veya Allah'ı zikreden her kula dua eder ve selam verirler.***"[3]

---

[1] İbni Mâce, 1/526
[2] Nesaî, Oruç, 5
[3] Beyhaki, Şuabü'l-İman, 3695

✦ Resulullah (*Sallallahü Aleyhi ve Sellem*) buyurdu ki: "***Kim bütün Ramazan ayı boyunca, akşam-yatsı namazını cemaatle kılarsa, muhakkak Kadir gecesine rast gelir ve o gecenin bereketinden büyük pay sahibi olur.***"[1]

✦ Resulullah (*Sallallahü Aleyhi ve Sellem*) buyurdu ki: "***Allahü Teala, Kadir gecesi Cebrail** (Aleyhisselâm)**a yeryüzüne inmesini emreder. O da beraberinde büyük bir melek topluluğu ve yeşil bir sancakla yeryüzüne iner. Sancağı Kâbe'nin ortasına*** (damına) ***dikerler. Cebrail** (Aleyhisselam)**ın altıyüz kanadı vardır. Bu kanatlarını ancak Kadir gecesi açar. Kanatlarını açınca, onlar doğu ve batıyı kaplar. Bu sırada Cebrail** (Aleyhisselâm) **meleklere:***

- "Muhammed** (Sallallahü Aleyhi ve Sellem) **ümmetinin aralarına girin" diye emreder.

Melekler de onların aralarına girerler. İbadet eden, namaz kılan ve zikredenlere selam verip, onlarla musafaha ederler.[2] ***Onların dualarına "Âmin" derler. Bu durum sabaha kadar böylece devam eder. Sonra Cebrail** (Aleyhisselâm)**:***

- "Ey dostlar! Artık sabah olmuştur. Hepiniz vazifenize dönünüz" buyurur. Bunun üzerine melekler:

- 'Ey Cebrail! Allahü Teala Muhammed** (Sallallahü Aleyhi ve Sellem) **ümmetinin ihtiyaçları hususunda ne yaptı?' diye sorarlar.

Cebrail** (Aleyhisselâm)**:

---

[1] Beyhaki, Şuabü'l-İman, 3707

[2] Onların musafaha etmesinin alameti, müminin tüylerinin ürpermesi, kalbinin yumuşaması, gözlerinden yaşlar boşalmasıdır.

- ***"Allahü Teala onlara rahmet nazarı ile baktı. Onların günahlarını affetti, onları bağışladı. Yalnız onlardan şu dört sınıf, bu rahmet ve aftan hariç bırakıldı:***

Resulullah (*Sallallahü Aleyhi ve Sellem*) devamla:

- ***"Onlar dört sınıf insandır ki:***

(1) ***Devamlı içki içenler,***

(2) ***Ana-babasına âsi olanlar,***

(3) ***Akrabalık bağlarını kesenler,***

(4) ***Bidat ehli olup, Müslümanları ve cemaati terk edenlerdir"*** -bir rivayette; ***din kardeşiyle üç günden fazla dargın duran kimselerdir-"*** buyurdu.[1]

✦ Resulullah (*Sallallahü Aleyhi ve Sellem*) buyurdu ki: "***Bir kimsenin Kadir gecesi kalkıp, bir çobanın koyununu sağacak kadar süre ibadet etmesi, Allahü Teala katında onun bir sene boyunca oruç tutmasından daha sevimlidir. Beni hak Peygamber olarak gönderen Allah'a yemin olsun ki, Kadir gecesi Kur'ân'dan bir ayet okumak, Allahü Teala katında, başka zamanlarda Kur'ân'ın hepsini hatim etmekten daha güzeldir.***"

✦ Abdullah bin Abbas (*Radıyallahü Anhüma*)nın şöyle söylediği rivayet edilmiştir: "Kadir gecesi olunca, Allahü Teâlâ, Cebrail (*Aleyhisselâm*)a sayıları 70.000 olan Sidre-i Münteha melekleriyle beraber yeryüzüne inmelerini emreder. Beraberlerinde nurdan sancaklar vardır. Yeryüzüne indiklerinde Cebrail (*Aleyhisselâm*) kendi sancağını, diğer melekler de kendi sancaklarını şu dört yere dikerler:

---

[1] Beyhaki, Şuabü'l-İman, 3/335-336

(1) (Rahmet sancağı) Kâbe'nin ortasına,

(2) (Mağfiret sancağı) Resulullah (*Sallallahü Aleyhi ve Sellem*)in kabrine,

(3) (Keramet sancağı) Beytül-Makdis'teki kayanın üzerine,

(4) (Hamd sancağı) Tûr-i Sîna mescidine.

Sonra Cebrail (*Aleyhisselâm*) meleklere:

- "(Etrafa) dağılın!" der.

Onlar, içinde mümin erkek veya mümin kadın bulunan hiçbir ev, oda, mesken ve gemi bırakmamak üzere hepsine girerler. Ancak şu evler müstesna:

İçinde köpek veya domuz, şarap (diğer alkollü içkiler buna dahildir), haram yoldan cünüp olmuş bir kimse veya heykel bulunan evlere girmezler.

Girdikleri evlerde Allahü Teala'yı tesbih, takdis ve tehlilde bulunurlar. (Onların günahlarının bağışlanması için Allah'a yalvarırlar.) Tanyeri ağarıncaya kadar buna devam ederler. Tanyeri ağarınca semaya yükselirler. Dünya semasının melekleri onları karşılar ve:

- "Nereden dönüyorsunuz?" diye sorarlar. Onlar:

- "Dünyadaydık. Çünkü bu gece, Muhammed (*Sallallahü Aleyhi ve Sellem*)in ümmetinin Kadir gecesidir" derler. Dünya semasının melekleri:

- "Allahü Teala, onlara ne gibi bir muamelede bulundu?" derler. Cebrail (*Aleyhisselâm*) şöyle der:

- "Allahü Teala, onların salihlerini bağışladı, zayıflarına şefaatçi kıldı."

(Bunu duyan) dünya seması melekleri, bu ümmete rıza ve mağfiretini lütfetmesi sebebiyle Allah'a hamd ederek, yüksek sesle Rabbü'l-Âlemîn'i sena, takdis ve tesbihe başlarlar. Sonra dünya göğü melekleri, onları ikinci göğe uğurlarlar. Böylece gök katları birer birer geçilir. Yedinci kat semaya varıldığında Cebrail (*Aleyhisselâm*): "Ey göklerin sakinleri! (Yerlerinize) dönünüz!" Her göğün meleği, kendi yerlerine dönerler. Sidretü'l-Münteha'da bulunan melekler de Sidre-ye dönerler. (Sidre'nin yeryüzüne inmemiş olan melekleri, gelenlere): "Neredeydiniz?" derler.

Onlar, dünya göğü meleklerine verdikleri cevabın benzerini verirler. Sidre sakini melekler, tesbih ve takdisle seslerini yükseltirler. (Onların bu yüksek sesle tesbihini önce) Me'va Cenneti duyar. Sonra Naim Cenneti, sonra Adn Cenneti, sonra Firdevs Cenneti duyar. Arşu'r-Rahman da işitince, Arş, bu ümmete lütfundan dolayı şükrederek tesbih ve tehlille âlemlerin Rabbini yüksek sesle senaya başlar. Allahü Teala en iyi bildiği halde sorar: "**Ey Arş'ım! Sesini niçin yükselttin?**" Arş şöyle der: "Allah'ım! Bana ulaştığına göre, dün gece Ümmeti Muhammed (*Sallallahü Aleyhi ve Sellem*)in salihlerini bağışlamışsın, zayıflarına şefaatçi kılmışsın." Allahü Teala buyurur ki: "**Doğru söyledin, ey Arş'ım! Muhammed** (*Sallallahü Aleyhi ve Sellem*) **ümmeti için, tarafımda öyle ikramlar vardır ki, onları hiçbir göz görmemiş, hiçbir kulak işitmemiş, hiçbir insanın kalbine doğmamıştır.**"[1]

---

[1] Gunye: 2/14

✦ Ebu Hüreyre (*Radıyallahü Anh*) şöyle buyurdu: "Kadir gecesinde çakıl taşlarından daha çok sayıda melek yeryüzüne iner. Meleklerin inmesi için bütün gök kapıları açılır. Ortalığı nur kaplar ve muazzam bir tecelli olur. Bu gecede melekût âlemi açılır. Fakat insanların durumları bu gece karşısında farklılık arz eder. Kimisine göklerin ve yerin melekûtu beyan olur. Kimine göklerin perdeleri açılır; orada melekleri bazısı kıyamda, bazısı rükûda, bazısı ka'dede, bazısı secdede, bazısı zikirde, bazısı şükretmekte, bazısı tesbih ve bazısı tehlil çekmekte iken aslî şekillerinde müşahede ederler. Bazı kişilere cennet açıkça görülür; orada cennetin evlerini, köşklerini, hurileri, nehirlerini, ağaçlarını, meyvelerini görür ve cennetin tavanı olan Rahman'ın arşını müşahede ederler. Cennette Peygamberlerin, velilerin, şehitlerin, sıddıkların makamlarını seyrederler. Bu melekûta sevdalanır, rahmet deryaları içinde gezinirler. Cehennemi, cehennemlik kâfirlerin en aşağı derecelerini görürler. Kimi, hicabdan kurtulur ve Allahü Teala'nın cemaline nazar kılar ve O'ndan başka bir şeyi gözü görmez!"[1]

✦ Ebu Zer Gıfârî (*Radıyallahü Anh*) anlatıyor: "Resulullah (*Sallallahü Aleyhi ve Sellem*) ile Ramazan orucunu tuttuk. Ramazanın 23. gecesi olduğunda Resulullah (*Sallallahü Aleyhi ve Sellem*) bizlere, gecenin üçte biri geçene kadar namaz kıldırdı. Ayın 24. gecesinde yanımıza gelmedi. 25. gecesi olduğunda geldi ve gecenin yarısı geçene kadar bize namaz kıldırdı. Biz:

---

[1] İmam Gazâlî, Kalplerin Keşfi, s. 690

- "Keşke bütün geceyi nafile ibadetle geçirsek!" dedik. Resulullah (*Sallallahü Aleyhi ve Sellem*) şöyle buyurdu:

- "***Her kim imam namazı bitirinceye kadar onunla namaz kılarsa, geceyi ibadet etmiş gibi sevap yazılır.***"

Resulullah (*Sallallahü Aleyhi ve Sellem*) 26. gece bize namaz kıldırmadı. 27. gece olunca kalktı, ehlini topladı ve bize namaz kıldırdı. O kadar çok kıldırdı ki, neredeyse sahuru kaçıracağız diye korkmaya başlamıştık. [1]

✦ Rivayet edildi ki: "Musa (*Aleyhisselâm*) bir münacatında şöyle dualarda bulunmuştu:

- "Ey Rabbim! Sana yakın olmayı istiyorum."

Allahü Teala:

- "**Bana yakınlık, Kadir gecesi ibadeti eden kimselere nasip olur**" buyurdu.

Musa (*Aleyhisselâm*):

- "Ey Rabbim Senin rahmetini istiyorum."

Allahü Teala:

- "**Rahmetim, Kadir gecesi fakirlere merhamet edenlere nasip olur**" buyurdu.

Musa (*Aleyhisselâm*):

- "Ey Rabbim! Şimşek hızıyla sırat köprüsünden geçmek istiyorum."

Allahü Teala buyurdu ki:

- "**Bu, Kadir gecesinde sadaka verenlere nasip olur.**"

---

[1] Ebu Davud, 1375; Tirmizi, 806; İbni Mâce, 1327

Musa (*Aleyhisselâm*):

- "Ey Rabbim! Cennet ağaçlarının gölgesinde gölgelenip meyvelerinden yemek istiyorum."

Allahü Teala buyurdu ki:

- "**Bu, Kadir gecesi Beni tesbih edenlere nasip olur**."

Musa (*Aleyhisselâm*):

- "Ey Rabbim! Cehennemden kurtuluşu istiyorum."

Allahü Teala buyurdu ki:

- "**Bu, Kadir gecesi sabaha kadar istiğfar eden kullara nasip olur**."

Musa (*Aleyhisselâm*):

- "Ey Rabbim! Senin rızanı istiyorum."

Allahü Teala buyurdu ki:

- "**Bu, Kadir gecesi iki rekat namaz kılan kimseye nasip olur**."[1]

✦ Rivayet edildi ki: "Cuma gecesi, haftalık günahlara, Beraat gecesi yıllık günahlara, Kadir gecesi ise ömürlük günahlara kefarettir."

✦ Rivayet edildi ki: "Kadir gecesini ibadet ile geçiren kimsenin 1.000 çeşit haceti yerine getirilir. Cehennemlik kimselerin içinde adı yazılmış ise de, değiştirilerek cennetliklerin zümresine adı yazılır."

---

[1] Dürretül-Vâizin, s.1169

Kadir Gecesi Namazı

✦ Hazreti Âişe (*Radıyallahü Anhâ*) annemiz Resulullah (*Sallallahü Aleyhi ve Sellem*)in şöyle buyurduğunu rivayet eder: "***Her kim Kadir gecesini ihya eder; içinde iki rekat namaz kılar, bu gecede istiğfar ederse, Allahü Teala kendisini bağışlar. Allah'ın rahmetine dalar, Cebrail** (Aleyhisselâm) **kendisini kanatları ile sıvazlar. Cebrail** (Aleyhisselâm) **kanatları ile kimi sıvazlarsa, o kişi cennete girer.***"[1]

✦ Rivayet edildi ki: "Her kim Kadir gecesinde iki rekât namaz kılar da her bir rekâtında 1 Fatiha, 7 kere İhlâs okursa, selam verdiğinde ise, 70 kere:

اَسْتَغْفِرُ اللّٰهَ وَاَتُوبُ اِلَيْهِ

[*Esteğfirullahe ve etûbü ileyh.*]

"Allah'a tövbe eder ve mağfiret talep ederim" derse, Allahü Teala kendisini ve anne babasını affetmedikçe yerinden kalkmaz. Allahü Teala cennete melekler gönderir de onlar onun için ağaçlar dikerler, köşkler yaparlar ve ırmaklar akıtırlar. Kendisi de bunların tümünü görmedikçe dünyadan çıkmaz."[2]

✦ Rivayet edildi ki: "Bu gece 4 rekât kadir gecesi namazı kılınır. Evvela iki rekât namazda her rekâtta Fâtiha'dan sonra 7 kere İhlas-ı Şerif okunur, selamdan sonra 70 kere (bir önceki kısımda geçen) istiğfar edilir. Sonra yine iki rekât namaz, her rekâtında Fâtiha'dan sonra 3 kere İhlas-ı Şerif, selamdan sonra şu dua okunur:

---

[1] İmam Gazâlî, Kalplerin Keşfi, s. 691

[2] Dürretül-Vâizin, s.1168, Abdülkadir Geylânî, Gunye, 2/14

سُبْحَانَ مَنْ هُوَ قَائِمٌ يَسْهَرُ ۞ سُبْحَانَ مَنْ هُوَ دَائِمٌ لَمْ يَزَلْ ۞ سُبْحَانَ مَنْ هُوَ حَافِظٌ لَا يَغْفَلُ ۞ سُبْحَانَ مَنْ هُوَ جَوَادٌ لَا يَبْخَلُ ۞ سُبْحَانَ مَنْ هُوَ رَحِيمٌ لَا يَعْجَلُ ۞ سُبْحَانَ اللّٰهِ وَالْحَمْدُ لِلّٰهِ وَلَا اِلٰهَ اِلَّا اللّٰهُ وَاللّٰهُ اَكْبَرُ وَلَا حَوْلَ وَلَا قُوَّةَ اِلَّا بِاللّٰهِ الْعَلِيِّ الْعَظِيمِ ۞ سُبْحَانَ يَا عَلِيمُ يَا عَظِيمُ اغْفِرْ لِيَ الذَّنْبَ الْعَظِيمَ ۞

[*Sübhâne men hüve kâimün yesher. Sübhâne men hüve dâimün lem yezel. Sübhâne men hüve hâfizun lâ yağfel. Sübhâne men hüve cevâdün lâ yebhal. Sübhâne men hüve Rahîmün lâ ya'cel. Sübhânellahi vel hamdü lillahi velâ ilâhe illallahü vallahü ekberu velâ havle velâ kuvvete illâ billahil aliyyil azîm. Sübhâne yâ Alîmü yâ azîmü iğfirliyez-zenbel-azîm.*]

Asıl maksat, bu geceyi mümkün olduğu kadar ibadetle geçirmektir. Bu kutsal gecede elden geldiği kadar başka nafile namazlarda kılınabilir. Bunun la beraber ağır ve zor davranışlardan kaçınılması daha faziletlidir. [1]

✦ Rivayet edildi ki: "Kadir gecesi namazının en azı iki rekât, ortası yüz rekât ve en çoğu da bin rekâttır. 100 rekât kılınacaksa, Fâtiha'dan sonra 1 kere Kadir suresi, 3 kere İhlas suresi okunur. İki rekâtta bir selam verilir. Selamdan sonra Resulullah (*Sallallahü Aleyhi ve Sellem*)e Salât-ü Selam okunur. [2]

---

[1] Mahmud Sami Ramazanoğlu, Dualar ve Zikirler, shf:131

[2] Şir'atül-İslam, 135, Ruhul-Beyan, 10/483

Kadir Gecesinde Zikirler

✦ Hazreti Aişe (*Radıyallahü Anha*) diyor ki: 'Ey Allah'ın Resulü! Kadir gecesini bilirsem nasıl dua edeyim?' dedim. Resulullah (*Sallallahü Aleyhi ve Sellem*) şöyle dememi buyurdu:

اَللّٰهُمَّ اِنَّكَ عَفُوٌّ تُحِبُّ الْعَفْوَ فَاعْفُ عَنّى

[*Allahümme inneke afüvvün tühıbbül afve fa'fü annî.*]

"Allah'ım! Sen çok affedicisin, affetmeyi seversin, beni de affet."[1]

✦ Resulullah (*Sallallahü Aleyhi ve Sellem*) buyurdu ki: "***Her kim*** (kalben) ***tasdik edici olduğu halde Kadir gecesinde:***

لَا اِلٰهَ اِلَّا اللّٰهُ مُحَمَّدٌ رَسُولُ اللّٰهِ

[*Lâ ilâhe illallah Muhammedün Resûlullah.*]

derse, Allahü Teala o kişiyi affeder."[2]

Resulullah (*Sallallahü Aleyhi ve Sellem*) buyurdu ki: "***Her kim*** (kalben tasdik edici olduğu halde) ***Kadir gecesinde üç defa kelime-i tevhidi söylerse, Allahü Teala onun biriyle kulu bağışlar. Biriyle de cehennemden azat eder ve son biriyle de cennetine koyar."***

✦ Süfyan-ı Servi (*Radıyallahü Anh*): "Kadir gecesi dua ve istiğfar etmek, namazdan sevimlidir. Kur'ân-ı Kerim okuyup sonra dua etmek daha güzeldir."

---

[1] Tirmizi, Daavat, 3513

[2] Nüzhetü'l-Mecalis, 151

Bu gecenin öyle bir anı vardır ki, o anda yapılan ibadet ve dualar mutlaka makbul olur. Bu önemli anı yakalamak için gecenin bütününü tövbe ve istiğfar ile geçirmek gerekir. Bu da kişinin imanını tazeler. Gecenin bütününü ibadetle geçiremeyenler en azından bir miktar oturup dua etmelidirler. Dua ederken bütün Müslümanlar için özellikle de tanıdığımız dost, arkadaş ve yakınlara isim isim dua etmelidir. Müminin mümine duası reddedilmeyen dualardandır.

Bu ve bütün mübarek gecelerde Resulullah (*Sallallahü Aleyhi ve Sellem*)e ait özellikler anlatılmalı, O'nun varlığının ve yaşadığı hayatın bizim için Rabbimize yakınlaşma vesilesi olduğu hatırlatılmalıdır. Ayrıca "Bir saat tefekkür, 1.000 rekât nafile namazdan faziletlidir" sırrınca imanımızı arttıracak konular okunmalı, tefekkür edilmelidir.

Kadir Gecesinde Yapılacak Örnek Bir Dua:

"Ey kullarını affetmeyi seven, "İsteyin size vereyim" diye ilan eden yüce Allah'ım! Zât'ına hamdü sena ediyor, Habibine salatü selam gönderiyoruz, kabul eyle ya Rabbi!

Her dakikası rahmet ve mağfiret, her saniyesi fazilet ve inayet olan, bu gecede bizi rahmetinle kapla ya Rabbi!

Tamamı bir mucize olan kitabının, yeryüzüne şeref verdiği gecede yalvarıyoruz, reddetme ya Rabbi!

Bin aydan hayırlı olduğu beyan olunan, kitabında kendisine işaret buyrulan, bu mübarek gecede, kitabını vesile edinerek yalvarıyoruz ihsan eyle.

"Kadir gecesi selamet gecesidir" buyuruyor, bu gece ibadet etmemizi emrediyorsun. Bizi bu gece hürmetine selamete eren kullarından eyle ya Rabbi!

Faziletini mübarek kelamınla bildirdiğin bu gece cümlemizi af ve mağfiret eyle ya Rabbi!

Bu gece bol sevapla sabahlamayı, buradan affına nail olarak kalkmayı, Kerem ve lütfundan istiyoruz, ihsan eyle ya Rabbi! Bizi bu gecenin feyziyle güldür, şu andaki ibadet aşkımızı Sen sürdür ya Rabbi!

Allah'ım! Senden öyle bir rahmet isterim ki, onunla kalbime hidayet edesin, işlerimi toplayasın, içimi ıslah edesin, dışımı yükseltesin, amelimi artırasın, bana doğruyu ilham edesin, alıştığım şeyi bana geri veresin ve beni her kötülükten koruyasın.

Allah'ım! Bana öyle bir iman ve öyle kesin bir inanç ver ki, arkasında inançsızlık kalmasın. Öyle bir rahmet ver ki, onunla dünyanın ve ahiretin yüksek derecelerine nail olayım.

Allah'ım! Senden kederin iyisini, şehitlerin ikramını, mutluların hayatını ve düşmana karşı yardımını isterim. Senin rahmetine muhtacım. İhtiyacımı Sana arz ederim, Sen yardım eyle.

Ey davaları hükme bağlayan, ey gönüllere şifa veren, denizdekileri kurtardığın gibi beni de cehennem azabından, ölümü istemekten ve kabir azabından koru.

Allah'ım! Görememiş, ona hayalim dahi yetişmemiş ne varsa, kullarından herhangi birine ettiğin hayır vaadi veya verdiğin hayır varsa, işte Senden onu diliyorum. Ey âlemlerin Rabbi, rahmetinin hürmetine onu istiyorum!

Ey sağlam ipin ve doğru işin sahibi Allah'ım! Senden azap görmeden esenlik, ebedilik gününde cennet istiyorum. Arkadaşlarım şehitler, rükû ve secde edenler, sözlerini yerine getirenler olsunlar. Sen merhametlisin. Kullarını seversin, dediğini yaparsın.

Allah'ım! Kabrime nur ver, kalbime nur ver, önüme nur ver, arkama nur ver, sağıma nur ver, soluma nur ver, üstüme nur ver, altıma nur ver, kulağıma nur ver, gözüme nur ver, saçıma nur ver, derime nur ver, etime nur ver, kanıma nur ver, kemiklerime nur ver.

Allah'ım! Dua bizden, kabul Sendendir. Çaba bizden, güven Sen'dendir. İnsanlığın selamet ve hidayeti, bütün müminlerin af ve mağfireti için el-Fâtiha.

Ramazan'ın Son Gününün Fazileti

✦ İsmail Hakkı Bursevî (*Kuddise Sirruh*) buyurdu ki: "Salihler kadir gecesini ihya niyeti ile Ramazanı Şerif'in son on gecesinde iki rekât namaz kılarlardı."

Bayram Geceleri ve Fazileti

Bu gece Şevval ayının ilk gecesi olup, bu geceye fıtır gecesi de denir. Bu geceyi ibadetle ihya etmek müstehaptır.

✦ Ebu Ümame (*Radıyallahü Anh*), Resulullah (*Sallallahü Aleyhi ve Sellem*)in şöyle buyurduğunu nakleder: "***Beş gece vardır ki, onlarda yapılan dua ve istekler asla reddolunmaz:***

1. ***Ramazan bayramı gecesi,***
2. ***Kurban Bayramı gecesi,***
3. ***Receb ayının ilk gecesi,***
4. ***Şaban'ın yarısındaki gecesi,***
5. ***Cuma gecesi.***"[1]

İmam Münâvî (*Rahimehullah*) bu hadisi şerifin izahında buyurdu ki: "Bu geceleri ibadetle geçirme, kendilerinde dua ve yalvarışı çok yapmak, sünnettir. Geçmiş büyükler kesinlikle bu gecelerde ibadete devam etmişlerdir."

✦ Bayram gecesini Allah'ın zikri, Resulullah (*Sallallahü Aleyhi ve Sellem*)e salâvat ve saire ibadetlerle ihya etmek müstehaptır. Çünkü bu hususta şu hadisi şerif rivayet edilmiştir : "***Senede beş gece vardır ki, sevaplarını umarak ve müjdelerine inanarak o gecelerde ibadete devam eden kişiyi Allahü Teala cennete girdirir:***

1. ***Ramazan bayramı gecesi ki, o geceyi kıyam*** (ibadet) ***ile geçirir, gününü oruçsuz geçirir.***
2. ***Kurban bayramı gecesi ki, o geceyi kıyam, gününü oruçsuz geçirir.***

---

[1] Deylemî, Müsnedül-Firdevs, 2975, Beyhakî, Şü'abül-İman, 3440

3. ***Recebin ilk gecesi ki, o geceyi kıyam, gününü oruçla geçirir.***
4. ***Şabanın ilk gecesi ki, o geceyi kıyam, gününü oruçla geçirir.***
5. ***Aşure gecesi ki, o geceyi kıyam, gününü oruçla geçirir.***" [1]

✦ Hazreti Aişe (*Radıyallahü Anha*)nın şöyle dediği rivayet edilmiştir: Resulullah (*Sallallahü Aleyhi ve Sellem*) iki oruçtan; Ramazan bayramı ile Kurban bayramı günleri oruç tutmaktan nehyetmiştir. [2]

✦ Bayram gecesini Allah'ın zikri, Resulullah (*Sallallahü Aleyhi ve Sellem*)e salâvat ve saire ibadetlerle ihya etmek müstehaptır. Çünkü bu hususta şu hadisi şerif rivayet edilmiştir : "***Kim sevabını Allah'tan bekleyerek bayram gecelerini ihya ederse, kalplerin öldüğü günde kalbi ölmez.***" [3]

İhyanın ne kadarla yerine geleceği hususunda ulema ihtilaf etmişlerdir. Öyle anlaşılıyor ki bu, ancak gecenin büyük kısmını ihya etmekle meydana gelir. [4] O da:

1. Kur'ân okumakla,
2. Kaza namazı varsa, hiç olmazsa bir günlük namaz kılmakla ve daha sonra nafile namaz kılmakla,
3. Allah'ı zikretmekle mümkün olur.

✦ Resulullah (*Sallallahü Aleyhi ve Sellem*) buyurdu ki: "***Ramazan bayramı gecesi olduğunda bu geceye, bahşiş gecesi, hediyelerin dağıtıldığı gece diye isimlendirilir.***

---

[1] İbni Mace, 1/567

[2] Müslim, Sıyâm, 138,143; Buhârî, Savm, 65,66; Ahmed bin Hanbel, Müsned, 3/ 34, 35

[3] Tergîb ve Terhîb, 2/57; Gunye, 1/327

[4] Gecelerin ihyası için kitabımızın baş tarafındaki "*Mübarek Gün ve Geceler Nasıl İhya edilir?*" kısmına bakınız.

Bayram sabahı olduğunda, Allahü Teala melekleri şehirlere gönderir, melekler evlere akın ederek kapı eşiklerinde insanlar ve cinler hariç bütün mahlûkatın işiteceği bir sesle şöyle çağırmaya başlarlar:

- *Ey Muhammed ümmeti! Kerim* (ihsanı bol) *olan Allah'a koşunuz. O Allah ki, çok sevap-hayır ihsan edip günahları affedendir.* (Müslümanlar) *camilere akın edince, Allahü Teala meleklere buyurur ki:*

- **"Bir ücretli, çalışan kimse çalışıp işini yaparsa, onun hakkı nedir?"**

Melekler diyecekler ki:

- *"Ey yüce Rabbimiz! Şüphesiz böyle bir kimseye, çalışmasının karşılığı mükâfattır, ücretini vermektir."*

Allahü Teala o zaman şöyle buyurur:

- **"Ey meleklerim şahit olun! Ramazan orucunu tuttuklarından ve gece teravih ve diğer ibadet ve taatleri yaptıklarından dolayı hata ve kusurlarını** (günahlarını) **affedip onlardan razı oldum."**

Allahü Teala yine kullarına:

- **"Ey kullarım! İsteyin benden** (ne isteyip dilerseniz) **İzzet ve Celalim hakkı için ahiret için biriktireceğiniz her türlü sevabı vereceğim. Dünya için arzu isteklerinizi de gözönünde bulunduracağım. Emirlerime uyduğunuz müddetçe, ayıplarınızı örtüp gizleyeceğim. İzzet ve celalim hakkı için amelinizi boşa çıkarmayacağım. Dost-düşmana karşı sizi utandırmayacağım.** (Haydi, mescitlerinizden) **huzurla çıkınız, muhakkak ki Ben de sizden razı oldum."**

Bunun üzerine melekler de Ramazan ayı sonunda bayramla (oruçlarını bitirip) ***oruçlarını açan Muhammed*** *(Sallallahü Aleyhi ve Sellem)* ***ümmetine Allahü Teala'nın bahşettiği ecir ve sevaptan dolayı birbirlerini müjdelerler."*** [1]

Bir Hikâye:

Salih bin Abdullah, bayram olduğu zaman mescide bayram namazını kılmaya giderdi. Bayram namazından sonra evine döner ailesini, çoluk çocuğunu etrafına toplardı. Omzundan aşağı demir bir zincir geçirir, başından aşağı küller saçar ve hıkıra hıçkıra ağlardı. Ailesi ona:

- 'Ey Salih! Bu gün bayram, bu gün sevinme günü; senin bu halin ne böyle!' derlerdi. Salih de:

- 'Bu günün bayram olduğunu ben de biliyorum. Lakin ben bir kulum! Rabbim bana, kendisi için çalışmamı, amel etmemi emretti. Ben de çalıştım, amel ettim ancak kabul olunur mu olunmaz mı bilemiyorum!' dedi.

Bundan sonra Salih bin Abdullah mescide gitti ve bir köşesine oturdu. Kendisine:

- 'Neden mescidin orta tarafına oturmuyorsun da kıyısına, köşesine oturuyorsun?' denildiğinde:

- 'Ben rahmet dilenmeye geldim; dilencilerin yeri de kıyı ve köşelerdir' diye cevap verdi.

Bayram Gecesi Namazı:

Ramazan bayramı gecesinde kılınacak namazla ilgili olarak da şöyle bir rivayet nakledilir: Bu gecede 10 rekât namaz kılınır.

---

[1] Kenzü'l-Ummal, 24055; Beyhakî, Şü'abül-İmân, 3695

Her rekâtta bir Fatiha arkasından da 10 defa İhlâs suresi okunur. Rükû ve tesbihlerde de:

سُبْحَانَ اللّٰهِ وَالْحَمْدُ لِلّٰهِ وَلَا اِلٰهَ اِلَّا اللّٰهُ وَاللّٰهُ اَكْبَرُ

[*Sübhanellahi vel hamdü lillahi ve lâ ilâhe illâllahü vallahü ekber*]

"Allah'ı tüm noksanlıklardan tenzih ederim. Hamd Allah'adır. Allah'tan başka hiçbir ilah yoktur. Ve Allah en büyüktür." okuyup sonra namazı bitirip 1.000 defa:

اَسْتَغْفِرُ اللّٰهَ الْعَظِيمَ

[*Estağfirullahel Azîm*]

"Yüce Allah'tan mağfiret dilerim"

Okuduktan sonra secdeye kapanıp şu duayı okur:

يَا اَللّٰهُ ، يَا رَحْمٰنَ الدُّنْيَا ، يَا رَحِيمَ الْاٰخِرَةِ ۞ يَا حَيُّ يَا قَيُّومُ ۞ يَا ذَا الْجَلَالِ وَالْإِكْرَامِ ۞ اِغْفِرْ لِى ذُنُوبِى وَتَقَبَّلْ صَوْمِى وَصَلَاتِى ۞

[*Yâ Allahü, Yâ Rahmâned dünyâ, Yâ Rahîmel âhırah. Yâ Hayyü, Yâ Kayyûm. Yâ zel Celâli vel İkrâm. İğfir lî zünûbî ve tekabbel savmî ve salâtî.*]

"Ey Allah'ım! Ey dünyada herkese acıyan ve ahirette ise yalnızca müminlere merhamet eden Allah'ım! Ey Hayy ve Kayyum, İzzet ve İkram sahibi yüce Rabbim! Günahlarımı bağışla, orucumu ve namazlarımı kabul eyle Allah'ım!" dedikten sonra isteğini dile getirir.[1]

---

[1] Şeyh Muhammed en-Nâzilî, Hazinetül-Esrar, 1/34

Bayram Gecesinde Zikirler:

✦ Bayram gecelerinde yapılan dualar Allah katında makbuldür. Bilhassa şu aşağıda yazılı olan duayı her kim bayram gecelerinde 10 defa okur ve Allahü Teala'ya dua ederse, o kimse öldükten sonra bile kalbi ölmez" diye rivayet olunmuştur.

يَا حَيُّ يَا قَيُّومُ ۞ يَا بَدِيعَ السَّمٰوَاتِ وَالْاَرْضِ ۞ يَا ذَا الْجَلَالِ وَالْإِكْرَامِ ۞ اَسْأَلُكَ اَنْ تُحْيِيَ قَلْبِى بِنُورِ مَعْرِفَتِكَ اَبَدًا ۞ يَا اَللّٰهُ ، يَا اَللّٰهُ ، يَا اَللّٰهُ ۞

[*Ya Hayyü, Ya Kayyûm. Ya bedî'as semâvâti vel arz. Yâ zel Celâli vel İkrâm. Es'elüke en tuhyiye kalbî bi nûri ma'rifetike ebeden. Yâ Allah, Yâ Allah, Yâ Allah.*]

"Ey Hayy ve Kayyum! Ey Celal ve ikram sahibi! Ey göklerin ve yerin yaratıcısı olan Allah'ım! Senden ebediyen kalbimi marifetinin nuruyla diriltmeni isterim. Ey Allah'ım, Ey Allah'ım, Ey Allah'ım!" dedikten sonra, Allahü Teala-dan her ne haceti varsa, istemelidir.

Bağışlanma ve Mükâfat Günleri:

Müslümanlar bir ay boyunca sahura kalktılar, seherde Hak-k'ın divanına el açıp yalvardılar, yakardılar, tövbe-istiğfar, dua ettiler. Gündüz vaktinde de Allah rızası için her türlü meşakkate katlanarak aç-susuz kaldılar, sabır ve tahammül gösterdiler. Hem midelerine hem de dil ve gönüllerine hâkim olarak oruçlarını tamamladılar, kulluk imtihanından başarı ile geçtiler, akşam ezanıyla dualarla iftar ettiler, ruhî ve manevî hazzın doruğuna tırmandılar, sofralarında yoksulları, yetimleri, kimsesizleri doyurdular, ailece çoluk çocuk iftarın sevincini paylaştılar. Teravihe gittiler, o coşkun cemaatin içinde rükûa eğilip secdeye kapandılar, kalplerindeki kinleri, hırsları, düşmanlıkları birer birer attılar ve mütevazi, olgun, samimi birer kul oldular.

Bir ay boyunca her gelen günü öncekine göre daha da şuurla değerlendirdiler. Gün geldi kendilerini nefis muhasebesine tabi tuttular, iç dünyalarında kendileriyle hesaplaştılar, sonunda mağrur başlar secdeye kapandı, Hakk'a kul olmanın zevkine erdi. Günah vadilerinde bilinçsizce koşanlar o şerli yollardan çoktan döndüler, sevaplara, hayırlara ve iyilik yollarına yöneldiler.

Müminler bir ay boyunca sadece aç kalmadılar, sadece midelerine oruç tutturmakla yetinmediler. Ellerini, ayaklarını, dillerini, gözlerini, kulaklarını dinimizce haram olan ve yasak olan her söz ve davranıştan sakındırdılar. Bu ayda midelerle beraber bütün diğer organlarımız da oruç tuttu. Ayaklar kötülüğe yürümedi, eller zulme aracı olmadı, gözler şerri görmedi, kulaklar ahlaka uymayan sözleri dinlemedi, diller dedikodu ve gıybetten sakındı.

İşte bu ciddi çabanın ürünlerini müminler bu bayram günü devşirecekler. Bugün İlahî bağışa erecekler, bugün yüzler gülecek, gönüller sevinçle dolacak, evler şenlecek.

Bayram Gününün Fazileti

İslâm ümmetinin iki bayramı vardır. Bunlar bütün İslâm âleminde kutlanan bayramlardır. Biri Kurban Bayramı, diğeri de Ramazan Bayramı'dır. Ramazan Bayramı Ramazan ayının bitiminde, Şevval'in birinde; Kurban Bayramı da Zilhicce ayının onuncu gününde olur. Ramazan bayramı üç gün, Kurban Bayramı dört gündür.

Resulullah (*Sallallahü Aleyhi ve Sellem*)in kıldığı ilk bayram namazı, hicretin ikinci yılında kılmış olduğu Ramazan bayramı namazıdır. Bu yıldan sonra onu hiç terk etmemiştir.

İslâmî kardeşliğin perçinlendiği bu mübarek günler, Müslümanların sevinç ve mutluluk günleridir. Nitekim Resulullah (*Sallallahü Aleyhi ve Sellem*) Mekke'den Medine'ye hicret ettiği zaman, Medinelilerin iki bayramı olduğunu öğrendi. Medineliler bu bayramlarında oyun oynar ve eğlenirlerdi. Bu durumu gören Resulullah (Sallallahü Aleyhi ve Sellem): "Allah Teâlâ size kutladığınız bu iki bayrama karşılık olarak daha hayırlısını, Ramazan Bayramı ile Kurban bayramını lütuf olarak vermiştir" buyurdu.

Resulullah (*Sallallahü Aleyhi ve Sellem*), Hazreti Ebubekir (*Radıyallahü Anh*)a: "***Ebubekir! Her ümmetin bir bayramı vardır, bu da bizim bayramımızdır***" [1] buyurmakla, bu günlerde yapılacak meşru eğlence ve sevinç izhar etme keyfiyetine cevaz vermişlerdir. Düğünlerde olduğu gibi, bayramlarda da sevinçli olduğunu açıkça göstermek için, İslâm'a aykırı olmayacak şekilde eğlenmeler tertiplemek caizdir. Hatta bayramlarda sevinçli olduğunu açıkça ortaya koymak İslâm'ın prensiplerindendir.

---

[1] Ebû Davûd, Salat 239; Ahmed b. Hanbel, Müsned, III, 103, 178

Bu günlere "Bayram" denilmesi, bunların birer neşe ve sevinç günü olmaları, hayra yorumlanmaları veya Allah'ın bu günlerde pek çok ihsanlarda bulunması bakımındandır.

Ayrıca İslam büyükleri, bir Müslüman'ın Allahü Teala'nın emirlerine uyup, yasaklardan sakınarak, günah işlemeden, haram lokma yemeden geçirdiği günleri de bayram kabul etmişlerdir.

Bütün bunların dışında çocuklar, bilhassa öksüz ve fakir çocuklar sevindirilir; akraba, eş ve dost ziyaretleri yapılarak, hâl hatır sorulur.

Müslümanları sevindirmek çok sevaptır. Bayramlar, Müslümanların birbirini sevindirmesine birer vesiledir. Hadisi şerifte buyruldu ki: "***Allahü Teala'nın en çok sevdiği amellerden biri, mümini sevindirmek, üzüntüsünü gidermek, borcunu ödemek yahut aç iken onu doyurmaktır.***"

"***Bir mümini sevindireni, Allahü Teala da kıyamette sevindirir.***"

En önemlisi, aralarında dargınlık olanlar barıştırılır. Yüce Allah'ın ihsan ve rahmetinin tecellisine de sebep olan bu bayramların diğer yönden sosyal hayatta bu tür faydaları gayet açık görülmektedir. Durmaksızın akıp giden sosyal hayatın monotonluğu bayram gibi önemli günlerle kesilerek fakirler hatırlanmakta, yetimler sevindirilmektedir. Bu şekilde İslâm'ın emrettiği gerçek kardeşlik sözden fiile geçirilmektedir.

Müslümanlar birbirlerinin bayramlarını, ya karşı karşıya gelerek ya da mektup, tebrik veya telefon gibi haberleşme vasıtalarıyla tebrik ederler. Uzun zaman hatırlanmayan dostlar bu vesile ile hatırlanırlar.

Bayramlar yine, yenilip yedirildiği, içilip içirildiği ikram günleridir. Akraba ve eş-dost ile beraberce bu günün mutluluğu paylaşılır. Bunun için de bayramlarda oruç tutmak Hz. Peygamber tarafından yasaklanmıştır. Fakat bayramlar hedeflerinden de saptırılmamalıdır. Zira bayramlar sadece yemek, içmek ve tatil yapmaktan ibaret değildir. Bu gerçeği göz ardı edip cemiyet hayatını düzenleyen ve aradaki uçurumları kaldıran böyle bayramlarda, tatil bahanesiyle toplumdan kaçarak bir deniz kenarında vakit öldürmek, her şeyden önce bu bayramların fazilet ve sevabından mahrum kalmaktır.

Diğer taraftan bu bayramlar İslâm'ın vakar ve şahsiyetini, olgunluk ve yüceliğini gösteren müesseselerdir. Bu hakikati görmek için, Güney Amerika karnavalları ile Avrupa'nın faşinglerini ve yılbaşı (Noel) bayramlarını, İslâm'ın bayramları ile karşılaştırmak yeterlidir. İslâmî bayramlar, arkasında tatlı hatıralar, yetim ve kimsesizlerle, fakirlerin mutluluk gözyaşlarını bırakırken; yukarıda saydığımız diğer milletlerin bayramları, arkalarında sadece, sefalet, içki kokusu, yollarda metrelerle ölçülen pislik ve çöp, hepsinden de vahşisi içki ve alkolün sebep olduğu nice ölüler bırakmaktadır. Ramazan Bayramı, Kameri aylardan Şevval'in ilk üç gününde; kurban bayramı ise Zilhicce'nin 10.11.12.13. günlerinde kutlanır.

Bayramın Fazileti Hakkında Hadisi Şerifler:

✦ Resulullah (*Sallallahü Aleyhi ve Sellem*) buyurdu ki: "***Ramazan bayramı günü olunca, melekler yol güzergâhları üzerine durup şöyle seslenirler:***

- Ey Müslümanlar! Uyanın ve sonsuz kerem sahibi ve rahmeti bol olan Allah'a koşun.

Melekler seslenmeye devam ederler:

- Geceleri ibadetle geçirmek için teklif olundunuz ve siz de bunu yerine getirdiniz. Gündüzleri oruçla geçirmeniz teklif edildi. Bunu da yerine getirip oruç tuttunuz. Allah'a itaat ettiniz. İşte bütün bunlara karşılık alın mükâfatınız, sizi tebrik ederiz.

Bayram namazı kılınınca da bir başka münadi şöyle seslenir:

- "***Şüphesiz Rabbiniz hepinizi af ve mağfiretle mükafatlandırdı. Geldiğiniz yere büyük hediyelerle birlikte dönün. Böylece bugüne*** (bayram gününe) ***gökyüzünde hediyeli mükâfat günü ismi verilir.***"[1]

✦ Resulullah (*Sallallahü Aleyhi ve Sellem*) buyurdu ki: "***Allahü Teala bayram sabahı meleklere emreder. Onlarda yeryüzüne inip sokak ağızlarında, yol başlarında dururlar. İnsan ve cinden başka bütün yaratıkların işitecekleri bir sesle şöyle seslenirler:***

- "Ey Muhammed ümmeti! Bol hediyeler ihsan eden ve büyük günahları bağışlayan Kerîm olan Rabbin huzuruna koşun!"

İnsanlar namazgâhta toplanınca, Allahü Teala meleklerine şöyle buyurur:

---

[1] İbni Mace, 1782

- "Görevini yapan kişinin karşılığı nedir"

Melekler şöyle derler:

- "Ona verilecek karşılık, ücretini eksiksiz olarak almaktır!"

Allahü Teala Hazretleri buyurur ki:

- "Sizleri şahit tutuyorum ki, onlara sevap olarak rızamı ve mağfiretimi verdim!"[1]

Müminin Bayramı:

✦ Enes bin Mâlik (*Radıyallahü Anh*) müminin beş bayramı olduğunu söylemiştir:

1. Müminin günah işlemeden geçirdiği her gün ona bayramdır.
2. Kişinin, kelime-i şahadeti söyleyerek, şeytanın aldatmalarından korunarak iman ile dünyaya veda edeceği gün onun bayramıdır.
3. Sırat köprüsünü geçtiği, kıyametin tehlikelerinden emniyette olduğu, hasımlarının ve zebanilerin elinden kurtulduğu gün onun bayramıdır.
4. Cehenneme girmeyeceğine emin ve artık cennete ayak basacağı gün onun bayramıdır.
5. Âlemlerin Rabbinin cemaline bakılacağı gün kulun bayramıdır.

Bayramların Hikmeti:

✦ Denilmiştir ki: Allahü Teala'nın kullarına dünyada bayramlar ihsan etmesinin sebebi, onlara ahiret bayramlarını hatırlatmak içindir. Bayram günü insanların kimini yaya, kimini bir binitin üzerinde, kimisinin yeni elbiseler giyinmiş, kimisinin de üzerinde neredeyse elbise namına hiçbir şey

[1] Tergîb ve Terhîb, 1741

olmadığını görürsün, bazıları ise ipek elbiseler giyinmiş, bazıları gülüp oynuyor, bazıları ise ağlıyor... Şimdi kıyamet meydanını hatırla; zira orası da aynen böyle olacaktır. Allahü Teala'nın âyet-i kerimelerinde buyurduğu gibi:

"(Müminlere ait) **nice yüzlerin bembeyaz olacağı,** (kâfirlere ait) **nice yüzlerin de kapkara olacağı günü** (unutmayın)!"[1]

"**Allah'a karşı gelmekten sakınanları Rahmân'ın huzurunda bir elçiler heyeti gibi toplayacağımız, suçluları da suya koşan susuz develer gibi cehenneme sevk edeceğimiz günü düşün!**"[2]

"**Sûr'a üfürüleceği gün, bölük bölük halinde** (mahşere) **geleceğiniz gün!**"[3]

Bilindiği üzere bayramlardan en çok hüznü çekenler yetimler ve yakınları vefat eden kimselerdir.

Bayramlarda Yetimleri Sevindirmek:

Bir bayram günü Resulullah (*Sallallahü Aleyhi ve Sellem*) evinden çıkmış, mescide gidiyordu. Yolda bayram sevinci içinde oynayan çocuklara rastladı.

Hepsi bayramlık yeni elbiseler giymiş, sevinç içinde sağa sola koşuyorlardı. İçlerinde zayıf ve çelimsiz bir çocuk vardı. Eski ve yırtık elbiseleri içinde mahzun bir şekilde bir kenara çekilmiş, neşe ve sevinç içinde oynayan çocuklara bakıyordu.

Resulullah (*Sallallahü Aleyhi ve Sellem*) bu çocuğa:

---

[1] Âl-i İmrân Suresi, 106

[2] Meryem Suresi, 85–86

[3] Nebe Suresi, 18

- "*Yavrum! Niye arkadaşlarınla gülüp oynamıyorsun da bir kenara çekilmiş böyle duruyorsun?*" buyurdu.

Çocuk, Resulullah (*Sallallahü Aleyhi ve Sellem*)i tanıyamamıştı. Dedi ki:

- 'Ben hem öksüzüm, hem de yetimim. Babam, şehit oldu. Annem başka biriyle evlendi.'

Resulullah (*Sallallahü Aleyhi ve Sellem*) çocuğun şefkatle elinden tuttu. Sevgisiyle saçlarını okşadı.

- "***Yavrum! Benim, baban;*** (Hazreti) ***Aişe'nin annen, torunlarım*** (Hazreti) ***Hasan ile*** (Hazreti) ***Hüseyin'in de kardeşin olmasını ister misin?***"

Yetim yavru, karşısındaki Zat'ın şefkat dolu, nur yüzlü insanın Resulullah (*Sallallahü Aleyhi ve Sellem*) olduğunu anlayınca sevinçle dedi ki:

- 'Ya Resulallah, nasıl istemem!'

Resulullah (*Sallallahü Aleyhi ve Sellem*) çocuğun elinden tutarak evine götürdü. Yedirip içirip yeni elbiseler giydirdi. Çocuklar onu tanıyıp etrafına toplandılar. Durumundaki değişikliği görüp:

- 'Nedir sendeki bu hal?' diye sordular.

Yetim çocuk, başından geçenleri anlattı. Diğer çocuklar, bu yetim yavrunun Resulullah (*Sallallahü Aleyhi ve Sellem*) tarafından evlatlığa alındığını duyunca:

- 'Keşke bizim babalarımız da, o savaşta şehit düşselerdi de, bizi de Resulullah (*Sallallahü Aleyhi ve Sellem*) evlatlığa alsaydı' dediler.

Resulullah (*Sallallahü Aleyhi ve Sellem*) vefat ettikten sonra bu çocuk sokağa çıktı; üzüntüsünden başına topraklar saçmaya başladı ve:

- 'Ben asıl şimdi garip ve yetim oldum' dedi. Onu gören Hazreti Ebubekir (*Radıyallahü Anh*), alıp bağrın bastı.

Bayram Günü Kabir Ziyareti:

✦ Rivayet edildi ki: "***Bayram günü, kim baba ve annesinin kabrini ziyaret ederse, her attığı adıma karşılık bir sevap verilir.***

Baba ve annesinin elini bayram günü öpüp onlara iyi davrananlara Allahü Teala ikram eder.

Bir fakirin gönlünü kıranın, gönlünü de Allahü Teala kırar, kıyamet gününde yüzüne bakmaz."

Bayram Günündeki Zikirler:

✦ Resulullah (*Sallallahü Aleyhi ve Sellem*) şöyle buyurdu: "***Kim bayram günü 300 defa:***

سُبْحَانَ اللّٰهِ وَبِحَمْدِهِ

[*Sübhânallahi ve bihamdih.*]

der ve bunu Müslümanların ölülerine hediye ederse; her müminin kabrine 1.000 nur girer ve o kişi vefat ettiği zaman Allahü Teala kendisinin kabri için de 1.000 nur verir."[1]

✦ Rivayet edildi ki: "***Her kim her iki*** (Ramazan ve Kurban) ***bayramda da bayram namazından evvel 400 kere:***

---

1 Taberanî, Meu'cemü'l-Evsat, 1/357; Heysemî, Mecmeuzzevâid, 1/687

لَا اِلٰهَ اِلَّا اللّٰهُ وَحْدَهُ لَا شَرِيكَ لَهُ ۞ لَهُ الْمُلْكُ وَلَهُ الْحَمْدُ يُحْيِى وَيُمِيتُ ۞ وَهُوَ عَلٰى كُلِّ شَىْءٍ قَدِيرٌ ۞

[*Lâ ilâhe illallahü vahdehü lâ şerîke lehü. Lehül mülkü ve lehül hamdü yuhyî ve yümîtü. Ve hüve alâ külli şey'in kadîr.*]

"Allahü Teala'dan başka hiçbir ilah yoktur. O tektir. O'nun hiçbir ortağı yoktur. Mülk O'na aittir. Hamd O'na mahsustur, diriltir ve öldürür. O, her şeye hakkıyla gücü yetendir" ***derse, Allahü Teala onu 400 huri ile evlendirir ve sanki o, 400 köle azat etmiş sayılır. Allahü Teala ona kıyamet gününde şehirler inşa edecek ağaçlar dikecek melekler vekil kılar."***[1]

Rivayet edildi ki: "Herhangi bir kimse Ramazan ve Kurban bayram namazlarını kılmadan önce yukarıdaki zikri okursa, Allahü Teala o kul için huriler ihsan eder. Melekler de o kimse için cennette köşkler bina ederler. Kıyamete kadar onların köşklerinin çevresine ağaçlar dikerler."

✦ Vehb bin Münebbih (*Radıyallahü Anh*) şöyle buyurdu: "iblis her bayram feryat eder. şeytanlar etrafında toplanır ve:

- Ey efendimiz, seni öfkelendiren nedir, diye sorarlar. İblis şeytanlara:

- Allahü Teala bugün Muhammed (*Sallallahü Aleyhi ve Sellem*)in ümmetinin günahlarını bağışladı. Bu saatten sonra size düşen görev, onları sakıncalı lezzet ve şehvetlerle oyalamak, içki içmelerini sağlamak, neticede Allahü Teala'nın onlara öfkelenerek azap etmesini temiz etmektir, diye karşılık verdi."

---

[1] Nüzhetü'l-Mecalis, 155

Bir rivayette ise şöyledir: "Bayram günü iblis hapsedildiği yerden bırakılınca, naralar atarak sayısız adamlarını başına toplar ve şöyle der:

- Bildiğiniz gibi yüce Allah, Muhammed ümmetini Ramazan vesilesiyle bağışladı. Göreyim sizi evlatlarım! Onları tekrar eski hallerine döndürmenin tam zamanıdır, der ve onları Müslümanların üzerine saldırtır. Onlar da nefsine uyanları bir bir yakalayıp Ramazan'da kazandıkları faziletlerini bir bir terk ettirirler."

Akıllı kimse bu duruma dikkat etmeli ve bayram günlerinde, Ramazan ayı bitti, diyerek şehvetlerinin peşine kapılmamalı, yasaklardan sakınmalı, ibadet ve taatlerine devam etmelidir. Bu sebeple Resulullah (*Sallallahü Aleyhi ve Sellem*) şöyle buyurmuştur: "***Bayram günü sadaka vermeye, tesbih-tehlil*** (Lâ ilâhe illallah) ***getirmek, zekât vermek ve namaz kılmak gibi hayırlı ameller yapmaya gayret gösteriniz. Çünkü bu gün, Allahü Teala'nın günahlarınızı bağışladığı ve dualarına icabet edip sizlere rahmet nazarıyla baktığı bir gündür.***"

✦ Vehb bin Münebbih (*Radıyallahü Anh*) buyurdu ki: "Allahü Teala cenneti Ramazan bayramı gününde yarattı. Tuba ağacını cennete Ramazan bayramı günü dikti. Cebrail (*Aleyhisselam*)i vahiy meleği olarak Ramazan bayramı günü seçti ve firavunun sihirbazlarının tövbesini Allahü Teala Ramazan bayramı günü kabul etti."

Bayram Hazırlığı:

1. Bayram günlerinde erken kalkmak,
2. Yıkanmak,
3. Misvak kullanmak,
4. Gülyağı ve benzeri hoş koku sürünmek,
5. Varsa yeni yoksa giyilmesi mubah olan elbiselerden en güzel ve temizini giymek.

Anlatıldığına göre Hazreti Ömer (*Radıyallahü Anh*) bayram günü çocuklarından birinin üzerinde eski bir gömlekle görür ve ağlamaya başlar. Çocuk babasına sorar:

- "Babacığım seni ağlatan nedir?"

- "Yavrucuğum! Diğer çocuklar senin üzerinde bu eski elbiseyi görünce, bayram günü kalbinin kırılmasından korkuyorum."

Oğlu da:

- "Kalp ancak Allah rızasından mahrum kalınca ya da ana-babaya isyan edince mahzun olması gerekir. Ben ise, senin rızanı kazanmak sayesinde Allah'ın rızasını elde edeceğimi ümit ediyorum" şeklinde cevap verir.

Bunun üzerine Hazreti Ömer oğlunu bağrına basar ve onun için dua eder. (Allahü Teala o ikisinden razı olsun.)

Şair ne güzel söyler:

Yarın bayram, ne giyeceksin, dediler!
Susuz kuluna Rabb'in sunduğu hil'ati, dedim.
Öylesine güzel iki elbisedir ki fakirlik ve sabır,
Onları giyinen kalbe her gün Cuma ve Bayramdır.
Ey ümidim, matemdir bana sen yoksan bayramlar,
Görünür ya da sesini durursan bana, asıl o bayramdır!

6. Yüce Allah'ın nimetlerine şükür için neşe ve sevinç göstermek,
7. Karşılaşılan mümin kardeşlere karşı güler yüz göstermek,
8. Elden geldiği kadar fazla sadaka vermek,
9. Bayram gecelerini ibadetle geçirmek müstehap ve güzel bulunmuştur.
10. Ramazan Bayramında, Bayram namazından önce hurma gibi tatlı bir şey yenilmesi, Kurban bayramında ise namaz kılınmadıkça bir şey yenilmemesi müstehaptır. Enes bin Malik (*Radıyallahü Anh*) şunu naklediyor: "Resulullah (*Sallallahü Aleyhi ve Sellem*), Ramazan bayramı sabahı birkaç hurma yemeden evden çıkmazdı. Yediği hurma 1.3.5 tane teklik ifade ediyorlardı."[1]
11. Bayram günlerinde Müslümanların birbirlerini tebrik etmesi, görüşüp musâfaha yapması ve birbirlerine:

غَفَرَ اللّٰهُ لَنَا وَلَكُمْ

[*Gaferallahü lenâ ve leküm.*]

"Allah bizi ve sizi bağışlasın" yahut:

تَقَبَّلَ اللّٰهُ تَعَالٰى مِنَّا وَمِنْكُمْ

[*Tekabbelellahü te'alâ minnâ ve minküm.*]

"Yüce Allah bizden ve sizden kabul buyursun" şeklinde duada bulunması da mendubdur.

12. Bayram namazlarına giderken başka yollardan gidip, yolu uzatarak gitmek çok sevaptır. Eğer tek yol varsa, hiç olmazsa, giderken yolun bir tarafından gitmeli, gelirken de diğer tarafından gelmelidir.

---

[1] Buhari, İdeyn, 4

Teşrik Tekbirleri:

13. Bayram günü camiye bir vakar ve sükûn ile gidilir. Ramazan bayramında namaza giderken gizlice, Kurban Bayramında ise açıkça tekbir alınması ve namazdan sonra da mümkün ise başka bir yoldan eve dönülmesi mendubdur.

Söylenilmesi gereken tekbir şöyledir:

اَللّٰهُ اَكْبَرُ ۞ اَللّٰهُ اَكْبَرُ ۞ لَا اِلٰهَ اِلَّا اللّٰهُ

وَاللّٰهُ اَكْبَرُ ۞ اَللّٰهُ اَكْبَرُ ۞ وَلِلّٰهِ الْحَمْدُ ۞

[*Allahü ekber. Allahü ekber. Lâ ilâhe illallahü Vallahü ekber. Allahü ekber. Ve lillahi'l-hamd.*]

"Allah en büyüktür. Allah en büyüktür. Allah'tan başka hiçbir ilah yoktur. Allah en büyüktür. Allah en büyüktür ve hamd (övgü) de ancak Allah'a mahsustur "derdi.[1]

✦ Resulullah (*Sallallahü Aleyhi ve Sellem*) buyurdu ki: "***Bayramlarınızı tekbirlerle süsleyiniz.***"[2]

Osmanlı Devletinde Bayram Merasimleri:

Padişah bayram sabahı bazen Hırka-i Şerif dairesinde ve bazen de saray mescidinde sabah namazını cemaatle kılar ve sonra has odaya gelirdi. Bundan sonra bayram namazına gidiş hazırlıkları başlardı. Padişah tahtına gelip, oturmadan önce, akraba ve yakınlarına hilatler giydirilip tahtın sol tarafında bekletirdi. Bunların arkasında devlet erkânı rütbelerine göre dururlardı.

---

1 Hâkim, Müstedrek: 1/299

2 Taberanî, Meu'cemü's-Sağîr, 1/215; Heysemî, Mecmeuzzevâid, 3200

Padişah bayram namazı için kalktığında sadrazam sağında ve babüsaade ağası solunda olduğu halde büyük bir alayla yola çıkarıldı. Bayram namazı genellikle Sultan Ahmet ve bazen de Ayasofya Camii'nde kılınırdı.

Bayram namazından sonra sadrazam, vezirler ve diğerleri dışarı çıkıp padişahı beklerler ve sonra alayla kubbe-i hümayun'a kadar gelirlerdi. Burada bayramlaşma merasimini Babıâli tefrişat kalemi idare ederdi. Herkes yerini aldıktan sonra, padişah "Aleyke Avnullah" ve "Mağrur olma padişahım, senden büyük Allah var" sesleri arasında tahta oturur ve bu esnada mehteran bölüğü tarafından hünkâr marşı çalınırdı. Bu merasim, son zamanlarda umumiyetle Dolmabahçe Sarayı bayramlaşma salonunda yapılırdı.

Bayram Namazı

Bayram namazları ikişer rekâttır. Cemaatle aşikâre olarak kılınırlar. Ezan ve ikamet yapılmaksızın imam, iki rekât Ramazan veya Kurban bayramı namazına niyet eder.

Niyet: Cemaat da böyle iki rekât bayram namazı kılmak için "Ya Rabbi niyet ettim bugünkü bayram namazını kılmaya, uydum hazır olan imama" der ve tekbir alır. Sübhaneke'den sonra "Allahü Ekber" diye iftitah tekbiri alınır, eller bağlanır. Hep birlikte gizlice "Sübhaneke" okunur. Sonra imam yüksek sesle, cemaat da gizlice "Allahü Ekber" diye üç tekbir alırlar. Tekbirlerde eller yukarıya kaldırılıp ondan sonra yanlara salıverilir, her tekbir arasında üç tesbih miktarı durulur. Üçüncü tekbirden sonra eller bağlanır. İmam gizlice "Eüzü-Besmele" çektikten sonra, aşikâre olarak Fatiha suresi ile bir miktar daha Kur'ân-ı Kerim'den okur. [1] Aşikâre "Allahü Ekber" diyerek bilindiği gibi rükû ve secdelere gider. Cemaat da gizlice tekbir alarak imama uyar. Sonra yine tekbir alınarak ikinci rekâta kalkılır. İmam gizlice "Besmele"den sonra yine aşikâre olarak Fatiha suresi ile bir miktar daha Kur'ân okur. Tekrar üç defa eller kaldırılarak birinci rekâtta olduğu gibi üç tekbir alınır. Ondan sonra imam yine aşikâre, cemaat ise gizlice "Allahü Ekber" diye rükûa ve secdelere varırlar. Sonra oturulup gizlice "Tahiyyat, Salli-Barik ve Rabbena Atina" duaları hep birlikte okunur ve iki tarafa selam verilerek namaz tamamlanır.

Bu halde bayram namazlarının her rekâtında üç fazla tekbir bulunmuş olur ki, bunlar da vaciptir.

Bayram namazından evvel gerek evde ve gerek camide; bayram namazından sonra da camide nafile namazı kılmak mekruhtur. Eve gelirse kılınabilir.

Bayram namazına yetişemeyen kimse, artık onu kaza edemez ve tek başına kılamaz. Dilerse döner gider, dilerse dört rekât nafile namazı kılar.

---

[1] Resulullah (*Sallallahü Aleyhi ve Sellem*) bayram namazlarında İnşikak ile Kaf surelerini okurdu. (Müslim, 891)
Bir rivayette ise, Cuma ve Bayram namazlarında "A'la ve Gaşiye" surelerini okurdu. (Müslim, 879)

Ramazan Bayramı Duası:

Ey bizleri yoktan var eden, her şeyi emrimize veren Allah'ım! Zatına hamdü senalar ediyor, Habibine Salatü selam gönderiyoruz, kabul eyle ya Rabbi!

Emr-i ilahine uyduk, Senin rızan için oruç tuttuk, makbul eyle ya Rabbi!

Ramazan'da açlık ve susuzluk ile yandık. Gözümüzü, gönlümüzü kötülüklere kapadık, affını umarak, elimizi dergahına açtık bizi boş çevirme Allah'ım!

Şu mübarek günde bizi hayra, insanlık âlemini sulh ve sükûnete kavuştur ya Rabbi!

Evveli rahmet, ortası mağfiret olan; sonu cehennemden kurtuluş günü şeklinde tarif edilen mübarek Ramazan'ın sonuna geldik. Sevinç ve mutluluk günü olan bayrama erdik. Rahmetini bekliyor, yardımını istiyoruz, ihsan eyle ya Rabbi!

Biz emirlerini yerine getirdik affını istemek için divanına geldik mahrum etme ya Rabbi!

İslam ve iman düşmanlarına din ve iman saldıranlarına fırsat verme ya Rabbi!

Bizi iman ile öldür İslam ile güldür, ya Rabbi!

Gelecek bayrama erişmek Sana, güzel güzel ibadet etmek fırsatını bizden esirgeme ya Rabbi!

Beşeriyetin hidayet ve selameti, bütün müminlerin af ve mağfireti için el-Fâtiha.

(10) Şevval Ayı ve Fazileti

Kamerî takvimde Ramazan ayından sonraki ay Şevval ayıdır. Kulun Ramazan ayında kazandığı kulluk kazancını sene boyunca koruyabilmesi çok önemlidir. Allahü Teala Ramazan ayında ibadeti kolaylaştırır, sevabını lütuf ve ikramıyla çoğaltarak kulunu teşvik eder. Fakat kula fırsat olarak sunulan üç aylar, özellikle de Ramazan ayı biter bitmez insanın yaşayış olarak bu mübarek ayların öncesine dönmesi ciddi bir kayıp olur. Ramazan ayında ibadetimizi çoğaltmamız, diğer aylarda da çoğalttığımız ibadetimizde sebat etmemiz en güzel olanıdır. Böylece mümin, Rabbinin lütuf ve merhametiyle kullukta bir yükseliş sürecine girecek, yerinde saymayacaktır. Sebat ettiği ibadetleri yıl boyunca hayatına yerleştirecek, sonra üç aylar geldiğinde biraz daha Ramazan ayı geldiğinde biraz daha ibadetlerini çoğaltarak Rabbine yaklaştıkça yaklaşacaktır.

Şevval Ayında Oruç

Bu ayda altı gün oruç tutmak müstehaptır.

✦ Abdullah ibni Ömer (*Radıyallahü Anhüma*) Resulullah (*Sallallahü Aleyhi ve Sellem*)in şöyle buyurduğunu rivayet etmiştir: "***Kim Ramazan ayını oruçlu geçirir, sonra buna ilaveten altı gün daha Şevval'den tutarsa, sanki annesinden yeni doğmuş gibi günahlardan temizlenir.***" [1]

[1] Müslim, Oruç, 39; Tirmizi, Oruç, 53; Mecmeuzzevaid, 3/184

✦ Resulullah (*Sallallahü Aleyhi ve Sellem*)in azatlısı Sevban (*Radıyallahü Anh*)dan rivayete göre, Resulullah (*Sallallahü Aleyhi ve Sellem*) şöyle buyurmuştur: "***Ramazan bayramından sonra altı gün oruç tutan, senenin tamamını oruç tutmuş gibidir.*** [1] Zira En'am suresinin 160. ayetinde Allahü Teala:

بِسْمِ اللّٰهِ الرَّحْمٰنِ الرَّحِيمِ

مَنْ جَاءَ بِالْحَسَنَةِ فَلَهُ عَشْرُ اَمْثَالِهَا ... ﴿١٦٠﴾

"Kim bir hayır amelde bulunursa, ona yaptığının on katı ecir verilir" buyurmuştur.

Bu ayeti kerimeden yola çıkarak, Ramazan'ın her bir günü, on güne karşılık geldiğini ve toplamının 300 olduğunu, ardından tutulan altı günlük Şevval orucuyla birlikte tam bir sene ettiğini Âlimler hesaplamışlardır. Zira Kameri takvimde yıl, 360 gündür. [2]

Tutulan 6 gün orucun Pazartesi-Perşembe, 13. 14. 15. günlerine denk getirmek daha faziletlidir.

Ali Havvâs (*Kuddise Sirruh*) buyurdu ki: "Şevval ayında tutulan bu altı günlük oruca da, Ramazan-ı Şerif'teki gibi saygı gösterilmelidir. Çünkü Şevval ayında tutulan oruçlar, Ramazan ayındaki oruçların eksiklerini tamir durumundadır."

İşte Şevval ayı oruçlarında Rabbimizin vaad ettiği mükâfat oruçla olan irtibatımızı devam ettirmemiz, orucu sadece Ramazan ayına münhasır kılmamamız için bir teşvik mahiyetindendir.

---

[1] Müslim, Oruç, 39; Ebu Davud, Oruç, 8/57; Tergib ve Terhib, 2/111

[2] Tuhfetül-Eşraf, 2/590; İbni Huzeyme, Sahih, 3/298; İbni Mâce, 1/547

Şevval Ayında Namaz

Resulullah (*Sallallahü Aleyhi ve Sellem*) buyurdu ki: "***Kim Şevval ayında 4 rekât*** (gece veya gündüz) ***namaz kılarsa, her rekâtta bir Fatiha ve arkasından 15 kere İhlâs suresini okursa, selamdan sonra 70 defa:***

سُبْحَانَ اللّٰهِ وَبِحَمْدِهِ

[*Sübhânallahi ve bihamdih.*]

"Allah'ı hamd etmekle beraber tüm noksanlıklardan tenzih ederim" ***tesbihini, arkasından Resulullah*** (*Sallallahü Aleyhi ve Sellem*)***e 70 defa:***

اَللّٰهُمَّ صَلِّ عَلٰى سَيِّدِنَا مُحَمَّدٍ وَعَلٰى اٰلِهِ وَصَحْبِهِ وَسَلِّمْ

[*Allahümme salli alâ Seyyidinâ Muhammedin ve alâ Âlihi ve sahbihi ve sellim.*]

Salatü selam getirirse, Beni hak üzere gönderen Allah'a yemin olsun ki, bu namazı kılan kimsenin kalbine ve diline hikmet pınarları Allah tarafından akıtılır, dili hikmetle konuşur, dünyanın her türlü hastalığına haberdar edilip bunların tedavi yolları kendisine bahşedilir. Bu namazı kılan kimse daha başını secdeden kaldırmadan günahları af olunur. Ölürse de affolunmuş ve şehit olarak ölmüş olur. Yolculukta kılındığı takdirde, yine Allahü Teala o kimseye yolculuğunda her türlü kolaylığı ihsan eder. Eğer bu kimse borçlu ise borcunu kolaylık içinde ödemeyi başarır, kısacası her türlü ihtiyacı giderilmiş olur. Ona cennette uçsuz bucaksız gülistan nasip olur." [1]

[1] Abdülkâdir Geylânî (*Kuddise Sirruh*), Gunye, 2/147

(11) Zilkâde Ayı ve Fazileti

Kamerî takvimde Şevval ayından sonraki ay, hac aylarından olan Zilkâde ayıdır. Geceleri hiç olmazsa, zaman zaman teheccüde kalkmalı ve bilhassa Cuma geceleri tesbih namazı kılmalıdır.

Kamerî ayların on birincisi. Câhiliye devri Arapları tarafından hurmaların olgunlaşması ve mahsulün toplanması mânâsında kullanılmaktaydı.

Bilindiği gibi hicret, Rebiülevvel ayında cereyan etmişse de, Arapların İslâm'dan önce bildikleri bu ayların benimsenmesinde hikmet görüldüğünden senenin ilk yılı olarak "Muharrem" kabul edilmiştir. Diğer taraftan Zilkâde, "Eşhuru'l-Hurum (Saygılı, hürmetli aylar)ın da birincisidir. Bu aylar üçü peş peşe biri ayrı olmak üzere dört tanedir: Zilkâde, Zilhicce, Muharrem, Receb.

İbrahim (*Aleyhisselâm*) ve İsmail (*Aleyhisselâm*) devrinden beri bu dört ay hürmetli aylar olarak anılagelmiştir. Bu aylar her türlü kötülüğün, saldırının, zulmün, savaşın yasaklandığı aylardır. Nitekim Bakara suresinin 217. âyetinde hürmetli ayda savaşın büyük bir suç olduğu; Allah yolundan, hak dinden engellemenin, Allah'a küfür ile Mescid-i Haram'ın halkını, aynı zamanda Resulullah (*Sallallahü Aleyhi ve Sellem*) ve Ashabını oradan çıkarmanın çok büyük bir günah olduğu belirtilmiştir.

Ancak câhiliye devrinde Arapların bir kısmı maişetlerini soygunculuk ve yağma ile sağladığından ve aralarında sık sık kan dâvâları ve iç harpler gerçekleştiğinden peş peşe haram aylardan üç ay boyunca hürmet yasaklarını gözetmekte, gazveye ve saldırıya gitmemekte güçlük çekiyorlardı. Bunun önüne geçmek için muharebe ve saldırı günlerinde meselâ "Recep ayı" girerse, onu helâl sayıp haramlığını "Şaban ayı"na tehir ederlerdi. Böyle bir durum "Muharrem"de gerekse, bunu "Safer"e ertelerlerdi. Böylece o yıl Muharrem ve Receb yerine Şaban veya Safer ayları hürmetli aylardan sayılmış olurdu. Ancak ayların sıralamasında değişiklik meydana geliyordu. Neticede tehir edilen ay, bir yıl bittikten sonra yeni yıla ekleniyordu. Diyelim ki, ertelenen ay Muharrem ve yerine geçirilen ay da Safer ise, buna Safer-i âhir denilirdi. Böylece Zilhicce'den sonra yılın ilk ayı Muharrem olması icap ederken onun yerine Safer gelmiş oluyordu. Dolayısıyla ondan sonraki gelen ayların hepsi adlarını devam ettirmekle beraber Allah'ın kendilerine tayin ettiği zaman diliminde bulunmamış oluyorlardı. Bunun pek çok sakıncası yanında hac ibadeti, Allah katında belirtilen Zilhicce ayı ve günlerinden başka ay ve günlere kaymış olurdu. Tevbe suresinin 36. ve 37. âyetlerinde câhiliye çağı Araplarının yapmış olduğu bu işlem, Allah Teâlâ tarafından kötülenmekte ve kâinatın yaratılışından itibaren mevcut olan on iki ayın yerlerinin korunması hatırlatılmakta ve hürmetli ayların yerini değiştirmenin küfürde ileri gitmek olduğu; Allah'ın helâl kıldığını haram, haram kıldığını da helâl saymaktan kaçınmak gerektiğini vurgulanmaktadır.

İslâmî telâkkiye göre Allah'ın saygılı kıldığı dört aydan birincisi olan Zilkâde ayında müslümanların her türlü söz ve davranışlarında daha dikkatli davranmaları, bu hürmetli ayı fırsat bilerek ruh ve kalplerini zikir, tefekkür ve ibadetle süslemeleri, haram ve yasaklardan kaçınmakta daha hassas davranmaları, İslâmî hizmetlere daha şuurlu olarak katkıda bulunmaları beklenir.

Zilkâde Ayında Oruç

✦ Resulullah (*Sallallahü Aleyhi ve Sellem*) buyurdu ki: "***Haram ay*** (Zilkâde, Zilhicce, Muharrem ve Recep ayın)***dan bir gün oruç tutana, Allahü Teala her gününe karşılık, bir ay*** (oruç tutmuş sevabı) ***yazar.***"

✦ Enes (*Radıyallahü Anh*)den rivayet edildiğine göre Resulullah (*Sallallahü Aleyhi ve Sellem*) buyurdu ki: "***Kim haram aylarda***(n olan Zilkâde, Zilhicce, Muharrem ve Receb de) ***üç gün oruç tutarsa, o kişi için 900 yıllık ibadet sevabı verilir.***"

Bu hadisi şerifi rivayet ettikten sonra Hazreti Enes şöyle der: "Bu hadisi şerifi Resulullah (*Sallallahü Aleyhi ve Sellem*)den işitmediysem şu iki kulağım sağır olsun."

Resulullah (*Sallallahü Aleyhi ve Sellem*) buyurdu ki: "***Her kim, herhangi bir haram aydan Perşembe, Cuma ve Cumartesi olmak üzere, üç günü oruçlu geçirirse, kendisine*** (her güne karşılık) ***900 sene ibadet*** (sevabı) ***yazılır.***"[1]

✦ Hazreti Ali (*Radıyallahü Anh*) Resulullah (*Sallallahü Aleyhi ve Sellem*) den rivayetle buyurdu ki: "***Allahü Teala, Âdem (Aleyhisselâm)ı cennetten dünyaya indirdiğinde, güneşin yakması neticesinde bedeni kararınca, Cebrail (Aleyhisselâm) O'na gelerek:***

- Ey Adem! Bedeninin tekrar bembeyaz olmasını istersen, ayın 13, 14 ve 15. günlerini oruçlu geçir" buyurdu.

Âdem (Aleyhisselâm), bu oruçları tutmaya başlayınca, birinci gün bedeninin üçte biri, ikinci gün üçte ikisi, üçüncü gün ise tamamı bembeyaz oldu. İşte bu yüzden bu günlere "Beyaz Günler" ismi verildi."[2]

---

[1] Taberânî, Evsât, 1810, 2/468; Gunye, 1/325

[2] Abdülkadir Geylanî (*Kuddise Sirruh*), Gunye, 2/126–127

✦ Resulullah (*Sallallahü Aleyhi ve Sellem*) buyurdu ki: "***13. günün orucu 3.000 seneye, 14. günün orucu 10.000 seneye, 15. günün orucu ise, 100.000 sene eder.***"[1]

✦ Resulullah (*Sallallahü Aleyhi ve Sellem*) buyurdu ki: "***Kuşluk namazını kılan, her aydan üç gün oruç tutan, mukim iken de yolcu iken de vitir namazını terk etmeyen bir kimseye de bir şehit ecri yazılır.***"[2]

✦ Resulullah (*Sallallahü Aleyhi ve Sellem*) buyurdu ki: "***Sabır*** (Ramazan) ***ayı orucu ile her aydan üç gün oruç tutmak, kalpteki kini ve öfkeyi giderir.***"[3]

✦ Resulullah (*Sallallahü Aleyhi ve Sellem*) buyurdu ki: "***Kim her aydan üç gün oruç tutabilirse, hiç şüphesiz her bir gün on tane günaha kefaret olur. Suyun elbiseyi temizlemesi gibi de günahlardan temizleyip arındırır.***"[4]

✦ Resulullah (*Sallallahü Aleyhi ve Sellem*) şöyle buyur-muştur: "***Nuh*** *(Aleyhisselâm)*, ***Ramazan ve Kurban bayram günleri hariç bütün seneyi oruç tuttu. Davud*** *(Aleyhisselâm)* ***senenin yarısını tuttu. İbrahim*** *(Aleyhisselâm)* ***her aydan üç gün tutarak hem bütün sene tutmuş hem de yemiş oldu.***"[5]

Yapılacak Örnek Bir Dua

Hamd, Âlemlerin Rabbi olan Allah'a mahsustur. Salât ve Selam, Efendimiz Muhammed (*Sallallahü Aleyhi ve Sellem*)e, ailesine, Ashabına ve tabi olanların üzerine olsun.

Ey her nimetiyle kendini sevdiren, gerçek sevgiye layık, ezelî sıfatlara sahip, tek mabud olan Allah'ım!

---

[1] Abdülkadir Geylanî (*Kuddise Sirruh*), Gunye, 2/125
[2] Heysemî, Mezmeu'z-Zevaid, 2, 241
[3] Bezzâr, Müsned Keşfül-Estâr, 1/494
[4] Taberânî, Kebir, 27/35
[5] Heysemî, Mecmeuzzevâid, 3/195

Ey maddi ve manevi bütün dertlerin ve ihtiyaçların şifasını ihsan eden Şafi olan Allah'ım!

Ey dertleri giderip afiyet veren ve sağlık nimetini ihsan eden Allah'ım!

Ey bizim Rabbimiz! Sen bizi doğru yola ilettikten sonra kalplerimizi şek ve şüpheye meylettirme. Senin katından yalnız rahmet olan istikamet üzere olmamızı nasip et. Muhakkak Sen herkesin muratlarını vericisin.

Allah'ım! Rahmetini umar ve azabından korkarız.

Allah'ım! Kur'ân-ı Kerim'in bereketiyle ve Resulullah (*Sallallahü Aleyhi ve Sellem*)in hürmetiyle bizim imanımızı ölüm gelip çatıncaya kadar bütün ömrümüz boyunca lanetlenmiş şeytandan muhafaza eyle, lütuf ve kereminle ey merhamet edenlerin en merhametlisi Allah'ım!

Allah'ım! Herhangi bir şekilde şirk koşmaktan Sana sığınırım. Ben bilirim ve istiğfar ederim. Bilmeyerek yaptığım hatalardan da Sana istiğfar ederim.

Allah'ım! Sen benim Rabbimsin. Senden başka hiçbir ilah yoktur, ancak Sen varsın. Beni Sen yarattın, ben Senin kulunum. Gücüm yettiği kadar Senin ahdin ve vaadin üzerindeyim. İşlediğim kötülüklerden Sana sığınırım. Sana yönelirim, günahlarımla Sana müracaat ettim. Beni mağfiret et, zira günahları ancak Sen bağışlarsın.

Ey Hay ve Kayyum olan Allah'ım! Rahmetinle yardımını talep ederim. Allah'ım! Beni Sen yarattın, Sen rızıklandırdın. Öyleyse beni mağfiret et.

Allah'ım! Senden imanda sıhhat ve güzel ahlakta kuvvet isterim. Yine Senden bir zafer isterim ki arkası kurtuluş olsun. Senden rahmet, afiyet, mağfiret ve rıza isterim.

Salât ve Selam Muhammed (*Sallallahü Aleyhi ve Sellem*)e ve bütün Peygamberlere, hamd Âlemlerin Rabbi olan Allah'adır.

(12) Zilhicce Ayı ve Fazileti

Zilhicce, kamerî ayların on ikincisi olan haram aydır. Bu aya Zilhicce denilmesine gelince; cahiliye döneminden beri ve günümüzde bu ayın ilk on günün hac mevsimi olması nedeniyledir. İşte bundan dolayı bu ayın ilk on günlerine Zilhiccenin on günü ile isimlendirilmesi meşhur olmuştur.

Şüphesiz bu günler, Allahü Teala katında kıymetli ve değeri çok büyüktür. Öyle ki, Allahü Teala Kur'ân-ı Kerim'de bu günlere yemin etmiştir. [1]

Bu ay, hac farizasının îfâ edildiği umumî af ayıdır. Arafat'a çıkıldığı, Allah için milyonlarca kurbanın kesildiği ve bir senelik hesapların görülüp amel defterlerinin kapandığı mukaddes bir aydır.

Zilhicce Ayının On Gününün Fazileti:

✦ Rivayet edildi ki: "On güne ikram, tazim ve hürmet edenin ömrüne Allahü Teala bereket verir, malını arttırır, çoluk çocuğunu korur, günahını affeder, sevabını kat kat eder. Ölüm hastalığını kolay, kabrini nurlu, terazisini ağır eder, alçaklıklardan kurtarıp yüksek derecelere kavuşturur."

✦ Abdullah ibni Abbas (*Radıyallahü Anhüma*) anlatıyor: Resulullah (*Sallallahü Aleyhi ve Sellem*):

- "***Amellerin Allah katında en sevimli ve en faziletli olanları, zilhicce ayının ilk on gününde yapılanlarıdır. O günlerde,***

---

[1] Fecr Suresi, 1–2; A'raf Suresi, 142

bir gün oruç tutmak, bir sene oruç tutmaya eşit olur. Bir gecesini ibadetle geçirmek, Kadir gecesini ibadetle geçirmeye denk olur" buyurdu.

Bunun üzerine meclistekiler:

- "Ey Allah'ın Resulü! Allah yolunda cihad, bundan daha faziletli değil mi?" diye sordular. Resulullah (*Sallallahü Aleyhi ve Sellem*):

- "***Hayır! Allah yolunda cihad bundan daha faziletli değildir. Ancak bir kimse canıyla, malıyla çıkar da onlardan hiçbir şeyiyle geri dönmezse, o müstesna!***" buyurdu.[1]

Bir rivayette ise şöyledir:

- "***Allah yolunda cihad ile geçirilen günler de onlar gibi olamaz. Ancak cihad esnasında atını ve canını Allah yolunda kaybedenler hariç!***"[2]

Başka bir rivayette ise şöyledir:

- "***Allah yolunda cihad ile geçirilen günler de onlar gibi olamaz. Ancak*** (şehit edilerek) ***yüzü yere, toprağa bulanmış olan bir kimse müstesnâdır.***"[3]

✦ Resulullah (*Sallallahü Aleyhi ve Sellem*) buyurdu ki: "***Allah nazarında en makbul ibadet günleri, Zilhiccenin ilk on gününde yapılan ibadetlerdir. Bugünlerin her birisini oruçla geçirmek, bir sene oruç ibadetine denktir. Bugünlerden birisinin gecesini namaz kılarak ihya etmek, Kadir gecesini namaz kılmakla ihya etmek gibidir.***"[4]

---

1 Buharî, Îydeyn, 11; Beyhakî, Sünenül-Kübrâ, , 4/284
2 Tirmizî, Savm, 52; Ebu Davud, Savm, 61
3 Bezzâr, Müsned Keşfül-Estâr, 2/28
4 Tirmizi, 3/122; Tergib ve Terhib, 2/199; İbni Mâce, 1/551

✦ Resulullah (*Sallallahü Aleyhi ve Sellem*) buyurdu ki: "***Zilhiccenin ilk on gününün gecelerinden birini ihya edenin, bir seneyi hac ve umre ibadetiyle ihya eylemesi gibidir. Bu günlerden bir gün oruç tutması, senenin diğer vakitlerinde ibadetle meşgul olması gibidir.***" [1]

✦ Resulullah (*Sallallahü Aleyhi ve Sellem*) buyurdu ki: "***Zilhiccenin ilk on gününde yapılan amel 700 katıyla mükâfatlandırılır.***" [2]

✦ Enes bin Mâlik (*Radıyallahü Anh*)in şöyle dediği rivayet edilmektedir: "Zilhicce'nin ilk on günü hakkında, her bir günü, (fazilet bakımından) bin güne denktir. Arife günü ise, onbin güne denktir." [3]

✦ Rivayet edildi ki: "Şüphesiz bu on günde, bir fakire sadaka veren, sanki Allahü Teala'nın Resullerine ve Nebilerine tasaddukta bulunmuş gibidir. Bu günlerde bir hastayı ziyaret eden, sanki Allah dostlarını ve seçkin kullarını ziyaret etmiş gibidir. Bir cenazeye katılan, sanki Bedir şehitlerinin cenazelerinde bulunmuş gibidir. Bir mümini giydireni, Allahü Teala cennet elbiselerinden giydirir. Bir yetime iyi davrananı, Allahü Teala kıyamet günü Arş'ının altında gölgelendirir. İlim meclislerinden bir mecliste bulunan, sanki Allahü Teala'nın Nebilerinin ve Resullerinin meclisinde bulunmuş gibidir."

✦ Rivayet edildi ki: Allahü Teala sene içinden üç tane on günü tercih etmiştir. Şöyle ki;

---

[1] Şeyh Abdülkâdir Geylânî (*Kuddise Sirruh*), Gunye, 2/39

[2] Taberânî, Kebir, 10/246; Tergib ve Terhib, 2/199; Kenzül-Ummâl, 35194

[3] Beyhakî, Sünenül-Kübrâ, 4/284

1. Ramazan ayının ilk on günü. Çünkü bugünlerde, kadir gecesinin bereketleri vardır.
2. Zilhicce ayının ilk on günü. Zira o günlerde terviye günü, arife günü, kurban günü, telbiye ve hac işleri gibi dini merasimler vardır.
3. Muharrem ayının ilk on günü. Zira o günlerde aşure gününün bereketleri vardır.

✦ Denildi ki: Her kim Zilhiccenin 10 gününü ibadet ve itaatle değerlendirirse, Allah o kimseyi şu 10 mükâfatla ve ikramla lütuflandırır:

1. Ömrünü uzun ve bereketli kılar.
2. Malını artırır.
3. Aile fertlerini korur.
4. Günahlarını affeder.
5. Hayr-ı hasenatını artırır.
6. Ölürken Allah ölümünü kolay eder.
7. Karanlıklarını nura dönüştürür.
8. Mizanını (günah ve sevapların tartıldığı terazinin sevap kısmını) ağırlaştırır.
9. Derekelerden (cehennem basamaklarından) kurtarır.
10. Yüksek derecelere yükseltir.

✦ Saîd bin Cübeyr (*Radıyallahü Anh*): "Siz Zilhicce'nin ilk on gecesinde mum ve kandillerinizi söndürmeyiniz" buyurur. Hizmetçisine kendisini ikaz etmesini emrederdi. Kendisine Zilhicce'nin ilk on gününde ibadetlerin, çok güzel ve pek latîf göründüğü bildirilmiştir.

✦ Ebû Derdâ (*Radıyallahü Anh*) şöyle demiştir: 'Zilhiccenin ilk on günü oruç tutmaya gayret ediniz. O günlerde çokça dua ediniz, istiğfar ediniz ve sadaka veriniz. Çünkü ben, Resulullah

*(Sallallahü Aleyhi ve Sellem)*in, "***Zilhiccenin on gününün hayrından mahrum kalana yazıklar olsun! Özellikle dokuzuncu*** (arife) ***günü oruçlu geçirmeye gayret ediniz. Zira o günde kimsenin sayamayacağı kadar çok hayırlar vardır***" buyurduğunu işittim.'[1]

Zilhiccede Oruç

Zilhicce Ayının İlk On Gününün Orucu:

✦ Hacca gidemeyen mü'minler, Zilhiccenin ilk dokuz gününde oruç tutmalı, 10. günü kurban kesilinceye kadar bir şey yemeyip oruçlu bulunmalı ve orucunu kurban etiyle açmalıdır. Hiç olmazsa 8'inci gün ile beraber, 9'uncu günü (Arefe günü) oruçlu olmak lâzımdır.

✦ Resulullah (*Sallallahü Aleyhi ve Sellem*) buyurdu ki: "***Zilhiccenin ilk dokuz gününü oruçla geçirene Allahü Teala her bir gün karşılığında bir sene oruç yazar.***"[2]

✦ Resulullah (*Sallallahü Aleyhi ve Sellem*) buyurdu ki: "***Bu on günden bir gün dahi oruç tutan kişi, sanki geri kalan senenin tümünde Allahü Teala'ya ibadet etmiş gibi olur.***"[3]

✦ Resulullah (*Sallallahü Aleyhi ve Sellem*) buyurdu ki: "***Zilhicce'nin son 10 günü ile Muharrem'in ilk gününü oruçlu geçiren kişi, geçen seneyi oruçla bitirmiş, gelecek seneyi de oruçla karşılamış olduğundan, Allahü Teala ona elli senelik keffaret yazar.***"

---

[1] Tenbîhül-Gâfilîn, *'Zilhiccenin On Günü'* bahsi

[2] Tirmizi, Oruç, 52; İbni Mâce, 1/551; Kenzü'l-Ummâl, 24265

[3] Şeyh Abdülkâdir Geylânî (*Kuddise Sirruh*), Gunye, 2/40

✦ Hazreti Aişe anlatıyor: "Şarkıcılık yapan bir genç vardı. Zilhicce hilalini görünce ertesi sabah oruç tutmaya başlardı. Gencin bu yaptığı Resulullah (*Sallallahü Aleyhi ve Sellem*)e ulaştı. Efendimiz onu çağırdı ve kendisine buyurdu ki: "***Seni bu günde oruç tutmaya sevk eden sebep nedir***?"

Genç şöyle cevap verdi: 'Anam-babam Sana feda olsun ey Allah'ın Resulü! Bu günler, insanların hac ve ibadet için toplandıkları günlerdir. Belki bu ibadetimle Allahü Teala beni onların duaları arasına katar!'

Resulullah (*Sallallahü Aleyhi ve Sellem*) buyurdu ki: "***Bu günlerde tuttuğun her bir günlük oruca senin için bir köleyi azat etme, yüz deve kurban etme ve Allah yolunda cihat etmek üzere yüz at vermiş olmaya denk sevap vardır. Terviye günü*** (zilhiccenin 8. günü) ***tutacağın oruç, bin köle azat etmeye, bin deve kesmeye ve cihad için bin at vermeye denktir. Arefe günü tutacağın oruç ise, ikibin köle azat etmeye, ikibin deve kurban etmeye ve cihad için ikibin vermeye denktir. Arife günü orucu, bir geçmiş biri de gelecek olan iki senelik orucun sevabına denktir.***"[1]

✦ Resulullah (*Sallallahü Aleyhi ve Sellem*) buyurdu ki: "***Âdem*** *(Aleyhisselâm)* ***cennetten çıkarılıp dünyaya gönderildiğinde hatasına son derece pişman olup 300 yıl:***

لَا اِلٰهَ اِلَّا اَنْتَ سُبْحَانَكَ وَبِحَمْدِكَ عَمِلْتُ سُوءًا

وَظَلَمْتُ نَفْسِي فَاغْفِرْ لِى وَاَنْتَ خَيْرُ الْغَافِرِينَ وَارْحَمْنِى

اِنَّكَ اَرْحَمُ الرَّاحِمِينَ

[1] İbni Arrâk, Tenzîhu'ş-Şerî'a, 2/148; Şevkânî, el-Fevâidül-Mecmû'a, s.95

[*Lâ ilâhe illâ Ente sübhâneke ve bihamdike alimtü sûen ve zalemtü nefsî fağfir lî ve ente harul gâfirîne verhamnî inneke erhamer râhimîn.*]

diye yalvardı, inledi. Bunun üzerine, Allahü Teala Bakara suresinde bildirdiği üzere:* "Ey Âdem! Senin zayıf haline acıdım. Zelleni af, tövbeni kabul ettim" *diye vahyeyledi. Zilhiccenin ilk on gününün bereketiyle tövbesi kabul olup mağfirete kavuştu. Bunun gibi nefsine uyan mümin, bu on günde Allahü Teala'ya tövbe eder, ibadet ve taate koyulursa, Allahü Teala onu rahmet eder, onu mağfiret eder, ihsanda bulunur. Hatta rahmet ve fazileti ile onun günahını sevaba çevirir. Bir kimse o gün oruç tutarsa, Allah onun her günahını bağışlar.

Zilhicce ayının ikinci gününde Allahü Teala, Yunus Peygamberin duasını kabul buyurdu, kendisini balığın karnından çıkardı. Bir kimse, Zilhicce ayının ikinci gününde oruç tutarsa, Allahü Teala'ya ibadet eden, bu ibadetinde de göz açıp kapayacak kadar bir zaman için dahi asi olmayan gibi olur.

Zilhicce ayının üçüncü gününde Allahü Teala, Zekeriya Peygamberin duasını kabul buyurdu. Bir kimse o gün oruç tutarsa, Allahü Teala onun duasını kabul buyurur.

Zilhicce ayının dördüncü gününde İsa *(Aleyhisselâm)* ***doğdu. Bir kimse o günü oruçlu geçirirse, ondan sıkıntı, fakirlik gider. Kıyamet gününde iyiliksever, keremli yazıcı meleklerle olur.***

Zilhicce ayının beşinci gününde Musa *(Aleyhisselâm)* ***doğdu. Bir kimse o günde oruç tutarsa, münafıklıktan u-***

zak, kabir azabından emin olur.

Zilhicce ayının altıncı gününde, Allahü Teala, Peygamberine (Resulullah *Sallallahü Aleyhi ve Sellem*'e) ***Hayber kalesini almayı nasip eyledi. Bir kimse o gün oruç tutarsa, Allahü Teala ona rahmet nazarı ile bakar, bir daha ona azap etmez.***

Zilhicce ayının yedinci günü cehennem kapıları kilitlenir, Zilhicce ayının on günleri çıkıncaya kadar açılmaz. Bir kimse o günü oruçlu geçirirse, Allahü Teala kendisine yetmiş sıkıntı kapısını kapatır, yetmiş kolaylık kapısını da açar.

Zilhicce ayının sekizinci günü olan terviye günü bir kimse oruç tutarsa, kendisine o kadar iyilik ihsan edilir ki, onların miktarını ancak Allah bilir.

Zilhicce ayının dokuzuncu günü olan arife günü bir kimse oruç tutarsa, geçen bir senelik, gelecek bir senenin günahının bağışlanmasına sebep olur.

Bu gün: **"Bugün dininizi sizin için mükemmel ettim, size olan nimetimi tamamladım"** [1] ***ilâhi emrinin indiği gün, Zilhicce ayının onuncu günü idi, kurban bayramıydı.***

Bir kimse o gün kurban keser de, bir damla kanını akıtırsa, Allah onun ve ailesinin günahlarını çoluk çocuğunun günahlarını bağışlar.

Bir kimse o gün bir mümini doyurur, bir sadaka verirse, Allahü Teala onu kıyamet gününde güvenlik içinde diriltir. Amellerin tartıldığı terazide ise, onun iyilikleri Uhud dağından daha ağır gelir. "

---

[1] Mâide Suresi, 3

✦ Hazreti Hafsa (*Radıyallahü Anha*) annemizin şöyle buyurduğu rivayet edilmiştir: "Resulullah (*Sallallahü Aleyhi ve Sellem*) dört şeyi hiç terk etmezdi:

a. Zilhicce'nin ilk on gününün orucu,

b. Aşure günü orucu,

c. Her aydan üç gün orucu,

d. Sabahın iki rekât sünneti.[1]

Zilhicce Ayında Oruç:

Hacca gidemeyen müminlerin bu günlerde oruç tutmaları çok büyük fazilettir. O bakımdan Kurban bayramından evvel 9 günü oruçlu geçirmeleri, 10. günü kurban kesilinceye kadar da bir şey yemeyip, oruçlu bulunmalı ve orucunu Kurban eti ile açmalıdır.

Hiç olmazsa, 8. gün ile beraber, 9. günü (Arife günü) oruçlu olmak lazımdır.

Bu Ayın Faziletine Dair Hadisi Şerifler:

✦ Ebu Said el-Hudrî (*Radıyallahü Anh*) Resulullah (*Sallallahü Aleyhi ve Sellem*)in şöyle buyurduğunu nakleder: "***Ayların en mübarek olanı, ayların sultanı Ramazan ayıdır. Hürmete en layık ay ise Zilhicce ayıdır.***"[2]

Zilhiccenin ilk on gününde diğerlerinden daha çok dua etmek müstehaptır. Arife gününde, bu zikirleri diğer dokuz gündekilerden fazla yapmak da müstehaptır.

Bir başka rivayette Resulullah (*Sallallahü Aleyhi ve Sellem*) şöyle buyurdu: "***Allah katında en sevimli*** (en değerli) ***amel, Zilhicce ayının ilk on günü yapılan iyi amellerdir***."

---

[1] Şeyh Abdülkâdir Geylanî (*Kuddise Sirruh*), Gunye, 2/39

[2] Kenzü'l-Ummal, 23670

Sahabelerden biri Resulullah (*Sallallahü Aleyhi ve Sellem*)e: "Ey Allah'ın elçisi! Ramazanda yapılan iyi amellerden de mi?" diye sorduğunda, O da: "***Hayır! Ramazanda yapılan iyi ameller daha değerlidir. Fakat Zilhiccenin ilk on gününe de saygı göstermenin büyük sevabı vardır***" diye cevap verir.

✦ Resulullah (*Sallallahü Aleyhi ve Sellem*) buyurdu ki: "***Zilhiccenin her bir gün orucuna karşı, 100 köle azadı, 100 deve kurbanı ve Allah yolunda cihada 100 at bağışı sevabı vardır.***"[1]

✦ Enes (Radıyallahü Anh)den rivayet edildiğine göre Resulullah (*Sallallahü Aleyhi ve Sellem*) buyurdu ki: "***Kim haram aylarda***(n olan Zilkâde, Zilhicce, Muharrem ve Receb de) ***üç gün oruç tutarsa, o kişi için 900 yıllık ibadet sevabı verilir.***" Bu hadisi şerifi rivayet ettikten sonra Hazreti Enes şöyle der: "Bu hadisi şerifi Resulullah (*Sallallahü Aleyhi ve Sellem*)den işitmediysem şu iki kulağım sağır olsun."
Resulullah (*Sallallahü Aleyhi ve Sellem*) buyurdu ki: "***Her kim, herhangi bir haram aydan Perşembe, Cuma ve Cumartesi olmak üzere, üç günü oruçlu geçirirse, kendisine*** (her güne karşılık) ***900 sene ibadet*** (sevabı) ***yazılır.***"[2]

✦ Zilhiccenin son günü, aynı zamanda senenin son günüdür. Bu günde oruçlu bulunmak lazımdır. Nitekim Resulullah (*Sallallahü Aleyhi ve Sellem*) buyurdu ki: "***Her kim Zilhicce ayının son günü ve Muharrem ayının ilk günü oruç tutarsa, senesini oruçla bitirmiş yeni seneyi de oruçla karşılamış olur. Allahü Teala bu amelini elli senesine keffaret kılar.***"[3]

---

[1] Şeyh Abdülkâdir Geylanî (*Kuddise Sirruh*), Gunye, 2/39
[2] Taberânî, Evsât, 1810, 2/468; Gunye, 1/124; İthaf, 4/256
[3] Nüzhetü'l-Mecalis, 155

Zilhiccede Namaz

Zilhiccenin İlk On Gününde Kılınacak Nafile Namaz:

✦ Hazreti Ali (*Radıyallahü Anh*), Resulullah (*Sallallahü Aleyhi ve Sellem*)in şöyle buyurduğunu nakletmiştir: "***Zilhiccenin ilk on günü girince Allah'a taat ve ibadete gayret ediniz, ihtimam gösteriniz. Zira Allahü Teala o günleri diğer günlerden mübarek ve feyizli kılmıştır. Gecesini üstün kıldığı gibi günlerini de üstün kılmıştır. Kim bugünlerin gecelerinden birinde, gecenin üçte biri geçtikten sonra dört rekât namaz kılıp, her rekâtında bir kere Fatiha ve bir kere Felak-Nas sureleri, üç kere İhlâs suresini ve 3 kere de Âyetü'l-Kürsî'yi okursa ve namazı bitince ellerini kaldırıp:***

سُبْحَانَ اللّٰهِ ذِى الْعِزَّةِ وَالْجَبَرُوتِ ۞ سُبْحَانَ اللّٰهِ ذِى الْقُدْرَةِ وَالْمَلَكُوتِ ۞ سُبْحَانَ الْحَيِّ الَّذِى لَا يَمُوتُ ۞ لَا اِلٰهَ اِلَّا هُوَ يُحْيِى وَيُمِيتُ وَهُوَ حَىٌّ لَا يَمُوتُ ۞ سُبْحَانَ اللّٰهِ رَبِّ الْعِبَادِ وَالْبِلَادِ ۞ وَالْحَمْدُ لِلّٰهِ كَثِيرًا طَيِّبًا مُبَارَكًا عَلٰى كُلِّ حَالٍ ۞ اَللّٰهُ اَكْبَرُ كَبِيرًا ۞ رَبُّنَا جَلَّ جَلَالُهُ وَقُدْرَتُهُ بِكُلِّ مَكَانٍ ۞

[*Sübhânellahi zil 'ızzeti vel ceberût. Sübhânellahi zil kudrati vel melekût. Sübhânel hayyillezî lâ yemût. Lâ ilâhe illâ hüve yuhyî ve yümîtü ve hüve hayyün lâ yemûtü. Sübhanellahi Rabbil ıbâdi vel bilâd. Vel hamdü lillahi kesîran tayyiben mübâraken alâ külli hâl. Allahü ekberu kebîran. Rabbenâ celle celâlühü ve kudratühü bi külli mekân.*]

"İzzet, galip ve üstün olan her türlü noksanlıklardan münezzeh Allah'ın şanı ne yücedir. Kudret sahibi ve gayb âleminin melekûtu, hakiki sultanı yine Sen'sin. Daima diri olan, ölmeyen Allah'ı tesbih ederim. O'ndan başka hiçbir ilah yoktur. Diriltir ve öldürür. Kendisi ise daima hayy, diridir ve ölümsüzdür. Bütün kulların ve bütün memleket ve şehirlerin Rabbi olan Allah'ı tesbih ederim. O'na çok çok hamd ederim. Pak, temiz bir hamd ile her hal ü karda O'na hamd olsun. O ne büyük ve yücedir. Ey Rabbimiz! Senin kudretin, celalin her yeri kaplamıştır" ***dese, sonra dilediği şekilde dua eylese, Beytullah'ı hac etmiş, sanki Resulullah*** *(Sallallahü Aleyhi ve Sellem)**in kabri şerifini ziyaret etmiş ve Allah yolunda cihad etmiş gibi ecir ve sevap alır. Allahü Teala, dilediği şeyi ona verir.***

Şayet kişi, bu namazı ilk on günün her gecesinde kılarsa, Allah ona Firdevs-i A'la'yı kendisine helal kılar. Ayrıca bütün günahları affolunur ve kendisine:

- " Günahların affolundu" karşılığı verilir.

Arife günü olunca da, bugünün orucunu tutar, gecesinin namazını kılarsa ve yukarıda geçen duayı okursa, bunun üzerine Allahü Teala meleklerine:

- **"Ey meleklerim! Şahid olun, Ben kulumun bütün günahlarını affedip onu** (hacca gitmediği halde) **hacca gelenlerin sevabı kadar ona sevap bahşettim."**

Melekler de bu kişiye Allah'a ibadet ve itaatinden dolayı birbirlerine müjde verirler."[1]

---

[1] Şeyh Abdülkâdir Geylanî (*Kuddise Sirruh*), Gunye, 2/25-27

Zilhicce'nin Son Gününde Kılınacak Nafile Namaz:

✦ Zilhicce'nin son gününde zevalden önce kim 4 rekât namaz kılar, her rekâtında 7 kere Fatiha ve İhlâs suresi ile Kevser suresini 10 kere okur, sonra selam verir ve şu duayı okur:

لَا اِلٰهَ اِلَّا اللّٰهُ وَحْدَهُ لَا شَرِيكَ لَهُ ۞ لَهُ الْمُلْكُ وَلَهُ الْحَمْدُ يُحْيِى وَيُمِيتُ ۞ وَهُوَ حَيٌّ لَا يَمُوتُ بِيَدِهِ الْخَيْرُ ۞ وَهُوَ عَلٰى كُلِّ شَىْءٍ قَدِيرٌ ۞

[*Lâ ilâhe illallahü vahdehü lâ şerîke lehü. Lehül mülkü ve lehül hamdü yuhyî ve yümîtü. Ve hüve hayyün lâ yemûtü. Biyedihil hayrü ve hüve alâ külli şey'in kadîr.*]

"Allahü Teala'dan başka hiçbir ilah yoktur. O tektir. O'nun hiçbir ortağı yoktur. Mülk O'na aittir. Hamd O'na mahsustur, Diriltir ve öldürür. Tüm hayırlar O'nun (kudret) elindedir ve O, her şeye hakkıyla gücü yetendir."

Sonra 360 kere şu istiğfarı okur:

اَسْتَغْفِرُ اللّٰهَ الْعَظِيمَ الَّذِى لَا اِلٰهَ اِلَّا هُوَ الْحَىَّ الْقَيُّومَ وَاَتُوبُ اِلَيْهِ مِنْ جَمِيعِ ذُنُوبِى وَسَيِّئَاتِ اَعْمَالِى

[*Esteğfirullahellezî lâ ilâhe illâ hüvel hayyel kayyûme ve etûbü ileyh min cemîı zünûbî ve seyyiâti e'amâlî.*]

"Kendisinden başka hiçbir ilah olmayan, Hayy ve Kayyûm olan Allah'tan mağfiret dilerim ve O'na bütün günahlardan ve kötü amellerden tövbe ederim."

Bu istiğfarın hemen peşinden 12 kere Resulullah (*Sallallahü Aleyhi ve Sellem*)e salât-ü selam getirir. Sonra 100 kere:

اَللّٰهُمَّ اغْفِرْ لِى

[*Allahümmağfir lî*]

"Beni affeyle Allah'ım!" der. Sonra secdeye varıp 7 kere: "Ya Rab" derse, gökten ona bir melek nida ederek şöyle der: "Müjdeler olsun. Allahü Teala bu sene işlemiş olduğun günahları bağışladı."

Zilhicce'nin Son Gecesinde Kılınacak Nafile Namaz:

✦ Milâdî takvime göre Zilhicce'nin son gecesi, Hicrî takvime göre Muharrem'in birinci gecesi demektir ki, bu gecede kılınacak namazla ilgili bilgi için "Muharrem Ayı"na bakınız.

Zilhiccedeki Zikirler

✦ Resulullah (*Sallallahü Aleyhi ve Sellem*) buyurdu ki: ***"Musa** (Aleyhisselâm)* ***Allahü Teala'ya dua etti: "Ya Rabbi! Bana öyle bir şey öğret ki, onunla Senin Zat'ını zikredeyim.***

Allahü Teala, Musa** (Aleyhisselâm)**a: "Ya Musa! Lâ ilâhe illallah, de" buyurdu.

Musa** (Aleyhisselâm): **"Ya Rabbi! Bütün kulların bunu söylüyorlar. Ben hususi bir şey söylemek istiyorum" buyurdu. Allahü Teala: "Ya Musa! Yedi kat gökler ve yedi kat yerler terazinin bir kefesine, Lâ ilâhe illallah bir kefesine konsa, bunun sevabı ağır gelirdi."[1]

---

[1] Neseî, Amelül-Yevmi vel-leyl, 482; Hakim, Müstedrek, 1, 528

✦ Resulullah (*Sallallahü Aleyhi ve Sellem*) şöyle buyurdu: ***"Zilhicce'nin ilk on gününde yapılan ameller kadar Allah katında daha büyük ve amelin daha çok sevildiği başka günler yoktur. Bu sebeple bu günlerde çokça tesbih getirin, çokça «el-Hamdü lillah», çokça «Lâ ilâhe illallah», çokça «Allahü Ekber» deyin."*** [1] Yani şu sözü tekrarlayın:

سُبْحَانَ اللهِ وَالْحَمْدُ لِلّٰهِ وَلَا اِلٰهَ اِلَّا اللهُ وَاللهُ اَكْبَرُ

[*Sübhanallahi vel-hamdü lillahi ve lâ ilâhe illallahü vallahü ekber*]

✦ Resulullah (*Sallallahü Aleyhi ve Sellem*) şöyle buyurdu: "***Şüphesiz Allah katında Zilhicce ayının ilk on gününden daha kıymetli, hayırlı gün yoktur. O halde bu mübarek günlerde tekbir*** (Allahü Ekber)***, tehlîl*** (Lâ ilâhe illallah) ***getiriniz. Allahü Teala'yı çokça zikredin.***"[2] Yani şu zikri söylemelidir:

Abdullah ibni Ömer (*Radıyallahü Anhümâ*) zilhicce ayının ilk on günün tamamında, gerek oturarak gerekse yatarak tekbir getirirdi.

Abdullah ibni Ömer (*Radıyallahü Anhüma*) ve Ebû Hüreyre (*Radıyallahü Anh*) zilhiccenin ilk on gününde sokağa, çarşıya çıkarlar, sesli bir şekilde tekbir getirirler ve insanlar da onların tekbirine katılarak tekbir getirmeye başlarlardı.

Mücahid (*Rahimehullah*)e bu günlerde sesli tekbir getirmek hakkında soru soruldu: "Bu günlerde kişinin çarşı ve sokakta gezerken sadece kendi duyacağı bir sesle tekbir getirmesi daha faziletlidir. Fakat sesini yükseltir ve bununla da tekbirleri hatırlatmak gibi dini bir maksat güderse, bunda da bir sakınca yoktur."

---

[1] Taberânî, Kebir, 10/246; Heysemî, Mecmeuzzevâid, 4/17

[2] Beyhakî, Sünen, 4/284;Tergîb ve Terhîb, 2/199; Kenzül-Ummâl, 35194

Ata bin Rebah (*Rahimehullah*) bu ayın ilk on gününde yolda olsun, sokakta olsun devamlı tekbir getirirdi.

Cafer bin Süleyman (*Rahimehullah*) diyor ki: "Sâbit el-Bünânî, zilhiccenin bu on gününde, zikir meclislerinde asla konuşmazdı; devamlı tekbir getirir, 'bu günler zikir günleridir' derdi. İnsanlar da onunla birlikte bu zikri yaparlardı."

Yüce Allah, müminlere beytini ziyaret etmeyi farz kılmıştır; ancak bunu herkesin her sene yapamayacağını bildiği için bu hükmü sadece güçleri yetenlere vermiş ve bunun, ömürde sadece bir kere yapılmasını emretmiştir. Böylece zilhicce ayının ilk on gününün faziletini hem hacca gidenler hem de gidemeyenler için ortak yapmıştır. O halde kim o sene hacca gidemezse, bu on günü çok iyi değerlendirmelidir.

Günahlardan sakınmalıdır. Çünkü isyan ve günah, rahmet mevsiminde kişinin üzerine rahmetin yağmasını engeller. Günah ve isyan, kişinin Allah'tan uzaklaşmasına ve ilâhî dergâhtan kovulmasına bir sebeptir. Taatler de O'na yaklaşmaya ve ilâhî sevgiye bir vesiledir.

Bu günleri bir fırsat ve ganimet olarak görmeliyiz. Bu günlerin yerini tutacak, onların yerini dolduracak başka zaman yoktur. Ölüm kapımızı çalmadan, fırsatlar elden kaçmadan, pişmanlık ateşiyle yanmadan önce kendimize gelelim ve sonbahar yaprakları gibi ölüm rüzgârı ile yere dökülmeden önce acele edelim. Unutmayalım ki hayır işlerde acele etmek gerekir.

Hacca giden kardeşlerimiz bu günlerde ihrama giriyor, beyti tavaf ediyor, yüce Allah'ı tesbih ediyor, O'nu yüceltiyor, tehliller getiriyor, O'na hamd ederek O'nu övüyorlar.

Unutmayın! Bir özür nedeniyle ibadetten geri kalanlar, o ibadeti yapanlara gönülleriyle katılırsa sevapta onlara ortak olurlar. Bedeni hacda gönlü vatanında olmak insana çok şey kazandırmaz; fakat bir özrü sebebiyle bedeni vatanında olup kalbi ve gönlü Kâbe'de olanın elde edeceği feyiz ve sevap daha çoktur.

✦ Bu ayda; günahlarımızın afvı, eksiklerimizin tamamlanması için istiğfar, salevât-ı şerife, diğer duâlar ve tesbih namazına devamda büyük hayır ve fazilet vardır.

✦ Zilhiccenin birinden onuna (Kurban bayramının ilk gününe) kadar her gün sabah namazlarından sonra:

10 defa Salâvat-ı Şerife:

اَللّٰهُمَّ صَلِّ وَسَلِّمْ وَبَارِكْ عَلٰى سَيِّدِنَا مُحَمَّدٍ وَعَلٰى اٰلِ سَيِّدِنَا مُحَمَّدٍ

[*Allahümme salli ve sellim ve bârik alâ Seyyidinâ Muhammedin ve alâ Âli Seyyidinâ Muhammed.*]

“Allah’ım! Efendimiz Muhammed (*Sallallahü Aleyhi ve Sellem*)e ve O’nun ehline rahmet eyle, selamet ver ve onları mübarek eyle! ”

10 defa İstiğfar:

اَسْتَغْفِرُ اللّٰهَ الْعَظِيمَ الْكَرِيمَ الَّذِى لَا اِلٰهَ اِلَّا هُوَ الْحَىَّ الْقَيُّومَ وَاَتُوبُ اِلَيْهِ ۞ وَنَسْئَلُهُ التَّوْبَةَ وَالْمَغْفِرَةَ وَالرَّحْمَةَ وَالْهِدَايَةَ لَنَا اِنَّهُ هُوَ التَّوَّابُ الرَّحِيمُ ۞

[Esteğfirullahel Azîmel Kerîmellezî lâ ilâhe illâ Hüvel Hayyel Kayyûme ve etûbü ileyh. Ve nes'elühüt tevbete vel mağfirate verrahmete vel hidâyete lenâ innehü hüvet Tevvâbür Rahîm.]

" Kendisinden başka hak mabut olmayan, Hayy ve Kayyûm olan, Kerîm ve Azîm Rabbimden affedilmemi ister ve O'na tövbe ederim. Kendimiz için biz Allah'tan tövbe, mağfiret (günahlarımızın affedilmesini), rahmet ve hidayet isteriz. Muhakkak surette Allah, tövbeleri çok kabul edici ve çok merhamet edicidir. "

10 defa Tevhid:

لَا اِلٰهَ اِلَّا اللّٰهُ وَحْدَهُ لَا شَرِيكَ لَهُ ۞ لَهُ الْمُلْكُ وَلَهُ الْحَمْدُ يُحْيٖى وَيُمٖيتُ ۞ وَهُوَ حَىٌّ لَا يَمُوتُ بِيَدِهِ الْخَيْرُ ۞ وَهُوَ عَلٰى كُلِّ شَىْءٍ قَدٖيرٌ ۞

[Lâ ilâhe illallahü vahdehü lâ şerîke lehü. Lehül mülkü ve lehül hamdü yuhyî ve yümîtü. Ve hüve hayyün lâ yemûtü. Biyedihil hayrü ve hüve alâ külli şey'in kadîr.]

"Allahü Teala'dan başka hiçbir ilah yoktur. O tektir. O'nun hiçbir ortağı yoktur. Mülk O'na aittir. Hamd O'na mahsustur, Diriltir ve öldürür. Tüm hayırlar O'nun (kudret) elindedir ve O, her şeye hakkıyla gücü yetendir. "

✦ Allahü Teala, İsa (*Aleyhisselâm*)a beş dua hediye etmiş, Cebrail (*Aleyhisselâm*) bu duaları Zilhiccenin on gününde getirmiş ve: "***Ey İsa! Bu beş duayla duada bulun. Zira Allahü Teala nezdinde, bu on günün ibadetinden daha sevgilisi yoktur. Bunların birincisi:***

لَا اِلٰهَ اِلَّا اللّٰهُ وَحْدَهُ لَا شَرِيكَ لَهُ ۞ لَهُ الْمُلْكُ وَلَهُ
الْحَمْدُ يُحْيِى وَيُمِيتُ ۞ وَهُوَ حَىٌّ لَا يَمُوتُ بِيَدِهِ الْخَيْرُ
۞ وَهُوَ عَلٰى كُلِّ شَىْءٍ قَدِيرٌ ۞

[*Lâ ilâhe illallahü vahdehü lâ şerîke lehü. Lehül mülkü ve lehül hamdü yuhyî ve yümîtü. Ve hüve hayyün lâ yemûtü. Biyedihil hayru ve hüve alâ külli şey'in kadîr.*]

"Allahü Teala'dan başka hiçbir ilah yoktur. O tektir. O'nun hiçbir ortağı yoktur. Mülk O'na aittir. Hamd O'na mahsustur, Diriltir ve öldürür. Tüm hayırlar O'nun (kudret) elindedir ve O, her şeye hakkıyla gücü yetendir. "

İkincisi:

اَشْهَدُ اَنْ لَا اِلٰهَ اِلَّا اللّٰهُ وَحْدَهُ لَا شَرِيكَ لَهُ ۞
اِلٰهًا وَاحِدًا صَمَدًا لَمْ يَتَّخِذْ صَاحِبَةً وَلَا وَلَدًا ۞

[*Eşhedü en lâ ilâhe illallahü vahdehü lâ şerîke lehü. İlâhen Vâhıden Sameden lem yettehiz sâhibeten ve lâ veledâ.*]

"Ben şahitlik ederim ki, Allahü Teala'dan başka hiçbir ilah yoktur. O, tektir. O'nun hiçbir ortağı yoktur. Tek bir ilahtır. Her şey O'na muhtaçtır. O, hiç kimseye muhtaç değildir. Hiçbir eş ve çocuk edinmemiştir."

Üçüncüsü:

اَشْهَدُ اَنْ لَا اِلٰهَ اِلَّا اللّٰهُ وَحْدَهُ لَا شَرِيكَ لَهُ ۞ لَهُ الْمُلْكُ
وَلَهُ الْحَمْدُ يُحْيِى وَيُمِيتُ ۞ وَهُوَ حَىٌّ لَا يَمُوتُ بِيَدِهِ
الْخَيْرُ ۞ وَهُوَ عَلٰى كُلِّ شَىْءٍ قَدِيرٌ ۞

[Eşhedü en lâ ilâhe illallahü vahdehü lâ şerîke lehü. Lehül mülkü ve lehül hamdü yuhyî ve yümîtü. Ve hüve hayyün lâ yemûtü. Biyedihil hayrü ve hüve alâ külli şey'in kadîr.]

"Ben şahitlik ederim ki, Allahü Teala'dan başka hiçbir ilah yoktur. O tektir. O'nun hiçbir ortağı yoktur. Mülk O'na aittir. Hamd, O'na mahsustur. Diriltir ve öldürür. Kendisi hiç ölmeyecek bir diridir. Tüm hayırlar O'nun (kudret) elindedir ve O, her şeye hakkıyla gücü yetendir."

Dördüncüsü:

حَسْبِىَ اللّٰهُ وَكَفٰى ۞

سَمِعَ اللّٰهُ لِمَنْ دَعَا ۞ لَيْسَ وَرَاءَ اللّٰهِ مُنْتَهٰى ۞

[Hasbiyallahü ve kefâ.
Semi'allahü limen de'â leyse verâellahi müntehâ.]

"Allah yeter ve kâfidir. Allah, dua edeni işitir. Allah'tan öte varılacak hiçbir şey yoktur."

Beşincisi:

اَللّٰهُمَّ لَكَ الْحَمْدُ كَمَا تَقُولُ وَخَيْرًا مِمَّا نَقُولُ ۞ اَللّٰهُمَّ لَكَ صَلَاتِى وَنُسُكِى وَمَحْيَاىَ وَمَمَاتِى وَلَكَ رَبِّ تُرَاثِى ۞ اَللّٰهُمَّ اِنِّى اَعُوذُ بِكَ مِنْ عَذَابِ الْقَبْرِ وَمِنْ شَتَاتِ الْاَمْرِ ۞ اَللّٰهُمَّ اِنِّى اَسْئَلُكَ مِنْ خَيْرِ مَا تَجْرِى بِهِ الرِّيحُ ۞

[Allahümme lekel hamdü kemâ tekûlü ve hayran mimmâ nekûl. Allahümme leke salâtî ve nüsükî ve mahyâye ve memâtî veleke Rabbi türâsî. Allahümme innî e'ûzü bike min azâbil-kabri ve min şetâtil-emr. Allahümme innî es'elüke min hayri mâ tecrî bihir-rîh.]

"Ey Allah'ım! Senin buyurduğun gibi olan, bizim dediklerimizdense hayırlı olan tüm hamdler, Sana mahsustur.

Ey Allah'ım! Namazım, kurbanım, hayatım ve ölümüm Sana aittir. Mirasım da Sana mahsustur. Ey Allah'ım! Kabir azabından da, dağınık işlerden de Sana sığınırım. Ey Allah'ım! Rüzgârın getirmekte olduğu şeylerin hayrını Sen'den isterim."

Havariler, İsa (*Aleyhisselâm*)a:

- "Bu duaları okuyanın sevabı nedir?" diye sorduklarında şöyle buyurdu:

- "***Birincisini 100 kere okuyan kimsenin ameli gibi bir amel, o gün yer halkından hiçbirine yazılmaz. O kul, kıyamet günü en fazla hasenatın sahibi olur.***

İkinciyi 100 kere okuyana, Allahü Teala 1 milyon hasene yazar, o kadar da günahlarını siler ve onun cennette 10 bin derecesi yükseltilir.

Üçüncüyü 100 kere okuyana gelince; gökten 70 bin melek, elleri açık bir halde inerler ve bu zikri yapanlara salât ve rahmet yağdırırlar.

Dördüncüyü 100 kere okuyanın bu zikrini bir melek alıp, Rahman Teala'nın huzuruna koyar. Rahman Teala o anda onu okuyana nazar buyurur. Allahü Teala'nın kendisine bir defa tecelli buyurduğu kişiyse, asla bedbaht olmaz.

Beşincisi ise, bana ait duadır. Onun sevabının açıklanmasını yapmam için bana izin verilmemiştir." [1]

---

[1] Şeyh Abdülkâdir Geylanî (*Kuddise Sirruh*), Gunye: 2/892–894

Ebu Nadr Hâşim bin Kasım hazretleri anlatıyor: "Adamın biri bana, bu dualarla zilhiccenin ilk on gününde okuduğunu ve rüyasında, evinde üst üste beş tane nur tabakasını gördüğünü söyledi."

Zilhicce'nin Son Gününde Okunacak Dua:

✦ Rivayet edildi ki: "Her kim Zilhicce ayının son günü bu duayı üç kere okursa, şeytan: 'Bir sene boyunca bununla uğraştım yoruldum, bir anda (çalışmalarımın) hepsini ifsat etti' der, yeryüzüne toprak saçarak geri dönüp kaçar.[1]

بِسْمِ اللّٰهِ الرَّحْمٰنِ الرَّحِيمِ

اَلْحَمْدُ لِلّٰهِ رَبِّ الْعَالَمِينَ ۞ وَالصَّلَاةُ وَالسَّلَامُ عَلٰى سَيِّدِنَا مُحَمَّدٍ وَعَلٰى اٰلِهِ وَصَحْبِهِ اَجْمَعِينَ ۞

اَللّٰهُمَّ مَا عَمِلْتُهُ فِى هٰذِهِ السَّنَةِ مِمَّا نَهَيْتَنِى عَنْهُ وَلَمْ تَرْضَهُ وَنَسِيتُهُ وَلَمْ تَنْسَهُ وَحَلُمْتَ عَلَيَّ بَعْدَ قُدْرَتِكَ عَلٰى عُقُوبَتِى وَدَعَوْتَنِى اِلَى التَّوْبَةِ مِنْهُ بَعْدَ جَرَائَتِى عَلٰى مَعْصِيَتِكَ ۞ اَللّٰهُمَّ فَاِنِّى اَسْتَغْفِرُكَ مِنْهُ فَاغْفِرْ لِى وَمَا عَمِلْتُ فِيهِ مِنْ عَمَلٍ تَرْضَاهُ وَوَعَدْتَنِى عَلَيْهِ الثَّوَابَ فَأَسْئَلُكَ اللّٰهُمَّ يَا كَرِيمُ يَا كَرِيمُ يَا ذَا الْجَلَالِ وَالْإِكْرَامِ اَنْ تَقْبَلَهُ مِنِّى وَلَا تَقْطَعَ رَجَائِى مِنْكَ يَا كَرِيمُ ۞ وَصَلَّى اللّٰهُ عَلٰى سَيِّدِنَا مُحَمَّدٍ وَعَلٰى اٰلِهِ وَصَحْبِهِ وَسَلِّمْ ۞

[1] Nüzhetü'l-Mecalis, 1/156

[Bismillahir-Rahmânir-Rahîm
el-Hamdü lillahi Rabbil-'âlemîn. Vessalâtü vesselâmü 'alâ Seyyidinâ Muhammedin ve 'alâ âlihi ve sahbihi ecma'în. Allahümme mâ 'amiltühü fî hâzihis-seneti mimmâ neheytenî 'anhü ve lem terdahû ve nesîtühü ve lem tensehû, ve halimte 'aleyye ba'de kudratike 'alâ 'ukûbetî ve de'avtenî ilet-tevbeti minhü ba'de cerâetî 'alâ ma'sıyyetike. Allahümme innî estağfiruke minhü fağfir lî, ve mâ 'amiltü fîhi min 'amelin terdâhü ve ve'adtenî aleyhis-sevâbe, fe es'elükellahümme yâ Kerîmü yâ Kerîmü yâ zel-Celâli vel-İikrâm. En takbelehü minnî velâ takta'a racâî minke yâ Kerîmü. Ve sallellahü 'alâ Seyyidinâ Muhammedin ve 'alâ âlihi ve sahbihi ve sellim.]

"Bütün hamdler, âlemlerin Rabbi olan Allah(ü Teala'y)a mahsustur. Salâtü selam Muhammed (*Sallallahü Aleyhi ve Sellem*) Efendimiz'e, Ailesine ve bütün Ashabına olsun.
Allah'ım! Geçen şu sene içinde, Senin bana yasak ettiğin, razı olmadığın ve benim unutup Senin unutmadığın ne kadar amellerim var ki, ben Sana karşı isyana cüretimden sonra, Sen beni onlar hakkında tövbeye davet ettin. Onlarla beni cezalandırmaya kadir iken, Hilminle bana muamele ettin (cezamı hemen vermedin). Onlar hakkında ben, Senden affımı istiyorum, beni affet, Allah'ım! Yapılmasına sevap vaad ettiğin ve razı olduğun amellerim için de, Senden onların kabulünü, yüksek kereminden umudumu kesmemeni istiyorum, ey Keremi bol, Celâl ve İkrâm sâhibi olan Allah'ım!
Allah'ın salât ve selâm'ı, Efendimiz Muhammed (*Sallallahü Aleyhi ve Sellem*)in ve bütün Ailesi, Ashabının üzerine olsun."

Terviye Günü (Zilhicce'nin 8. Günü)

"Terviye"nin kelime manası, "suya kanmak, düşünüp tefekkür etmek"tir. Terviye günü, Zilhicce'nin sekizinci günüdür. Hacılar bu günde Mina'ya doğru hareket ederler, orada yeteri kadar su bulunmadığından önceden kendilerinin ve bineklerinin su ihtiyacını bolca karşıladıkları için buna bu ad verilmiştir. Yahut İbrahim (*Aleyhisselâm*) oğlu İsmail (*Aleyhisselâm*)i kurban etme rüyasını bu gecede görmüş; gördüğü rüyayı tefekkür etmiş. Bu rüyanın Rahmanî bir rüya olduğunu bilmiş ve onuncu günde oğlunu kurban etme işini yerine getirdiği için bu güne tefekkür günü manasına "Terviye günü" denilmiştir.

✦ Terviye günü oruç tutulması hakkında Resulullah (*Sallallahü Aleyhi ve Sellem*) şöyle buyurmuştur: " ***Kim terviye günü oruç tutarsa, Allahü Teala o kişiye Eyüp*** *(Aleyhisselam)* ***ın sabrına karşılık aldığı sevap kadar sevap verir.***" [1]

✦ Terviye gecesini ihya etmek müstehaptır. Bununla ilgili olarak Muaz bin Cebel (*Radıyallahü Anh*), Resulullah (*Sallallahü Aleyhi ve Sellem*) şöyle buyurduğunu nakleder: " ***Kim beş geceyi ibadetle ihya ederse, cennet ona vacip olur.***

Bu beş gece:

1. ***Terviye gecesi,***
2. ***Arife gecesi,***
3. ***Kurban bayramı gecesi,***

---

[1] Suyûtî, el-Lealî, 121; İbni Arrâk, Tenzîhu'ş-Şerî'a, 2/165

4. ***Ramazan Bayramı gecesi,***
5. ***Şaban ayı ortasındaki gecedir.*** "[1]

✦ Resulullah (*Sallallahü Aleyhi ve Sellem*) buyurdu ki: "***Terviye*** (Zilhiccenin sekizinci) ***gününün orucuna karşı 1.000 köle azadı, 1.000 deve kurbanı ve Allah yolunda cihada 1.000 at bağışı sevabı vardır.***"[2]

✦ Resulullah (*Sallallahü Aleyhi ve Sellem*) buyurdu ki: "***Terviye gününün orucu bir seneye, Arife gününün orucu ise, iki seneye keffarettir.***"[3]

✦ Resulullah (*Sallallahü Aleyhi ve Sellem*) buyurdu ki: "***Bir Müslüman, terviye günü oruç tutar ve günah olan söz söylemezse, Allahü Teala, onu elbette cennete sokar.***"

---

[1] Tergib ve Terhib, 2/152

[2] Şeyh Abdülkâdir Geylanî (*Kuddise Sirruh*), Gunye, 2/39

[3] Fethu'l-Kebir, 7294; 2/24

Arife Günü (Zilhicce'nin 9. Günü)

Muharrem ayının onuncu günü olan Aşure günü oruç tutmak, bir yılın günahlarına keffarettir. Çünkü Aşure günü Musa (*Aleyhisselâm*)ın oruç tuttuğu bir gündür; Arife günü ise, bizim Peygamberimiz Muhammed Mustafa (*Sallallahü Aleyhi ve Sellem*)in tuttuğu gündür.

Resulullah (*Sallallahü Aleyhi ve Sellem*)in diğer Peygamberlere (*Aleyhimüsselam*) karşı ne kadar faziletli ise, tuttuğu oruç da elbette kat kat fazladır.

Arife gününe bu ismin verilişinin sebebine gelince, Âdem (*Aleyhisselâm*) yeryüzüne inince Hindistan topraklarına, Hazreti Havva annemiz ise Cidde'ye rastlamışlardır. Birbirlerini aramaya koyulan Âdem (*Aleyhisselâm*) ve Hazreti Havva annemiz nihayet Arafat mevkiinde karşılaşmışlardır. Bugünün faziletine binaen ihya edilmesi müstehaptır.

✦ Talha bin Ubeydullah (*Radıyallahü Anhüma*), Resulullah (*Sallallahü Aleyhi ve Sellem*)in şöyle buyurduğunu naklediyor: "***Günlerin en faziletlisi Arife gününün Cuma gününe tesadüf edenidir. Öyle ki o gün, Cuma günü dışında yapılan 70 hacdan daha faziletlidir.***" [1]

✦ Fadl bin Abbas (*Radıyallahü Anhüma*), Resulullah (*Sallallahü Aleyhi ve Sellem*)in şöyle buyurduğunu naklediyor: "***Kim Arife günü; dilini, kulağını ve gözünü haramlardan korursa, Allah o kimsenin Arife gününden bir sonraki Arife gününe kadarki günahlarını affeder.***" [2]

[1] Muvatta, Hac, 246; İthaf, 4/274

[2] Tergib ve Terhib, 2/204, Dürül-Mensur, 1/231; Kenzül-Ummâl, 12075

✦ Abdullah bin Abbas (*Radıyallahü Anhüma*)dan şöyle dediği rivayet edilmiştir: Arife günü Fadl bin Abbas (*Radıyallahü Anhüma*), Resulullah (*Sallallahü Aleyhi ve Sellem*)in bineğinin arkasına binmiş idi. O, kadınlara bakmaya, onları gözetlemeye koyulunca Resulullah (*Sallallahü Aleyhi ve Sellem*) ona şöyle buyurdu: "***Kardeşimin oğlu! Bugün öyle bir gündür ki, kulağına, gözüne, diline hâkim olana günahları bağışlanır.***"[1]

✦ Resulullah (*Sallallahü Aleyhi ve Sellem*) buyurdu ki: "***Arife gününün orucuna karşı 2.000 köle azadı, 2.000 deve kurbanı ve Allah yolunda cihada 2.000 at bağışı sevabıyla, bir öncesi ve bir sonrası senenin mükâfatı vardır.***"[2]

✦ Talha bin Abdullah (*Radıyallahü Anhüma*)dan rivayetle Resulullah (*Sallallahü Aleyhi ve Sellem*): "***iblis, arife günü hacılar üzerine inen rahmeti ve onların kavuştuğu af ve mağfireti gördüğünde, hiçbir zaman kendisinde görülmeyen alçaklık ve aşağılığa düşer. Bundan daha çok zelil olduğu gün Bedir'de Müslümanların galib olduğu gündür***" buyurduğunda, Ashab-ı Kiram (*Radıyallahü Anhüm*):

- "Ey Allah'ın Resulü! iblis, Bedir günü ne görmüştür?" dediler. Resulullah (*Sallallahü Aleyhi ve Sellem*):

- "***şeytan, Bedir günü Cebrail (Aleyhisselâm)ın meleklerini, müminlere yardıma çağırdığını gördü.***"[3]

✦ Resulullah (*Sallallahü Aleyhi ve Sellem*) şöyle buyurdu: "***Arife gecesi ibadet edenler, cehennemden azat olur.***"

---

[1] Ahmed, Müsned, 1/329; İbni Hüzeyme, Sahih, 4/361

[2] Şeyh Abdülkâdir Geylanî (*Kuddise Sirruh*), Gunye: 2/39

[3] Mâlik, Muvatta, 1/422; Tergîb ve Terhîb,2/201; Gunye: 2/40

✦ Resulullah (*Sallallahü Aleyhi ve Sellem*) şöyle buyurdu: "***Arife gününe hürmet ediniz. Çünkü Arife, Allahü Teala'nın kıymet verdiği bir gündür.***"

✦ Yahudilerden bir adam Hazreti Ömer (*Radıyallahü Anh*)in yanına gelerek, ona:

- "Ey müminlerin emîri! Sizin kitabınızda bir âyet var ki eğer o âyet biz yahudiler hakkında inmiş olsaydı, o günü bayram ilân ederdik" dedi. Hazreti Ömer (*Radıyallahü Anh*):

- "O hangi âyettir?" diye sordu. Yahudi de:

- **"Bugün sizin dininizi kemale erdirdim, üzerinize nimetimi tamamladım ve sizin için din olarak İslâm'a razı oldum"**[1] âyetidir, dedi. Bunun üzerine Hazreti Ömer (*Radıyallahü Anh*):

- "Ben bu âyetin ne zaman ve nerede indiğini biliyorum. Bu âyet indiği gün Resulullah (*Sallallahü Aleyhi ve Sellem*) Arafat'ta bulunuyordu ve günlerden de cuma idi. O gün zaten bizim bayramımızdı" dedi.[2]

✦ Rivayet edildi ki: "Arife gününe saygılı olmalı, o gün hacılar Arafat'ta vakfe yapıp dua ederken manen onların yanında olduğumuz hissederek dualarına iştirak etmelidir. Böyle bir günde bizi günaha sokabilecek her şeyden uzak kalmalıyız. Günümüzde arife günü, bayramın bir önceki günü olduğu için dünyalık telaşların en yoğun olduğu bir gün olarak yaşanmaktadır. Oysaki arife günü, insana verilen en kıymetli vakitlerden biridir. Bugünler ibadet ve affedilme günleridir.

---

[1] Mâide Suresi, 3

[2] Buhârî, İmân, 33; Müslim, Tefsîr, 3; Taberânî, *el-Mu'cemü'l-Kebîr*, 9/524, 525

Hacıların Arafat'ta "Lebbeyk Allahümme lebbeyk (Emrine âmâdeyim Allah'ım!)" diyerek dil, ırk ayrımı yapılmaksızın bir araya geldiği mahşer gününü hatırlatan, kulluğun Allahü Teala'ya dualarla arz edildiği en kıymetli zaman dilimidir."

Arife Günü Namazı:

✦ Resulullah (*Sallallahü Aleyhi ve Sellem*) şöyle buyurdu: "***Her kim arife günü öğle ile ikindi arası, dört rekât namaz kılsa, her rekâtında bir Fatiha ve elli kere İhlâs suresini okusa, Allahü Teala ona bir milyon sevap yazar. Kur-ân-ı Kerim'den okuduğu her harf için cennette ona bir yüksek derece verilir. Her derece arası beşyüz yıllık yoldur. Ve her harf için ona yetmiş huri verilir. Her birisi için yakuttan yetmiş bin sofra, her sofrada yeşil kuş etinden yiyecekler vardır. O kimse kabrine konulunca, Kur-ân-ı Kerim'in her harfi ona öyle bir nur ile ışık saçar ki, o kimse o anda Beyt-i Şerifin etrafında tavaf edenleri görür. O, ya Rabbi, kıyamet kopsun, kıyamet gelsin diyerek bir an evvel kıyametin kopmasını ister.***"[1]

✦ Bir rivayette ise şöyledir: Arife günü öğle ile ikindi arası, kendini Arafat'ta kabul ederek Allah rızası için iki rekat namaz kılar. Her rekâtta bir Fâtiha, üç Kâfirûn, on İhlas suresini okur ve namaza şöyle niyetlenerek başlar:

"*Ya Rabbi! Bugün şu saatlerde Arafat'ta binlerce Müslümanın Lebbeyk diye iltica ettiği zamanda, aciz kulun orada bulunamadı. Bu kulunun ruhunu onlarla beraber kılıp, benim ilticamı da onların ilticasına kat Allah'ım! Orada genel affa maruz kıldığın kullarına beni de kat Allah'ım!*"

---

[1] Şeyh Abdülkâdir Geylanî (*Kuddise Sirruh*), Gunye: 2/41

Namazdan sonra: 70 kere İstiğfar getirilir.

11 kere veya 70 kere:

لَا اِلٰهَ اِلَّا اللّٰهُ وَحْدَهُ لَا شَرِيكَ لَهُ ۞ لَهُ الْمُلْكُ وَلَهُ
الْحَمْدُ يُحْيِى وَيُمِيتُ ۞ وَهُوَ حَىٌّ لَا يَمُوتُ بِيَدِهِ
الْخَيْرُ ۞ وَهُوَ عَلٰى كُلِّ شَىْءٍ قَدِيرٌ ۞

[*Lâ ilâhe illallahü vahdehü lâ şerîke lehü. Lehül mülkü ve lehül hamdü yuhyî ve yümîtü. Ve hüve hayyün lâ yemûtü. Biyedihil hayrü ve hüve alâ külli şey'in kadîr.*]

"Allahü Teala'dan başka hiçbir ilah yoktur. O tektir. O'nun hiçbir ortağı yoktur. Mülk O'na aittir. Hamd O'na mahsustur, Diriltir ve öldürür. Tüm hayırlar O'nun (kudret) elindedir ve O, her şeye hakkıyla gücü yetendir. "

3 kere veya 11 kere veya 70 kere zikredilecek olan tekbir:

اَللّٰهُ اَكْبَرُ ۞ اَللّٰهُ اَكْبَرُ ۞ لَا اِلٰهَ اِلَّا اللّٰهُ
وَاللّٰهُ اَكْبَرُ ۞ اَللّٰهُ اَكْبَرُ ۞ وَلِلّٰهِ الْحَمْدُ ۞

[*Allahü ekber. Allahü ekber. Lâ ilâhe illallahü Vallahü ekber. Allahü ekber. Vẹ lillahi'l-hamd.*]

" Allah en büyüktür. Allah en büyüktür. Allah'tan başka hiç bir ilah yoktur. Allah en büyüktür. Allah en büyüktür ve hamd (övgü) de ancak Allah'a mahsustur. "

100 kere zikredilecek olan tekbir:

سُبْحَانَ الَّذِى فِى السَّمَاءِ عَرْشُهُ ۞ سُبْحَانَ الَّذِى فِى
اْلاَرْضِ مَوْطِئُهُ ۞ سُبْحَانَ الَّذِى فِى الْبَحْرِ سَبِيلُهُ ۞
سُبْحَانَ الَّذِى فِى النَّارِ سُلْطَانُهُ ۞ سُبْحَانَ الَّذِى فِى
الْجَنَّةِ رَحْمَتُهُ ۞ سُبْحَانَ الَّذِى فِى الْقُبُورِ قَضَائُهُ ۞
سُبْحَانَ الَّذِى رَفَعَ السَّمَاءَ ۞ سُبْحَانَ الَّذِى وَضَعَ
اْلاَرْضَ ۞ سُبْحَانَ الَّذِى لَا مَلْجَأَ مِنْهُ اِلَّا اِلَيْهِ ۞

[*Sübhanellezî fissemâi arşüh. Sübhanellezî fil arzi mevtıüh. Sübhanellezî fil bahri sebîlüh. Sübhanellezî finnâri sültânüh. Sübhanellezî fil cenneti rahmetüh. Sübhanellezî filkubûri kazâüh. Sübhanellezî rafea's semâe. Sübhanellezî veza'al erza. Sübhanellezî lâ melcee minhü illâ ileyh.*]

"Arş'ı, semada olan Allah'ı tesbih ederim.
Kudretinin eserleri toprakta gözüken Zat'ı tesbih ederim.
Denizde yolu olan Zat'ı tesbih ederim.
Saltanatı, ateşte olan Zat'ı tesbih ederim.
Rahmeti, cennette olan Zat'ı tesbih ederim.
Kazası, kabirlerde olan Zat'ı tesbih ederim.
Göğü yüksekte yaratan Zat'ı tesbih ederim.
Yeri aşağıda yaratan Zat'ı tesbih ederim.
Kendisinden kaçıp sığınılacak, kendisinden başka kimse olmayan Zat'ı tesbih ederim."

Arafat'ta Bulunanlar İçin Arife Gününün Fazileti:

✦ Resulullah (*Sallallahü Aleyhi ve Sellem*) Arafat'ta bulunanlar için Arife gününün fazileti hakkında şöyle buyurdu: "***Şüphe yok ki, Arafat günü hariç şeytanın daha alçak, daha rezil ve rüsva, daha sinirli, daha üzüntülü olduğu bir başka gün yoktur. Sebebine gelince, Allahü Teala'nın bugünde indirdiği rahmet, affettiği büyük günahlar, onu bu durumlara düşürmektedir. Tıpkı Bedir gününde olduğu gibi. O gün de Cebrail*** *(Aleyhisselâm)**ı müminlerin yardımına gelen meleklerin saflarıyla meşgul ve onları ileriye geçirmek için gördüğünde adeta çılgına dönmüştü.***"[1]

✦ Ubade bin Samid (*Radıyallahü Anh*), Resulullah (*Sallallahü Aleyhi ve Sellem*)in Arife günü şöyle buyurduğunu nakleder: "***Ey insanlar! Şüphesiz Allahü Teala bugün size öyle bol rahmet bahşetti ki, bütün günahlarınızı bağışladı. Ancak başkalarının sizde olan kul hakları hariç. Yine Allahü Teala, iyilerin de istek ve arzularını kabul etti. Haydi, Allah'ın ismi bereketiyle Allah'a kullukta gayret ediniz. Şüphesiz Allah birçoğunuzu iyiliğiniz nedeniyle affetti, sizi de birçok aciz kimselere de şefaatçi kıldı. Rahmet bol bol inerek hepsini kuşatmıştır. Sonra bu inen rahmet bütün yeryüzüne dağılıp tövbe eden, lisanını ve elini haramlardan sakındıran herkese isabet eder. şeytana gelince; o ve askerleri Arafat dağı üzerinden bu insanları seyre dalıp, acaba Allah onlara ne gibi bir muamelede bulunacak, derler.***

---

[1] Tergib ve't-Terhib, 2/201

Üzerlerine Allah'ın rahmetinin indiğini gördüklerinde, iblis ve ordusu perişan ve hüsran bir halde feryadı figana koyulurlar." [1]

✦ Abbas bin Mirdas (*Radıyallahü Anhüma*), Resulullah (*Sallallahü Aleyhi ve Sellem*)in ümmeti için Arifenin yatsı vaktinde dua edince, duasının kabul olunduğunu ve Allahü Teala tarafından şöyle nida geldiğini anlatır:

- "**Şüphesiz Ben Azimüşşan - başkalarının haklarını zulümle gasp edenler hariç- ümmetini affettim. Mutlaka mazlumların haklarını zalimlerden alacağım.**"

Bunun üzerine Resulullah (*Sallallahü Aleyhi ve Sellem*):

- "***Ya Rabbi! Dilersen mazluma cenneti verir, zalimi de affedersin.***"

Resulullah (*Sallallahü Aleyhi ve Sellem*), o gece bu son duası ile ilgili Allahü Teala'dan bir cevap alamadı. Ne zaman ki, sabahleyin Müzdelife'ye indi. Tekrar aynı duayı Allahü Teala'ya arz etti. Bu sefer Allahü Teala duasını kabul buyurdu. Bunun üzerine Resulullah (*Sallallahü Aleyhi ve Sellem*) tebessüm edip gülünce, Hazreti Ebubekir ve Hazreti Ömer (*Radıyallahü Anhüma*), Resulullah (*Sallallahü Aleyhi ve Sellem*)e şöyle buyurdular:

- "Anamız babamız Sana feda olsun ey Allah'ın Resulü! Bu saat, hiç gülmediğin bir saat. Sana ne oldu ki, böyle bir saatte gülüyorsun. Seni güldüren ne ki? "

Resulullah (*Sallallahü Aleyhi ve Sellem*) buyurdu ki:

---

[1] Abdürezzak, Musannef, 8831; Dürrul-Mensûr, 230; Tergib ve Terhib, 2/201

- "*şeytan* (*Allah'ın laneti onun üzerine olsun*), ***Allahü Teala'nın ümmetimi mağfiret edip duamı kabul ettiğini anlayınca yerden toprağı alıp, başına savurarak dökmeye ve üzüntüsünden feryad ü figan etmeye başladı. Bundan dolayı tebessüm ettim.***"[1]

✦ Enes (*Radıyallahü Anh*), Resulullah (*Sallallahü Aleyhi ve Sellem*)in güneş batışına yakın Arafat'ta vakfedip Hazreti Bilal (*Radıyallahü Anh*)a şöyle seslendiğini zikreder:

- "***Ey Bilal! Beni dinlemeleri için insanlara söyle sussunlar.***"

Bunun üzerine Bilal (*Radıyallahü Anh*):

- "Resulullah (*Sallallahü Aleyhi ve Sellem*) size hitap edecek, onu dinleyin!"

İnsanlar susunca Resulullah (*Sallallahü Aleyhi ve Sellem*):

- "***Ey insanlar! Az önce Cebrail gelip Allahü Teala'dan Bana selam getirdi ve şöyle dedi:***

Şüphesiz Allahü Teala, Arafat ehlini mağfiret etti. Onları bağışladı. Müzdelife'de Meş'ar-i Haram'da, onları da mağfiret etti ve geleceklerini teminat altına aldı."

Bunun üzerine Hazreti Ömer (*Radıyallahü Anh*) ayağa kalktı ve sordu:

- "Bu mükafat yalnız bize özel bir durum mu?"

Resulullah (*Sallallahü Aleyhi ve Sellem*) buyurdular ki:

- "***Size ve sizden sonra kıyamete kadar gelecek kimseler de dahildir.***"

Hazreti Ömer (*Radıyallahü Anh*) de şöyle buyurdular:

- "Allahü Teala'nın bu hayrı ve sevabı ne kadar bol ve tatlıdır."

---

[1] İbni Mâce, 3013; Sünenül-Kübra, 5/118; Tergib ve Terhib, 2/90

✦ Fazl bin Abbas (*Radıyallahü Anhüma*), Resulullah (*Sallallahü Aleyhi ve Sellem*)in şöyle buyurduğunu naklediyor: "***Allah nazarında Zilhiccenin ilk on gününden daha faziletli gün yoktur.***"

Bunun üzerine bir zat:

- "Onlar mı daha faziletli, yoksa on günü Allah yolunda cihatla geçirmek mi?"

Resulullah (*Sallallahü Aleyhi ve Sellem*) bunun üzerine:

- "***Bu on günler,*** (Zilhiccenin on günü) ***Allah katında da Arife gününden daha hayırlı, feyizli gün yoktur. Bugünde Allahü Teala dünya semasına tecelli edip yer ehlindeki kullarıyla gökyüzündeki meleklerine övünüyor ve şöyle buyuruyor:***

- " Şu saçları sağılmış yorgun, her tarafı tozlu topraklı kullarıma bakınız. Rızam için bana geldiler. Dünyanın en uzak yerlerinden geldiler. Rahmetimi ümit ediyorlar. Hâlbuki azabımı görmemişlerdir. "

İşte bu Arafat günü, Allahü Teala'nın cehennem ateşinden en çok insan azat ettiği bir gündür. Başka bir günde bu kadar insanın azat olunduğu görülmemiştir."[1]

✦ Rivayet edildi ki: "Arife günü ikindide vakfe yapana gelince, şüphesiz Allahü Teala birinci kat semaya inerek meleklere karşı sizinle iftihar eder ve: "Kullarım uzun yollardan, cennetimi umarak, pejmürde kıyafetlerle bana geldiler. Onları günahları kum taneleri veya yağmur damlaları veya deniz köpüğü kadar olsa da, elbette onları mağfiret ederim. Ey Benim kullarım! Siz de, şefaat ettikleriniz de affolunmuş olduğunuz halde (buradan) inin."

---

[1] İbn Hibbân, *Sahîh*, 6/62; *Mevârid*, no. 1006; Heysemî, *Mecmau'z-Zevâid*, 3/253; Münzirî, *et-Tergîb ve't-Terhîb*, 2/200, 201

✦ Resulullah (*Sallallahü Aleyhi ve Sellem*) şöyle buyurdu: "***Uyanınız ve biliniz ki, kusur ve günah bakımından insanların en kötüsü, Arafat'tan dönüp de Allahü Teala'nın mağfiret etmediği kimsedir.***"[1]

Bugünde Oruç Tutmanın Fazileti:

✦ Resulullah (*Sallallahü Aleyhi ve Sellem*) buyurdular ki: "***Arife günü gelince, Allahü Teala rahmetini yayar. Hiçbir günde, o günde olduğu kadar cehennemden azat edilen olmaz. Arife gününde kim Allahü Teala'dan bir dünya veya ahiret ihtiyacını isterse, Allahü Teala bu dileğini yerine getirir. Arife günü oruç tutmak, geçmiş bir senenin ve gelecek bir senenin günahlarına keffarettir.***"[2]

✦ Resulullah (*Sallallahü Aleyhi ve Sellem*) buyurdular ki: "***Arife gününde oruç tutmak, geçmiş ve gelecekten birer senenin küçük günahına keffaret olur. Aşure günü orucu ise, yalnız geçmiş olan bir senelik günahına keffaret olur.***"[3]

Bugünde oruç tutmak ile anlatılan faziletler, hac vazifesinde olmayanlar içindir. Hac vazifesini yapanlar, eğer Arife günü oruç tutarlarsa, Arafat'ta vakfe ve dua gibi işlerden zayıf düşeceklerse, oruç tutmazlar. Tutarlarsa, mekruh olur. Ancak zayıf düşmezlerse, iki ibadet beraber yapmak gibi fazilete ulaşacakları için oruç tutabilirler.

---

1 Şeyh Abdülkâdir Geylanî (*Kuddise Sirruh*), Gunye: 2/40
2 Müslim, Hac, 436; Nesâî, 6/251–252; İbni Mâce, 3014
3 Müslim, Oruç, 36, No: 2747

✦ Arife gününün faziletine binaen Ebu Katade (*Radıyallahü Anh*) şöyle anlatır: Resulullah (*Sallallahü Aleyhi ve Sellem*)e Arife gününde oruç tutma hususunda sorulduğunda şöyle cevap vermiştir: "***Geçmiş sene ile gelecek senede işlenen günahları affeder.***" [1]

✦ Resulullah (*Sallallahü Aleyhi ve Sellem*) buyurdular ki: "***Arife günü oruç tutmak, iki senenin orucuna denktir; aşure günü oruç tutmak da bir yıl oruç tutmaya denktir.***" [2] Bunun hikmeti – Allahü Teala en doğrusunu bilir ama – şu olsa gerektir: Terviye ve arife günleri, iki bayram arasında kalan müminlerin sevinç ve sürûr günleridir. Müminler için günahlarının bağışlanmasından daha büyük bir sevinç kaynağı olamaz. İki bayramdan sonra gelen Muharremin onuncu günü olan Aşure günü oruç tutmak ise, bir yılın günahlarına keffarettir. Çünkü Aşure günü Musa (*Aleyhisselâm*)ın oruç tuttuğu gündür. Bizim Peygamberimizin diğer Peygamberlere karşı fazileti ise elbette kat kat fazladır. Allahü Teala hepsine salât ü selam eylesin.

✦ Resulullah (*Sallallahü Aleyhi ve Sellem*) buyurdular ki: "***Arife günü oruç tutmak, bin gün oruç tutmak gibidir.***" [3]

✦ Resulullah (*Sallallahü Aleyhi ve Sellem*) buyurdular ki: "***Ne güzel gündür Arife günü. Arife günü hayır günüdür, rahmet günüdür, bereket günüdür, mağfiret günüdür. Her kim bu günde oruçlu olursa, Arafat'ta vakfeye duranların sevabından ona da hisse verilir.***"

---

[1] Müslim, Oruç, 36
[2] Ahmed bin Hanbel, el-Müsned, 22110; Kenzü'l-Ummal, 12086
[3] Heysemî, Mecmeuzzevaid, 3/189

Bugünde Zikretmenin Fazileti:

✦ Arife ve bayram geceleri mümkünse 1001 kere

اَسْتَغْفِرُ اللّٰهَ الْعَظِيمَ وَاَتُوبُ اِلَيْهِ

[*Estağfirullahel azîme ve etûbü ileyh*]

"Yüce Allah'a tövbe ve istiğfar ederim" diyerek istiğfar etmeli ve tesbih namazı kılmalıdır.

✦ Resulullah (*Sallallahü Aleyhi ve Sellem*) Arife günü şu duayı okurdu:

اَللّٰهُمَّ اجْعَلْ فِى قَلْبِى نُورًا وَفِى بَصَرِى نُورًا .

اَللّٰهُمَّ اشْرَحْ لِى صَدْرِى وَيَسِّرْ لِى اَمْرِى .

[*Allahümmec'al fi kalbî nûran ve fi besarî nûran.*
Allahümmeşrah lî sadrî ve yessir lî emrî]

"Allah'ım! Kalbimi ve gözümü nurlandır. Allah'ım! Göğsüme genişlik ver ve işimi kolaylaştır."

"*Her kim bu duayı Arife günü okursa, büyük mükâfata nail olur.*"[1]

✦ Amr bin Şuayb (*Radıyallahü Anh*)dan rivayet edildiğine göre, Resulullah (*Sallallahü Aleyhi ve Sellem*) şöyle buyurdu :

- "***Duaların en faziletlisi Arife günü yapılan duadır. Benim ve benden önceki Peygamberlerin buyurdukları en hayırlı dua şudur:***

---

[1] Tac, 2/138

لَا اِلٰهَ اِلَّا اللّٰهُ وَحْدَهُ لَا شَرِيكَ لَهُ . لَهُ الْمُلْكُ
وَلَهُ الْحَمْدُ وَهُوَ عَلٰى كُلِّ شَىْءٍ قَدِيرٌ .

[*Lâ ilâhe illallahü vahdehü lâ şerîke lehü. Lehül mülkü ve lehül hamdü ve hüve alâ külli şey'in kadîr.*]

" Allah'tan başka hiçbir ilah yoktur, yalnız O vardır. O'nun ortağı yoktur. Mülk O'nundur. Hamd O'nundur ve O, her şeye kâdirdir. "[1]

Abdullah bin Amr (*Radıyallahü Anhüma*) diyor ki: Resulullah (*Sallallahü Aleyhi ve Sellem*) Arife gecesi de bu duayı çok okurdu. "[2]

✦ Rivayet edildi ki: Arife günü aşağıda zikredilen sure ve duaları 100 defa okursa, Allahü Teala meleklerine şöyle buyurur: **"Ey meleklerim! Bu kulum beni zikretti, İhlâs-ı Şerif'i okudu. Ondan sonra da Peygamberime Salâvat-ı Şerife getirdi. Ben bu kuluma ne iyilik yapsam azdır. Hatta bu kulum hacları kabul olunmayanlar için "Ya Rabbi! Hacları kabul buyur" dese, onu da kabul ederim. "**

بِسْمِ اللّٰهِ الرَّحْمٰنِ الرَّحِيمِ

قُلْ هُوَ اللّٰهُ اَحَدٌ ﴿١﴾ اَللّٰهُ الصَّمَدُ ﴿٢﴾ لَمْ يَلِدْ وَلَمْ يُولَدْ
﴿٣﴾ وَلَمْ يَكُنْ لَهُ كُفُوًا اَحَدٌ ﴿٤﴾

---

[1] Tirmizî, Daavât, 123; Münzirî, *et-Tergîb ve't-Terhîb,* 2/41; Zebîdî, *İthâfü's-Sâde*, 4/373, 374

[2] Ahmed, *Müsned*, 2/210; Heysemî, *Mecmau'z-Zevâid*, 3/252

لَا اِلٰهَ اِلَّا اللّٰهُ وَحْدَهُ لَا شَرِيكَ لَهُ . لَهُ الْمُلْكُ وَلَهُ الْحَمْدُ
وَهُوَ عَلٰى كُلِّ شَىْءٍ قَدِيرٌ . اَللّٰهُمَّ صَلِّ عَلٰى مُحَمَّدٍ
وَاَنْزِلْهُ الْمَقْعَدَ الْمُقَرَّبَ عِنْدَكَ يَوْمَ الْقِيَامَةِ .

[*Bismillahir Rahmânir Rahîm*

Kul hüvellahü ehad. Allahüs Samed. Lem yelid velem yûled. Velem yekün lehü küfüven ehad.

Lâ ilâhe illallahü vahdehü lâ şerîke lehü. Lehül mülkü ve lehül hamdü ve hüve alâ külli şey'in kadîr. Allahümme salli alâ Muhammedin ve enzilhül mak'adel mukarrabe ındeke yevmel kıyâmeh.]

✦ Resulullah (*Sallallahü Aleyhi ve Sellem*) buyurdu ki: ***"Her kim arife günü Besmele ile beraber 1.000 defa İhlâs suresini okursa, Allahü Teala bütün günahlarını affeder, ona istediğini verir."***
Buna gücü yetmezse, 100 kere okumalıdır.

✦ En az 100 defa Salâvat-ı Şerife zikredilmelidir.

✦ 100 kere Arife günü duası okunur:

سُبْحَانَ الَّذِى فِى السَّمَاءِ عَرْشُهُ . سُبْحَانَ الَّذِى فِى
الْاَرْضِ مَوْطِئُهُ . سُبْحَانَ الَّذِى فِى الْبَحْرِ سَبِيلُهُ .
سُبْحَانَ الَّذِى فِى النَّارِ سُلْطَانُهُ . سُبْحَانَ الَّذِى فِى الْجَنَّةِ
رَحْمَتُهُ . سُبْحَانَ الَّذِى فِى الْقُبُورِ قَضَائُهُ . سُبْحَانَ الَّذِى
رَفَعَ السَّمَاءَ . سُبْحَانَ الَّذِى وَضَعَ الْاَرْضَ . سُبْحَانَ
الَّذِى لَا مَلْجَأَ مِنْهُ اِلَّا اِلَيْهِ .

[Sübhanellezî fissemâi arşüh. Sübhanellezî fil arzi mevtıüh. Sübhanellezî fil bahri sebîlüh. Sübhanellezî finnâri sültânüh. Sübhanellezî fil cenneti rahmetüh. Sübhanellezî filkubûri kazâüh. Sübhanellezî rafea's semâe. Sübhanellezî veza'al erza. Sübhanellezî lâ melcee minhü illâ ileyh.]

Bu dua ayrıca Arife gecesi 1.000 defa okunur.

Rivayet edildi ki: "**Her kim Arife gecesi şu on cümleyi 1.000 defa okursa, Allahü Teala o kimsenin her ne muradı varsa verir.**"

✦ Rivayet edilmiştir ki: Hızır (*Aleyhisselâm*) ile İlyas (*Aleyhisselâm*) her sene Arafat'ta bir araya gelirler. Her biri diğerinin saçlarını tıraş edip şu zikri okuyarak birbirilerinden ayrılırlar:

بِسْمِ اللّٰهِ مَا شَاءَ اللّٰهُ لَا يَسُوقُ الْخَيْرَ اِلَّا اللّٰهُ .

بِسْمِ اللّٰهِ مَا شَاءَ اللّٰهُ لَا يَكْشِفُ السُّوءَ اِلَّا اللّٰهُ .

بِسْمِ اللّٰهِ مَا شَاءَ اللّٰهُ مَا بِكُمْ مِنْ نِعْمَةٍ فَمِنَ اللّٰهِ .

بِسْمِ اللّٰهِ مَا شَاءَ اللّٰهُ لَا حَوْلَ وَلَا قُوَّةَ اِلَّا بِاللّٰهِ .

[Bismillahi mâ şâellahü lâ yesûkul hayra illallah.
Bismillahi mâ şâellahü lâ yekşifüssûe illallah.
Bismillahi mâ şâellahü mâ biküm minnı'metin feminallah.
Bismillahi mâ şâellahü lâ havle ve lâ kuvvete illa billlah.]

"Allah'ın ismiyle! Allah'ın dilediği olur. Hayrı Allah'tan başka hiç kimse sevk edemez.

Allah'ın ismiyle! Allah'ın dilediği ne ise o olur. Kötülüğü Allah'tan başka hiç kimse açamaz.
Allah'ın ismiyle! Allah ne dilerse, o olur. Sizde ne nimet varsa, Allah'tandır.
Allah'ın ismiyle! Allah'ın dilediği olur. Günahtan dönüş ve ibadete kuvvet ancak Allah'ın yardımıyladır."

Kim bunları okursa, her türlü afet, bela, musibet, düşman, zalim sultan ve şeytanın şerrinden, yılan akrep gibi her türlü tehlike ve zarardan emin olur.
Kim bunu Arife günü 100 defa okursa, Allahü Teala o kimseye şöyle nida eder:
- **"Kulum! Sen Beni razı ettin, Ben de Senden razı oldum, Benden dile. İzzet ve celalim hakkı için dilediğini kabul ederim."** [1]

---

[1] Nüzhetü'l-Mecalis, 1/91

Kurban Bayramı Günü (Zilhicce'nin 10. Günü)

Bu bayram, Zilhiccenin onuncu gününe rastlayan gündür. Allahü Teala, bugünde İbrahim (*Aleyhisselâm*)ın duasını kabul etti. O'nun oğlu İsmail (*Aleyhisselâm*)ı boğazlanmaktan kurtardı. Bilindiği gibi İbrahim (*Aleyhisselâm*), Terviye günü (Zilhiccenin 8. günü) rüyasında biri ona:

- "Allah sana oğlunu boğazlamayı emrediyor" dedi.

Sabah olunca İbrahim (*Aleyhisselâm*) bu rüyayı düşünmeye başladı. Gece olunca uykusunda aynı rüyayı gördü. Bunun üzerine bu rüyanın Allah'tan olduğuna hükmetti. Sonra üçüncü gecede yine aynı rüyayı görünce, hemen oğlunu boğazlamak üzere acele harekete geçti. Bunun için bu üç güne Terviye, Arife ve Kurban günleri adları verildi.

Bugünün Faziletini Bildiren Hadisi Şerifler:

✦ Resulullah (*Sallallahü Aleyhi ve Sellem*) buyurdu ki: "***Allah katında günlerin en büyüğü kurban bayramı günüdür.***"[1]

✦ Resulullah (*Sallallahü Aleyhi ve Sellem*) buyurdu ki: "***Allahü Teala bayram sabahı meleklere emreder. Onlarda yeryüzüne inip sokak ağızlarında, yol başlarında dururlar. İnsan ve cinden başka bütün yaratıkların işitecekleri bir sesle şöyle seslenirler:***

- "Ey Muhammed ümmeti! Bol hediyeler ihsan eden ve büyük günahları bağışlayan Kerîm olan Rabb'in huzuruna koşun!"

---

[1] Ahmed, *Müsned*, 4/350; Süyûtî, *el-Câmiu's-Sagîr*, no. 1064

İnsanlar namazgâhta toplanınca, Allahü Teala meleklerine şöyle buyurur:

- "Görevini yapan kişinin karşılığı nedir"

Melekler şöyle derler:

- "Ona verilecek karşılık, ücretini eksiksiz olarak almaktır!"

Allahü Teala Hazretleri buyurur ki:

- "Sizleri şahit tutuyorum ki, onlara sevap olarak rızamı ve mağfiretimi verdim!"[1]

✦ Hazreti Âişe (*Radıyallahü Anha*), Resulullah (*Sallallahü Aleyhi ve Sellem*)in şöyle buyurduğunu nakleder: "***Allahü Teala dört gece vardır ki, bu gecelerde insanlar üzerine âdeta hayır ve bereket, rahmet döker. Bu geceler:***
(1) ***Kurban Bayramı gecesi,*** (2) ***Kadir gecesi,*** (3) ***Şaban'ın yarı gecesi,*** (4) ***Arafat gecesi ezan vaktine kadar.*** "

✦ Vehb bin Münebbih (*Radıyallahü Anh*) şöyle buyurdu: "iblis her bayram feryat eder. şeytanlar etrafına toplanır ve:

- 'ey efendimiz, seni öfkelendiren nedir' diye sorarlar. iblis şeytanlara:

- 'Allahü Teala bugün Muhammed (*Sallallahü Aleyhi ve Sellem*)in ümmetinin günahlarını bağışladı. Gidin onları lezzetlere ve şehvetlere daldırarak oyalayın' der.

✦ Vehb bin Münebbih (*Radıyallahü Anh*) buyurdu ki: "Allahü Teala cenneti Ramazan bayramı gününde yarattı. Tuba ağacını cennete Ramazan bayramı günü dikti. Cebrail (*Aleyhisselam*)i vahiy meleği olarak Ramazan bayramı günü seçti ve firavunun sihirbazlarının tövbesini Allahü Teala Ramazan bayramı günü kabul etti."

---

[1] Beyhakî, Şu'abül-İman, 3695; Isbehânî, et-Tergîb vet-Terhîb, 1741

Kurban Bayramı

Bayram, bir neşe ve sevinç günü demektir.

Resulullah (*Sallallahü Aleyhi ve Sellem*)in kıldığı ilk bayram namazı, hicretin ikinci yılında kılmış olduğu Ramazan bayramı namazıdır. Bu yıldan sonra onu hiç terk etmemiştir.

Yüce Allah, müminlere iki bayram hediye etmiştir. Bunlardan biri ramazan, diğeri de kurban bayramıdır. Ramazan bayramı bir, kurban bayramı ise dört gündür.

Allah Teâlâ, müminlere bu iki bayramı hediye etmekle, İslâm toplumunda eski dönemlerden kalan bir izi daha silmiştir. Resulullah (*Sallallahü Aleyhi ve Sellem*) Medine'ye hicret ettikten sonra, İran'dan alınmış Nevruz ve Mihrican bayramlarını kutladıklarını görmüş ve:

"Allah sizin için o iki günü, daha hayırlı iki günle, kurban ve ramazan bayramlarıyla değiştirdi"[1] buyurmuştur.

Böylece İslâm öncesi iki bayram kaldırılarak, müslümanların bayramlarının ramazan ve kurban bayramı olduğu bildirilmiştir.

Bu günlere "Bayram" denilmesi, bunların birer neşe ve sevinç günü olmaları, hayra yorumlanmaları veya Allah'ın bu günlerde pek çok ihsanlarda bulunması bakımındandır.

Bayramlar zikir, şükür, sevinç, mutluluk ve helâlinden eğlence günleridir. Müslümanların asıl sevinçleri yüce Allah ile olur. O'nun emrini yerine getirdikleri için sevinç du-yarlar, O'nun rızâsına ulaşma düşüncesinden haz alırlar ve O'nun vaad ettiği nimetlere ulaşacaklarını düşünerek mutlu olurlar. Asıl bayram O'na itaat edenlerin ve O'nun yasakladıklarından kaçanlarındır

---

[1] Ahmed, *Müsned*, 3/103, 178, 235, 250; Hâkim, *el-Müstedrek*, 1/294; Ebu Davud, Salât, 245; Nesâî, İydeyn, 1

Bayram Namazı Nasıl Kılınır?

Bayram namazları ikişer rekâttır. Cemaatle aşikâre olarak kılınırlar. Ezan ve ikamet yapılmaksızın imam, iki rekat Ramazan veya Kurban bayramı namazına niyet eder.

Niyet: Cemaat de böyle iki rekât bayram namazı kılmak için "Ya Rabbi niyet ettim bugünkü bayram namazını kılmaya, uydum hazır olan imama" der ve tekbir alır. Sübhanekeden sonra "Allahü Ekber" diye iftitah tekbiri alınır, eller bağlanır. Hep birlikte gizlice "Sübhaneke" okunur. Sonra imam yüksek sesle, cemaat da gizlice "Allahü Ekber" diye üç tekbir alırlar. Tekbirlerde eller yukarıya kaldırılıp ondan sonra yanlara salıverilir, her tekbir arasında üç tesbih miktarı durulur. Üçüncü tekbirden sonra eller bağlanır. İmam gizlice "Eüzü-Besmele" çektikten sonra, aşikâre olarak Fatiha suresi ile bir miktar daha Kur'an-ı Kerim'den okur. Aşikâre "Allahü Ekber" diyerek bilindiği gibi rükû ve secdelere gider. Cemaat da gizlice tekbir alarak imama uyar. Sonra yine tekbir alınarak ikinci rekâta kalkılır. İmam gizlice "Besmele"den sonra yine aşikâre olarak Fatiha suresi ile bir miktar daha Kur'an okur. Tekrar üç defa eller kaldırılarak birinci rekâtta olduğu gibi üç tekbir alınır. Ondan sonra imam yine aşikâre, cemaat ise gizlice "Allahü Ekber" diye rükûa ve secdelere varırlar. Sonra oturulup gizlice "Tahiyyat, Salli-Barik ve Rabbena atina" duaları hep birlikte okunur ve iki tarafa selam verilerek namaz tamamlanır.

Bu halde bayram namazlarının her rekâtında üç fazla tekbir bulunmuş olur ki, bunlar da vacibdir.

Bayram Hazırlığı

1. Bayram günlerinde erken kalkmak.
2. Yıkanmak.
3. Misvak kullanmak.
4. Gülyağı ve benzeri hoş koku sürünmek.
5. Giyilmesi mubah olan elbiselerden en güzel ve temizini giymek.

Anlatıldığına göre Hazreti Ömer (*Radıyallahü Anh*) bayram günü çocuklarından birinin üzerinde eski bir gömlekle görür ve ağlamaya başlar. Çocuk babasına sorar:

- "Babacığım seni ağlatan nedir?"

- "Yavrucuğum! Diğer çocuklar senin üzerinde bu eski elbiseyi görünce, bayram günü kalbinin kırılmasından korkuyorum."

Oğlu da:

- "Kalp ancak Allah rızasından mahrum kalınca ya da ana-babaya isyan edince mahzun olması gerekir. Ben ise, senin rızanı kazanmak sayesinde Allah'ın rızasını elde edeceğimi ümit ediyorum" şeklinde cevap verir.

Bunun üzerine Hazreti Ömer oğlunu bağrına basar ve onun için dua eder. (Allahü Teala o ikisinden razı olsun.)

6. Yüce Allah'ın nimetlerine şükür için neşe ve sevinç göstermek.
7. Karşılaşılan mümin kardeşlere karşı güler yüz göstermek.
8. Elden geldiği kadar fazla sadaka vermek.
9. Bayram gecelerini ibadetle geçirmek müstehap ve güzel bulunmuştur.
10. Ramazan Bayramında, Bayram namazından önce hurma gibi tatlı bir şey yenilmesi, Kurban bayramında ise namaz kılınmadıkça bir şey yenilmemesi müstehaptır.

Sahih olan görüşe göre, bu hususta kurban kesecek kimse ile kesmeyecek kimse eşittir. Kurban kesecek kimsenin, keseceği kurban eti ile yemeğe başlaması daha uygundur. Bununla beraber namazdan önce bir şey yenilmesinde de kerahet yoktur.

Büreyde (*Radıyallahü Anh*) buyurdu ki: Resulullah (*Sallallahü Aleyhi ve Sellem*) Ramazan bayramı günü bir şey yemedikçe namaz yerine çıkmaz, Kurban bayramı günü de namazdan dönmedikçe bir şey yemezdi."

Bir rivayette: "Kurbanın karaciğerinden yerdi" ilavesi vardır.

11. Kurban kesecek kimse, hayvanı kesinceye kadar tırnaklarını ve saçlarını kesmeyi geciktirir. Bunu yapmak mendubdur. Fakat bu geciktirme hoşa gitmeyecek bir durumu ortaya koyacak bir zaman olmamalıdır. Bunun en uzun müddeti kırk gündür. Faziletli olan, haftada bir defa tırnakları ve bıyıkların fazla kısmını kesmek, ziyade tüyleri gidermek, yıkanmak suretiyle bedenin temizliğine bakmaktır. Bunlar hiç olmazsa on beş günde bir yapılmalıdır, kırk günden fazlaya bırakılmasında özür kabul edilmez.
12. Bayram günlerinde Müslümanların birbirlerini tebrik etmesi, görüşüp musâfaha yapması ve birbirlerine: "Gaferallahü lena ve leküm (Allah bizi ve sizi bağışlasın)", yahut: "Takabbelellahu Teala minnâ ve minküm (Yüce Allah bizden ve sizden kabul buyursun)" şeklinde duada bulunması da mendubdur.
13. Bayram günü camiye bir vakar ve sükûn ile başka yollardan gidip, yolu uzatarak gitmek çok sevaptır. Eğer tek yol varsa, hiç olmazsa, giderken yolun bir tarafından gitmeli, gelirken de diğer tarafından gelmelidir.

Teşrik Tekbirleri

14. Bayram namazlarına giderken tekbir getirmelidir. Bu tekbir Ramazan bayramında içten, Kurban bayramında ise hafif sesle açıktan okunmalıdır. Bayram namazlarına giderken okunan tekbir aşağıda zikredilendir. Allah Resulü'nden naklolunduğuna göre, (Kadın-erkek her Müslüman'a) Kurban bayramının Arife günü sabah namazından başlayıp, bayramın dördüncü günü ikindi namazına kadar devam etmelidir. Hanefi mezhebinde bu tekbirin yapılması ise vaciptir. Resulullah (*Sallallahü Aleyhi ve Sellem*) her farz namazın peşinden:

اَللّٰهُ اَكْبَرُ ، اَللّٰهُ اَكْبَرُ ، لَا اِلٰهَ اِلَّا اللّٰهُ

وَاللّٰهُ اَكْبَرُ ، اَللّٰهُ اَكْبَرُ ، وَلِلّٰهِ الْحَمْدُ .

[*Allahü ekber. Allahü ekber. Lâ ilâhe illallahü Vallahü ekber. Allahü ekber. Ve lillahi'l-hamd.*]

"Allah en büyüktür. Allah en büyüktür. Allah'tan başka hiçbir ilah yoktur. Allah en büyüktür. Allah en büyüktür ve hamd (övgü) de ancak Allah'a mahsustur "derdi.[1]

✦ Resulullah (*Sallallahü Aleyhi ve Sellem*) şöyle buyurdu: "***Bayramlarınızı tekbirlerle süsleyiniz.***"[2]

Bayram Gecesi ve Günündeki Zikirler

✦ Bayram gecesini Allah'ın zikri, Resulullah (*Sallallahü Aleyhi ve Sellem*)e salâvat ve saire ibadetlerle ihya etmek müstehaptır.

---

[1] Hâkim, Müstedrek: 1/299

[2] Taberanî, Meu'cemü's-Sagir, 1/215; Mecmeuzzevâid, 3200

Çünkü bu hususta şu hadisi şerif rivayet edilmiştir: "***Kim sevabını Allah'tan bekleyerek bayram gecelerini ihya ederse, kalplerin öldüğü günde kalbi ölmez.***"[1]

İhyanın ne kadarla yerine geleceği hususunda ulema ihtilaf etmişlerdir. Öyle anlaşılıyor ki bu, ancak gecenin büyük kısmını ihya etmekle meydana gelir.

✦ Resulullah (*Sallallahü Aleyhi ve Sellem*) şöyle buyurdu: "***Kim bayram günü 300 defa:***

سُبْحَانَ اللّٰهِ وَبِحَمْدِهِ

[*Sübhânallahi ve bihamdih.*]

der ve bunu Müslümanların ölülerine hediye ederse; her müminin kabrine 1.000 nur girer ve o kişi vefat ettiği zaman Allahü Teala kendisinin kabri için de 1.000 nur verir. Kendisi öldüğü zaman, bütün ölüler kıyamet gününde Allahü Teala'ya:

- Ey merhametlilerin en merhametlisi Rabbimiz, bu kuluna merhamet kıl ve mükafat olarak da onu cennetine koy' derler. Bunun üzerine Allahü Teala:

-"Ey kullarım! Sizler şahit olunuz. Ben bu kulumu bağışladım."[2]

✦ Rivayet edildi ki: "***Her kim her iki*** (Ramazan ve Kurban) ***bayramda da bayram namazından evvel 400 kere:***

لَا اِلٰهَ اِلَّا اللّٰهُ وَحْدَهُ لَا شَرِيكَ لَهُ ، لَهُ الْمُلْكُ وَلَهُ الْحَمْدُ يُحْيِى وَيُمِيتُ ، وَهُوَ عَلٰى كُلِّ شَىْءٍ قَدِيرٌ .

---

[1] Tergib ve't-Terhib, 2/57

[2] Taberanî, Mu'cemü'l-Evsat, 1/357; Mecmeuzzevaid, 16875

[*Lâ ilâhe illallahü vahdehü lâ şerîke lehü. Lehül mülkü ve lehül hamdü yuhyî ve yümîtü. Ve hüve alâ külli şey'in kadîr.*]

"Allahü Teala'dan başka hiçbir ilah yoktur. O tektir. O'nun hiçbir ortağı yoktur. Mülk O'na aittir. Hamd O'na mahsustur, diriltir ve öldürür. O, her şeye hakkıyla gücü yetendir" ***derse, Allahü Teala onu 400 huri ile evlendirir ve sanki o, 400 köle azat etmiş sayılır. Allahü Teala ona kıyamet gününde şehirler inşa edecek ağaçlar dikecek melekler vekil kılar."***[1]

✦ Bayram gecelerinde yapılan dualar Allah katında makbuldür. Bilhassa şu aşağıda yazılı olan duayı her kim bayram gecelerinde 10 defa okur ve Allahü Teala'ya dua ederse, o kimse öldükten sonra bile kalbi ölmez" diye rivayet olunmuştur.

يَا حَيُّ يَا قَيُّومُ ، يَا بَدِيعَ السَّمٰوَاتِ وَالْاَرْضِ ، يَا ذَا الْجَلَالِ وَالْإِكْرَامِ ، اَسْأَلُكَ اَنْ تُحْيِيَ قَلْبِي بِنُورِ مَعْرِفَتِكَ اَبَدًا ، يَا اَللّٰهُ ، يَا اَللّٰهُ ، يَا اَللّٰهُ .

[*Ya Hayyü, Ya Kayyûm. Ya bedî'as semâvâti vel arz. Yâ zel Celâli vel İkrâm. Es'elüke en tuhyiye kalbî bi nûri ma'rifetike ebeden. Yâ Allah, Yâ Allah, Yâ Allah.*]

"Ey Hayy ve Kayyûm! Ey Celal ve ikram sahibi! Ey göklerin ve yerin yaratıcısı olan Allah'ım! Senden ebediyen kalbimi marifetinin nuruyla diriltmeni isterim. Ey Allah'ım, Ey Allah'ım, Ey Allah'ım!" dedikten sonra, Allahü Teala-dan her ne haceti varsa, istemelidir.

---

[1] Nüzhetü'l-Mecalis, 155

✦ Resulullah (*Sallallahü Aleyhi ve Sellem*) Zilhicce'nin onuncu gününde çok dua eder; tekbîr (Allahü Ekber), tehlîl (Lâ ilâhe illallah), ve tahmîd (el-Hamdü lillah)ın bu günde çok söylenilmesini emrederdi. [1] Yani şu zikri söylemelidir:

اَللّٰهُ اَكْبَرُ ۞ اَللّٰهُ اَكْبَرُ ۞ لَا اِلٰهَ اِلَّا اللّٰهُ

وَاللّٰهُ اَكْبَرُ ۞ اَللّٰهُ اَكْبَرُ ۞ وَلِلّٰهِ الْحَمْدُ ۞

[*Allahü ekber. Allahü ekber. Lâ ilâhe illallahü Vallahü ekber. Allahü ekber. Ve lillahi'l-hamd.*]

Bayram Günü Kabir Ziyareti

✦ Rivayet edildi ki: "***Bayram günü, kim baba ve annesinin kabrini ziyaret ederse, her attığı adıma karşılık bir sevap verilir.***
Baba ve annesinin elini bayram günü öpüp onlara iyi davrananlara Allahü Teala ikram eder.
Bir fakirin gönlünü kıranın, gönlünü de Allahü Teala kırar, kıyamet gününde yüzüne bakmaz."

Osmanlıda Bayram

✦ Bayramlık çamaşırları hazırlar, giysiler tedarik ederler, yeni ayakkabılar alırlardı.
Küçük kız ve erkek çocukları bayramlık elbiselerini ve diğer eşyalarını yataklarını yanına koyar, öyle uyurlardı.
Ramazan Bayramı, Ramazan ayının son gününde akşam ezanından sonra davullar çalınarak ilan edilirdi. Çocuklarla beraber büyüklerde sevinç içinde kalırdı.

---

[1] Buhari, 13/11

Bayram sabahı, bayram namazına gitmek için erkekler, bayramlık elbiselerini giyer. Saçlarını, bıyıklarını, sakallarını tarar ve süslenirdi.

Bayram sabahı camilere koşarlardı. Sabah namazından sonra hep bir ağızdan birkaç defa tekbir getirerek bayram namazını cemaatle eda ederlerdi. Sonra herkes, camide hısım, akraba, dost, komşu ile el sıkar, musafaha eder, kucaklaşırdı. Küçükler büyüklerin ellerini öperek bayramlaşırlardı. Evlerine dönen cemaat eve girince, kendisini kapı önünde bekleyen ailesiyle karşılaşırdı. Kucaklaşılır, küçükler öpülüp koklanır, sevinç içinde bayram tebrik edilir ve kutlanırdı. Ortaya lokumlar, şekerlemeler konur yenirdi. Daha sonra komşu ziyaretleri başlardı. Şekerci dükkânlarından başka her köşe başında gelin askısı gibi süslenmiş şekerci sergileri bulunurdu. Önleri müşterilerle dolar boşalırdı.

Uzak yerlerdeki ahbaplara ve akrabaya bayram şekeri götürmek âdet idi. Herkes haline göre buna riayet ederdi. İpekli işlemeli çevreler, mendiller, çil çil kuruşlar, süslü çıkıncıklarla el öpmeğe gelen çoluk çocuğa verilirdi.

Durumu iyi olanlar, aralarında hediyeleşirdi.

Kurban

Kurban; sözlükte "yaklaşmak, Allah'a yakınlık sağlamaya vesile olan şey" anlamına gelir.

İslâmî terim olarak "İbadet niyetiyle belirli şartları taşıyan hayvanı usulünce kesmek" demektir. Kurban bayramının ilk üç gününde Allah rızası için kesilen kurbana "udhiyye" denir.

Kurban Kesmekle Yükümlü Olanlar:

Bir kimsenin kurban bayramında kurban kesmekle yükümlü olabilmesi için dört şart aranır:

1. Müslüman olmak.
2. Akıllı ve buluğa ermiş olmak.
3. Yolcu olmamak.
4. Belirli bir malî güce sahip olmak.

Hanefi mezhebine göre, kurban kesmeyi vacip kılan zenginliğin ölçüsü zekâtta ve fıtır sadakasında aranan zenginlik ölçüsüyle aynıdır. Bu da borçları ve aslî ihtiyaçları dışında 85 gram altındır. Bu durumdaki kadın ve yetişkin çocuklar bizzat mükellef olmakla birlikte kocası veya babası bunlar adına -hibe yoluyla- kurban keserse, o da yeterli olur.

Diğer mezhepler kurban kesmeyi sünnet saydıklarından, kurban mükellefiyeti için ayrıca bir zenginlik ölçüsü tespit etmemişlerdir.

Kurban Kesme ve Fazileti:

Kurban; kardeşlik, yardımlaşma ve dayanışma ruhunu canlı tutar. Kurban, gerek fert gerekse toplum açısından çeşitli yararlar taşıyan bir ibadettir.

Kurban kesilmesi ile ilgili rivayet edilenler:

✦ Allah rızası için kesilen kurbanda pek çok sevaplar vardır. Bununla ilgili olarak Resulullah (*Sallallahü Aleyhi ve Sellem*) buyurdu ki: "***Hiçbir kul, kurban günü, Allah katında, kurban kanı akıtmaktan daha sevimli bir iş yapamaz. Zira kesilen hayvan, kıyamet günü boynuzlarıyla, kıllarıyla tırnaklarıyla gelecektir. Kesilen kurbanın kanı yere düşmeden önce Allah katında yüce bir mevkie ulaşır. O halde, gönül hoşluğu ile kurbanlarınızı kesiniz.***" [1]

✦ Resulullah (*Sallallahü Aleyhi ve Sellem*) şöyle buyurdu: "***Ey Fâtıma! Kalk, kurbanlığının kesiminde hazır bulun. Çünkü kanından yere düşecek ilk damla sebebiyle bütün günahların bağışlanır. Kıyamet gününde de kanı ve eti getirilir, senin terazine yetmiş kat fazlasıyla koyulur.***"
Hazreti Fâtıma (*Radıyallahü Anha*): "Ey Allah'ın Resûlü! Bu, Ehl-i Beyt'e verilmiş özel bir lütuf mudur, yoksa hem bize, hem de bütün Müslümanlara mı verilmiştir?" diye sorunca, Resulullah (*Sallallahü Aleyhi ve Sellem*): "***Hayır, hem bize, hem de bütün Müslümanlara verilmiştir.***" [2]

✦ Resulullah (*Sallallahü Aleyhi ve Sellem*)ın Ashabı:
- "Ey Allah'ın Resûlü! Bu kurban nedir?" diye sordular. O:
- "***Babanız İbrahim'in sünnetidir***" diye buyurdu. Asbah:
- "Ey Allah'ın Resûlü! Bunlarda bize ait olan ne vardır?" diye sordular. O:
- "***Her bir kıl, her bir tüy karşılığında bir sevap vardır***" diye buyurdu. Ashab-ı Kiram:

---

[1] Tirmizi, 4/83; İbni Mâce, 2/1045; Hakim, Müstedrek, 4/221
[2] Müstedrek, 4/222; Mecmeuzzevâid, 4/17; Tergîb ve Terhîb, 1/175

- "Peki ya yünü ne olacak?" diye sordular. O:
- "***Her bir tüy karşılığında bir sevap vardır***" diye buyurdu.[1]

✦ Allah rızası için kesilen kurban, ahirette geçilmesi çok zor olan sırat köprüsünde sahibi için bir binek vazifesi görecektir. Resulullah (*Sallallahü Aleyhi ve Sellem*) bu hususta şöyle buyurmuştur: "***Hayvanın iri ve güzelini kurbanlık olarak seçin, çünkü o sırat köprüsünde size bineklik yapacaktır.***[2]

✦ Resulullah (*Sallallahü Aleyhi ve Sellem*) şöyle buyurmuştur: "***Ey insanlar! Kurban kesiniz ve kanları sebebiyle mükâfat bekleyiniz. Çünkü kan her ne kadar yere akıyor ise de, hiç şüphesiz Aziz ve Celil olan Allah'ın himayesine girer.***"[3]

✦ Resulullah (*Sallallahü Aleyhi ve Sellem*) şöyle buyurdu: "***Kim gönül hoşluğu ile ve ecrini Allah'tan bekleyerek kurban kesecek olursa bu, onun için cehenneme karşı bir perde teşkil eder.***"[4]

✦ Resulullah (*Sallallahü Aleyhi ve Sellem*) şöyle buyurdu: "***Harcanan hiçbir para, Allah tarafından bir Kurban bayramı günü kesilecek kurbanlık için harcanan paradan daha çok sevilmez.***"[5]

✦ Resulullah (*Sallallahü Aleyhi ve Sellem*) şöyle buyurdu: "***Kurban kesiniz ve onunla nefislerinizi temizleyiniz. Kim vaktinde kurbanını alır ve onu kıbleye yatırırsa*** (ve böylece keserse), ***onun boynuzu, işkembesi, kanı, tüyü, yünü her***

---

[1] İbni Mace, 2/1045; Hâkim, Müstedrek, 2/389
[2] İbni Mace, Edâhî, 3
[3] Heysemî, Mecmeuzzevâid, 4/17
[4] Heysemî, Mecmeuzzevâid, 4/17
[5] Taberânî, Kebir, 11/17

şeyi kıyamet günü ona şahitlik ederler. Şüphesiz kurbandan akan ilk damla kan toprağa düştüğünde Allah'ın muhafazasına gider (mükâfatı Allah katında saklanır). *Az da olsa infak edin, dağıtın; çok sevap kazanın.*"[1]

✦ Enes bin Mâlik (Radıyallahü Anh)dan rivayet edildiğine göre Resulullah (*Sallallahü Aleyhi ve Sellem*) şöyle buyurdu: "***Kıyamet koptuktan sonra müminler kabirlerinden diriltilirken Allahü Teala meleklerine:***

- "Ey meleklerim! Mümin kullarımın ayaklarını yere bastırmayın. Onları, kendileri için hazırlanan binitlerine bindirin. Çünkü onlar dünyada iken bineklere binmeyi âdet haline getirmişlerdir. Onların ilk binitleri, babalarının sülbleri idi. Daha sonra annelerinin rahimleri oldu. Doğduklarında onların binitleri –süt emme müddetleri tamamlanıncaya kadar- yine anne kucağı idi. Bundan sonra onların binitleri babalarının omuzları oldu. Sonrasında karada atlara, katırlara; denizlerde gemilere bindiler. Öldükleri zaman ise kardeşlerinin omuzlarında taşındılar. Şimdi, kabirlerinden kalktıklarında da ayakları yere değmesin; çünkü onlar binitlere alışkındırlar, kendileri için hazırlanan binekleri getirin" ***buyurur.***

İşte müminlerin kıyamet günü binecekleri binitler, kurban bayramında kesecekleri hayvanlar karşılığında verilecektir. Nitekim Allahü Teala bir âyet-i kerimesinde: **«Takva sahiplerini Rahman'a, binekli cemaatler halinde haşredeceğimiz gün»**[2] ***buyurmaktadır.***"[1]

---

[1] Abdürrezzâk, el-Musannef, 4/388; Deylemî, Müsnedül-Firdevs, 3873

[2] Meryem Suresi, 85

✦ Resulullah (*Sallallahü Aleyhi ve Sellem*) şöyle buyurdu:
"***Her kim bir kurban keserse, kıyamet koptuktan sonra kabrinden dirilirken bu kurbanı başucunda görür. Altından bir eğeri vardır. Boynuzları da altındandır. Kul:***
- "Sen de kimsin? Sen nesin? Senden daha güzel bir şey görmemiştim" der. O da:
- "Ben dünyada iken beni satın alıp Allah için kurban ettiğin hayvanınım! Şimdi sırtıma bin." der.
Kul onun sırtına binince, onu yer ile sema arasında gezdirip Arş'ın gölgesine getirir."[2]

✦ Resulullah (*Sallallahü Aleyhi ve Sellem*) şöyle buyurdu:
"***Her kim bir imkân bulup da kurban kesmezse, namazgahımıza yaklaşmasın.***"[3]

✦ Resulullah (*Sallallahü Aleyhi ve Sellem*) şöyle buyurdu:
"***Her kim namazımızı kılıp keseceğimiz kurbanı keserse, o Bizdendir.*** (Dinen) ***zengin olmasına rağmen kurbanını kesmeyen ise, Bizden değildir.***"[4]

✦ Resulullah (*Sallallahü Aleyhi ve Sellem*) şöyle buyurdu:
"***Cimrilerin en kötüsü,*** (kesmesi vacip olduğu halde) ***kurban kesmeyendir.***"

✦ Bir kimse sevabını ölmüş bir akrabasına veya sevdiği bir kimseye bağışlamak üzere kurban kesebilir. Tıpkı ölen bir insanın ardından onun adına sadaka verildiği, hac yapıldığı gibi kurban da kesilebilir. Nitekim Resulullah (*Sallallahü Aleyhi ve Sellem*), iki kurban keserdi. Biri kendisi için, biri de ümmeti içindi.

---

[1] Dürretül-Vâizin, "*Kurban*" bahsi
[2] Dürretül-Vâizin, "*Kurban*" bahsi
[3] Nasbu'r-Râye, 4/207
[4] Buhârî, Îdeyn, 31

Hazreti Ali (*Radıyallahü Anh*) birisi Resulullah (*Sallallahü Aleyhi ve Sellem*) için olmak üzere iki tane koç keserdi. Kendisine bunun sebebi sorulduğunda: "Allah Resulü bana yaşadığım müddetçe kendisine kurban kesmemi vasiyet etti" asla bunu terk etmem" buyurmuşlardır.

Resulullah (*Sallallahü Aleyhi ve Sellem*)in Hazreti Ali'ye kendisi için kurban kesmesini vasiyet etmesi, O'nun adına kurban kesilmesini sevdiğine delalet eder. Bu itibarla imkânı olanların Resulullah (*Sallallahü Aleyhi ve Sellem*) için her sene en azından bir küçükbaş hayvan kesmesi veya büyükbaş hayvanın yedide bir hissesine ortak olması çok yerinde bir davranış olur. Allahü Teala bizleri Resulullah (*Sallallahü Aleyhi ve Sellem*) için kurban kesmeye muvaffak kılsın ve bunda bizleri edeplere kadar daim kılsın, rızasına nail eylesin. Resulullah (*Sallallahü Aleyhi ve Sellem*)i bizden hoşnut eylesin. Resulullah (*Sallallahü Aleyhi ve Sellem*)e, Âl'ine, Ashabına salât-ü selam olsun. Âmin!

Fakirler Kurban Kesebilir mi?

Kurban, maddi durumu iyi olanların üzerine vacip olan bir dinî mükellefiyettir. Öyle olunca ekonomik durumu müsait olmayanların böyle bir mükellefiyetlerinin olmadığı kendiliğinden meydana çıkmış olur. Burada, 'Acaba benim durumum müsait mi, kurbanla mükellef olup olmadığım nasıl anlaşılır?' diye bir soru da akla gelebilir.

Bunun ilmî cevapları da verilebilir ve bunun yanı sıra denilebilir ki: 'Kendi iç dünyana sor. Kurban alırsan, geçimine bir zorluk, bir sıkıntı gelir mi?'

Şayet kurban almakla ihtiyaçlarını karşılamada bir zorluğa düşmeyeceksen, mesele yoktur. Bir kurban al, konu komşuya et gönderme zevki yaşa. Böylece çevreye ikramda bulunma mutluluğunu tatmış ol. Kendi dünyanda veren el olmayı nasip ettiği için Rabbine şükret.

Şayet böyle bir harcama ile geçiminde bir zorlanma olacaksa, sana kurban vacip olmayacağından kendini sıkmana da gerek olmaz. Kurban sorumluluğu gibi bir yükün altında da kalmazsın. Kısaca şöyle diyebiliriz:

'Vicdanına göre hareket et. Vicdanında bir kurban sorumluluğu var mı, yok mu, ona bak. Yoksa rahat et, varsa neden var? Demek ki senin kurban alacak imkânın söz konusu ki, kalbinden ikaz geliyor. Meselenin bu yanına da bakmak mümkündür. Nitekim Resulullah (*Sallallahü Aleyhi ve Sellem*) kalb-i selim sahiplerini bu konuda da şöyle ikaz etmiştir: "Kalbine sor, müftü fetva verse de!"

Kurbanın Gayesi:

Kurban kesmekten gaye, Allahü Teala'nın rızasını kazanıp O'na yaklaşmak ve sevap kazanmaktır. Ancak bu ibadetin topluma yönelik birtakım faydaları vardır ve bunlar son derece önemlidir.

Kurban ibadetinin özü, Allah'a yaklaştıran maddi bir fedakârlık ve O'nun emrine bir bağlılıktır.

Allahü Teala, Hac suresinde kurbandan bahsederken hayvanların insan için bir nimet olduğuna dikkati çeker. Kurban kesmenin İslam'ın bir simgesi olduğunu açıklar ve şöyle buyurur: «**Kurbanın etleri ve kanları değil, sadece takvanız** (Allah'a karşı gelmekten sakınmanız) **Allah katına ulaşır**.»[1]

[1] Hac Suresi, 37

Kurbanda esas olan kan akıtmak veya et değildir, asıl olan takva, yani iyi bir niyet, Allah'ın rızası, dürüstlük ve doğruluktur. Gerçi kurbandan maksat: "Kan akıtmaktır" denir, bu doğrudur ama kan akıtmanın maksadını Kur'ân-ı Kerim tek kelime ile açıklamıştır... Takva!

Resulullah (*Sallallahü Aleyhi ve Sellem*) kurban etlerinin kavrularak saklandığını ve ihtiyaç sahiplerine verilmediğini görmüş ve: "***Hiç kimse kestiği kurbanın etini üç günden fazla evinde ve elinde tutmasın***" buyurmuştu. "Allah için kurban, küp için kıyma" anlayışı yanlıştır. Resulullah (*Sallallahü Aleyhi ve Sellem*) koyduğu yasağın amacı, etin ihtiyaç sahiplerine intikalini sağlamaktı. Bundan dolayı üçe taksim edilerek: Bir parçasını akraba ve dostlarına, ikinci parçasını fakirlere, geriye kalan etleri daha sonra tüketmek üzere istedikleri zamana kadar buzdolaplarında ya da kavurma veya kıyma yaparak küpte bekletebilirler.

Kurbanın Hikmeti

Toplumda zenginler ve orta halliler yanında aylarca et yüzü göremeyen, yarı aç, yarı tok gezip de durumlarını belli etmeyen onurlu, şahsiyetli yoksullar vardır. Çoğu defa bunlar kimseden bir şey istemezler. İşte bu tip yoksullar için Kurban bayramı Allahü Teala'nın bir ziyafetidir. Bu İlahî ziyafetle yoksulların da gönülleri şenlenir ve toplumdaki refahtan paylarını almış olurlar. Bu da sosyal adaletin yaygınlaşmasında ve insanlarımız arasındaki sevgi bağlarının kuvvetlenmesinde etkili olur.

Kurbanın sosyal ve ekonomik açıdan bu türlü hikmetleri olduğu gibi, bireyin huzur ve mutluluğunun yakalanmasında ve bireysel olgunluğunun kazanılmasında da çeşitli yararları vardır. En başta kurban kesen bireyin gönlünü İlahî bir rahmet kaplar, bundan da kalb-i mutmainne meydana gelir, yani gönül aydınlanır, kişinin dili ve kalbi barışır, dilin zikrini gönül özümser ve içselleştirir. Bunun sonucu olarak da insan davranışlarında olumlu gelişmeler ortaya çıkar. Böylece kurban, hamde, şükre, sabra, paylaşmaya vesile olması itibariyle hem bireysel hem de toplumsal hayatı besler.

Bugün bütün Müslümanların kalbi, dostluk, kardeşlik, sevgi saygı, acıma yardımseverlik ve dayanışma duyguları ile dolar. Bugün nefretler erir, kinler yok olur, düşmanlıklar, dargınlıklar sona erer.

Dua edelim ki, Allahü Teala'nın rızasını kazanmak için akıtılan kurban kanları, insanlarımızın kalplerinden küskünlükleri, dargınlıkları alıp götürsün. Yerinde sevgi çiçekleri açsın.

Ne mutlu, kurbanlarla beraber kalplerindeki düşmanlık duygularını da kurban ederek ruhlarını arındırabilenlere!

Kurban Keserken Yapılacak Olan Şeyler:

Kurbanda müstehap olan şeyler:

1. Kurbanın, kurbanlık hayvanlardan en güzeli, en semizi ve en büyüğü olması müstehaptır. Çünkü kurban, ahiret bineğidir. Resulullah (*Sallallahü Aleyhi ve Sellem*) şöyle buyurmuştur: "***Kurbanlarınızı büyük cüsseli almaya bakın. Zira onlar, sırat üzerinde bineklerinizdir.***" [1]

---

[1] Aclûnî, Keşful-Hafa, no.1794, 2/75

2. Koyun cinsinden en faziletli olan kurban; beyaz, boynuzlu ve burulmuş olan koçtur. Resulullah (*Sallallahü Aleyhi ve Sellem*) şöyle buyurmuştur: "***Allah katında beyaz kurban, iki siyah kurbanın misline denktir.***"[1]
3. Kurbanı, bayram günlerinin ilkinde kesmek müstehaptır. Çünkü bu, hayırlı olan şeyi süratle yapmaktır.
4. Kurbanı gündüz kesmek müstehaptır. Gece kesmekse, mekruhtur.
5. Kurbanı kesmek için kullanılan aletin demirden ve kes-kin bir şeyden olması gerekir.
6. Kurbanı kestikten sonra hayvan soğuyuncaya kadar beklemek müstehaptır.
7. Hayvanın bütün azalarının sükûnet bulması, cesedinin tamamından can çıkmasına kadar beklemek de müstehaptır.
8. Hayvan soğumadan derisini yüzmek mekruhtur.
9. Kurban etinde en faziletli olan, kurbanın üçte birini fakirlere tasadduk etmesi, diğer üçte birini zengin de olsalar akraba ve arkadaşlarına ziyafet çekmesi, son üçte birini de evinde saklamasıdır.
10. Kurban kesen kişi, kurban derisini bir hayır kurumuna verebileceği gibi seccade tarzında bir amaçla evinde kullanabilir veya satarak parasını yoksullara dağıtabilir. Kurban derisinin satışı ile elde edilecek parayı kurban sahibi harcayamaz.
11. Resulullah (*Sallallahü Aleyhi ve Sellem*) kurban bayramında iki koç satın almış, bunlardan birini kendi adına, diğerini de ümmeti adına kesmiştir. Ümmeti adına kesmesi, sevabı onlara ait olsun diyedir.
Bu da delalet etmektir ki; ölü adına Allahü Teala'ya manen yaklaşmak caizdir.

---

[1] Beyhakî, Sünenül-Kübra, no.19090, 9/458

Kurbanlık havyan şu şekilde kesilir:

1. Hayvan, eziyet edilmeden kesilecek yere güzel bir şekilde getirilir. Ayakları yere sürülerek götürmek mekruhtur.
2. Üç ayağı bağlanır, arka sağ ayağı boş bırakılır.
3. Bundan sonra Kurban duası olarak bilinen En'âm suresinin 79. ayeti okunur:

بِسْمِ اللّٰهِ الرَّحْمٰنِ الرَّحِيمِ

اِنِّى وَجَّهْتُ وَجْهِىَ لِلَّذٖى فَطَرَ السَّمٰوَاتِ

وَالْاَرْضَ حَنٖيفًا وَمَٓا اَنَا مِنَ الْمُشْرِكٖينَ ۝

[*Bismillahir-Rahmânir-Rahîm*

İnnî veccehtü vechiye lillezî fetaras-semâvâti vel-arda hanîfen ve mâ ene minel-müşrikîn.]

" Muhakkak surette ben, dinime tam bağlanarak, o yeri ve gökleri yaratan Allah'a yöneldim. Ben, müşriklerden (Allah'a ortak kabul edenlerden) değilim. "

Sonra şöyle niyet edilir:

اَللّٰهُمَّ هٰذَا مِنْكَ وَلَكَ وَتَقَبَّلْ مِنّٖى كَمَا تَقَبَّلْتَ

مِنْ مُحَمَّدٍ نَبِيِّكَ ﷺ وَابْرَاهٖيمَ خَلٖيلِكَ

[***Allahümme hâzâ minke ve leke ve tekabbel-minnî kemâ tekabbelte min Muhammedin Nebiyyike Sallallahü 'Aleyhi ve Selleme ve İbrâhîme Aleyhisselâme halîlik***]

"Allah'ım! Bu kurban Sendendir ve Senin içindir. Halil'in İbrahim (*Aleyhisselâm*) ve Habibin Muhammed (*Aleyhisselam*)dan kabul ettiğin gibi, bu kurbanı da benden kabul eyle."

Ayrıca şu şekilde niyet etmelidir: 'Ya Rabbi! Niyet ettim kurban kesmeye. Benim şu vücudum Sana karşı çok isyan etti. Bu vücudu Sana kurban etmem lazım. Fakat Sen bunu haram kıldın. Bu vücuduma bedel olarak Senin Rıza-i şerifin için, emr-i şerifin gereğince bu kurbanı kesiyorum. Kabul eyle.'

Kurbanını kendisi kesmeyip başkasına kestirenler ve ortak olup da birkaç kişi olarak aynı hayvanı kurban kesenler, hepsi böylece niyet etmelidirler.

4. Kurban kesim işinde sahibinin orada hazır bulunması müstehaptır. Çünkü Hazreti Ali (*Radıyallahü Anh*)dan rivayet edildiğine göre: "Resulullah (*Sallallahü Aleyhi ve Sellem*) Fatıma (*Radıyallahü Anha*)ya şöyle demiştir:

- "Ey Muhammed'in kızı Fatıma! Kalk kurbanının yanında hazır bulun! Çünkü onun dökülecek ilk damla kanıyla birlikte, işlemiş olduğun bütün günahların bağışlanacaktır."[1]

5. Böylece niyet ettikten sonra oradakiler çömelir. Hep birlikte seslice üç defa tekbir getirirler. Tekbir şudur:[2]

---

[1] Beyhaki, Sünenü'l-Kübra, 19161, 9/476

[2] Rivayet edildi ki: İbrahim (*Aleyhisselâm*), İsmail (*Aleyhisselâm*)ı emrolunduğu üzere kesmeye kalkışınca, Cebrail (*Aleyhisselâm*) kurban getirmek üzere yola çıktı. Birinci kat semaya varınca, İbrahim (*Aleyhisselâm*) acele ederek İsmail (*Aleyhisselâm*)ı keser de yetişemem diye korktu ve şöyle buyurdu: *"Allahü ekber. Allahü ekber."* İbrahim (*Aleyhisselâm*) bunu duyunca kesmeyi bırakıp başını kaldırdığında, onun kurban getirdiğini anlayınca: *"Lâ ilâhe illallahü vallahü ekber"* dedi. İsmail (*Aleyhisselâm*) da bunu duyunca: *"Allahü ekber. Ve lillahi'l-hamd"* dedi ve bu, kıyamete kadar böylece sünnet olarak kalmıştır.

اَللّٰهُ اَكْبَرُ ۞ اَللّٰهُ اَكْبَرُ ۞ لَا اِلٰهَ اِلَّا اللّٰهُ

وَاللّٰهُ اَكْبَرُ ۞ اَللّٰهُ اَكْبَرُ ۞ وَلِلّٰهِ الْحَمْدُ ۞

[*Allahü ekber. Allahü ekber. Lâ ilâhe illallahü Vallahü ekber. Allahü ekber. Ve lillahi'l-hamd.*]

Tekbir bitince: "*Bismillahi Allahü ekber*" diyerek bıçağı çekerek kurban kesilir. Sonra iki rekât teşekkür namazı kılınır ki, bu namaz müstehaptır. Namazda, Zamm-ı sure olarak:

1. Rekâtta: Kevser suresi
2. Rekâtta: İhlâs suresi okunabilir.

Bu namazı kılmak çok sevaptır. Namazdan sonra ise, En'am suresinin 162. ayeti okunur:

بِسْمِ اللّٰهِ الرَّحْمٰنِ الرَّحِيمِ

اِنَّ صَلَاتِى وَنُسُكِى وَمَحْيَاىَ وَمَمَاتِى لِلّٰهِ رَبِّ الْعَالَمِينَ

[*Bismillahir Rahmânir Rahîm* **inne salâtî ve nüsükî ve mahyâye ve memâtî lillahi Rabbi'l-âlemîn.**]

"Muhakkak surette benim namazım ve ibadetlerim (kurbanım) hayatım ve ölümüm, âlemlerin Rabbi olan Allah'ındır."[1] Bu ayeti kerime kurban kesildikten sonrada okunabilir. Namazdan sonra yapılacak dua Allahü Teala'nın izniyle kabul olunacağından duaya önem verilmelidir.

[1] En'âm Suresi, 163

Kurban Bayramı Duası:

Ya İlahe'l-Âlemin! Yalnız Sana ibadet ediyor ve yalnız Senden yardım diliyoruz. Bizleri yardımına nail eyle.

Allah'ım! Efendimiz Muhammed (Sallallahü Aleyhi ve Sellem)e Senin ilminde bulunanlar sayısınca ve mülkün devam ettiği sürece salât ve selam eyle!

Ey bizi bu mübarek güne getiren, her dileğimizi yerine getiren Allah'ım!

Ya Rabbi! Emrine yapışıyor, Habibine salât-ü selam gönderiyoruz. Kabul eyle Allah'ım!

Takdim edeceğimiz kurbanları, yaptığımız duaları, kıldığımız namazları Sen kabul eyle ya Rabbi!

Kurbanlarımızı Sırat üzerinde binit, kıyamet günü âdil birer şahit eyle ya Rabbi!

Bayramı milletimize ve İslam âlemine saadet, beşeriyet için kurtuluş ve hidayet vesilesi eyle ya Rabbi!

Bizi her türlü aşırılıklardan, azgınlık ve taşkınlardan koru ya Rabbi!

Vatanımızı iç ve dış düşmanlara hedef olmaktan koru ya Rabbi!

Bizi hak ve hukuktan, Hazreti Kur'ân'ın nurlu yolundan ayırma ya Rabbi!

Geçmişlerimizi, affına lâyık, ailece cümlemize sağlık, ihsan eyle ya Rabbi!

Yavrularımızı şirk ve küfürden, görüp sezemediğimiz tehlikelerden koru ya Rabbi!

Keseceğimiz kurbanları kabul, yaptığımız ibadetleri makbul eyle ya Rabbi!

Beşeriyetin selamet ve hidayeti bütün müminlerin af ve mağfireti için el-Fâtiha.

İçindekiler

Bu kitabı bitirmeye muvaffak kılan Rabbime şükürler olsun. Sizi ve beni rızasından ayırmasın.